解入門
ジネス

Shuwasystem Business Guide Book　How-nual

マネジメントに役立つ

心理的安全性がよくわかる本

今の時代を生きるリーダーに求められるスキル

広江 朋紀 著

秀和システム

はじめに

近年、「心理的安全性」という言葉がバズワードになっています。

その意味は、チームを構成するメンバーが恐れを抱いたり、ためらったりすることなく自由に意見を言い合える心理状態のことです。この言葉の流行の背景には、DXやエンゲージメントなど英語、カタカナ表記ではなく、漢字表記であることの身近さや、言葉の持つ響きから、意味をすぐに読み取ることのできる解釈の容易さなどが挙げられます。しかしそれだけでなく流行の本質は、私たちを取り巻く職場環境の構造変化がこうした新概念を要請しているということにほかなりません。一例を挙げれば……

- **VUCAと呼ばれるような先行き不透明、不確実な環境下で、経営が絶対解を示せないため、現場で最適解を紡ぐことが課題に。**

- **コロナ禍によってオフィスワークからリモート&テレワークへ移行し、帰属意識や一体感を高めることが課題に。**

- **Z世代の新入社員など、上司世代とは異なる価値観、行動様式を持つ世代のマネジメントが課題に。**

- **グローバル化の進展によって、異質な文化、価値観を持つ人との協働が課題に。**

こうした多くの構造変化の中、私たちを取り巻く職場環境が複雑になり、メンバー同士の協働を促進する土台としての「心理的安全性」の確保が声高に叫ばれ続けています。

ところが、その重要性を頭では理解していても、明日から自分の職場でどのようにして、「心理的安全性」を築いたり、確保すればよいのか、現場レベルの具体的な施策については、断片的に語られるのみで、その全容がこれまで示されることはありませんでした。

本書は、心理的安全性を理解するだけではなく実践、創造するための具体案を示し、職場を確かに変革していくための「処方箋」です。その処方箋を提示するために今回、筆をとりました。

私は過去20年、組織人事領域のコンサルタントとして多くの企業を支援してきましたが、卓越した組織には、例外なく心理的安全性の高い職場が存在していました。そして、さらに突き詰めると心理的安全な職場をつくるイネーブラーとして優れたリーダーの存在があったのです。

優れたリーダーは、自分自身の心理的安全性を確保するとともに、メンバー個人との（1:1）の間、チームメンバー複数人との（1:n）の間においても心理的安全を確保する様々な取り組みや仕掛けをそれぞれ工夫しながら実施していました。

一方で、心理的安全性の低い職場は、リーダーの機能不全がありました。リーダーは、常に不安を抱えており、その負の影響はメンバーやチームにも波及し、やがて組織は分断・サイロ化し、力を失っていきました。変化を促進せず、妨げる存在として、揶揄される「フローズンミドル」（凍りついた中間管理職）という表現もあるほどです。

本書では、心理的安全な職場のつくり方を、マネジメントすべき3つの影響の輪、すなわち①リーダー個人の心理的安全性　②リーダー・メンバー2者間の心理的安全性　③職場・チームレベルの心理的安全性に分けて紹介し、リーダーが明日から職場ですぐに使える実践知の処方箋として提示しています。

この心理的安全な職場をつくる処方箋は、企業だけでなく、あらゆる組織、教育機関や行政、NPOといった様々な業界のリーダーの皆さんにもご活用いただけると確信しています。本書を通じて、何か少しでも現場のヒント、明日からの活力を手にし、心理的安全な場を土台として新しい価値が生まれる機会になれば、著者として望外の喜びです。

広江朋紀

目次　Contents

第2章 リーダー個人の心理的安全性の高め方

第3章 リーダー・メンバー2者間の心理的安全性を確保する

第4章 職場・チームレベルの心理的安全性を確保する

第5章 心理的安全性、その先に

●注意

(1) 本書は著者が独自に調査した結果を出版したものです。

(2) 本書は内容について万全を期して作成いたしましたが、万一、ご不審な点や誤り、記載漏れなどお気付きの点がありましたら、出版元まで書面にてご連絡ください。

(3) 本書の内容に関して運用した結果の影響については、上記(2)項にかかわらず責任を負いかねます。あらかじめご了承ください。

(4) 本書の全部または一部について、出版元から文書による承諾を得ずに複製することは禁じられています。

(5) 本書に記載されているホームページのアドレスなどは、予告なく変更されることがあります。

(6) 商標

本書に記載されている会社名、商品名などは一般に各社の商標または登録商標です。

第1章

心理的安全性とは何か

1-1

心理的安全性とは何か

チームマネジメントにおいて昨今にわかに叫ばれるようになった「心理的安全性」。言葉自体はよく聞くようになりましたが、その意味を正しく理解しているでしょうか。まずはどんな概念なのかを理解しておきましょう。

心理的安全性を低下させる４つの不安

心理的安全性とは、"Psychological safety"の日本語訳であり、この概念を最初に提唱したのは、ハーバード・ビジネス・スクールで組織行動学を研究するエイミー・C・エドモンドソン教授です。教授によると心理的安全性は、「チームの他のメンバーが自分の発言を拒絶したり、罰したりしないと確信できる状態」と定義されています。(Edmondson, Psychological Safety and Learning Behavior in Work Teams,1999)

たとえば、会議のシーンを想像してみてください。自分が話についていけなくなってしまったときに「もう一度説明してもらえますか？」と問い直したり、聞きなれない専門用語を聞いたときに「その言葉の意味を教えてもらえますか？」と質問したりすることはできるでしょうか？そんな風に質問したときに「え、今更？」という反応をされたり、「そんなことも分かってないの？」と無知を指摘されたりすることに不安を覚え、質問せずに分かったふりでやり過ごそうとする人も少なくないのではないかと思います。

こうした環境は心理的安全性が低い環境であるといえます。そして、エドモンドソン教授によると、このような不安は心理的安全性を低下させるとされ、**無知**、**無能**、**邪魔**、**ネガティブ**の４つがあるとされています。それぞれ、詳しくはどんなものなのでしょうか。右の図は４つの不安について詳しく解説したものになります。

心理的安全性を低下させる4つの不安

IGNORANT
「無知」と思われる不安

メンバーの心理状態
こんなことも知らないの？と思われたくない…

引き起こされる言動
- 分からない、知らないと言えない
- 不明点を聞いたり、解消したりできない

INCOMPETENT
「無能」と思われる不安

メンバーの心理状態
こんなこともできないの？と思われたくない…

引き起こされる言動
- できない仕事を安請け合いしてしまう
- 失敗やクレームを隠してしまう

INTRUSIVE
「邪魔」と思われる不安

メンバーの心理状態
仕事や会話の邪魔をするなと思われたくない…

引き起こされる言動
- アイデアを思いついても発言しない
- 忖度して意見を控えることで自分の納得のいかない案が策定されてしまう

NEGATIVE
「ネガティブ」と思われる不安

メンバーの心理状態
いつも反論や否定をする奴だと思われたくない…

引き起こされる言動
- 根本的な問題に気づいても指摘しない
- 気になることがあっても目をつぶってなかったことにしてしまう

心理的安全性を測定する7つの質問

あなたの職場のメンバーが会議中に発言や質問をためらうとするなら、これら4つの不安が根底にあると考えてよいでしょう。チームの心理的安全性が高いと不安は緩和され、活発な対話がなされます。それでは、チームの心理的安全性の程度はどのように測るのでしょうか。理解を深める上で有効なエドモンドソン博士による7つの質問項目を紹介します。

● メンバーの視点から心理的安全性を測る7つの質問

① もし、あなたがこのチームでミスをしたら、批難されることが多い。
② このチームのメンバーたちは、困難な課題も提起することができる。
③ このチームのメンバーたちは、異質なモノを排除するときがある。
④ このチームなら、安心してリスクを取ることができる。

⑤ チームのメンバーに対して、助けは求めにくい。
⑥ このチームには私の成果を故意に台無しにするようなことをする人は誰もいない。
⑦ チームのメンバーと仕事をする中で、私個人のスキルと才能は、尊重され役に立っている。

いかがでしょうか？心理的安全性は、以上７つの質問に５段階で回答することで測定します。①、③、⑤の質問は否定表現なのでスコアが低い方がよく、②、④、⑥、⑦の質問は肯定表現なのでスコアが高い方がよいと判断します。これら７つの項目について答える中で、チームとしての心理的安全性の状態が可視化されていきます。自チームの状態を把握するために参考にしましょう。

1-2

心理的安全性が普及したきっかけ

そもそも心理的安全性とは、なぜここまで世の中に普及したのでしょうか。心理的安全性が普及してきた経緯を知り、チームマネジメントへの理解を深めるのに役立てましょう。

プロジェクト・アリストテレスが明らかにした5つの要素

そもそも、心理的安全性の概念が世の中に普及したきっかけのひとつはGoogleが社内で行った実験「**プロジェクト・アリストテレス**」です。プロジェクト・アリストテレスは、「全体は部分の総和に勝る」という言葉を残した古代ギリシャの哲学者であるアリストテレスにちなんで名付けられたプロジェクトで、Google社内の180のチームを対象に詳細な調査を実施することで、パフォーマンスレベルの高いチームは他のチームと比べて何が優れているのか、その共通点を明らかにしようとした取り組みです。この調査を主導したジュリア・ロゾフスキーによれば、生産性の高い優れたチームには、そうでないチームと比べて以下5つの要素の存在が認められました。

その５つの要素とは、①**心理的安全性**、②**相互信頼**、③**構造と明確さ**、④**仕事の意味**、⑤**インパクト**です。これら５つの要素が生産性の高いチームに共通しているということは、組織やチームの生産性・パフォーマンスを高める成功のカギはメンバーのIQ（知能指数）の高さや潤沢な予算ではなく、チームがどのように協力しているかによって決まることを示しています。その中でも特に重要なのが、チームがスムーズに動くための土台となる心理的安全性の高さなのです。

最も成功しているチームに共通する5つの特性

1. **サイコロジカル・セーフティー（心理的安全性）**
   チームメンバーがリスクを取ることを安全だと感じ、お互いに対して弱い部分もさらけ出すことができる
2. **相互信頼**
   チームメンバーが他のメンバーが仕事を高いクオリティで時間内に仕上げてくれると感じている
3. **構造と明確さ**
   チームの役割、計画、目標が明確になっている
4. **仕事の意味**
   チームメンバーは仕事が自分にとって意味があると感じている
5. **インパクト**
   チームメンバーは自分の仕事について、意義があり、良い変化を生むものだと思っている

チームパフォーマンスの土台

特筆すべきは、心理的安全性が他の4つの要素（相互信頼、構造と明確さ、仕事の意味、インパクト）の土台となっている点にあります。心理的安全性を満たさないことには、残りの4つが成立しないほど重要度の高い要素となっているほどです。また、心理的安全性が担保されない状態は、メンバーのメンタルにストレスをかけるため、燃え尽き症候群や高い離職率につながるなど、組織全体のパフォーマンスに悪影響を与えることも分かりました。

このように、世界的に有名な企業であるGoogle社の調査結果のインパクトにより、心理的安全性の概念は広く世の中に普及したのです。

1-3 環境・リーダーシップスタイルの変化

世界的に有名な企業であるGoogleの調査で重要視されたからといって、それだけで注目されるわけではありません。私たちを取り巻く時代の変化、労働環境の変化がこの新しい概念を要請しているともいえそうです。

予測不可能な時代と働き方の変化

心理的安全性がここまで叫ばれるようになった背景には、私たちを取り巻く環境が変化したことが一因であるともいえます。まず外部環境の変化として今の時代は先行き不透明な時代、俗にいう**VUCA**の時代であるといえます。VUCAとは、Volatility（変動性）、Uncertainty（不確実性）、Complexity（複雑性）、Ambiguity（曖昧性）の頭文字を取った言葉です。政治・経済、国際関係、技術などあらゆる物事が変わりやすく、また、新型コロナや気候変動、自然災害など個人やいち組織の力ではどうすることもできない事態への対応も必要とされます。このような状況では、計画通りに物事を進める今までのようなやり方は通用しにくく、常に臨機応変な対応が必要とされます。そして、そのためには、最も変化に近い現場の声を聞き、現場が声を上げやすい状態をつくっていく必要があるのです。

そして内部環境も大きく変わってきました。ダイバーシティ的環境、つまり様々な国籍や文化、価値観の人とともに働く状況はますます進んでいます。そうした中で、これまでの一律のコミュニケーションではなく、様々な立場、役割の人が自分の声を上げられる余白を組織の中に持つことが求められています。また職場環境においても多くの企業がリモートワークへ対応できるようになったことも大きな変化です。メンバーと遠隔で仕事をする際に、メールやチャットのみのコミュニケーションだけでは、どうしても真意や背景が共有しにくく、あらぬ誤解を招くリスクも生まれます。時には、雑談や対話の時間を持ち、心理的安全性の確保をすることが、内部環境整備としても喫緊の課題となっています。

変わるリーダーシップスタイル

リーダーシップは、環境の変化度合いによってそのスタイルを変えていきますが、どのような環境でどのようなリーダーシップが必要になるのでしょうか。たとえば、変化の少ない安定した環境では、計画や秩序を重視し、着々とゴール（KPI）に向かって進められる**マネジメント型**のリーダーシップが必要とされます。一方で大きな変化が必要な環境下では、従来のやり方の刷新と明解なビジョンの提示、それに基づいてスピーディに実行できる**率先垂範型**のリーダーシップの発揮が求められます。

しかし、先述のように現代では、目まぐるしい環境変化への対応が日常となっており、マネジメント型や率先垂範型では十分に対応できない場面が出てきます。そのような環境で必要とされるのが、新たな変化を歓迎する心理的安全な場を開き、全体の成果につながるようメンバーを鼓舞していける**ファシリテーション型**です。ファシリテーション型は、リーダーが率先してチームを引っ張るのではなく、不確実な状況下でもメンバーひとりひとりが自ら判断し解決策を生み出せるような「場」を育むリーダーシップを発揮します。リーダーには、メンバー各人の才能や強みを最大限に発揮できるよう支援し、組織の慣習に揺らぎを与え変化の芽を歓迎する、まさに「場」を耕し心理的安全な土壌を育むことが求められます。

環境に合わせて変わる3つのスタイル

	マネジメント型 リーダーシップ	率先垂範型 リーダーシップ	ファシリテーション型 リーダーシップ
外部環境	スタティック （環境が安定しているとき）	ダイナミック （大きな変化が必要なとき）	ケオティック （環境がカオスで絶え間ない変化が必要なとき）
重点テーマ	How （計画・戦術）	What （ビジョン・戦略）	WHY （意味・つながり）
キーワード	計画的 秩序 論理	権威 ビジョナリー 感情	共創 真正さ システム
リーダーの役割	明確なゴール、達成のためのKPIを定める	新しい明解なビジョン（戦略）を掲げ、従来のやり方を刷新する	新たな変化を歓迎する安心・安全な場を開き、全体成果につながる自律的な協働を促進する
メンバーへの期待	所定の手続き（ゲームルール）に基づき実践する	リーダーをフォローし成果を上げる	個人の自律と組織への貢献をバランスさせる

1-4

心理的安全性にまつわる誤解

「雰囲気がよく何でも発言し合えるチーム」と聞くと、仲が良いだけのぬるいチームを想像する人も多いのではないでしょうか。心理的安全性を正しく理解できていないチームでは往々にして問題が起こります。

衝突を避け仲が良いだけでは不十分

「心理的安全性の高い職場」というと、仲良しサークルのような職場と誤解されることがよくあります。組織で仕事をする上で誰かを不快にさせないよう気を遣うことは重要ですが、心理的安全性を誤解しているチームで、失敗やミスがあっても指摘せずにやり過ごしたり、懸念点があっても率直な発言や疑問出しを避けて遠回りな物言いで誤魔化したりすることも珍しくありません。こうした振る舞いはチームの課題解決や改善、メンバーの成長を妨げます。エドモンドソン教授によると、チームの人間関係に影響を及ぼす環境的要素として心理的安全性の他に**責任**があり、この責任の高低がメンバーの行動を規定するといいます。以下、各象限で起こる組織の状態を紹介します。

心理的安全と責任のバランスによる4つの組織状態

図にあるようにメンバーの「心理的安全性」の高い・低いと「責任」の高い・低いをそれぞれ掛け合わせると組織の状態は4つに分類できるといえます。ひとつずつ見ていきましょう。

●無関心（Apathy Zone）

心理的安全性も責任も低い職場では、メンバーは自分たちの仕事について無関心になりがちです。大規模で上層部の人数が多い官僚的な組織でよく見受けられる状態です。

●快適（Comfort Zone）

心理的安全性は高いが責任は低い職場では、メンバーは仲良く、楽しく仕事をしますが、チャレンジが生まれにくく、学習やイノベーションの妨げになります。

●不安（Anxiety Zone）

責任は高いが心理的安全性は低い職場は、完全歩合給のコミッションセールスのような組織でよく見受けられるような状態ですが、基準が高すぎてメンバーの不安が生み出されてしまう傾向があります。

●学習（Learning Zone）

心理的安全性と責任のどちらも高い場合は、メンバーは協働しやすく、互いに学習し、仕事をやり遂げることができる理想的な状態です。

以上のことから仕事を進める際には、心理的安全性を担保しつつ、メンバーに適切な責任を与えることで、メンバーが安心して切磋琢磨するようになり、高い成果に向かってチームが自動的に邁進していくのが理想とされます。また、個々人がそれぞれ成長するだけでなく、チームとしてもレベルアップしていくような「**学習する組織**」として機能させていくことが必要です。

1-5

認知的多様性とは

チームマネジメントにおいて、心理的安全性と同じくらい重要な考え方として「認知的多様性」というものがあります。あまり聞き馴染みのない言葉ですが、どんな概念なのでしょうか。

それぞれの価値観や考え方を認め合う

私たちはひとりひとり、異なった出自を持ち、異なった経験をしてきていますから、たとえ同じ日本人であったとしても物事に対する考え方や価値観はそれぞれ違っています。また困難の乗り越え方、判断・決断の際に何を重視しどう決めるかなどについても異なっています。そして、**認知的多様性**とは、こうしたひとりひとりの考え方の違いをそれぞれが認め受け入れるという考え方です。

ロンドン・ビジネス・スクールのデイビッド・ルイスらは、この認知的多様性（コグニティブ・ダイバーシティー）と心理的安全性のレベルが高いチームほど、組織の適応力、問題解決力に秀でるという研究結果を明らかにしました。心理的安全性と責任の高低を掛け合わせてマトリックスで分類したように、認知的多様性と心理的安全性の高低も掛け合わせて４つに分類することができます。すなわち「**生成的**：ジェネラティブ」（認知的多様性も心理的安全性も両方高い）、「**反抗的**：オポジショナル」（認知的多様性は高く、心理的安全性は低い）、「**調和的**:ユニフォーム」（認知的多様性は低く、心理的安全性は高い）、および「**防衛的**:ディフェンシブ」（両方低い）の４つです。このうちで最もパフォーマンスが高かったのが生成的チームでした。

また、リサーチの過程で被験者に、自身の組織内で多く見られる行動様式や感情を表現する言葉を（60語以上のリストから）５つ選ぶようにも依頼し、心理的安全性と認知的多様性の各レベルと各タイプのチームが選択した言葉を示しました。次のページの図が、各タイプのチームとそれぞれが選んだ言葉になります。

認知的多様性と心理的安全性から見る組織の適応力

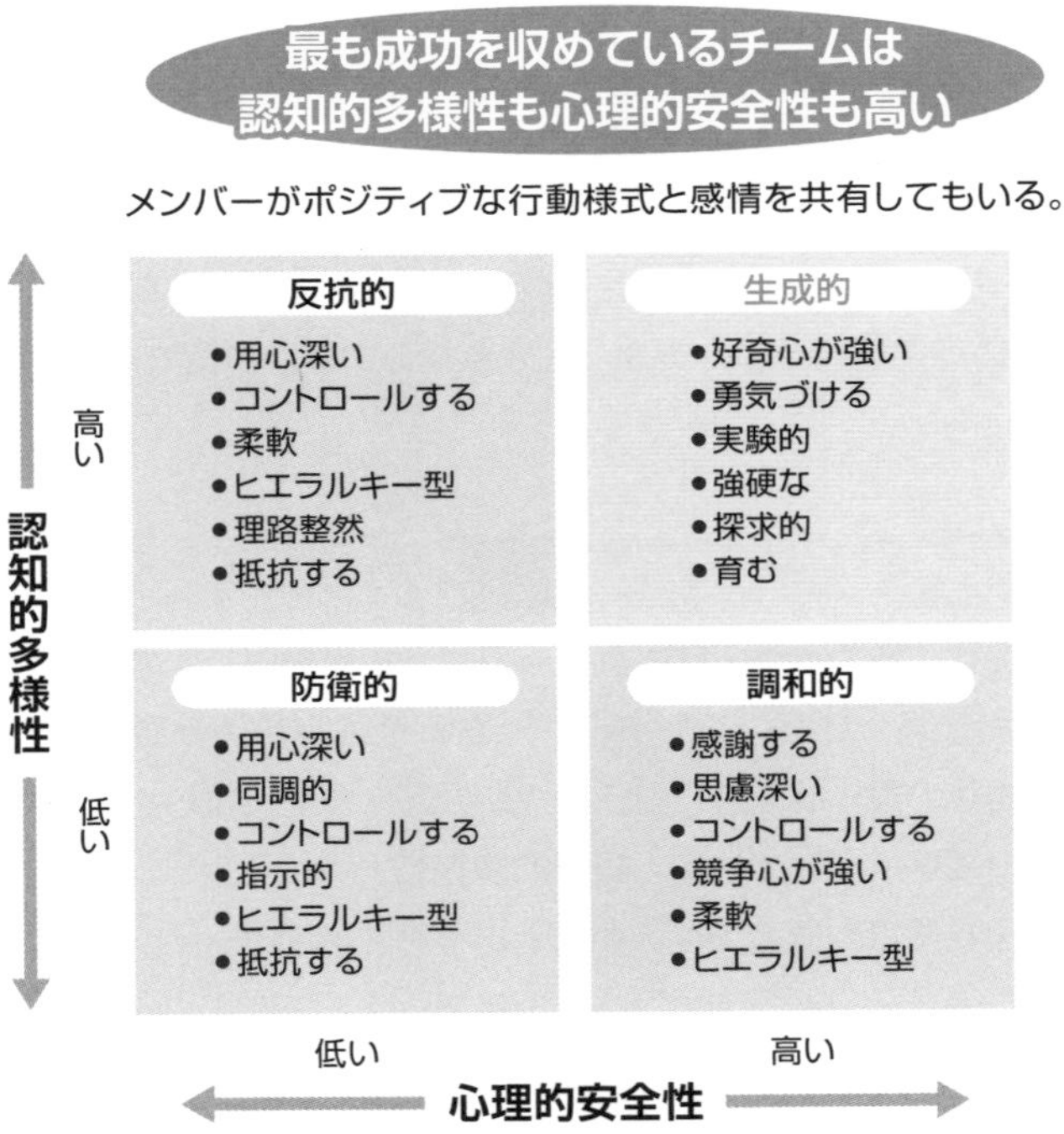

出所：アリソン・レイノルズおよびデイビッド・ルイスのQインデックスを利用
© HBR.ORG

興味深いのは、生成的（ジェネラティブ）領域に、「強硬な」という言葉が入っていること。ここを掘り下げてみると、「強硬な」という言葉は、チームメンバーが、アイデアを徹底的に分析し、自分が重要と考えることに自信と粘り強さを持って主張できることに関連しています。

一見、敬遠されがちな「強硬さ」が組織に受け入れられるのは、心理的安全性の高い環境があってのことなのです。また、生成的および調和的チームに肯定的な価値観や感情を表す言葉が多く見られることも見逃せないポイントのひとつです。

成功を収める生成的な組織に近づくためには、リーダー自身が好奇心や探求心を持ち、時にメンバーを勇気づけ、新しい思想や活動を育んでいくことが必要です。反対に、メンバーを用心深く疑ったり、ヒエラルキーを重んじたり、指示やコントロールで統制したりすることをやめる必要も、この図から見えてくるといえるでしょう。

現状に異を唱える「炭鉱のカナリア人材」を大切にしよう

組織でイノベーションを創出するためには、メンバーの進言を奨励する文化づくりも必要です。リーダーは、現状に違和感を覚えて進言してくれる知的な勇気を持った人材を大切にしなければなりません。「**炭鉱のカナリア**」というメタファーがあります。カナリアは、いつも鳴いていますが、窒息ガスに気づくと鳴きやみ、炭鉱内の環境変化を教えてくれる貴重な存在として重宝されたそうです。こうしたエピソードから「炭鉱のカナリア」といえば危険が迫っていることを知らせてくれる存在を表す言い回しとして知られています。

組織においても同様です。職場で抱いた違和感を、率直に言葉にすることが、顧客の不満を解消するきっかけとなったり、新しいアイデアの生成が始まったりします。一方で、リーダー自身が炭鉱のカナリア人材の声を聞ける準備が整っていなければ、うまくいきません。リーダー自身も多様な考え方を受け入れる「認知的多様性」を高め、バッドニュースや現状を否定するアイデアにも積極的に心を開き、聴く耳を持つこと。メンバーに自分の役割を超えて、発言を促すこと。そして、率直に話してくれたニュースは、不都合な真実であったとしても、組織内に開示する透明性を持つこと。そして、リーダーの発言には影響力があるため、最後に発言することが重要です。

これらを実施することで、メンバーが常に、疑問や懸念、そして、現状を変えるアイデアをチームに対していつでも提起できるカルチャーが育っていくのです。

1-6

心理的安全性の４段階

心理的安全性はいきなり高められるものではありません。個人同士がいきなり仲良くなれないのと同じです。小さな段階をステップアップすることで徐々に高めていくものなのです。

４つの質問

心理的安全性には４つの段階があり1段階ずつ上っていく必要があると、ティモシー・R・クラーク氏は指摘します。自分やチームがどの段階にあるのかをつかむための「**４つの質問**」について、著作『4段階で実現する心理的安全性』（日経BOOKプラス）から一部抜粋して紹介します。

① あなたは、人はみんな平等だと心から信じ、自分とは価値観が違う相手を、同じ人間であるという理由だけで、あなたの組織に受け入れているか？

② 偏見や差別意識を持たずに他者が学び成長することを奨励し、その人が自信をなくしたりミスを犯したりしたときにサポートしているか？

③ 自分なりのやり方で成果を出そうとする人に対して、最大限の裁量を認めているか？

④ 他者に対し、現状をより良くするために挑戦するよう常に促すとともに、謙虚さと学習マインドに基づいて自分も間違うことがあることを受け入れているか？

これらの質問にどう答えるかによって、他者に対する価値観や、人間関係のあり方、リーダーとしてチームメンバーに与える影響などが浮き彫りになります。

この４つの質問は、心理的安全性の４段階と一致します。クラーク氏によれば、どんな環境でも、心理的安全性は私たちの行動やパフォーマンスに影響し、４段階を経て発展するといいます。第一に、自分も仲間になりたいと願い（**インクルージョン安全性**）、第二に、安心して学ぶことを求めます（**学習者安全性**）。第三に、安心して貢献したいと考え（**貢献者安全性**）、そして第四に、物事をより良くする

ために、安心して現状打破に挑戦したいと望みます。（**挑戦者安全性**）

4段階で実現する心理的安全性

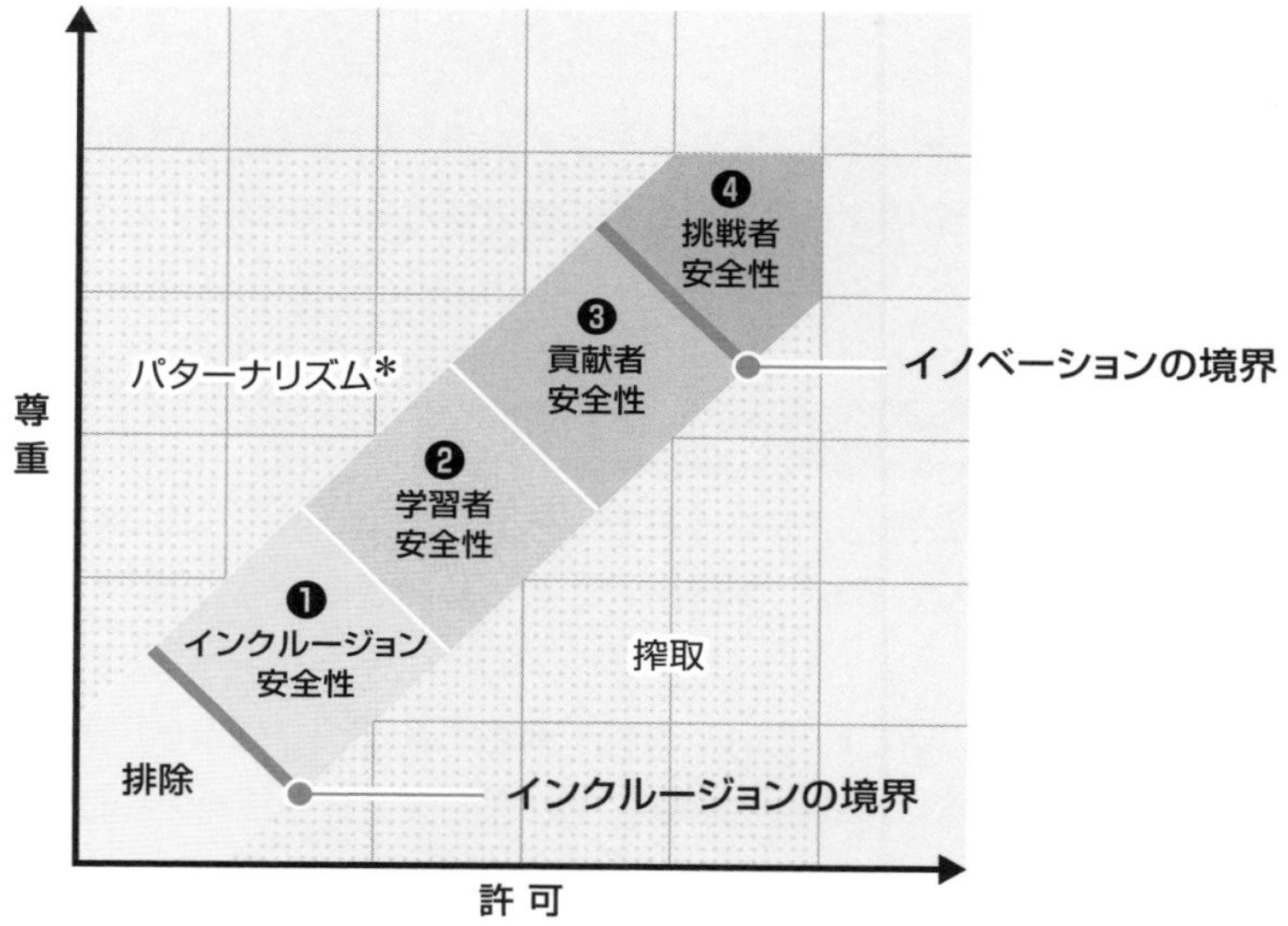

*パターナリズム=強い立場にある権威者が弱い立場にある者に対してその人たちの意思にかかわりなく介入・干渉・支援すること。父権主義、温情主義とも言う

出典：日経BP　4段階で実現する心理的安全性

「尊重」も「許可」も低い状態では、規則や形式にガチガチに縛られ個人の自由はありません。尊重が高いが許可が低い場合は、組織が決めたガチガチのルールを守っている場合にのみ個人が尊重されるという状態になります。逆に尊重は低く、許可は高い場合は個人に自由にやらせた成果物でよかったもののみを上が吸い上げる搾取構造が発生しやすいのです。４段階は尊重と許可のバランスを取りながら向上していくことが必要になってきます。

イノベーションを起こせる組織になるには、第4段階の「挑戦者安全性」に到達する必要があります。国や人種構成や文化が違っても、互いの尊重や許可の程度を高めることで4段階が促進され心理的安全性が高まっていくというパターンは共通しているとのことです。改めて、自分たちの組織が現状どの段階にいるのか？どの段階にいつまでに到達したいのか？ということを考えてみる際のきっかけにしてみましょう。

1-7

心理的安全性を高めるための影響の輪

ここまで色々と見てきましたが、実際にどのようにしてチームの心理的安全性を高めるのでしょうか。全体マップとしての影響の輪とそれを実現する12のWayを見ていきましょう。

リーダー、2者間、チームと広げていく

ここまで、心理的安全性の定義やそれを高めることの効果、注目される時代背景や環境変化、陥りがちな誤解、先行研究など一般的な概念について説明をしてきました。

おそらく多くの読者の皆さんは、「心理的安全性」の重要さは十分に理解しているものの、ではどのようにして自分の職場で心理的安全性を高めていけばいいのか、その実践例や方法を求めていらっしゃるのではないでしょうか。

そこで本書では、チームを率いるリーダーの皆さんが、ご自身の職場ですぐに実践し効果と影響を発揮できる12個のWayを影響範囲に応じて3つのレベルで表しました。

リーダー個人の心理的安全性

ともすると、部下側の立場からのみ語られてしまう心理的安全性ですが、今、多くのリーダーは、多方面からのプレッシャーに苛まれながら心理的不安を抱えています。リーダー自身が不安や恐れを抱えていると、それは必ずメンバーや周囲にも伝わります。人は、言行一致の一貫性あるリーダーに共感を覚えます。自身の心理的安全性を確保できていない状態で、部下や職場に心理的安全性の重要度をいくら説いても空回りしてしまう状況は想像に難くありません。職場を心理的安全な場にしたいのであれば、まず、リーダーのあなた自身の心理的安全性を確保することが必要不可欠です。

プラクティス：**マイパーパス　セルフアウェアネス　認知バイアス　レジリエンス**

2者間の心理的安全性

組織の最小単位は2人から始まります。リーダー・メンバー間の心理的安全性は、2者の「間」に注目する必要があります。つい、近頃の部下は分かっていないとか、あの上司は見てくれないとかいうように、互いに問題の原因を求めがちですが、問題は人ではなく間に発生します。そのため、業務情報だけでなく、互いの価値観や背景も理解し、相互信頼の土台を築くことが先決です。そして、リーダーは役職上のランクもあるため、部下と対等な立場にはなり得ません。ゆえに、部下の声を積極的に傾聴したり、時に対話したりしながら儀礼的になりがちな1on1を意味ある時間にしていく必要性があります。

プラクティス：**信頼ラポール　傾聴と対話　フィードバック　実践1on1**

職場・チームレベルの心理的安全性

職場・チームレベルの心理的安全性の確保には、各人が個人プレイヤーではなくチームとして共通の目的のもとに、一体感とつながりを感じながら、高みを目指して切磋琢磨できる心理的安全なカルチャーを育むことが重要です。チームで行う会議も一方通行の議論ではなく、意見をぶつけ新しい価値を創発することが必要です。さらには、メンバーが心理的不安に感じるようなことがあった際には、リーダーが共感と挑戦を喚起するストーリーを語ることも求められます。

プラクティス：**チームビルディング　セキュアカルチャー　ファシリテーション　ストーリーテリング**

心理的安全性を高めるための3つの輪

職場・チームレベルの心理的安全性

チームビルディング	チームをまとめ成果を生み出す
セキュアカルチャー	心理的安全なカルチャー（文化）を育む
ファシリテーション	創発を生み出す会議ファシリテーションを行う
ストーリーテリング	現場にストーリーを語り、動機づける

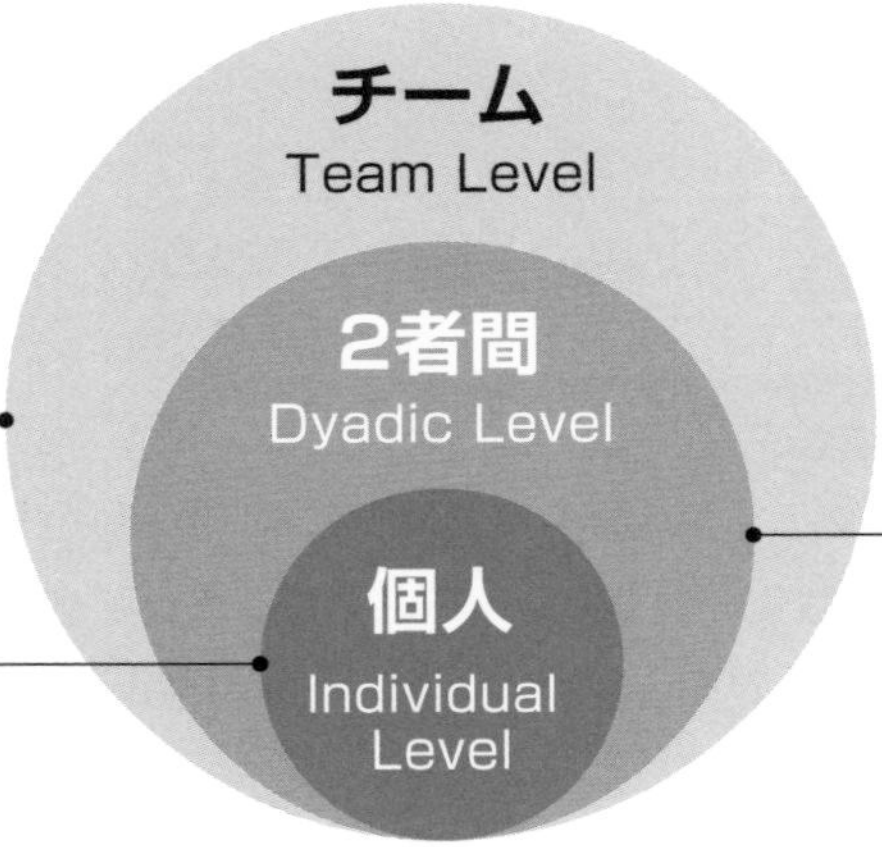

リーダー・メンバー 2者間の心理的安全性

信頼ラポール	相互理解を深め「信頼の架け橋」を築く
傾聴と対話	積極的に耳を傾けて対話を重ねる
フィードバック	日頃から見守り、フィードバックを行う
実践1on1	意味と効果のある1on1を実践する

リーダー個人の心理的安全性

マイパーパス	自分の仕事に意味と目的を実装する
セルフアウェアネス	自己認識を高め最適な選択をする
認知バイアス	無意識の偏見に気づいて外す
レジリエンス	困難な状況があっても回復する

心理的安全性セルフチェック

以下の質問を読み、当てはまる番号に○をつけてください
(5＝非常にそう思う、4＝まあそう思う、3＝ふつうである、2＝あまりそう思わない、1＝全くそう思わない)

リーダー個人の心理的安全性	1	私は、自分の仕事に意味と誇りを感じている	1	2	3	4	5
	2	私は、迷ったり、選択の岐路に立った際に自信をもって判断できる軸を持っている	1	2	3	4	5
	3	私は、トラブルに感情的に反応するのではなく、落ち着いて対応することができる	1	2	3	4	5
	4	私は、置かれている状態を客観的に把握し最適な選択をすることができる	1	2	3	4	5
	5	私は、自分の持っている知識の限界や偏見に気づいている	1	2	3	4	5
	6	私は、自身の言動によって、部下や周囲に与える影響に気づいている	1	2	3	4	5
	7	私は、基準を高めすぎることなく、時にはほどよいもので満足することができる	1	2	3	4	5
	8	私は、困難な状況に直面しても自身が変えられることを見出して取り組むことができる	1	2	3	4	5
リーダー・メンバー2者間の心理的安全性	9	私はメンバーとお互いに大事にしている価値観やバックグラウンドを理解しあっている	1	2	3	4	5
	10	私はメンバーが安心して素直な感情を表現できるように信頼が築けている	1	2	3	4	5
	11	私はメンバーに向かって話すよりも聴くことを意識したコミュニケーションを取っている	1	2	3	4	5
	12	私はメンバーに一方的な解を示すよりも問いかけることで共に答えを探求している	1	2	3	4	5
	13	私はメンバーとの摩擦を恐れず愛情を持って、一歩踏み込んだフィードバックをしている	1	2	3	4	5
	14	私はメンバーを日常的に見守りながら、結果だけでなく、行動や存在までも承認している	1	2	3	4	5
	15	私はメンバーとの 1on1 で振り返りを支援し経験から学び、未来のあるべき行動につなげている	1	2	3	4	5
	16	私はメンバーとの 1on1 で心理的不安を抱えるメンバーに自信回復、意欲喚起を行っている	1	2	3	4	5

職場・チームの心理的安全性	17	私の職場では、チームを束ねる共通の目的があり組織の求心力になっている	1	2	3	4	5
	18	私の職場では、チームで大事にしたい価値観がありメンバーの行動指針となっている	1	2	3	4	5
	19	私の職場では、自分の本音や弱さを時にさらけだしても大丈夫という安心感がある	1	2	3	4	5
	20	私の職場では、物理的に離れたリモート環境であっても相互につながる仕組みや工夫がある	1	2	3	4	5
	21	私の職場では、会議で発言しても否定される心配をせずに自分の意見を言うことができる	1	2	3	4	5
	22	私の職場では、物事を決める時にメンバーの多様な意見や考え方が尊重される	1	2	3	4	5
	23	私の職場では、目標達成に向けて失敗を恐れずリスクテイクしていく大切さが語られている	1	2	3	4	5
	24	私の職場では、不安や葛藤があっても挑戦意欲を掻き立てるストーリーが語られている	1	2	3	4	5

いかがでしたでしょうか。リーダー、2者間、チームと影響範囲のレベルに応じて設問が構成されていました。得点が高いレベルがあなたの強み、低いレベルがあなたの弱みになります。ぜひ興味のあるテーマから読み進めてみましょう。

第2章

リーダー個人の心理的安全性の高め方

2-1

リーダー自身の心理的安全性を確保する

心理的安全性はチームマネジメントにおける概念ですが、それをチームに浸透させるためには、まずリーダー自身の心理的安全性が確保されている必要があります。ではどうやってそれを実現するのでしょうか。

リーダーを取り巻く困難な環境

心理的安全性の根源（ソース）は、どこにあるのでしょうか？それは、リーダー自身が、誰よりも心理的安全な状態であることから始まります。リーダーが不安や恐れを抱えているとそれは必ず、メンバーや周囲にも伝わります。

「上司に思っていることが言えない」「疑問や反論があっても発言できない」など、ともすると部下側の立場からのみ語られることの多い、心理的安全性。しかし今、制御不能な心理的不安感に苛まれているリーダーは珍しくありません。

終わりの見えない業務量……そもそも現代の多くのリーダーは部下と一緒に現場の仕事もしながら、チーム全体の管理・運営もするプレイングマネージャーが多いと思います。さらにマネジメントをするのなら、業務量軽減のためプレイヤーとしてのノルマは減るはずですが、実際はその逆でプレイヤーとしてもチームトップのノルマを抱え、メンバーのフォローアップもしなければいけないリーダーが多いと聞きます。これは日本社会における「集団の長たるもの結果でみんなを引っ張るべし」というような思想が根強く残っていることが原因と考えられます。

そうした労働環境における、世代や価値観の異なるメンバーの育成、上司や経営陣からのプレッシャー、他部門や顧客からの要望やクレーム、さらには家庭内での育児や家事の分担などなど……。社内・社外、上下関係、プライベートとあらゆる方向から板挟みになっているのが現代のリーダーです。

実際に現場のリーダーからよく聞こえてくる、個人レベルの心理的安全性を阻害する不安の声を紹介します。

個人レベルの心理的安全性

現場でよく聞かれるリーダーの悩み
メーカー
管理職
Aさん
（30代／子供なし）
新卒プロパー
入社10年目の
大手メーカー管理職
仕事は比較的順調ですが、ふとこのままでいいか思い悩むときがあります。自分なりの目的や軸を持って仕事しないと部下を振り回しそうで。
IT企業
チームリーダー
Bさん
（20代／独身）
伸び盛りの
スタートアップ企業
のチームリーダー
いつも仕事に追われ、立ち止まり客観的に自分を見つめる時間が取れません。このままだといつか感情が爆発しそうで怖いです。
金融機関
管理職
Cさん
（40代／子供あり）
管理職経験15年
以上のベテラン
マネージャー
時代は変わってしまった。昔のやり方が通用しない。
ちょっと叱っただけですぐにパワハラ、セクハラと言われそうで不安だよ。
メーカー
管理職
Bさん
（30代／子供あり）
女性管理職登用を
期待されて
この春に管理職に。
私生活では手のかかる子供を2人抱えており、もっと仕事でチャレンジしたいのに中途半端になってくやしいわ。

「Safe myself」の状態を目指す

このような声、もしくは似たような悩みを聞いたことがないでしょうか。もしくは、あなた自身の状況と当てはまる悩みや不安もあったのではないでしょうか。

リーダーは、部下や周囲に大きな影響力を与える存在です。人は、言っていることとやっていることが一致している、一貫性のあるリーダーに共感を覚えます。自身の心理的安全性を確保できていない状態で、部下や職場に心理的安全性の重要度をいくら説いても虚しく空回りしてしまう状況は想像に難くないでしょう。あなたが、チームや部署、ひいては会社全体を心理的安全な場にしたいのであれば、まず、あなた自身が心理的安全な状態、すなわち、「Safe myself」の状態をつくることが必要不可欠なのです。

2-2

個人の心理的安全性を高めるには

リーダー自身の心理的安全性を高めるには、まず４つの要素があるということを認識してください。そしてその４つの要素を満たすために、それぞれ３つ、合わせて12のWayがあります。

４つの要素と12のWay

リーダー自身の心理的安全性を高めるために、まず４つの要素を意識しましょう。４つの要素とはすなわち、**パーパス**（目的意識）、**セルフアウェアネス**（心身の状態把握）、**認知バイアス**（思い込みの偏見）、**レジリエンス**（回復手段）になります。この４つが充足していて初めて個人の心理的安全性が保たれます。

リーダー個人の心理的安全性を高める４つの要素

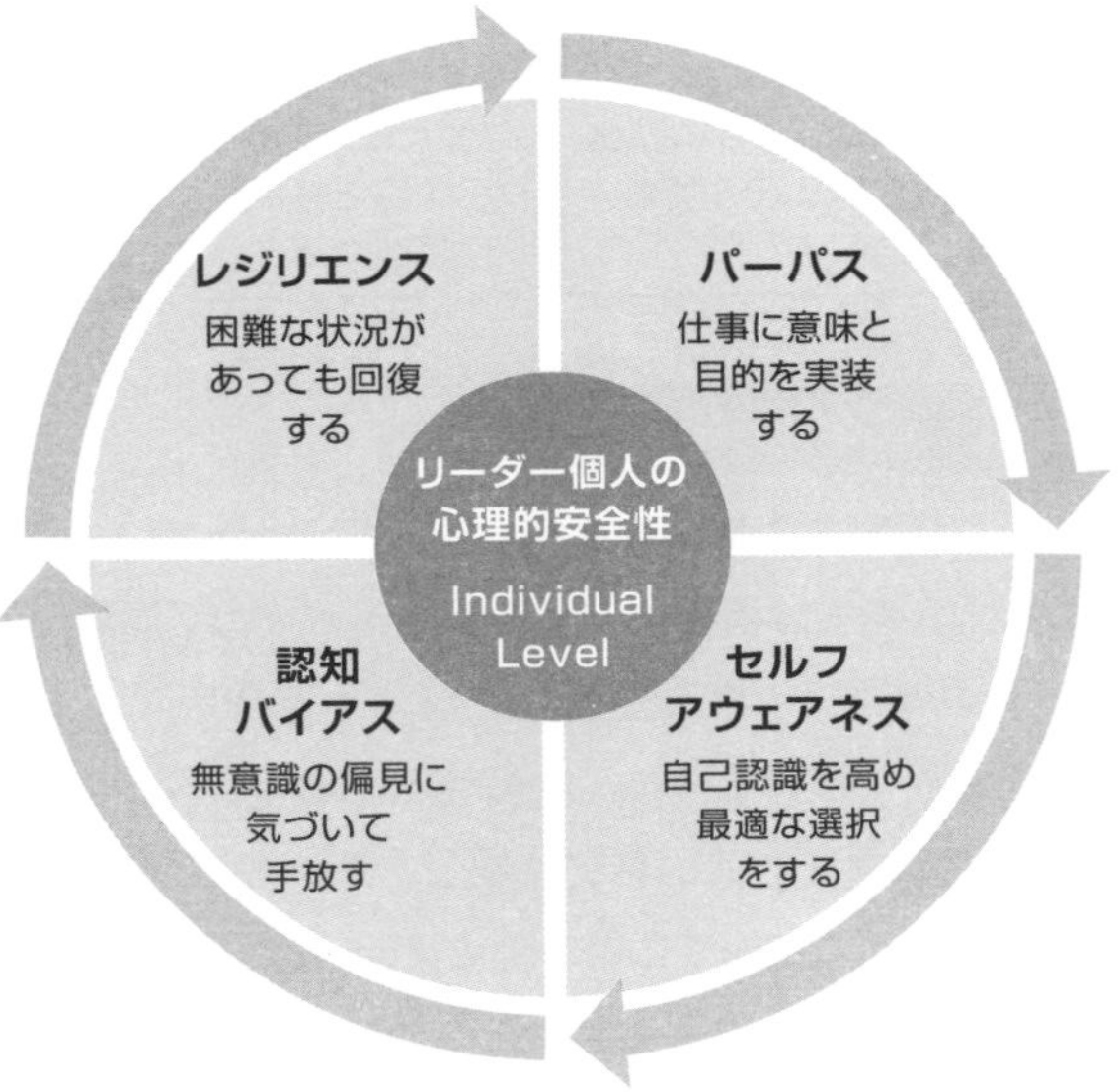

さらに、この4つの要素を実現する12のWay（方法）があります。4つの要素と12のWayについて、さらに詳しく解説していきます。

①パーパス：自分の仕事に意味と目的を実装する

人は、自分の仕事に意味と目的を感じることができれば、不安から解放され幸福感を持って働くことができるようになります。またメンバーと関わる際も、自分なりの軸を持って関われるため、一貫性のあるリーダーシップを発揮できるようになります。

Way1　パーパスフルなリーダーになろう！

あなた自身の仕事を通じて果たす価値や存在意義のことを示すパーパス。自分は、なぜ、この仕事をしているのか？仕事に誇りと意味を取り戻すことから始めましょう。

Way2　自分のパーパスを発見しよう！

自分を振り返り、「愛していること」「得意なこと」「お金が得られること」「世界が必要としていること」の重なりにパーパスは存在します。発見しましょう。

Way3　パーパスを使って自己紹介してみよう！

パーパスは自己完結するものではなく、他者に表明することで、共感を呼び起こしたり影響力を持たせたりすることができます。積極的にパーパスを使って自己紹介してみましょう。

②セルフアウェアネス：自己認識を高め最適な選択をする

時には立ち止まり、今ここを見つめることで、状況を俯瞰して、メタ認知をすることができます。事象に対して、感情的に反応せずに、自分の感情を正しく扱う選択ができれば、負のループに陥ることなく最適解を生み出すことができます。

Way4　「今、ここ」に集中しよう！

毎日10分の瞑想でも心の状態を整えることにつながります。起こった事象に感情的に反応するのではなく、瞑想で心を養うことで心の平安、安心を得ましょう。

Way5　「ジャーナリング」で自分の状態を把握しよう！

自身を取り巻く状況を全体から俯瞰する「メタ認知」は、瞑想やジャーナリングなど日々の習慣を通じて、養うことが重要です。

Way6　心のポーズボタンを押して最適な選択をしよう！

私たちは、生活の様々な瞬間で、選択を迫られます。情動に任せるのではなく、ポーズボタンで一瞬立ち止まり、未来が開ける選択を行えるかが、成功のカギとなります。

③認知バイアス：無意識の偏見に気づいて外そう！

自分には、無意識の偏見、思い込みといったバイアスが存在するという事実に気づくことが必要です。バイアスの存在を知り、正しい言葉を扱うことができれば、部下と接するときも恐れず、コミュニケーションできるようになります。

Way7　アンコンシャス・バイアスに気づいて手放そう！

人は経験、慣習、価値観から無自覚に陥りやすいアンコンシャス・バイアス（偏見）を持ちがち。陥りやすいバイアス（思い込み）を知り、症状を把握し処方箋を手にしましょう。

Way8　マイクロ・アグレッションに気づいて手放そう！

バイアスをゼロにすることはできませんが、減らす努力をすることは可能です。無自覚に相手を排除しないコミュニケーションを取れるよう意識して努めましょう。

Way9　正しい言葉を使おう！

思い込みや偏見は「無意識」のうちにつくられます。普段自分が使っている言葉を見直してみて、思い込みや偏見につながる「セルフトーク」を書き換えることが必要です。

④レジリエンス：困難な状況があっても回復する

困難な状況に遭遇したとき、自身の心理的安全が脅かされたとき、しなやかな心を持って、速やかに回復する自分なりの方法を確立しましょう。

Way10　完璧主義から脱却しよう！

困難な状況は、環境要因だけでなく自ら基準を高めすぎたり、選択肢を広げすぎたりして招いていることもあります。時には「ほどほど」で満足することも必要です。

Way11　変えられることにエネルギーを注ごう！

時には、避けられない困難な状況に置かれることがあります。そのときは、変えられる（コントロールできる）ことにフォーカスして取り組むことが重要です。

Way12　「自己効力感」を高めてレジリエンスを強化しよう！

自己効力感を高めると困難な状況に見舞われても、失敗してもさほど落ち込むことなく物事の達成に向けて挑戦し、努力し続けることができるようになります。

以上、リーダー個人の心理的安全性を高める4つの要素と要素ごとに必要な12個のWayの概要をお伝えしてきました。詳細についてはこれから紹介していきますが、これらひとつひとつは非常に小さな試みなので気軽に試して頂ければと思います。

とはいえ、習慣づけが必要なもの、マインドセットの変更が必要なものなど、どれも現状の自分自身を変える必要があるため、なかなか簡単なことではないと思います。

しかし、これらをひとつずつクリアしていった先には必ずあなた自身の心理的安全性が保たれていることをお約束いたします。また、まだ管理職にはなっていない方、管理職候補の方にも有用な内容ですので、是非試していただければと思います。

2-3

パーパス Way1
パーパスフルなリーダーになろう！

あなた自身の仕事を通じて果たす価値や存在意義のことを示すパーパス。自分は、なぜ、この仕事をしているのか？自分の取り組む仕事に誇りと意味を取り戻すことから始めましょう。

パーパスとは

近年、ビジネスシーンにおいて主に企業の社会的な存在価値や意義を示す概念としてパーパスというキーワードが注目を集めています。「自社は何のために存在するのか」「その事業をやる理由は何か」といった根源的な問いの答えとなるものがパーパスです。パーパスが注目される背景のひとつに、様々なことが不確実で、次に何が起こるのか予測することが難しく、その影響が思いもよらない形で波及するような時代の中で、目先のトレンドや流れに浮足立つことなく、この世界に自社の存在理由を示すことで、ブレない経営や拠り所となる判断基準を持とうとする企業の意志があります。

企業にパーパスがあるのと同様に、リーダー個人もパーパスを持つべきであると考えます。なぜなら、リーダーシップは、つまるところ誰かをどこか（最適な目的地）に導く営みだからです。自身を導くことができなければ、部下やチームを目的地に導くことは叶いません。日々、絶え間なく起こる大小のトラブルに浮足立つことなく、地に足をつけて、自分はなぜこの仕事をしているのか？どのように生きたいのか？ブレない自己を確立してみてはいかがでしょうか。

「パーパスとは、その人の人生において何が重要かという包括的な感覚であり、その人の中核となる価値観に後押しされ、人生に意味を与えてくれる。

パーパスは、航海における北極星のような役割を果たし、私たちが、計画から外れ、人生や仕事において『志どおり』でなくなったとき、それを知る手助けをしてくれる」

神経科学の権威、Britt Andreatta博士

個人がパーパスを持つことが問われる時代

本章冒頭の例にあった、新卒プロパー入社10年目の大手メーカー管理職Aさんのセリフ、「ふとこのままでいいか思い悩むときがあります。自分なりの目的や軸を持って仕事しないと部下を振り回しそうで」というのは、まさに時代の流れを代弁した声です。

比較的環境が安定していた10年以上前は、リーダーの役割は、組織の定めた明確なゴールの実現に向けてHow（計画や戦術）を落とし込めばよく、リーダーが固有のパーパスを持つ必要性は、さほど感じられませんでした。

絶え間ない変化が起こる現代のような状況では、誰も明確なゴールを設定することができず、リーダー自身が何らかの軸となるWhy（パーパスや意味）を持たないとメンバーの共感を引き出すことが難しくなっています。下図に、パーパスを持っているリーダーと持っていないリーダーの顕著な違いを「方向性」「意思決定力」「リーダーシップ」「心理的安全性」の各側面でまとめてみましたので確認してみてください。

パーパスを持つリーダーと持たないリーダーの違い

	パーパスフルなリーダー	パーパスレスなリーダー
方向性	自分の人生やビジネスにおける方向性が明確	方向性が不明確で迷いやすい
意思決定力	選択の岐路に立たされた際に自分のパーパスに基づいて素早く判断できる	選択が環境依存となりやすい
リーダーシップ	パーパスが明確になることで、自己信頼感が増し、他の者に対し自信を持ってリーダーシップを発揮できる	パーパスが不明瞭なのでどこに向けてメンバーを率いればよいか分からずリーダーシップを発揮できない
心理的安全性	パーパスによって大局観を持つことで目先の動向に振り回されずに自身の心理的安全性を確保できる	目の前の成果の上がり下がりに振り回されてしまい、不安を感じる局面がある

先行きの不透明な今こそ、自らの道を照らす灯火としてパーパスを掲げることが求められています。なぜなら、自分のパーパスに従って仕事ができれば、熱意とやりがいを感じ、充実した日々を過ごせるようになるからです。そして、結果的にいきいきと働くリーダーのもとで、メンバーは心理的安全性を感じるのです。

中核となる価値観を洗い出してみる

自分のパーパスをつくる前に、あなたの中核となる価値観を確認してみましょう。下記の価値観リストからあなたが大事にしている価値観を3つ選択し、なぜその価値観を大事にするに至ったのか？理由を言葉にしてみましょう。

● WORK 1

価値観リスト

イノベーション	誠実	顧客満足	プロ意識	成果	スピード	貢献
人を大切にする	進化	クオリティー	オンリーワン	情熱	切磋琢磨	勇気
起業家精神	責任	自由	オープンさ	喜び	多様性	自ら
変化適応力	冒険	ありのまま	やりぬく	選択	つながり	楽しさ
美しさ	意味	ユーモア	信念	コミュニティー	安心	愛

①わたしの中核となる3つの価値観は、これらの価値観です。

②これらの価値観を持つに至るには、過去に以下のような経験をしてきました。

2-4

パーパス Way2
自分のパーパスを発見しよう！

パーパスフルなリーダーとはどんなものかイメージできたと思います。WORK 1で自分の中核となる価値観を整理できたでしょうか。それでは、いよいよ具体的に自分のパーパスを探し始めてみましょう。

パーパスを発見するダイアグラム

自身の心理的安全性を高める上で、パーパスを持つ必要性を理解していただきましたが、どのようにして発見すればよいのでしょうか。自らの「**愛していること**」「**得意なこと**」「**お金が得られること**」「**世界が必要としていること**」の重なりにパーパスは存在しますが、その発見に役立つ図を紹介します。

パーパス　ダイアグラムの例

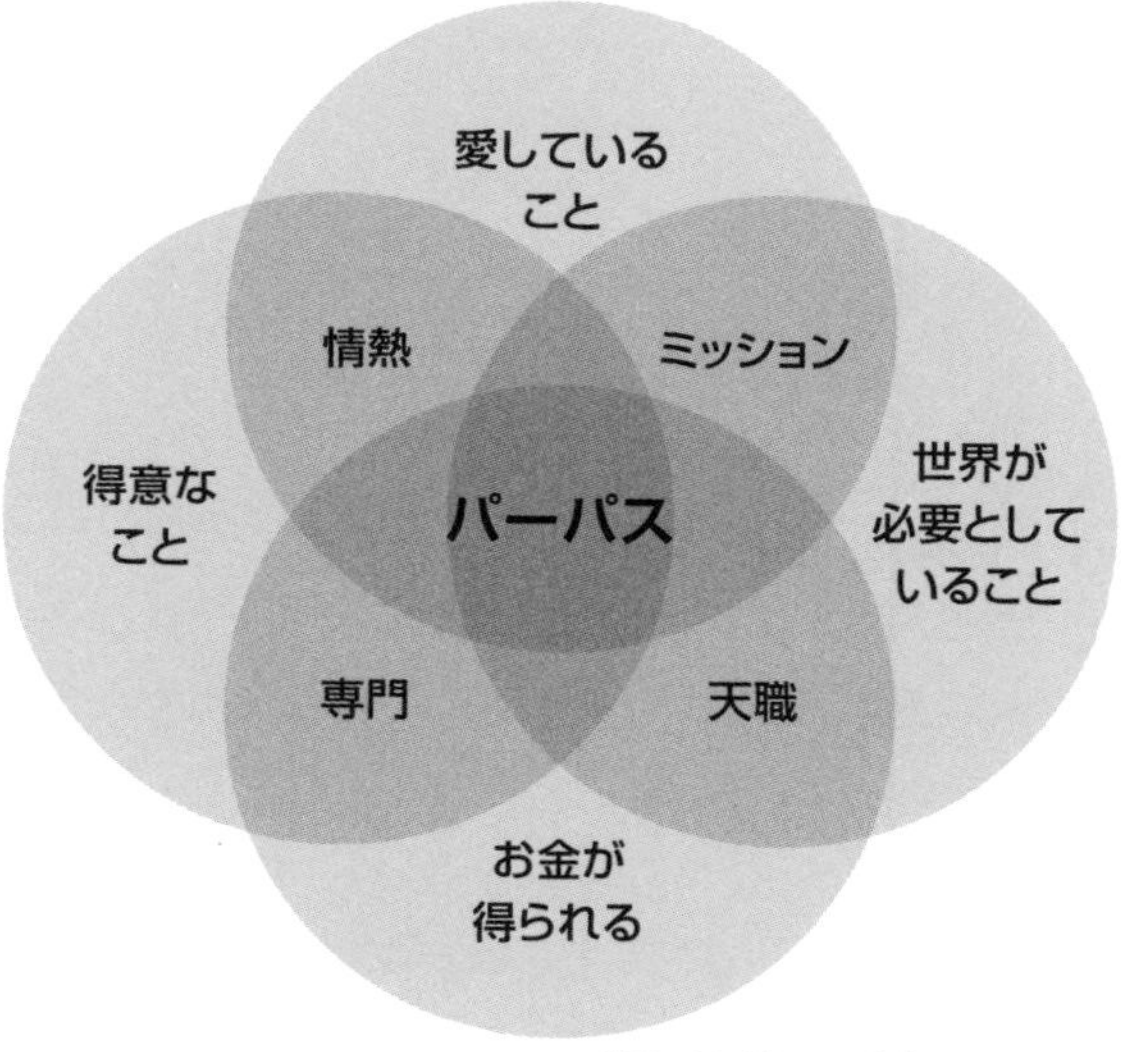

出典：アンドレス・ズズナガ氏考案のダイアグラム

４つの円の重なりの中心点に自分のパーパスは存在します。4つの円はそれぞれ、「愛していること」「得意なこと」「お金が得られること」「世界が必要としていること」から構成されています。愛していること、得意なことの重なりに「情熱」、得意なこと、お金が得られることの重なりに「専門」、お金が得られること、世界が必要としていることの重なりに「天職」、世界が必要としていること、愛していることの重なりに「ミッション」があります。そして、「情熱」「専門」「天職」「ミッション」の重なりに「パーパス」を見出すことができるというベン図です。しかし、この図だけでも概念は理解できるのですが、パーパスに具体的に落とし込むには、さらなる自分自身への深掘りが必要です。

マイパーパスをつくるための質問リスト

そこで、ダイアグラムをベースに「情熱」「専門」「天職」「ミッション」を表出させる質問リストを作成しました。ぜひ、トライしてみましょう。

【愛していること×世界が必要としていること】

□あなたが最高にやりがいを感じる瞬間はいつですか？

□仕事で最大のピンチから立ち直れたときに何が起こっていましたか？

【世界が必要としていること×お金が得られること】

□これまでのキャリアで最も人から感謝されたことは何ですか？

□他人からよく頼まれるのはどんなことですか？

【お金が得られること×得意なこと】

□これまでの人生で最も時間や労力をかけてきたことは何ですか？

□努力していないのに、他の人よりうまくできてしまうことは何ですか？

【得意なこと×愛していること】

□あなたが思わず夢中になり幸せを感じるのはどんなときですか？

□他人から、「そこまでこだわるの？」と驚かれたのはどんなことですか？

これらの質問によって自分を客観的に見つめることが可能となります。質問に答えたら、最後にパーパスを言語化します。パーパスは「～することで（自分が他者や世界へ貢献できる独自の強みや価値）、～を実現する（最終的にもたらす効果や影響）」の構文でシンプルで明確に、そして肯定的な言葉で表現すると力が宿ります。ぜひ、この機会にWORKを活用してあなたのパーパスを発見してみましょう。

●WORK 2

パーパス　ダイアグラム

□あなたが思わず夢中になり幸せを感じるときはどんなときですか?

□他人から、「そこまでこだわるの?」と驚かれたのはどこですか?

□あなたが最高にやりがいを感じる瞬間はいつですか?

□仕事で最大のピンチから立ち直れたときに何が起こっていましたか?

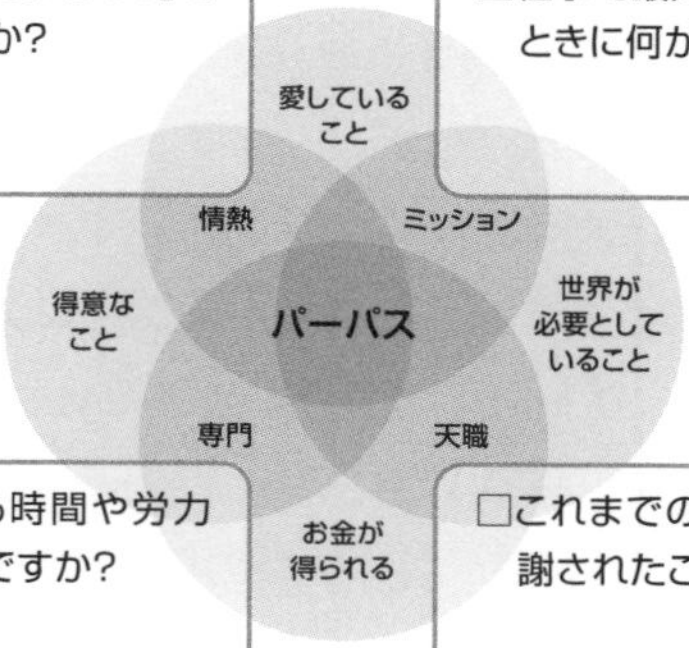

□これまでの人生で最も時間や労力をかけてきたことは何ですか?

□努力していないのに、他の人よりうまくできてしまうことは何ですか?

□これまでのキャリアで最も人から感謝されたことは何ですか?

□他人からよく頼まれることは何ですか?

□あなたを突き動かすパーパスは何ですか?

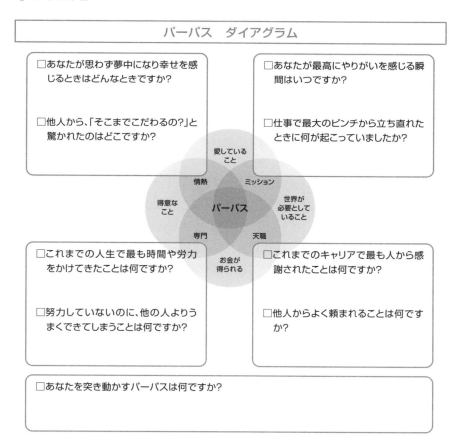

2-5

パーパス Way3

パーパスを使って自己紹介してみよう！

パーパスは自己完結するものではなく、他者に表明することで、共感を呼び起こしたり影響力を持たせたりすることができます。積極的にパーパスを使って自己紹介しましょう。

パーパスを表明することの大切さ

パーパスは、一度つくったら変わらないものではなく、世界が必要としていることやあなたが愛していることが変われば、おのずと変化します。そして何よりパーパスは、つくることで満足してはいけません。あなたのパーパスを実際に周囲やメンバーに表明したり、語ってみたりする機会をつくりましょう。パーパスは、人の心を動かすメッセージとしての影響力があります。

人に何かを伝える、訴える際に有効な考え方として、マーケティングコンサルタントのサイモン・シネック氏が提唱した**ゴールデンサークル理論**があります。人の心を動かすメッセージは、サークルの中心にあるWhyから始めることが重要であるとシネック氏は説きます。図のようにWhy、How、Whatの順でメッセージを発信することが、脳の大脳辺縁系が司る、人間の感性や感情に直接アプローチでき、人の意思決定を促せるのです。

ゴールデンサークル理論

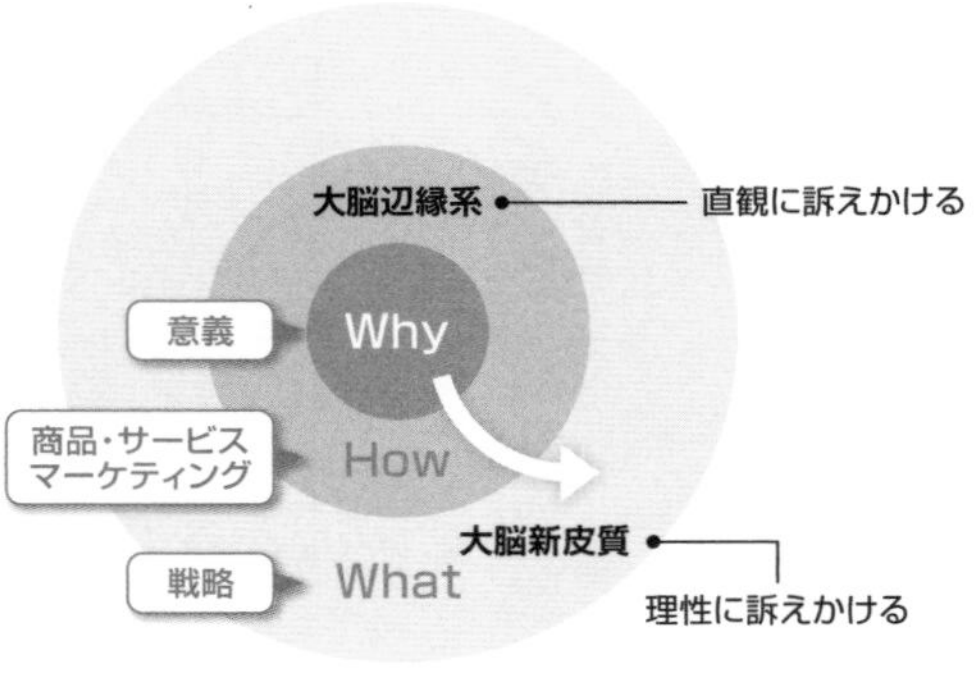

人は、何を（WHAT）ではなく、
なぜ（WHY）に心を動かされる

たとえば、PCを販売する場合のメッセージをWhyから始める場合とそうでない場合で比較をしてみます。どちらがあなたの購買意欲を高めるでしょうか？

PCを販売する場合

普通のアプローチ

我々は素晴らしいPCをつくりました。
What :「こういうものです」

美しいデザインで簡単に使え、親しみやすい製品です。おひとついかがですか?
How :「こんな風にすごいんです」

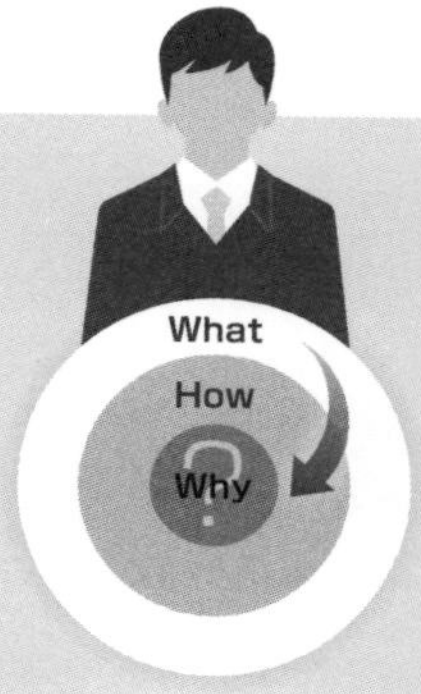

人を動かすアプローチ

我々には、世界を変えるという信念があります。人と異なる考え方に価値を置いています
Why :「我々はこうあるべきと信じます」

世界を変える手段として、美しいデザインで簡単に使え、親しみやすい
How :「だからこんな風にしたんです」

素晴らしいPCができました。おひとついかがですか?
What :「それが、この製品です」

後者のWhyからメッセージを発した方が相手の心を動かすことは一目瞭然です。Whyとは、存在理由、意義としてパーパスとも同義です。

次にパーパスを使って私の自己紹介をしてみましょう。

筆者の自己紹介の場合

普通のアプローチ

私はファシリテーターをしています。

What :「こういうものです」

お互いが本音で対話できるような心理的安全な場を問いやツールでデザインしています。

How :「こんな風にすごいんです」

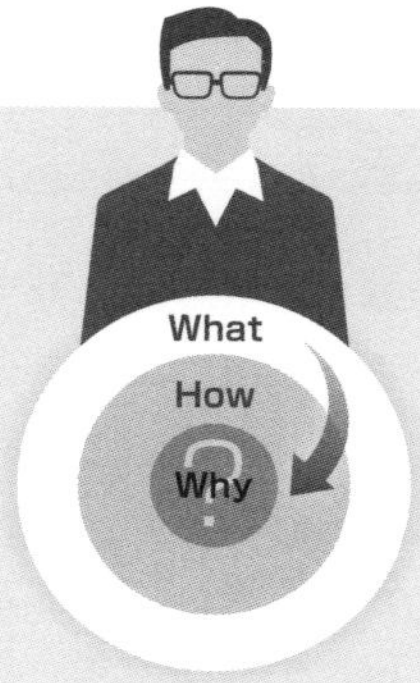

人を動かすアプローチ

私の使命は、人や組織に備わる自然な創造性に着火し、創発が広がる場を生み出すことです。

Why :「私はこうあるべきと信じます」

お互いが本音で対話ができるような心理的安全な場を問いやツールでデザインすることで

How :「だからこんな風にしたんです」

実効性のあるファシリテーションを提供しています。

What :「それが、この製品です」

どちらのファシリテーターの開く対話の場に参加してみたいと思うでしょうか？

人に影響を与えるリーダーシップの源泉としてもパーパスを使って自己紹介することをおすすめします。ワークシートを使って練習してみましょう。

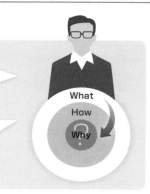

下記のようなシチュエーションでもあなたのパーパスを使った自己紹介は効果を発揮します。ぜひ活用、実践してみてください。

- □　新たに着任したチームで自己紹介するとき
- □　中途入社者のオンボーディング時に自己紹介するとき
- □　部下との1on1で自己紹介するとき
- □　採用説明選考会で応募者に自分の仕事を語るとき
- □　自分の子供に仕事の魅力を語るとき

●WORK 3

マイパーパス自己紹介

人を動かすアプローチ

Why
「私はこんな想いを持って仕事をしています」

How
「だからこのような工夫やこだわりがあります」

What
「それが、この仕事です」

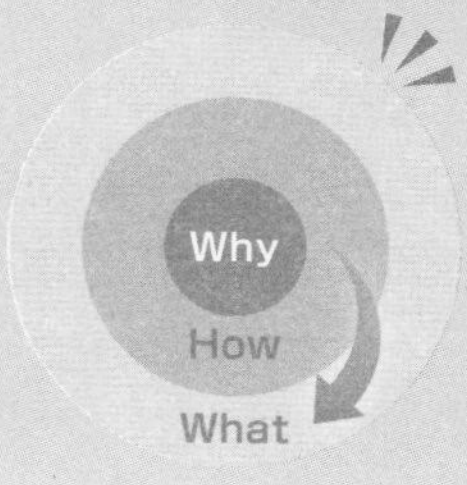

Why :

How :

What :

2-6

セルフアウェアネス Way4
「今、ここ」に集中しよう！

毎日10分の瞑想でも心の状態を整えることにつながります。起こった事象に感情的に反応するのではなく、瞑想で自分の心を養うことで精神的な平安、安心を得ましょう。

今、この瞬間に起こっていることに意識を向ける

職場では日々、予期しないトラブルやクレームなど様々なことが起こります。しかし、発生した事象に左右されず、今、ここで起こっていることは何か、自分はどんな状態かを客観的に自己認識できると地に足のついた対応ができるようになります。

このように自分のことに気づき、認識できている状態を「**セルフアウェアネス**」が高い状態といいますが、この状態に近づく有効な習慣に瞑想があります。最近、企業でも瞑想の効用が注目されています。

人は、目の前のことに注意を払わずに生きている

ハーバード大学のキリングスワース博士らによる、「人間は活動中の約50%の時間を目の前のことに注意を払わずに生きている」という研究結果があるように、我が身を振り返っても、これから起こるかどうか分からない未来に対して不安を感じていたり、すでに終わった過去のミスに執着したりと、今この瞬間に起こっていることに意識を向ける時間が少ないことが分かります。

そうした中、ひとつのやり方として一日数分でいいので、一歩立ち止まり雑多な情報やうつろう事柄を遮断し、「今、ここ」を見つめる瞑想を取り入れてみてはいかがでしょうか。「今、ここ」というのは、「時間と空間」を意味します。それはあなたにとって、安心で安全な自分だけの時間とスペースの確保を意味します。今、ここに心と身体をつなぐために、ビジネスパーソンがすぐにできる瞑想のやり方を紹介します。

瞑想のステップ

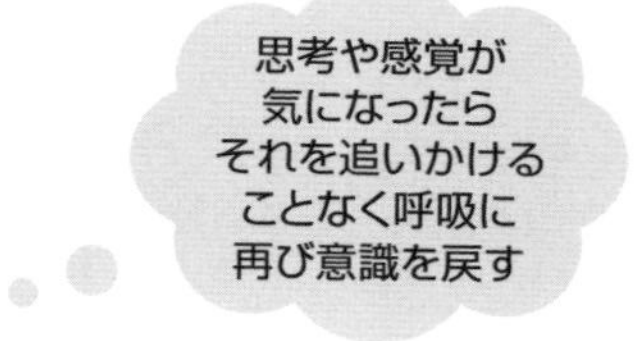

1. 骨盤を立て、背筋を伸ばして座る
2. 視線を落とす、または目を閉じる
3. 自分の呼吸に意識を集中する
4. 注意がそれたら気づいて呼吸に注意を戻す
5. 心配や妄想といった思考や身体が発する感覚をありのままに観察する

上図の5つのステップを、誰にも邪魔されない早朝の目を覚ましたタイミングで実施するのがおすすめです。毎日10分でよいので、繰り返し行うことができれば、やがて瞑想しないと気持ちが悪いと思うようになります。私たちが毎日している習慣で言えば歯磨きのような習慣にすることができます。

私の場合は、座布団を自分にとって心理的安全なスペースに見立てて、そこに座っている間は、どんな思考や身体感覚が雑念として浮かんできてもやがて消えていくと思いながら座るようにしています。習慣が身につく頃には、集中力と心の平安を保った新しい自分に出会えることでしょう。

瞑想で「今、ここ」の自分の呼吸に意識を向けることは、文字通り目の前で起こっていることに集中することです。毎日瞑想を続けることで、自分の心身のコンディションを自覚できたり、人の話を深く聞けるようになったりします。ぜひ、実践していきましょう。

●WORK4

瞑想を毎日続けられるように簡略化した手順書をつくりました。是非試してみてください。

瞑想スクリプト

- 居心地のよい静かな場所を見つけてタイマーを10分にセットしましょう。

- 椅子にゆったりと腰掛けて、両足の裏を床につけて手はそっと膝に置きます。
  背筋を伸ばし、頭と背骨をまっすぐにし椅子と床があなたを支えていることを感じましょう。

- 目は静かに閉じて身体から空気を全て吐き出すようにして事前に呼吸の流れをつくります。顔から順に力を抜いていきます。

- 眉間を開き、顎を引いて腕や足がストレスから解放されていくのを感じましょう。

- ゆっくりと呼吸に意識を向けます。呼吸によって胸が上下に動き、空気が出入りするのを感じましょう。心配や妄想といった思考が湧き起こったらその存在に気づいて、そっと手放します。

- 自分の吸う息、吐く息に意識を向けて静かな時間を過ごします。

- タイマーが鳴ったら目を閉じたまま、意識をそっと元の状態に戻します。
  ゆっくり身体を伸ばして目を開けてみてください。

2-7

セルフアウェアネス Way5

「ジャーナリング」で自分の状態を把握しよう！

自身を取り巻く状況を全体から俯瞰する「メタ認知」は、先述の瞑想の他に、ジャーナリングという方法でも日々の習慣として、養うことができます。是非覚えて取り入れてみてください。

「メタ認知」の重要性

瞑想を習慣化するメリットは、心身の健康や仕事の生産性向上だけでなく、雑念や感情をはじめとする自分の中で今この瞬間に起こっている違和感を冷静に観察する「**メタ認知**」ができるようになることにもあります。

メタ認知とは、置かれている状態を客観的に把握している状態のことを指します。当事者になるほどシビアな状況を客観視することは難しくなりますが、そうしたときこそ感情の渦に巻き込まれるのではなく、ひとつ上の視点で冷静に状況を観察し、最適な選択をすることが必要です。感情の渦に飲み込まれそうなときには、図のように自分を上空から俯瞰してみて、なぜ自分にそうした感情が湧いているのか？自分の考えは本当に正しいのか？と自問してみることをおすすめします。

メタ認知とは認知についての認知のこと

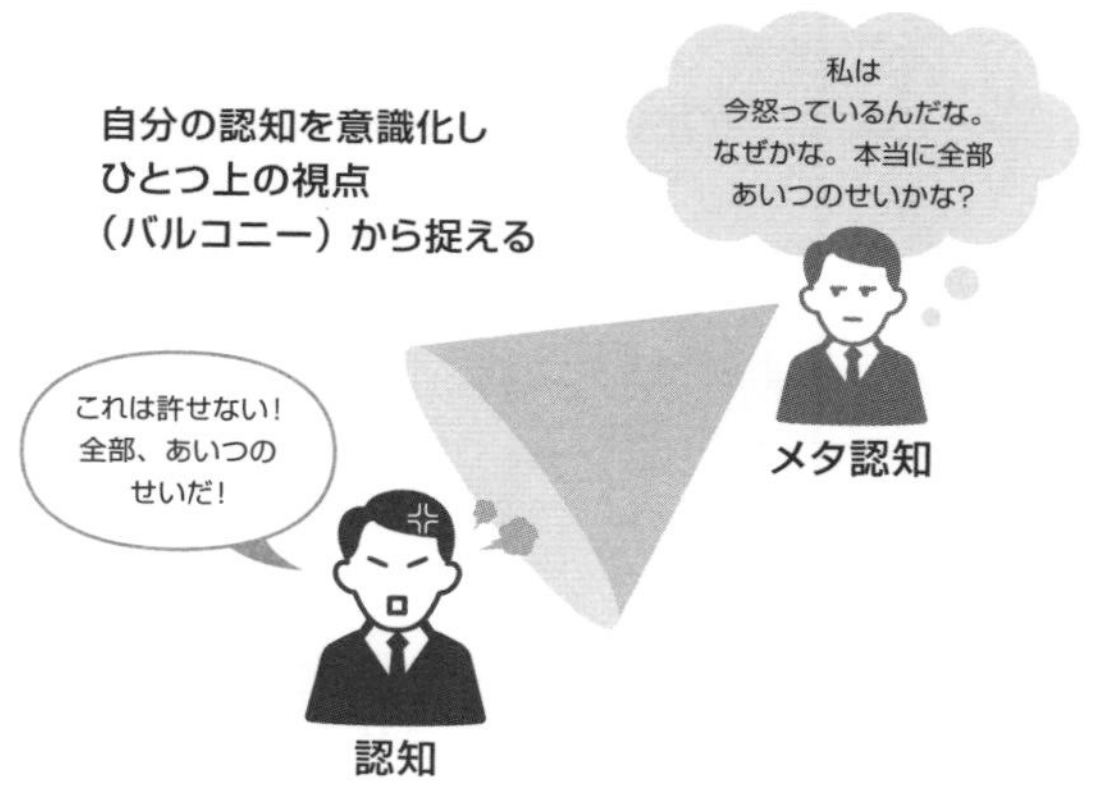

自分の認知を意識化し
ひとつ上の視点
（バルコニー）から捉える
私は
今怒っているんだな。
なぜかな。本当に全部
あいつのせいかな?
メタ認知
これは許せない！
全部、あいつの
せいだ！
認知

ジャーナリング実践のポイント

そして、離れた所から自身の状態を知るのには、瞑想の他にも効果的な実践法があります。それは自分の考えや感情を心の赴くままに紙に書く「**ジャーナリング**」という手法です。ジャーナリングは、自分が経験した良い経験もほろ苦い経験もきちんと消化して、これから進む未来を思い描くことに役立ちます。また紙に書き出すことで、自分と不安な事柄が切り離されるため、ストレスや不安感の緩和、睡眠の質や集中力の向上などが期待されます。ジャーナリングを始める上で、いくつかのコツを紹介します。

ジャーナリング（書く瞑想）の心得

準備するもの

白紙とお気に入りのペン
（自由に書けるようにマス目や罫線の入っていない白紙が好ましい）

実施時間

10分。タイマーが鳴るまで徒然なるまま書く。
実施時間帯はいつでも構わないが朝はあわただしいので
少し落ち着いて時間を取れる一日の終わり、就寝前が理想。
洗顔や入浴のような習慣になるとしめたもの。

ポイント

何を書いても構わないが
「私は今、何を感じているか?」

「なぜ、そう感じているのか?」

「もしもこの視点が絶対でなかったら?

この視点を変えてみたら?」

などの問いを設定してみるのもよい。

考えすぎず、手を止めずに思いつくままに。書いているうちに、だんだんと気持ちが落ち着いてきたりスッキリする感覚が得られるでしょう。ぜひ、試してみましょう！　次ページでは、様々な切り口でジャーナリングの観点を示しているのでぜひ活用してみてください。

● WORK5

大切なこと

Q, あなたがゆずれないものは何ですか？

Q, あなたが完全に安心できる場所はどんな所ですか？

自分の軸

Q, どんなことでよく笑いますか？

Q, 決断するときに大事にしていることは何ですか？

他者との関係

Q, どんな人といるときに素の自分を出せますか？

Q, 友達からどんな人だと言われますか？

手放したいこと

Q, どのような時間が一番苦手ですか？

Q, 今すぐにでも手放したい習慣は何ですか？

過去の自分

Q, 今の自分をつくった原体験は何ですか？

Q, 10年前の自分と変わっていないことは何ですか？

未来の自分

Q, どこでもドアがあったらどこに行きたいですか？

Q, 10年後どんな自分になっていたいですか？

2-8

セルフアウェアネス Way6

心のポーズボタンを押して最適な選択をしよう！

私たちは、生活の様々な瞬間で、選択を迫られます。そんな時、自分の感情に任せるのではなく、ポーズボタンで一瞬立ち止まり、未来が開ける選択を行えるかが、成功のカギとなります。

心のポーズボタン

起こった出来事に対して、むき出しの感情に任せて反応するとたちまち、あなただけではなく、周囲の心理的安全性も阻害されてしまいます。もしも、怒りの情動を発動する前にワンクッション置いて「**心のスペース**」を空ける一時停止ボタンを押すことができれば、望ましい未来への最適な思考の選択をすることができます。

例えば、あなたが部下の不適切な言動を見て思い浮かべたことが「何度言っても伝わらない！　こいつに指導しても無駄！」だとします。これは怒りの情動に支配されている状態です。こうした際に、感情をコントロールする４つのポイントを紹介します。

感情をコントロールする４つのポイント

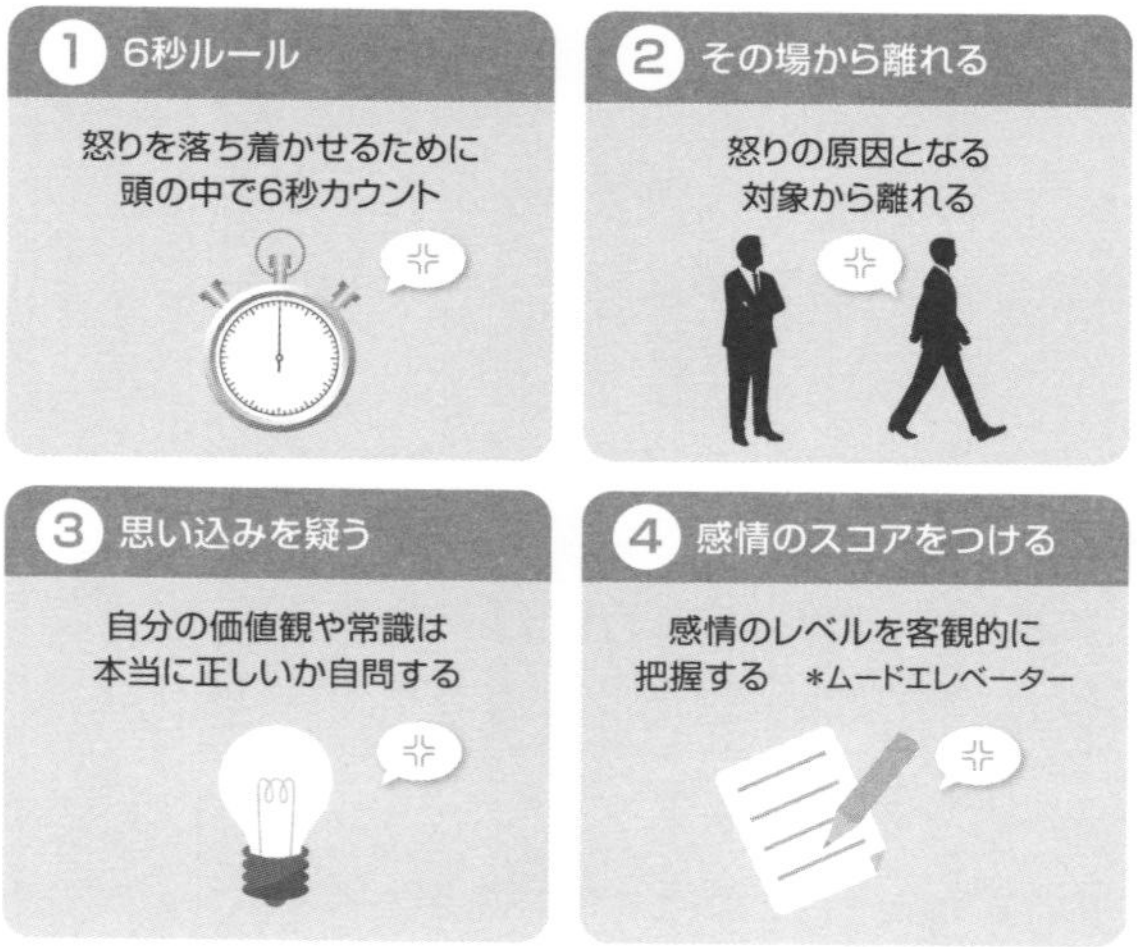
1 6秒ルール
怒りを落ち着かせるために
頭の中で6秒カウント
2 その場から離れる
怒りの原因となる
対象から離れる
3 思い込みを疑う
自分の価値観や常識は
本当に正しいか自問する
4 感情のスコアをつける
感情のレベルを客観的に
把握する　*ムードエレベーター

①6秒ルール

どんな怒りも永続することはありません。たとえキレそうになっても心の中で6秒カウントすることができれば落ち着きを取り戻すことができます。

②その場から離れる

怒りの対象を目前にすると矛先を納めるところがなく、新たな怒りの感情が湧いてきます。状況によってはその場から一時的に離れ冷静になることも必要です。

③思い込みを疑う

自分の主張や正義は本当に正しいか？相手が100%悪いと決めつける前に、相手の視点や第3者の視点からこの状況を俯瞰すると何が言えるか自問自答しましょう。

④感情のスコアをつける

自分の感情のレベルをつけてみると客観的に自分の状態を認知、可視化することができます。ムードエレベーターというフレームワークを紹介します。

ムードエレベーター理論

「私の中に、イライラという感情がある」というように、距離を置いて自分の感情にラベルをつけて眺めてみます。こうした心のスペースがあるとこれまでと結果が変わります。一般的に私たちの感情の語彙は「喜怒哀楽」程度しかありません。これは感情についてあまり語らない方がよいという過去の教育の名残が影響しています。ゆえに身体感覚の変化には気づけても感情の変化には気づけない人が多いのが実情です。人は、言葉によって思考し、思考によって行動を規定しているので、感情を表現する語彙を増やし感情の細やかな違いを言葉で識別できれば、感情をある程度制御することが可能になります。

そこでラリー・センが開発した感情の階層図を示す「**ムードエレベーター**」を紹介します。自分の状態を客観視するものさしとして有効です。ストレスや不安を感じる下層部から希望に満ち楽観的で感謝の気持ちを抱く上層階まで広範囲にわたり多様な感情が記されており、一歩距離を置いて感情を見つめる上で参考になります。

そしてフラットゼロの中央に「好奇心」が置かれていますが、何事も偏見や先入観を脇に置いて「今、何が起こっているのか」という好奇心を持って関わってみることも重要です。ぜひ、感情が動いたら自分は今、どの階層にいるのか自問してみてください。

あなたが、今、感じている感情は何階ですか？フロアの名称と何を感じているか？を振り返ってみましょう。

● WORK6

ムードエレベーター記入シート

ムードエレベーター階層図

- 感謝に満ちている
- 聡明で洞察力に優れている
- 革新的で創造力にあふれている
- 機知に富んでいる
- 楽観的で希望に満ちている
- 人を認め賞賛している
- 寛大で思いやりがある
- ユーモアのセンスにあふれている
- 柔軟で適応力がある
- 好奇心があり興味を持っている
- 焦りやフラストレーションを感じている
- いら立ちを覚え悩みを抱えている
- 心配や不安を感じている
- 自信が持てず過度な保身に走っている
- 批判的で人を非難している
- 自己中心的になっている
- ストレスを感じ疲弊している
- 怒りに満ち敵意を抱いている
- 絶望している

● あなたの「感情が今いるフロアの名称」

● そのフロアにいる理由

● さらに上層階にいくためにできることは?

出典：ムードエレベーター　感情コントロールの新常識（芸術新聞社）

2-9

認知バイアス Way7
アンコンシャスバイアスに気づいて外そう！

人は経験、慣習、価値観から無自覚に陥りやすいアンコンシャス・バイアス（偏見）を持ちがちです。陥りやすいバイアス（思い込み）を知り、症状を把握し処方箋を手にしましょう。

人が陥りやすいアンコンシャス・バイアス

１章でも述べましたが職場を取り巻く環境は、変化に富んできています。性別、人種、国籍、年齢、経験、文化、宗教、学歴、地位……多様性を挙げれば枚挙にいとまがありません。

自分では気が付かずに持っている偏った見方、考え方、思い込みのことを**アンコンシャス・バイアス**（Unconscious Bias）と呼びます。自分の育ってきた環境や所属する集団の中での経験や教育などが、このバイアス形成の要因となっています。

手始めに、下記を読んで登場人物の脳外科医と患者の関係について答えてみてください。

アンコンシャス・バイアスの例

父親が子供を乗せて運転していたところトラックと正面衝突しました。父親は即死、後部座席の少年は意識不明の重体です。

少年は救急搬送されすぐに手術をすることになりまし た。執刀医は海外でも高名な脳外科医の権威です。ところが、脳外科医は、少年を見てこう叫びました。

「この患者は私の息子なので私には手術できない！」

Q　この脳外科医と患者の関係は?

出典：『人はなぜ物語を求めるのか』著 千野帽子（筑摩書房）

いかがでしょうか？読みながら違和感を覚えた人もいたかもしれませんが、上記の文章を「脳外科医＝男性」という「前提」で読んでしまうと、「死んだはずの男性＝父親」が生き返り、「自分の息子を執刀できない」というように論理的に破綻してしまいます。

答えは、「脳外科医＝女性」つまり子供の母親だったということで、これはいかに無意識に「性別」と「職業」を結びつけているか？というバイアスを明らかにするクイズです。

陥りやすい代表的なアンコンシャス・バイアス

陥りやすいバイアスを紹介します。転ばぬ先の杖として、知っておきましょう。

①「全てか無か」　全てのことをなんでも白黒はっきりつけたがる視点

症状：世の中にあるものを、全てバッサリ2つに分けようとする。損か得か。敵か味方か。好きか嫌いか。良いか悪いか。自分にも他人にも融通が利かない。

処方箋：あらゆることを0か1で分けるのではなく、今の状況を目に見える形で数値化してみる。

②「過度な一般化」　起きた事象の一部を見て、全て同じ傾向にあると思い込む視点

症状：何でも過敏に反応し一部の出来事を見て全てが同じ傾向にあると思い込もうとする。置かれている状況を実際よりも悪く見積もる。

処方箋：例外を考えてみる。物事には例外があることを認識し事実はどうか、データやエビデンスで表すと本当に全てがそう言えるか確認してみる。

③「べき・ねばならない」　何に対しても決めつけをしてしまう視点

症状：自分や他人の考えや行動に対して「べき」や「ねばならない」で押し付けてしまう。また自分の「べき」が満たされないことへの慢性的な怒りや不満がある。

処方箋：国や文化が変わったら自分の常識は変わるかもと考えてみる。また、「べき」が果たされなかった場合に何を失うか？を問いかけてみる。

④「レッテル貼り」　自身や他者にネガティブなレッテルを貼ってしまう視点

症状：自身や他人に負のレッテルを貼ってしまい、自分の成長の枠を決めてしまう。その後、後悔や不安、自己嫌悪といった症状に見舞われる。

処方箋：自分が貼っているレッテルの名前を確認してみる。行った結果としての行動と自分自身を切り離して考え、レッテルを外すようにする。

以下の文を読んで自分に当てはまるものはないか。確認してみましょう。

● WORK 7

バイアステスト

- □ 社会人であれば、結婚して子供をもうけるべきだと思う
- □ 受付、事務職、看護師と聞くと女性を想像する
- □ 男性の育児休暇は違和感がある
- □ 定時で帰宅する社員は、頑張りが足りない
- □ 年配者の社員は、頭が固いし、変われないと思う
- □ 子育て中の女性に出張や残業は頼めないと思う
- □ LGBTに対して戸惑いを感じる
- □ 外国籍労働者は日本の企業文化を理解できないと思う
- □ 障害者は、ルーティンワークしかできないイメージがある
- □ 「常識」「べき」「すでにご存知のように」などの言葉をよく使う

ひとつでも当てはまったら、あなたにもバイアスが備わっている可能性があります。バイアスに陥らないためには、自分には偏見があるかもしれないと内省する心構えと謙虚さを持つことが重要です。自分と異なる考えや価値観を持つ他者へのオープンな姿勢と、何事にも好奇心を持って理解することに努めましょう。

2-10

認知バイアス Way8

マイクロ・アグレッションに気づいて手放そう！

バイアスをゼロにすることはできませんが、減らす努力をすることは可能です。リーダーとしては特に気をつけたいところですが、無自覚に相手を排除しないコミュニケーションを取れるよう意識して努めましょう。

無意識のうちに人を傷つける言葉

アンコンシャス・バイアスに近しい概念に「**マイクロ・アグレッション**」があります。読んで字の通り「小さな攻撃性」という意味です。人と関わるとき、相手を差別したり、傷つけたりする意図はないのに、相手の心に影を落とし、心理的安全性を阻害してしまう言動や行動のことです。攻撃するつもりで言ったわけではないのに、相手を傷つけてしまったような経験に思い当たるふしはないでしょうか。「小さな攻撃」とも訳されるマイクロ・アグレッションがなぜ相手を傷つけるかというと、その言葉や行動に人種や文化背景、性別、価値観など、自分と異なる人に対する無意識の偏見が含まれているからです。

昨今では企業もコンプライアンスを重視し、昔よりパワハラやセクハラに対して敏感に反応するようになりました。そのような環境下で働くリーダーは昔のリーダーよりももっと大変になっています。性別や年齢だけでなく、様々に異なったメンバーの状況を頭に入れながらコミュニケーションをする必要があるからです。悪気なく発信したメッセージが、相手によっては自分が意図しないマイクロ・アグレッションとして受け止められてしまう可能性もあるからです。下記の言動とそこから暗に相手に伝わるメッセージをご覧ください。

マイクロ・アグレッションの例

	言　動	暗に伝わるメッセージ
年齢	新入社員にしては、いいことを言うね！	新入社員はしょせん大したことない
ジェンダー〈女性〉	３人称として無条件に「彼」「彼ら」を使う	主流は男性、女性は例外
	「ちゃん」づけで呼ぶ	軽く扱ってもいい
	アシスタントとして扱う	女性はサポート役である
外国人	日本語うまいですね！	あなたはよそ者である
	食堂や休憩スペースで隣に座らない	何か警戒されている
LGBT	気のせいだよ、そのうち治るよと言う	病気である

昨今では、リモートワークなどで対面でのコミュニケーションが減っているという面もあります。そのため特に特にリーダーは、相手のダイレクトな反応をつかみにくいオンラインでのコミュニケーションや大規模集会でのスピーチなどパブリックに発言をする前には、自問することが必要です。次のページで、自分の言動がマイクロ・アグレッションに陥っていないかテストするための観点を紹介します。これらの観点を活用し、その都度チェックすることでより意識的なコミュニケーションを促進しましょう。

マイクロアグレッション・チェックテスト

- □ 相手の人種、性別、年齢などの属性に基づいたステレオタイプを使用していないか?
- □ 賛辞や評価を述べる際、暗に他のグループや属性との比較をしていないか?
- □ 相手の身体的な特徴や外見についてコメントをしていないか?
- □ 相手の文化や背景について誤った仮定をしていないか?
- □ 相手の個人的な情報やプライバシーに関する質問になっていないか?
- □ 相手の感情や意見を軽視せず、真摯に受け止める姿勢を持っているか?

いかがでしょうか。自分の発言が特定の相手を排除（エクスクルーシブ）して心理的安全性を阻害していないか確認し、全ての人を包摂（インクルーシブ）するメッセージを発信することが必要です。「言葉遣い」は、相手への「気遣い」です。ぜひ、有効に活用しましょう。

次のページのワークでは、まずグローバル企業のリーダーが、コミュニケーションするシーンを想定した表を見てもらいます。左側は、無自覚に特定の誰かを排除してしまうマイクロ・アグレッションにつながる言語になっています。右側に誰も排除しないような言葉に言い換えてみましょう。

●WORK 8

誰も排除しない言い方を考えてみよう

	排他的(エクスクルーシブ)な言語	包摂的(インクルーシブ)な言語
1	ウチの組織のマンパワーはすごい	
2	日本においては……	
3	若手の皆さんには通じないかもしれませんが……	
4	彼らの生み出したこの業績を誇りに思います	

!ヒント!

① は、マンパワーという発言が、男性優位に聞こえ、女性社員を排除しています。

② は、「日本において」を主語にすることで、海外拠点の視点からすると、我々の国は、関係ないのかと排除されているように感じます。

③ は、「若手の皆さんには通じない」ということで、若年層を排除しています。

④ は、「彼ら」が女性を排除しています。

回答例

①私たちの組織の発揮する能力に魅了されています

②グローバルマーケットから見て日本市場は……

③かつてこんな有名なエピソードがありました

④見事な業績を実現された皆さんは素晴らしいです

2-11

認知バイアス Way9
正しい言葉を使おう！

思い込みや偏見は「無意識」のうちにつくられます。普段自分が使っている言葉を見直してみて、思い込みや偏見につながる「セルフトーク」を書き換えることが必要です。

言霊《ことだま》の力

言葉には現実の出来事を引き起こす力があると信じられています。万葉集にも「言霊の幸はふ国」という記述が見られるように、日本人は古代より言葉を大切に扱ってきた民族です。神道では、祝詞《のりと》を奏上するときに誤読を禁じたり、結婚式では「切れる」「終わる」「閉める」といった忌み言葉は使ってはいけないとされたりします。

言霊は宗教的概念だけでなく、日本人の感性や文化に根差しており「良い言葉を口にすると良いことが、悪い言葉を口にすると悪いことが起こる」という考えは自然な感覚となっています。思い込みや偏見につながる断定や決めつけ言葉を癖として使ってないか見直しましょう。

様々なキラーワード

「**キラーワード**」というと相手の心をつかんで離さない、いわゆる「殺し文句」のような魅力的な言葉を意味します。しかしここでは、誰かの良いところを殺すという意味のキラーワードを紹介します。例えば次ページにあるようなメンバーのアイデアを殺すキラーワードです。会議の場では意見に対して率直に発言しているだけだったのに、知らず知らずのうちに「あの人はいつも人の意見やアイデアを否定する」と言われてしまうのはよく聞くお悩みです。意見やアイデアに違う、と言うことが悪いわけではありません。否定をするにしても意見を出した人が前向きになれる言い方があるということです。先ほどのマイクロ・アグレッション同様、無意識に使っていないか、自分の発言を改めて見直してみてください。

アイデアを殺すキラーワード

その前に、予算はどのくらいかかるの?

成功の確率は?

実行するには人手が足りないね。

それは、ウチの部の責任範囲を超えているよ。

前例はあるの?

で、誰がやるの?(やれるの?)

結果はいつでるの?

いいと思うけど、「今」じゃないよね。

ロジックが通っていないね。

イメージが湧かないなぁ。

他にもメンバーの自律性を損ねる言葉には「命令」「脅迫」「皮肉」「嫌味」「比較」の5つのパターンがあるので紹介します。無自覚に使ってないか確認してみましょう。

自律性を殺す5つのパターン

① 命令	「自分の頭で考えなさい!」「早くしろ!」
② 脅迫	「今月達成しないと、後で大変になるよ!」
③ 皮肉	「いつになったら本気出すの」
④ 嫌味	「今日は珍しく集中しているね」
⑤ 比較	「同じグレードの彼は、ちゃんとやっていたよ!」

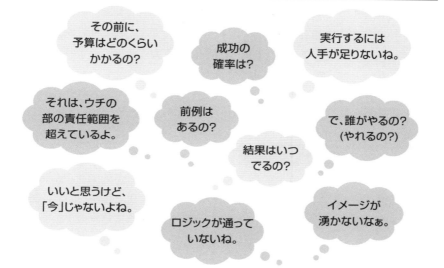

D言語を排除する

もしも、こうした言葉を普段使っているようでしたら、修正していく必要があります。すぐに実行可能な提案は、Dの付く言葉を禁止することです。「だって」「だから」「どうせ」「でも」といったDから始まる言葉には、たいていネガティブな断定が続きます。「だって、できないはずだ」「どうせ無理だ」といったように。このようなマイナスな言葉は否定につながり、言われたメンバーの心理的安全性を阻害します。

肯定的な言葉に言い換える

2つめの提案は、「エネルギーの高い肯定的な言葉」を使うことです。エネルギーの低い言葉は、否定や悲観、失望といった感情を伴い、エネルギーの高い言葉はポジティブな思考や感情を伴います。以下、使いがちな否定語を肯定表現に書き換えたものです。次のWORKで日常的に使いがちな否定語を肯定表現に言い換えてみましょう。

●WORK 9

使いがちな否定語を肯定的に言い換えてみよう

	日常的に使いがちな 癖になっている否定語	肯定表現
1	すみません	
2	やばい	
3	不安だ	
4	つまらない	
5	それでいい	
6	きっとダメだ	
7	ついてない	

使っている言語を肯定表現に言い換えるだけで、自分へのエネルギーも他者に与える影響力も変わっていきます。かのマザー・テレサが言ったとされる格言をご紹介します。言葉を意識して使っていきましょう。

思考に気をつけなさい、それはいつか言葉になるから。
言葉に気をつけなさい、それはいつか行動になるから。
行動に気をつけなさい、それはいつか習慣になるから。
習慣に気をつけなさい、それはいつか性格になるから。
性格に気をつけなさい、それはいつか運命になるから。

回答例

① ありがとう
② 何とかなるさ
③ 落ち着きたい
④ このあとに面白くなるはず！
⑤ それがいい
⑥ きっとうまくいく
⑦ 人生は学びだ

2-12

レジリエンス Way10
完璧主義から脱却しよう！

困難な状況は、環境要因だけでなく自分自身が基準を高めすぎていたり、選択肢を広げすぎたりして招いていることもあります。時には「ほどほど」で満足することも必要です。

レジリエンスとは

レジリエンスとは、物体に圧力がかかった状態から元へ戻ろうとする力のこと、つまり困難な状況に直面しても心折れることなく自ら回復して乗り越える力のことを指します。日々、様々な角度からプレッシャーという名の困難やストレスがかかり、自身の心理的安全性が阻害されているリーダーが、それらを跳ね返すレジリエンスを養うことは必須のマターです。

レジリエンスのイメージ

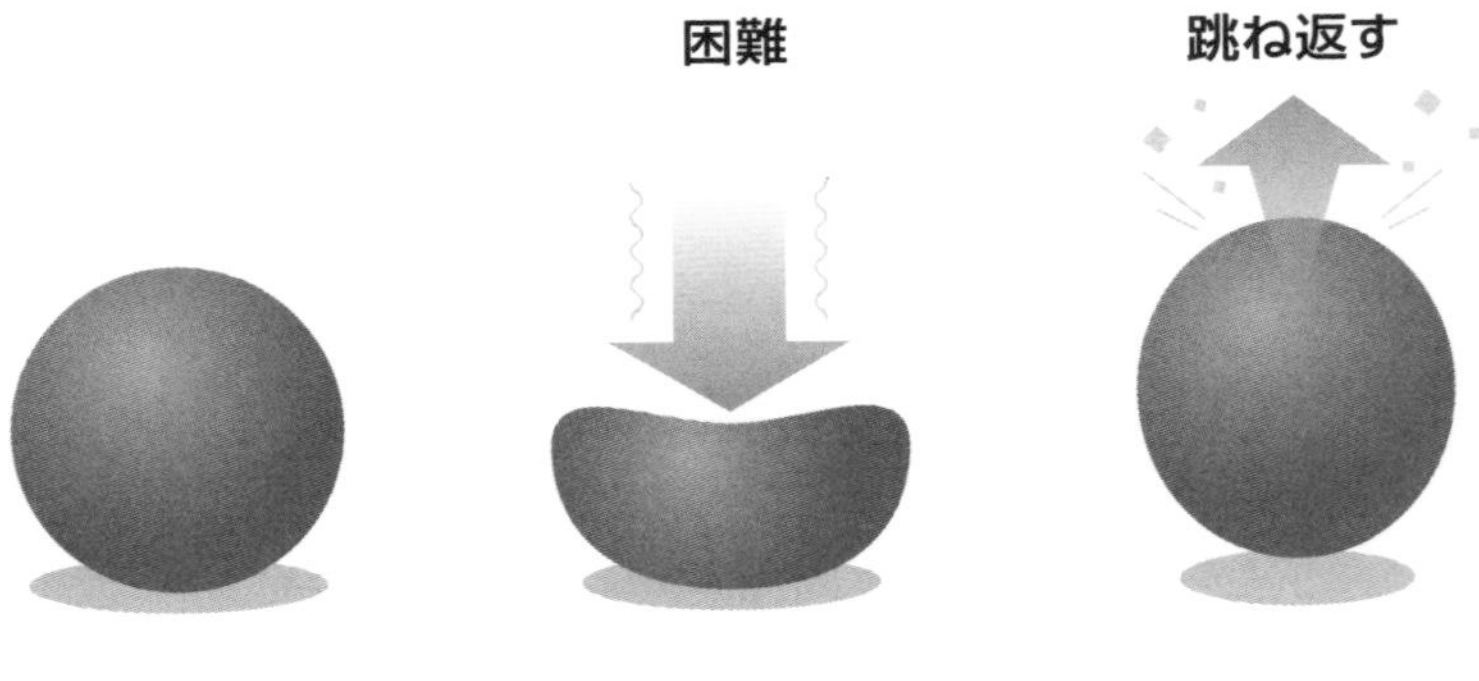

足るを知ること

ストレスやプレッシャーの要因となる「困難」は、外部から一方的にかけられるものと認識しがちですが、果たしてそうでしょうか。責任感や向上心の人一倍強い、完璧主義のリーダーこそ、自ら困難の度合いを高めていることがあります。

心理学者のバリー・シュワルツ氏は、人は、選択、意思決定をする際に、「**サティ**

スファイサー」（満足しやすい人）と「**マキシマイザー**」（最大限に良いものを求める人）の2つのパターンに分かれるといいます。サティスファイサーは、自分の要求を満たすのに「ほどよい」もので十分と考え、マキシマイザーは、最も良い条件を手に入れないと気が済まず、考え得る限りの選択肢を全て検討しようとします。

そして、人生の幸福感は、サティスファイサーの方が得られるとされていることから、「足るを知る」ということも必要です。

完璧主義から完了主義へ

マキシマイザーは、完璧主義者。サティスファイサーは、引き受けた業務をほどほどに完了させる完了主義者ともいえます。完璧主義に陥ると自分基準で一切の妥協を許さず、品質にこだわり、満点を追求し、他人や部下に任せずに責任を抱え込み、毎回ゼロからのオーダーメイドで顧客や依頼主の期待に応えようとします。相手は、満足するかもしれませんが、あなた自身には、次から次へと新しい仕事が入ってきます。完璧主義スタイルでは、自分の心身の安全性が保たれません。一方、完了主義者は、常に相手基準で、相手の期待を上回る合格点を取れれば、自分基準の満点は取れなくともよいと考えます。絶対に外せない要点は押さえた上で部下や協力者と責任を役割で分担し、時には、他社でうまくいった知恵を転用するなど、生産性、効率性も同時実現します。ぜひ、自ら抱え込んで、困難を大きくしてしまう完璧主義から脱却しましょう。

完璧主義から完了主義へ

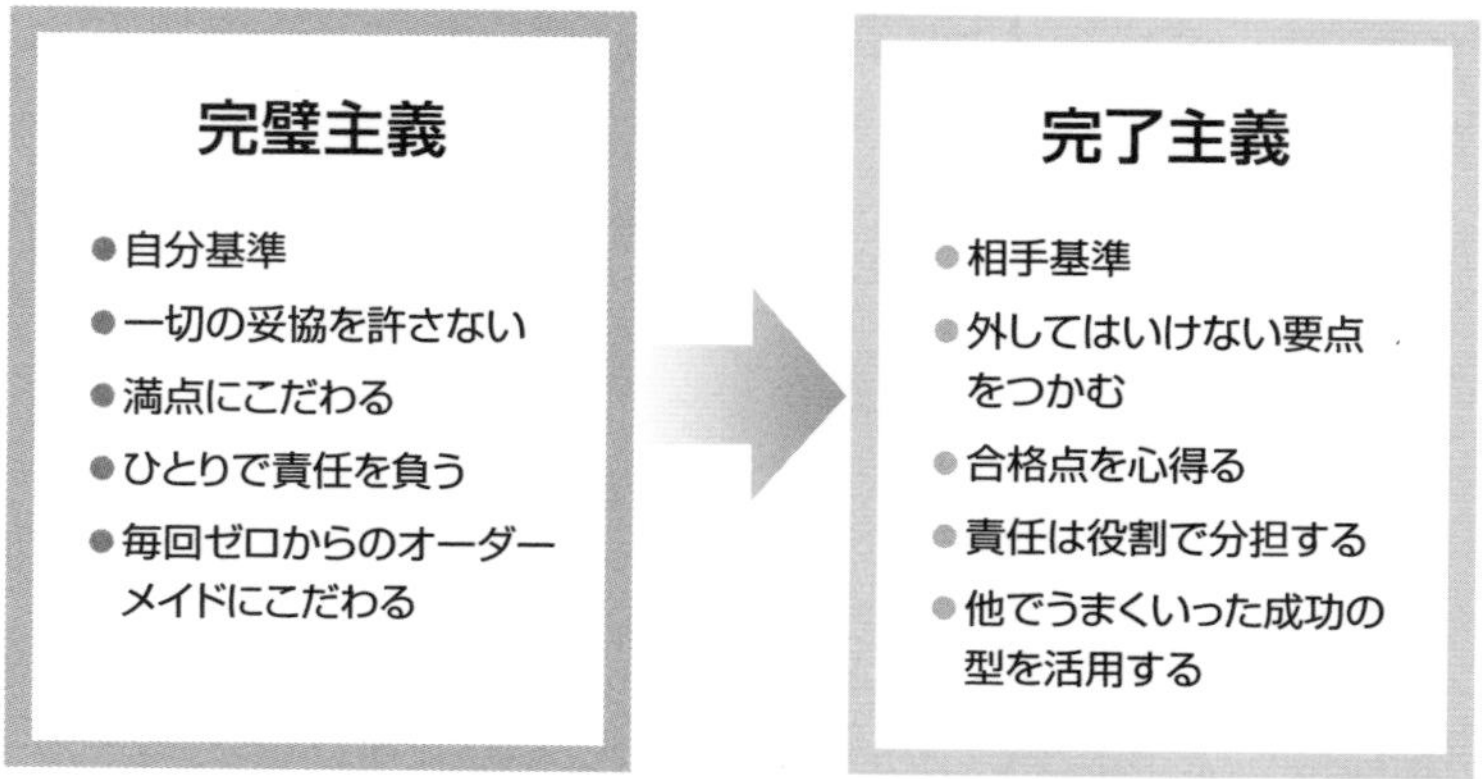
完璧主義
●自分基準
●一切の妥協を許さない
●満点にこだわる
●ひとりで責任を負う
●毎回ゼロからのオーダーメイドにこだわる
完了主義
●相手基準
●外してはいけない要点をつかむ
●合格点を心得る
●責任は役割で分担する
●他でうまくいった成功の型を活用する

下記の完璧主義を完了主義へと書き換えてみましょう。

● WORK 10

完璧主義から完了主義へ書き換えてみよう

	完璧主義	完了主義
1	100点以外は認めない	
2	部下の評価は減点方式	
3	口癖は「～しなければならない」	
4	石橋を叩いて渡る	
5	人のフィードバックは受けたくない	
6	時間は無制限	
7	失敗は許されない	

回答例

① 70点でもOK

② 部下の評価は加点方式

③ 口癖は「～しよう」「まぁいいか」

④ まずは、小さく始めてみる

⑤ 途中で周囲を巻き込み、フィードバックをもらう

⑥ 時間は有限、締め切りを決める

⑦ 失敗は成功の母

2-13

レジリエンス Way11
変えられることにエネルギーを注ごう！

時には、避けられない困難な状況に置かれることがあります。そのときは、変えられること、つまりコントロールできることにフォーカスして取り組むことが重要です。

変えられないもの

精神科医、ウィリアム・グラッサー氏が提唱した選択理論心理学では、レジリエンスを高める上で「変えられることにエネルギーを注ぐ」ことが重要だと説いています。私たちは普段、「変えられない」と分かっているはずのことに、多大な労力を費やしていることがあります。では、「**変えられないもの**」とは何でしょうか。大きく以下の3つにまとめることができます。

①他人

人間はともすれば、「他人」である上司や部下を変えてやろうと意気込みますが、そもそも「他人を変えることは無理だ」という前提に立つことが大切です。他人を変えることができないのならば、自分を変えるしかありません。その結果として他人に対しても変化を促すことができるのです。

②感情・生理反応

「感情」と「生理反応」はダイレクトに制御することができません。たとえば、思わぬ低評価を受けたときに感じた「悲しい」気持ちから逃れることはできないように。しかし、自分の「思考」や「行為」を変えることはできます。そして、これらを変えることで結果的に負の感情を和らげることができるのです。

③過去

過ぎ去ったことをあれこれ悔いる時間は何も生み出しません。「過去」はあくまで「未来」のためにあるもの。「過去」をなかったことにすることは不可能ですが

「未来」はこれからつくれます。未来を変えるために今、何を選択するかが重要なのです。「変えられないもの」ではなく、「変えられるもの」を選択しエネルギーを集中することが、自分自身をコントロールしていく上での第一歩なのです。

「前輪」の向かう方向に「後輪」は従う

人間の行動は、車にたとえると前輪が「行為」「思考」、後輪が「感情」「生理反応」と分けて捉えることができます。自らの意思で直接コントロールできて変えられるものは、前輪の「行為」と「思考」です。ただし「筋トレする」という行為を選べば、汗をかいたり、心拍数が上がったりするなど、後輪の「感情」「生理反応」は、前輪の「行為」「思考」に影響されて変化します。

運転席のハンドルに当たる「願望」で自らの「行為」と「思考」を正しく選択することができれば、直接的にはコントロールできない「感情」「生理反応」も間接的に影響を与えて変えることができるようになります。そういった意味では、迷走しないために自分の願望、つまり何をしたいのか、何が欲しいのかを明確にしておくことが重要です。

人間の行動のイメージ

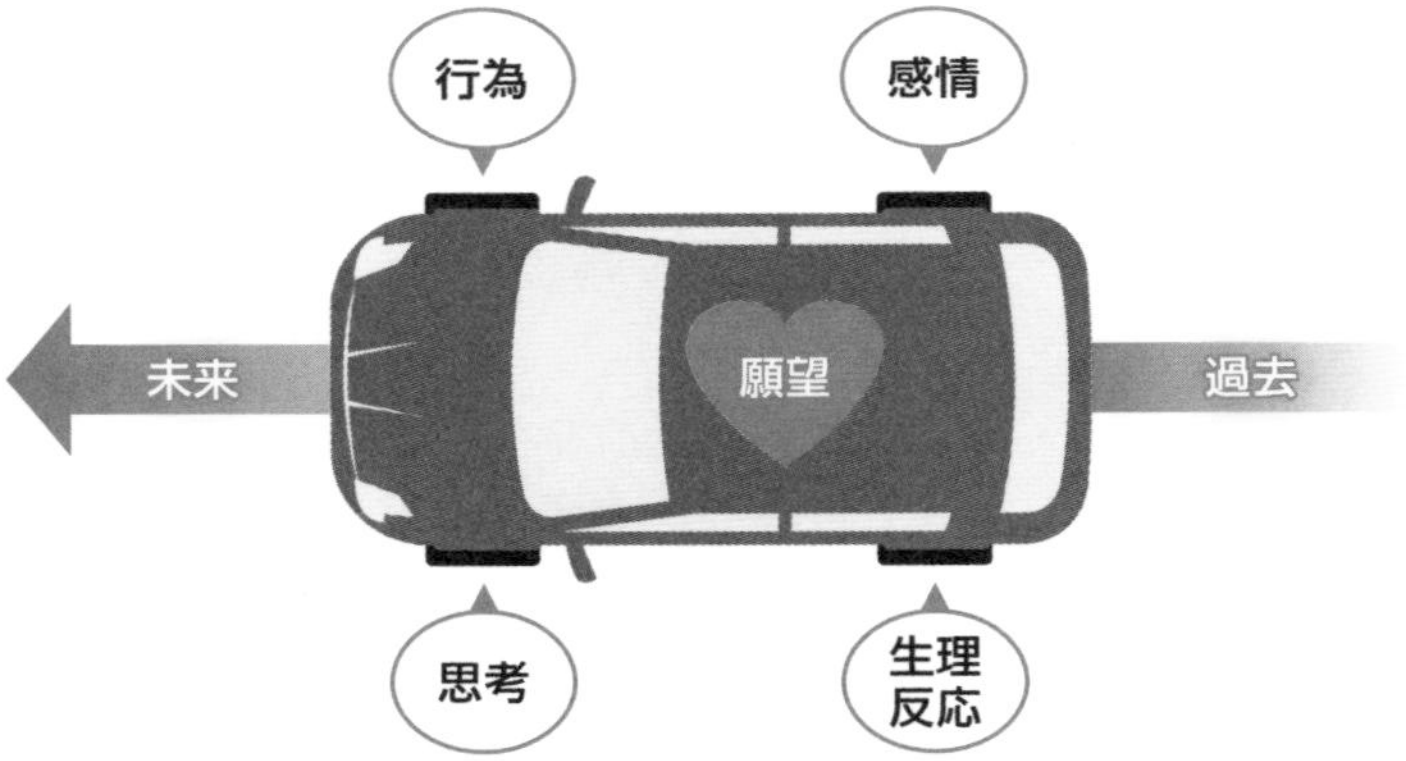

全行動の4要素

- 行為：歩く、話す、食べるなどの動作
- 思考：考える、思い出す、想像するなどの頭の働き
- 感情：喜怒哀楽といった感情
- 生理反応：発汗、心拍、あくび、呼吸、内臓の働きなど

●WORK 11

「変えられるもの」VS「変えられないもの」

下記の①～⑫を読み、“変えられるもの”に「○」を、“変えられないもの”に「×」をつけてください。

①	顧客からのクレーム	
②	あなたの言動、ふるまい	
③	景気や世界情勢	
④	通勤中の道路混雑状況	
⑤	上司の機嫌	
⑥	部下と接する時間	

⑦	あなたのインプット量	
⑧	競合企業の動き	
⑨	月末までの残された日数	
⑩	部下の価値観	
⑪	健康診断の結果	
⑫	チームの戦力（人員数）	

いかがでしょうか。変えられないものは、執着せずに手放して、変えられることに行為と思考の焦点を当てて、変えていきましょう。

回答例

①×　②○　③×　④×　⑤×　⑥○　⑦○　⑧×　⑨×　⑩×　⑪×　⑫×

2-14

レジリエンス Way12

「自己効力感」を高めてレジリエンスを強化しよう！

自己効力感の高い人は、困難な状況に見舞われても、失敗してもさほど落ち込むことはありません。少し落ち込んでからまた改めて物事の達成に向けて挑戦し、努力し続けることができるようになります。

自己効力感を高める４つのアプローチ

自己効力感とは、自分がある行動をすることができると信じる強い気持ちを指します。行動するための燃料となり、困難な状況でも諦めずに努力できたり、仮に失敗しても前向きに捉えることができ、立ち直りも早いなど、レジリエンスも高まります。では、そうした自己効力感を高めるにはどうすればよいのでしょうか。心理学者、アルバート・バンデューラ氏によって提唱された４つのアプローチを紹介します。

自己効力感を高める４つのアプローチ

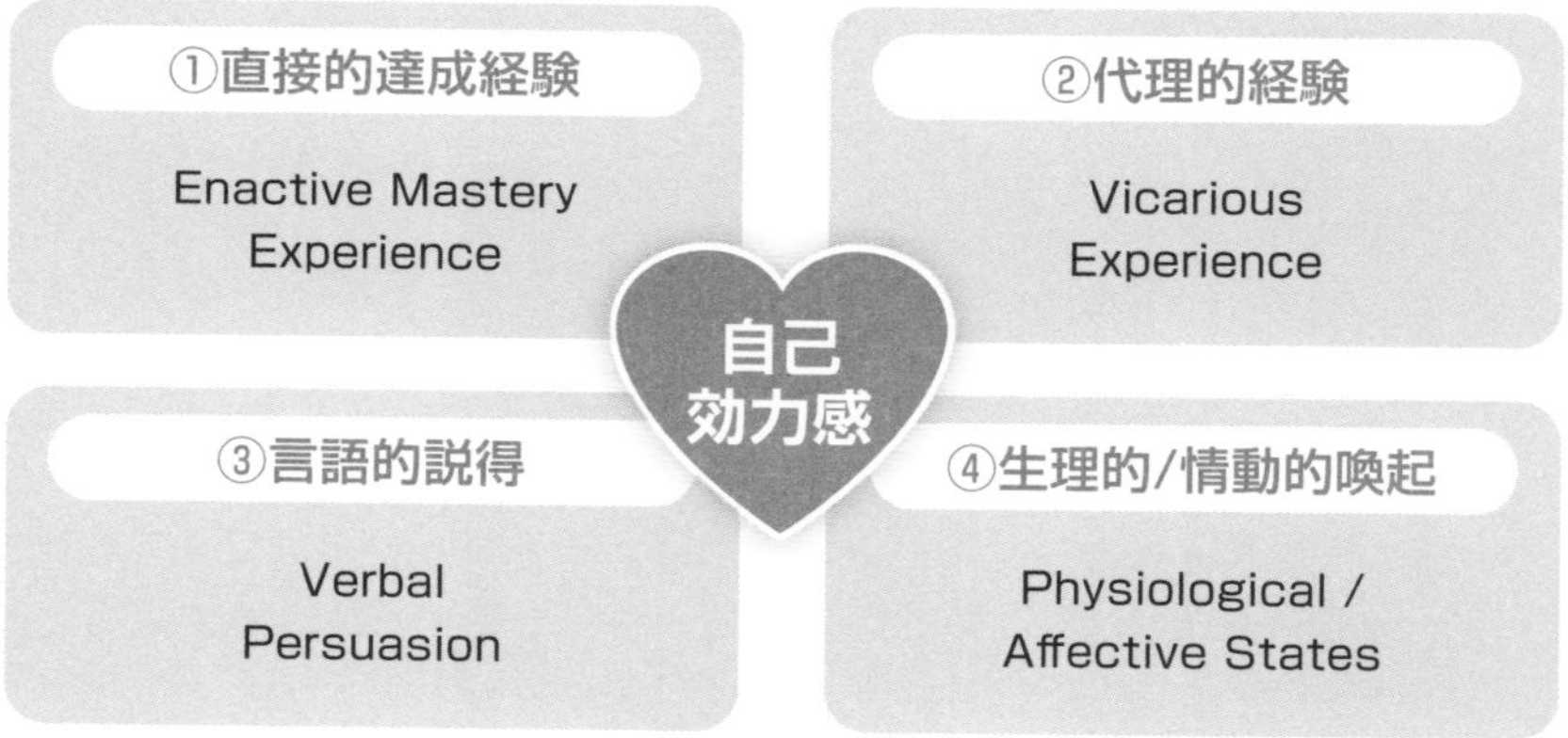

❶直接的達成経験

たとえ小さくとも成功体験を積み重ねること。目標を達成し成功した経験は「自分ならできる」という見通しを強化します。日々、振り返りできたことを確認しましょう。

❷代理的経験

他人の成功や失敗の様子を観察し、代理性の経験を持つことで「これなら自分にもできる」という確信を生み出します。身近なところでロールモデルを探しましょう。

❸言語的説得

自分にはやればできる能力があることを、他人から言葉で説得されたり励まさたりすることで、自己効力感が高められます。メンターを社内や社外に複数持ちましょう。

❹生理的・情動的喚起

自己効力感は、前向きな気分で高まり、気持ちが落ち着きます。ポジティブで前向きなムードをつくれるように身体的なコンディションを整えましょう。

自己効力感の高さは、ある程度測ることができます。次のページのテストで診断をしてみましょう。40点満点で平均点29点といわれています。自分の傾向をつかんでみましょう。文章を読んで最も当てはまる数字に印をつけて合計点を算出してください。数字が高くなるほどあなたの効力感は高まります。

自己効力感チェックテスト

	全く当てはまらない	当てはまらない	まあ当てはまる	全くその通り
私は、一生懸命がんばれば、困難な問題でもいつも解決することができる	1	2	3	4
私は、誰かが私に反対しても、自分が欲しいものを手にするための手段や道を探すことができる	1	2	3	4
目的を見失わず、ゴールを達成することは私にとって難しいことではない	1	2	3	4
予期せぬ出来事に遭遇しても、私は効率よく対処できる自信がある	1	2	3	4
私は色々な才略に長けているので、思いがけない場面に出くわしても、どうやって切り抜ければよいのか分かる	1	2	3	4
必要な努力さえ惜しまなければ、私は大体の問題を解決することができる	1	2	3	4
自分の物事に対処する能力を信じているので、困難なことに立ち向かっても取り乱したりしない	1	2	3	4
問題に直面しても、いつもいくつかの解決策を見つけることができる	1	2	3	4
苦境に陥っても、いつも解決策を考えつく	1	2	3	4
どんなことが起ころうとも、私はいつもそのことに対処することができる	1	2	3	4

自己効力感のスケール（日本語版）

（出所：「Japanese Adaptation of the General Self Efficacy Scale」ベルリン自由大学）

●WORK 12

次に自分自身の自己効力感を高めるために４つのアプローチを活用してどんな取り組みができそうか、考えてみましょう。

自己効力感を高めるためのアプローチを考えてみよう

例）新しいチームのマネージャーに着任して最初の1か月で高めたい仕事の効力感について 理想の状態（ゴール）

実体験　小さな成功体験をどう積むか？	手 本　達成に必要スキルを学べるロールモデルは？
励まし　誰からどんな励ましの言葉が欲しいか？	ムード　自信や気分を盛り上げる工夫は？

Column 1

「怒り」以外にも使える選択肢がある

人はストレス下に置かれると解消に向かって「怒り」を発動します。一方で怒ることは、人間関係の亀裂や血圧の急上昇など、負の側面もあります。そのときに「怒ること」以外のカードを豊富に持っておくことで、賢い選択ができるようになります。

●ストレスを感じたときに選択できる「怒り」以外の放出方法

大きなストレスを感じたときに我々は解消や放出の手段として「怒り」を選ぶことがよくあります。一方で、一時的な衝動によって自分や周囲、部下や配偶者、パートナー、友人、子供たちといった人間関係に悪影響を与えてしまった経験も少なからずあるのではないでしょうか。

そんなときに、怒りの代わりのストレスの解消手段を選択肢として多く持っていれば、怒りに伴う大きな代償を払うことなく、賢く対応することが可能です。

以下、カリフォルニア州バークレーのライト研究所教授のマシュー・マッケイ教授らがまとめたストレス軽減法リストです。ストレスを感じたときに怒りの代わりにこのうちのどれでも使うことができます。

ぜひ、次ページの表の中から、次にあなたに怒りの衝動が芽生えたときに、怒りの代わりにどのカードを切るか、3つほど選択してみてください。

あなたの怒りの反応に代わる賢い選択肢として取り入れることで円滑な人間関係の維持、向上とあなた自身の心の平安に役立つことでしょう。

「怒り」以外のスマートな選択肢

① 泣く	苦痛に対処するために人が学ぶ最初の方法。緊張と不快感が緩和され固まった筋肉がリラックスする
② 運動する	ウォーキング、ダンス、テニス、水泳など有酸素運動でストレスを軽減する
③ 集中して何かに取り組む	皿洗い、掃除機かけ、料理、日曜大工、といった家事全般を行い、エネルギーを課題に向けることでストレスを軽減する
④ ユーモア	物事の明るい面、状況のばかげた面を見ることでストレスは大して深刻ではない、取るに足らないこととして笑い飛ばす
⑤ 書く	詩と日記を書くことでで感情を表現し放出する
⑥ リラックス法を実践する	効果的なリラックス法として瞑想、深呼吸、自己催眠などがある
⑦ 痛みを言葉にする	自分が傷ついたことを声に出して言うことで痛みを伴うストレスが軽減される。誰もいない車の中や海岸などで叫ぶことで気持ちが落ち着き、ときには癒やされることもある
⑧ 娯楽	読書、テレビ、ゲーム、趣味などはストレスを吸い取ってくれる心理的なスポンジとして機能する
⑨ 問題解決の行動をする	問題の根っこに向き合い正そうとすることで無力感が和らぎストレスが軽減できる
⑩ 問題解決のコミュニケーションをする	相手にあなたのニーズ、感情、限界を知らせることで欲求不満から生まれるストレスを軽減することができる
⑪ 枕とふとんを思い切り叩く	誰にも知られずに感情を爆発させることができる
⑫ 音楽を聞く	一人でお気に入りの音楽を聴くことでストレスを軽減することができる
⑬ 休息を取る	何もしない時間を持つことで少しでも気持ちを落ち着かせることができる

出典：怒りのセルフコントロール マシュー・マッケイ ピーター・D・ロジャーズ ジュディス・マッケイ 著 明石書店 84頁図 を筆者一部改変

第3章

リーダー・メンバー2者間の心理的安全性を確保する

3-1

リーダーとメンバー、1対1の関係を考える

さて、第２章を読みリーダー個人の心理的安全性を高める方法は身についたでしょうか。次の段階では、いよいよメンバーの心理的安全性を確保する方法について本格的に取り組んでいきます。

リーダーとメンバーの理想の関係

リーダー・メンバー間の心理的安全性は、文字通り２者間の「間」に注目する必要があります。私たちはつい、「近頃の若者は分かっていない」とか、「あの上司はメンバーのことを見てくれない」と、互いに問題の原因の所在を求めがちですが、問題は、その人自身ではなく人と人の間に発生します。

そのため、まずは前提として仕事や業務といったフォーマル情報だけでなく、お互いのバックグラウンドや大事にしている価値観、将来の夢などインフォーマルな情報も共有し相互に理解し、信頼の土台を築いた上でコミュニケーションを取ることが必要となってくるのです。

とはいっても、リーダーは役職上、評価権限を持っていたり、平社員では持ち得ない情報を持っていたりするため、完全に部下と対等な立場というわけにはいきません。ゆえに、上司が歩み寄って、部下の声に積極的に傾聴しなければなりません。また一方通行にならないよう対話を行いながら、儀礼的になりがちな1on1ミーティングを意味のある豊かな時間にしていく必要性があります。

損なわれる「部下」の心理的安全性

しかし、悲しいかなそうした理想的な関係を築けている上司と部下は多くありません。２者間の心理的安全性を考える上では、実際に現場の部下から聞こえてくる不安の声を参考例として知っておく必要があります。

上司ー部下2者間レベルの心理的安全性

現場でよく聞かれる部下の悩み

ゲームメーカー 中途社員 Aさん （20代）	建設 2年目社員 Bさん （20代）	ハウスメーカー 8年目社員 Cさん （30代）	メーカー 事務職 Dさん （30代）

社会人歴5年目 中途社員	新卒入社2年目 若手社員	次期管理職候補 チームリーダー	時短勤務 事務職
仕事以外の上司のことを全く知らないので人となりが見えず、会話に困ることがあります。	上司は、いつも上から一方的に指示、命令調で働きかけてきて、話をまともに聞いてくれません。	仕事は背中を見て覚えろがモットーでフィードバックをもらったことはなく、自分が管理職になったときに育成できるか心配です。	昨年から1on1が始まったのですが、意味の感じられない雑談の場になっていて憂鬱です。時間がもったいないので仕事させてほしいです。

いかがでしょうか。こうした声はどんな業種・職種であってもよく聞かれる悩みです。Dさんの場合など、部下の悩みを解消しようと始めた1on1自体が、新たな悩みになってしまうというのもあるあるで、こうしたことになっては本末転倒です。あなたの部下の置かれている状況と当てはまる悩みや不安もあったでしょうか。あるいは、自分の上司に対してこのように思っているリーダー・マネージャーの方もいるかもしれません。また自分に該当しない場合でも、人のフリ見て我がフリ直せということで、改善が必要なところはぜひ知恵として取り入れていただきたいと思います。

3-2

2者間の心理的安全性を高めるには

リーダー個人の心理的安全性の場合と同様、２者間の心理的安全性を高めるのにも４つの要素とそれを支える12のWayがあります。しっかりと身につけていきましょう。

４つの要素と12のWay

リーダー・メンバー２者間の心理的安全性を高めるには、先述のリーダー個人の場合と同様、４つの要素と要素ごとの方法を示す12のWayがあります。

リーダー・メンバー間の心理的安全性を高める４つの要素

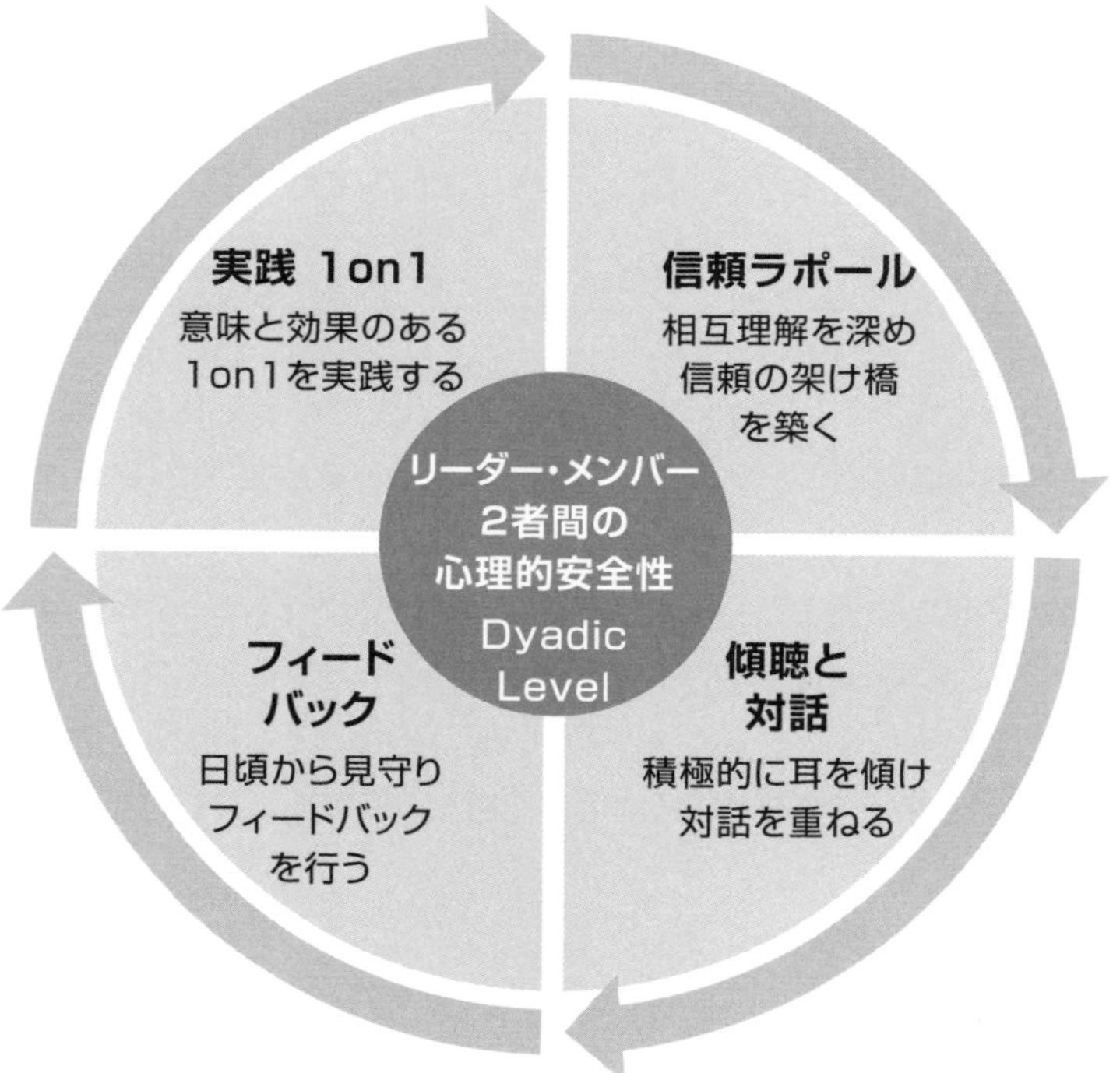

①ラポール：相互理解を深め信頼の架け橋を築く

上司と部下の間に築かれる信頼の架け橋を**ラポール**（Rapport）といいます。上司一部下間の心理的安全性の確保は、ラポールの構築にかかっており、ラポールが築けると部下は安心して素直な感情を表現できるようになります。

Way13　お互いのトリセツをつくろう！

自分や部下の背景、価値観、どんなときにモチベーションがアップダウンするのか？互いの取り扱い説明書を分かち合い、豊かなコミュニケーションを実現しましょう。

Way14　カウンセラーマインドで臨もう！

部下と向き合うときに「受容的態度」「共感的理解」「自己一致」の3つのカウンセリングマインドを持つことで、安心・安全なコミュニケーション空間をつくりましょう。

Way15　「対人魅力」を高めよう！

ラポールの強化に必要なリーダーとしての5つの対人魅力「近接性」「熟知性」「類似性」「返報性」「身体的魅力」を自覚的に高めましょう。

②傾聴と対話：積極的に耳を傾け対話を重ねる

上司一部下間の会話のウェイトは、上司＜部下が正解です。上司が一方的に話している状態から脱却し、積極的に耳を傾け、問いかけを行い意見や思いを引き出し発展、共創する学びと気づきにつながるコミュニケーションを実践しましょう。

Way16　メンバーの話をアクティブリスニングしよう！

心の底から耳を傾けて「話す」より「聴く」を意識したコミュニケーションの実践でメンバーや場にポジティブな影響を与えましょう。

Way17　対話によってアイデアを発展させよう！

相手の意見や声を否定するのではなく、受け止めて発展させていくことでメンバーとアイデアを互いに創発し合う双方向の対話を行いましょう。

Way18　気づきを深める問いかけをしよう！

「問いかけ」について学び、問題を様々な着眼点から捉え、状況に応じた最適な問いかけを実践しましょう。

③フィードバック：日頃から見守りフィードバックを行う

フィードバックの語源は、メンバーの成長につながる文字通り、食べ物を与える（feed）戻す（back）ことから来ています。本質的なフィードバックをポジティブな承認でも、ダメ出しの改善でも一歩、踏み込んで実践しましょう。

Way19　部下のやる気に火を灯す「ダメ出し」をしよう！

部下の人格を審判するのではなく、確かな行動改善につながる、一歩踏み込んだ「ダメ出し」フィードバックをしましょう。

Way20　メンバーをまるごと承認しよう！

３つの承認レベル、「存在承認」「行動承認」「結果承認」を踏まえて、メンバーをまるごと承認しましょう。

Way21　心理的安全性を高めるフィードバックを実践しよう！

日常から、見守りサインを送ることでフィードバックを突然のサプライズにしない安心感を与え発見につながる機会にしましょう。

④実践1on1：意味と効果のある1on1を実践する

1on1を形式的な儀式にしない、メンバーの成長支援と心理的安全性の強化につながる機会として活用するための基本と実践法をマスターしましょう。

Way22　メンバーの経験学習サイクルを回そう！

メンバーの振り返りを支援し、経験から学び、未来のあるべき行動につなげていく、成長を支援する1on1を実践しましょう。

Way23　「GROW」モデルで1on1をマスターしよう！

1on1の進め方と扱う題材といった基本を押さえ、対話の流れとなる「GROW」モデルを活用し再現性のある1on1をマスターしましょう。

Way24　1on1でエンパワーメントしよう！

時に自信を失っているメンバーの意欲と自信回復につながる、力を与える1on1の機会をつくりましょう。

以上、リーダー・メンバー間の心理的安全性を高める4つの要素と要素ごとに必要な12個のWayの概要をお伝えしてきました。詳細についてこれから紹介していきます。

3-3

ラポール Way13

お互いのトリセツをつくろう！

自分や部下の背景、価値観、どんなときにモチベーションがアップダウンするのか？互いの取り扱い説明書を分かち合い、豊かなコミュニケーションを実現しましょう。

お互いの感情や人格を知る

行動経済学では、人は経済的なメリット・デメリットだけではなく気持ちや感情で物事を決定する存在といいます。まさに「勘定」ではなく「感情」で動くのが人間です。そのため上司は部下に純粋な好奇心と興味を向けて表層的なスペックだけでなく、どんなことに関心があるのか、どんなときに気持ちや感情が変化し意欲が高まるのか、相手のタイプを理解した上でコミュニケーションを取ることができれば、今より豊かな関係性構築が可能になるはずです。また、相手のタイプを把握するだけでなく、自分のタイプを把握しておくことも重要です。人には相性というものがあり、自分と相手のタイプを知っていれば無駄に対立するようなトラブルなども避けられます。まずは、自身がどんなタイプなのかをつかんでみましょう。

モチベーションタイプ別アプローチ法

次のページにある表を見ながら、当てはまる自分の行動にチェックを入れてみてください。縦列で最もチェックが多かった領域が自分のタイプになります。モチベーションタイプは、**アタック**、**レシーブ**、**フィーリング**、**シンキング**の4つに分類されます。

モチベーションタイプチェックと影響を与える要因

自分のタイプは？

たいてい当てはまると思う項目に☑を入れ、列ごとに☑の数を数え自分はどのタイプに当てはまるか目安をつけましょう。

□自発的である	□和を大事にする	□想像力にあふれる	□数字、事実を重視する
□リスクに惹かれる	□几帳面である	□好奇心が旺盛である	□論理的である
□わき目を振らない	□控え目である	□独創的である	□細部にこだわる
□競争心が強い	□忠誠心が強い	□新しいものが好き	□計画的である
□試行錯誤する	□対立を避けようとする	□直観的である	□実利的である

各タイプの相手に影響を与える要因

各タイプのモチベーションを高める要因、削ぐ要因を理解しておきましょう。

モチベーションを高める要因

勝利	組織への帰属	ブレインストーミング	問題解決
信頼と尊敬	他者からの承認	コミュニケーション	率直さ
困難への挑戦	コラボレーション	熱中できる対象	一貫性

モチベーションを削ぐ要因

優柔不断	対立	ルールや仕組み	曖昧さや不確実性
目標の欠如	無関心	否定的な言葉	非効率
ライバルの不在	無秩序	ルーティンワーク	意味を見い出せない仕事
アタック	レシーブ	フィーリング	シンキング

以下、タイプごとの特性を紹介します。

アタックは、周囲に対して主体的に働きかけ、人々に影響を与え、環境を良いものに変えていこうとする指向を持っています。勝負事で相手より抜きん出たいと願ったり、成功に強くこだわったりと、人の上に立ちたいという意識の強い人と言えます。

レシーブは、周囲と協調し、環境の変化を柔軟に受け入れていこうとする指向を持っています。人から必要とされたい、周囲に迷惑をかけたり、はみ出したりすることなく「和」を重視したいという意識の強い人といえます。

フィーリングは、個性的な人が多く、オリジナリティの高い発想力を活かし行動できるような環境を好む指向を持っています。パターン化された前例や詳細な決まり事などを堅苦しいと感じるタイプで、枠に囚われない自由な考え方の持ち主といえます。

最後に**シンキング**は、物事を論理的に考え判断することが得意で様々な出来事に意味や理由を求める指向を持っています。自分の見識を深めることに喜びを感じ能力を発揮することで周囲から信頼を得たい、尊敬されたいという意識の強い人といえます。

相手の志向や価値観、判断の基準を理解できると、相手が望むスタイルでメッセージを受発信できるようになります。論理的な話を好むシンキングタイプの相手に、フィーリングタイプが好む情緒的な話をしても響かないのは明らかです。次ページのWORKに、タイプごとに響くアプローチをまとめました。ただし、これは、部下を操作するためのテクニックではありません。大事なことは、上司だけでなく、部下の間でも同じアンケートを取ってもらい、互いに自分のモチベーションタイプを開示しながらコミュニケーションを図ることで、違いを特性としてリスペクトし合い関わり合えることにあります。言ってみればこれは、お互いのトリセツを共有し合い、自分はこういうところがあるので、ご考慮お願いします、ということを確認し合っているともいえます。

互いのトリセツMAPをつくる

モチベーションタイプをお互いに自己開示し、自分はどんなときにモチベーションが上がるか、下がるかを共有しながら、互いの背景を知る質問をし、相互理解を深めましょう。ただし、背景質問は、お互いがプライベートなことを話してもよいと思えることが前提であり、状況によって取捨選択してください。

● WORK 13

お互いのトリセツMAPをつくる

アタック

提案に勝利、比較優位、影響を求める

評価軸　ナンバーワン、影響力の大きさ

①結論から述べる
②議論するときは、冷静に
③プロセスではなく結果に焦点を絞る

シンキング

提案に根拠や精度の高さ、論理構成を求める

評価軸　数字、データ、確率などの客観指標を重視

①雑談は手短に、すぐに本題に入る
②事前に資料を揃え、数字や事実の正確さにケアする
③相手の話に耳を傾け、批判されても反論しない

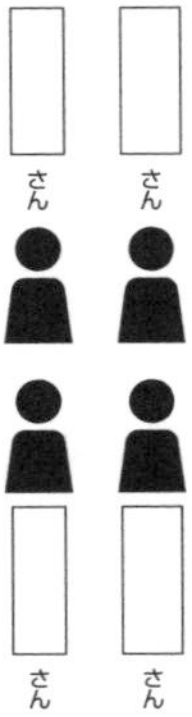

フィーリング

提案に独創性、差別化、ロマンを求める

評価軸　ストーリー、視覚化、比喩、キャッチコピー

①フレンドリーな態度で雑談に時間をかける
②相手のアイデアや独自性を褒め称える
③コメントは常に未来志向でポジティブに

レシーブ

提案に前例や進め方、手続きの正当性を求める

評価軸　実現可能性、現場感、手続きやプロセス

①落ち着いた態度とテンポでプレッシャーを与えない
②チームワークや協調性を大事にする
③相手の言葉や行動の裏にある感情を探る

NO	お互いのバックグラウンドを知る質問	さん	さん	さん
1	出身地は?（出身学校など共通の接点はあるか）			
2	前職は?どんな仕事や経験を積んできたか?			
3	年齢は?（誕生日は?）			
4	家族構成や子供がいる場合の年齢や性別は?			
5	休日の趣味や週末の過ごし方は?			
6	好きなものやコト（食べ物、人物、読書や音楽など）の嗜好は?			
7	会社で親しくしている同僚は誰か?			

3-4

ラポール Way14

カウンセラーマインドで臨もう！

部下と向き合うときに「受容的態度」「共感的理解」「自己一致」の3つのカウンセリングマインドを持つことで、安心・安全なコミュニケーション空間をつくりましょう。

メンバーがいきいき語りだすカウンセラーマインド

部下との間にラポールを築くために、リーダーがどんな姿勢でコミュニケーションを取るかは重要です。参考になる観点に臨床心理学者のカール・ロジャースによるカウンセリングの基本原則「**受容的態度**」「**共感的理解**」「**自己一致**」の3つがあります。

受容的態度は、自分の価値観や社会常識を押し付けずメンバーのありのままを受け入れる態度のことです。たとえば、問題あるメンバーに「君のこういうところは良いけれど、ここは直そう」というように条件をつけてしまうと、部下も上司の顔色を見て、こんなことを言ったら怒られるかもしれないと不安を抱えて、せっかくいい考えを持っていても意見を出せなくなってしまいます。まずは、部下のありのままを受け入れることから始めましょう。

共感的理解は、相手の感情を汲みとり、あたかも自分の感情であるかのように感じることです。相手の今ここにある感情を一緒に感じることが重要で「くやしい」や「悲しい」という思いを持っていれば「くやしかったんだね」「悲しかったんだね」と一緒に感じる姿勢ができます。メンバーは共感を示してもらうだけでも自分の感情に蓋をすることなく、抱いた感情そのものを大切にしてもいいと思えるのではないでしょうか。

最後に**自己一致**は、上司が心理的に安定していて、ありのままの自分を受け入れていることです。このマインドがある人は防衛的になったり、虚勢を張ったりすることなく率直な気持ちと態度で部下に向き合えます。とはいえ、上司も人間なので悩みを抱えることもあります。その場合は、自分が今悩みを抱えているということを自覚できれば、自己一致の状態になることができます。自然な状態で部下と向き合う姿勢が必要です。

双方のWin-Winを実現する「I'm OK! You are OK!」

部下を価値ある存在として「受容」、「共感」し、今ここに対して「自己一致」の状態で臨むことができれば、部下の意見や存在を「承認」することにつながり、上司・部下双方の心理的安全性を高めることにもつながります。心理学者であるエリック・バーン氏の交流分析によると、人は、承認や愛情を求めて互いに交流しあうという性質があるそうです。

リーダーはメンバーと接するときに、つい上司という役割や立場から、「私が彼（彼女）を何とか変えてやらねば！」「君はこうすべきだ！」と決めてかかろうとしがちです。また最近は、優秀な部下を前に、上司の方が不安になってしまい及び腰で部下との距離を広げてしまったりするケースも現場でよく見聞きします。そこで、相手も自分も犠牲にせずに、お互い「Win-Win」で聴き合える関係性を築くための地図を共有します。

Win-Winの関係を築くMAP

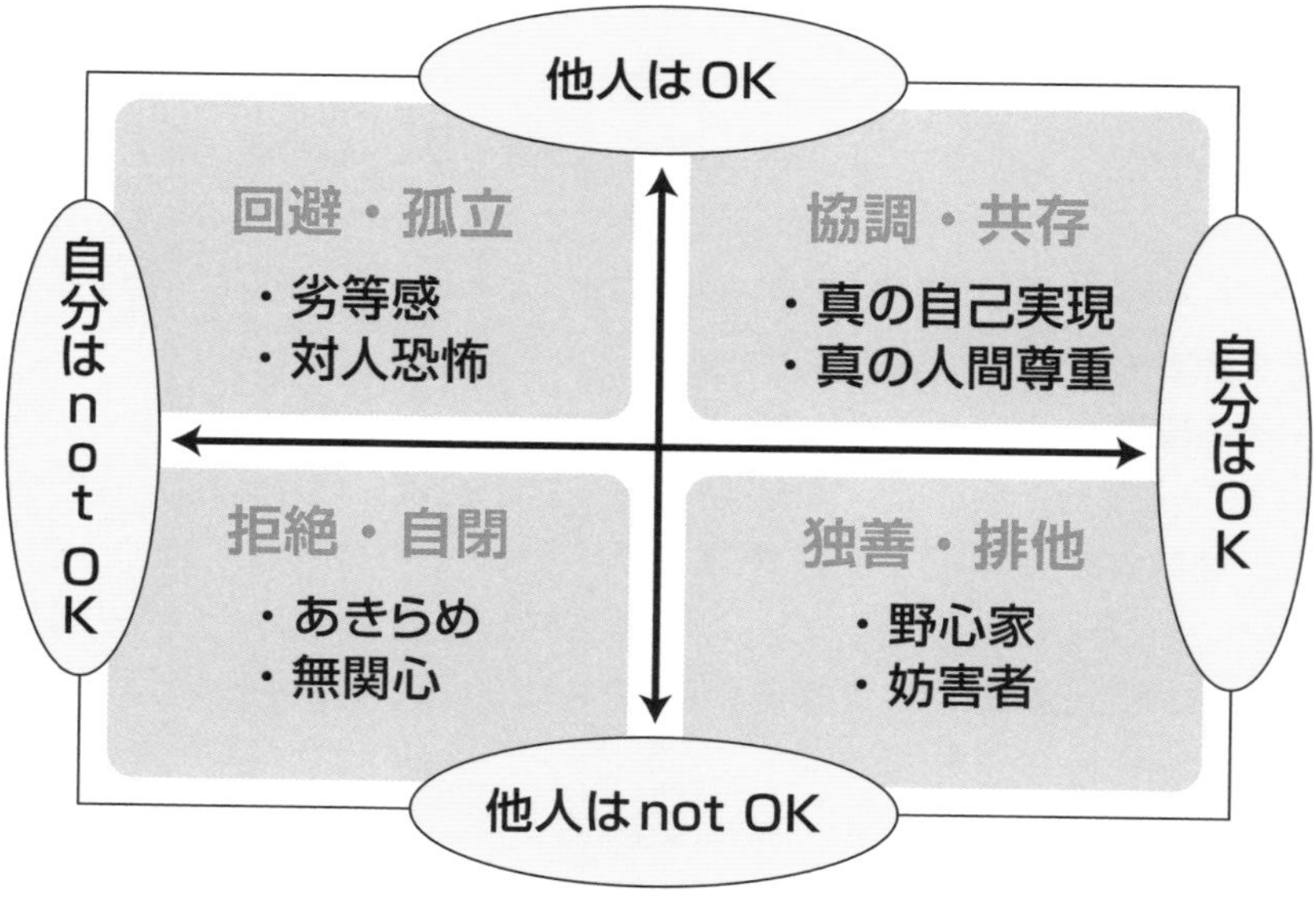

このMAPは、人生の立場（ライフ・ポジション）という考えで「自分はOK/notOK」と「他人はOK/not OK」をそれぞれ掛け合わせたものになります。

右上「協調・共存」の象限は、私もあなたも大切で立派な存在という自他ともに尊重できる人の考え方です。左上の象限は、あなたは立派だが私はダメという「回避・孤立」の考え方で、こうした人は劣等感が強く、孤立したり関係を回避しようとしたりして、必要以上に自分を下げる傾向にあります。右下は、私は立派だが、あなたはダメという考え方でこうした人は「独善・排他」の関係性になりがちです。左下は、私もあなたもダメという象限で、自分も他人も立派でも大切でもないのだから個々で関わらずにやっていこうという「拒絶・自閉」傾向に陥りがちです。言わずもがなですが、上司と部下双方の心理的安全性の確保には右上の「協調・共存」の象限に位置することが不可欠です。そのためには、立場、年齢、職位などの違いがあっても権威をかさに着ない、自分を卑下しないことが重要です。そして、部下が自分で問題を解決できる存在だと信じ、関わりましょう。

メンバーとの関係にうまくいっていないと自覚したとき、このMAPを参考に自分とメンバーが今どの象限にいるのか見極めることができるはずです。一度、自分たちの関係を確認し整理した上で、各象限における処方箋を確認し試してみましょう。

●WORK 14

ライフ・ポジション整理MAP

自身との関係性において、この象限に位置するメンバー名(上司でもOK)を記入してみましょう

- ＿＿＿＿＿＿＿＿
- ＿＿＿＿＿＿＿＿
- ＿＿＿＿＿＿＿＿

自身との関係性において、この象限に位置するメンバー名(上司でもOK)を記入してみましょう

- ＿＿＿＿＿＿＿＿
- ＿＿＿＿＿＿＿＿
- ＿＿＿＿＿＿＿＿

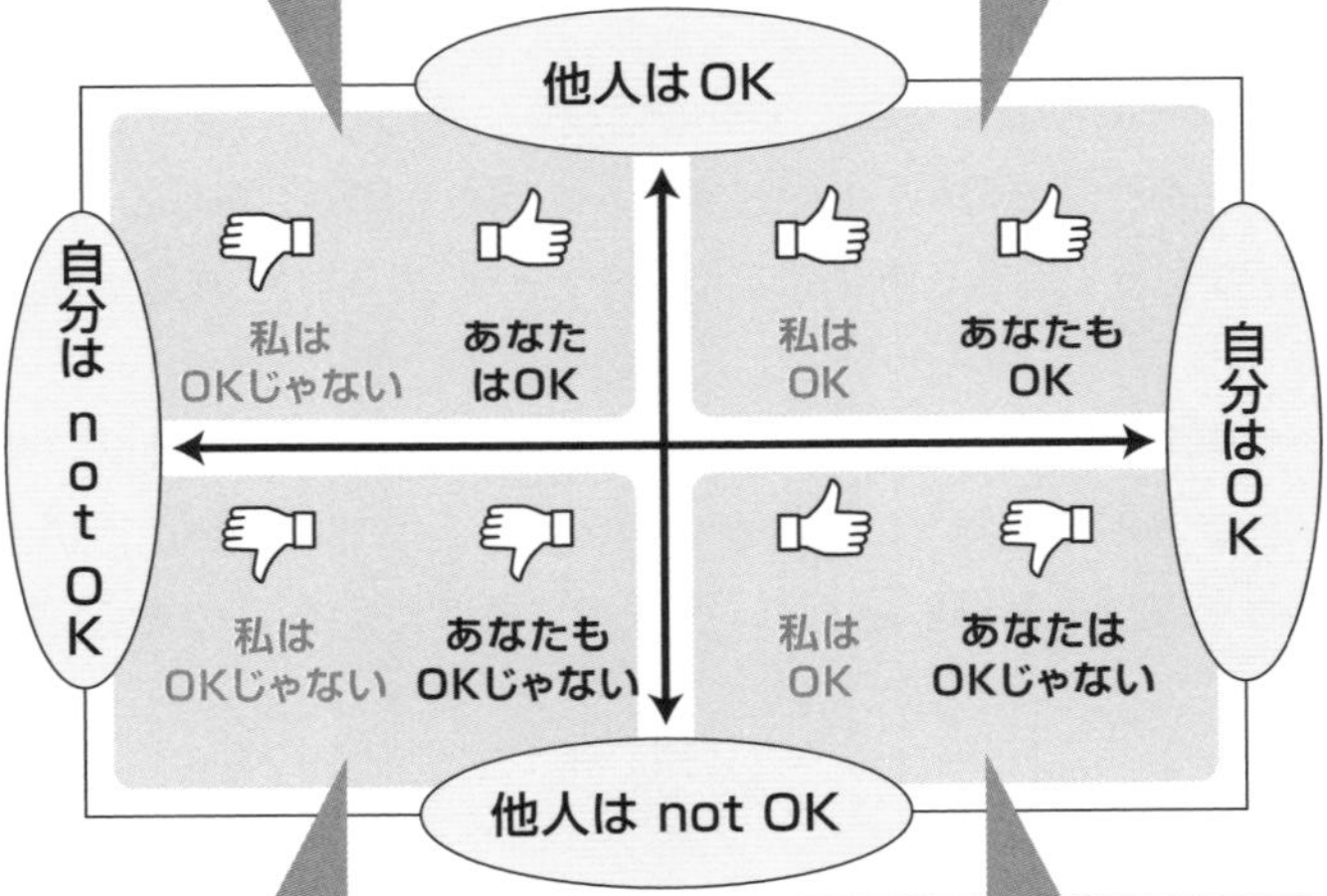

自身との関係性において、この象限に位置するメンバー名(上司でもOK)を記入してみましょう

- ＿＿＿＿＿＿＿＿
- ＿＿＿＿＿＿＿＿
- ＿＿＿＿＿＿＿＿

自身との関係性において、この象限に位置するメンバー名(上司でもOK)を記入してみましょう

- ＿＿＿＿＿＿＿＿
- ＿＿＿＿＿＿＿＿
- ＿＿＿＿＿＿＿＿

象限ごとの処方箋

＊**左上　I'm not OK! − You are OK!**　自分は何を恐れているのか、漠然とした不安を書き出してみる。問題を解決できることと、できないことに分けてみましょう。

＊**右下　I'm OK! − You are not OK!**　相手のどこに苛立っているか、単純に好き嫌いで分別していないか、相手を排除しようとしていないか、自分に問いかけてみましょう。

＊**左下　I'm not OK! − You are not OK!**　これまでの仕事の最高の瞬間を思い出してみる。自分の特技や夢中になれることは何か、他者に自分の強みやリソースを聞いてみる。また部下の自分にはない専門性、秀でた点はないか？探してみましょう。

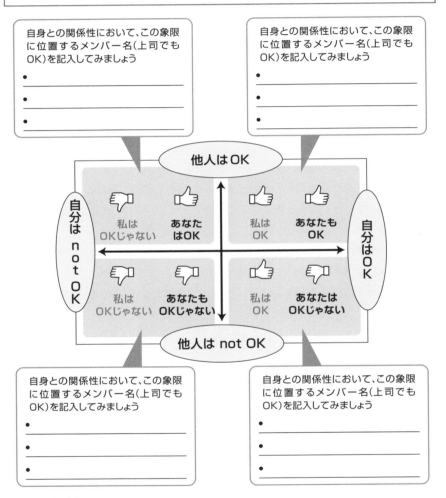

3-5

ラポール Way15

「対人魅力」を高めよう！

ラポールの強化にはリーダーとしての5つの対人魅力が必要です。その5つとは「近接性」「熟知性」「類似性」「返報性」「身体的魅力」です。これらを自覚的に高める方法を学びましょう。

「対人魅力」を構成する要素

対人魅力とは「特定の個人の他者に対する感情的評価を表す構成概念（Byrne&Griffitt,1973）」と定義されています。分かりやすく言うと、人が相手に対して感じる魅力のことを指します。部下や相手がリーダーを魅力的に感じていれば、ラポールは、より強固なものとなります。では、対人魅力はどんな要素で構成され、かつどのようにして高めていけばよいのでしょうか。

対人魅力を高める要素

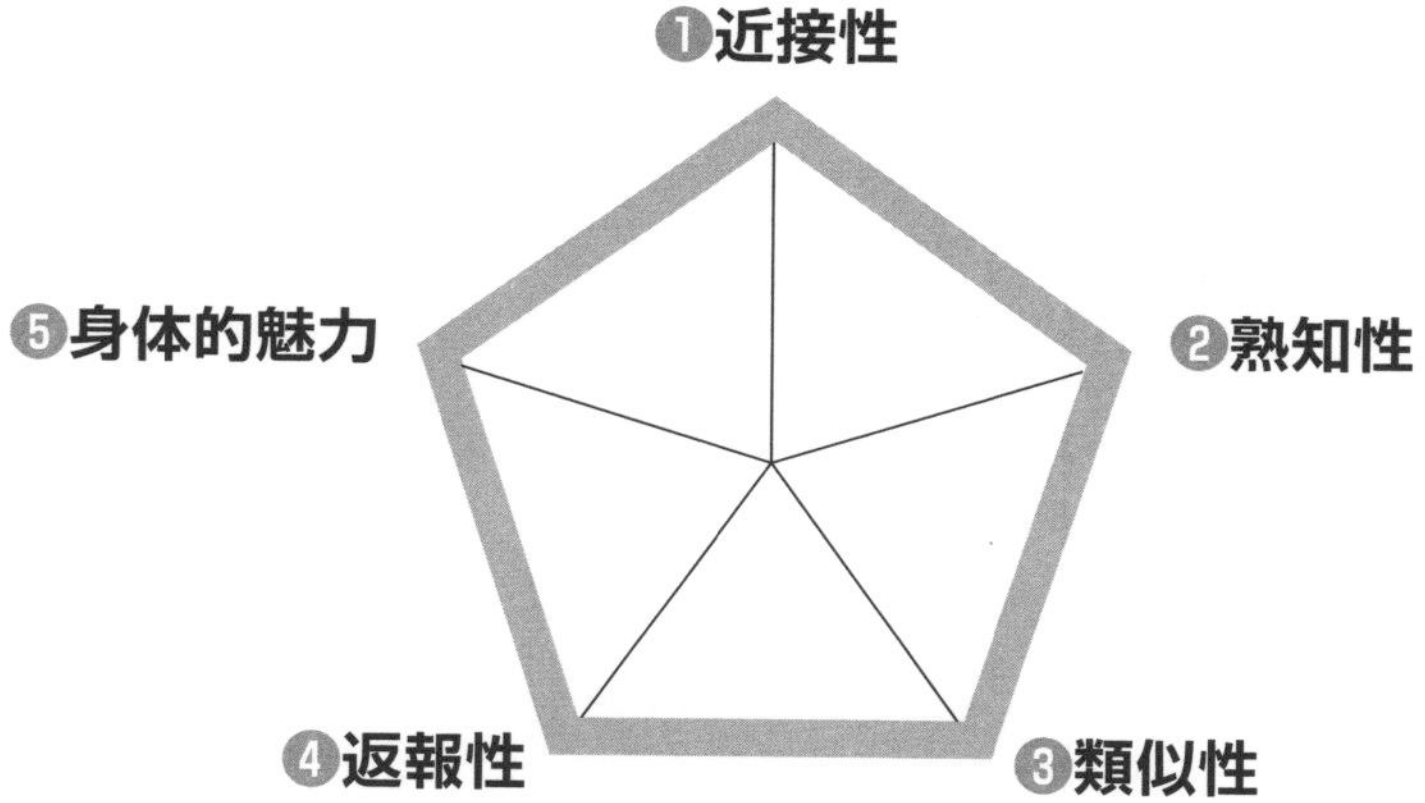

出典：湖村公弘著 社会心理学概論を参考に筆者改変

近接性ー「人は近くにいる人に親しみを持ちやすい」

近接性は、物理的な距離が近い人と親しくなりやすいことを示します。新しい学校や職場で、たまたま席が隣同士だった人と毎朝、挨拶や雑談を交わすことで親しくなっていく経験は誰しもありますが、人は、接触を繰り返すことで相手に好印象を持ちます。これは「**ザイオンス効果**」(単純接触効果)ともいわれ、リモートワークによるコミュニケーション量の低下問題を解消する際にも短時間の朝夕ミーティングなどを実施することでザイオンス効果を高めることが可能になります。

熟知性ー「人は互いにその人のことを深く知るほど、親しみを持ちやすい」

熟知性は、互いに深く知り合うことで、親しみを覚えることをいいます。忙しいと業務の話、一辺倒になりがちですが、時には、仕事以外の趣味の話やプライベートの話など、互いのバックグラウンドが理解し合えるような余白のある時間を取りましょう。飲みニケーションが難しい際は、業務の話を一切しないことをルールにしたリモートランチ会などをチームで設けてみるのもひとつのアイデアです。

類似性ー「人は価値観や行動、志向が類似している人に親しみを持ちやすい」

類似性は、共通点や共感できる接点が多くある人に親しみを覚えることをいいます。上司や部下と出身校が一緒だったり、好きなアーティストが一緒だったりすると急に距離が近づくような経験は誰しもあります。相手との共通点を見出したら積極的に伝えましょう。また、チームで新しく入ってきた新人や中途入社のメンバーがいる際には、全員で簡単に自己紹介して「共通点探し」をしてみるのもいいでしょう。

返報性ー「人は自分に好意を示す人に親しみを持ちやすい」

返報性は、「お返しの原理」とも呼ばれ、人は、他人に恩義を感じるほど、その恩に報いたくなることを指します。見返りを求めるのではなく、部下や相手が今、何に困っているのか?リアルに直面している壁や葛藤を知り、それを自ら乗り越えられるようなヒントや道筋をしっかりと示し導くことで、相手がしてほしいと願うことを率先して行いましょう。

身体的魅力ー「人は身体的・外見的に整っている人に親しみを持ちやすい」

身体的魅力は、文字通り外見が整っている人に親しみを感じる性質のことです。よく人を見た目で判断してはいけないといわれますが、人の第一印象は初対面の3～5秒で決まるといわれるほど、見た目の印象は影響力を持ちます。特に自分でコントロールできる服装・髪型・表情には気配りをしましょう。

自分が「対人魅力」をどの程度、発揮できているか、下記のレーダーチャートにマークしてみましょう。結果を見たら対人魅力を高めるコミュニケーションのヒントにも目を通しましょう。

●WORK 15

対人魅力テスト

❶近接性
どのような状況下でも気軽に接触できる
ような仕組みや機会を作っているか？

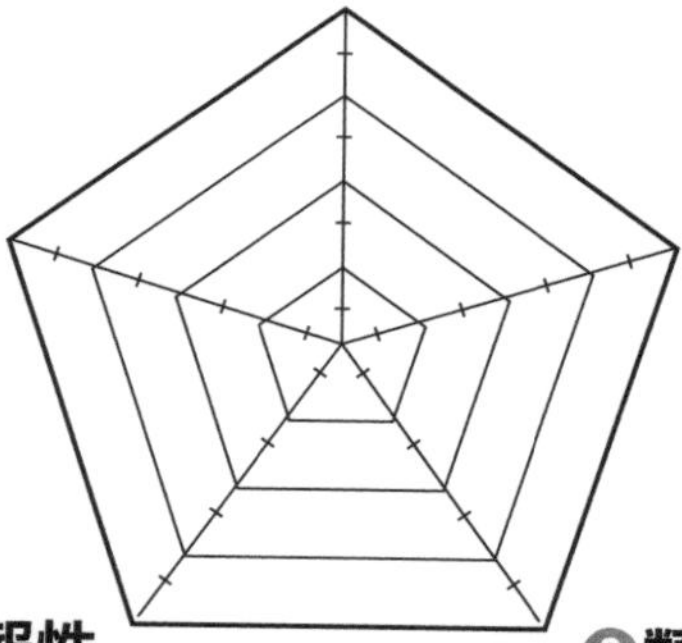

❷熟知性
お互いに自己開示し
深く相互理解できて
いるか ？

❸類似性
互いに過去の経験や価値観、志向が
類似している点を多く知っているか？

❹返報性
部下が直面している課題を把握し、
自己解決できるよう導いているか？

❺身体的魅力
外見や身だしなみを
自分なりに整える努力
をしているか？

対人魅力を高めるコミュニケーションのヒント

① 近接性：毎朝の朝会、日報に必ず返信するなど
② 熟知性：積極的な自己開示の機会をつくる、ミニ自分史共有会、リモート飲み会など
③ 類似性：相手との共通項を探す（出身地、出身校、趣味）など
④ 返報性：約束したことはすぐに実行する、良いところは承認するなど
⑤ 身体的魅力：身だしなみに気を配る、オンライン会議の背景を整えるなど

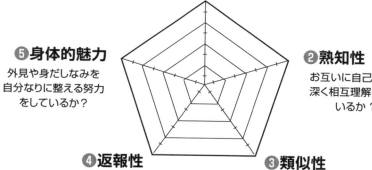

3-6

傾聴と対話 Way16

メンバーの話をアクティブリスニングしよう！

人は誰でも自分の話を聞いてほしいものです。ゆえにリーダーは、メンバーに心の底から耳を傾けて「話す」より「聴く」を意識したコミュニケーションの実践でメンバーや場にポジティブな影響を与えましょう。

「十四の心」で聴く

「聴」という字を分解すると耳、十四、心と分けられることから「聴く」は、**十四の心**で聴くことだともいわれています。

「十四の心」で聴く

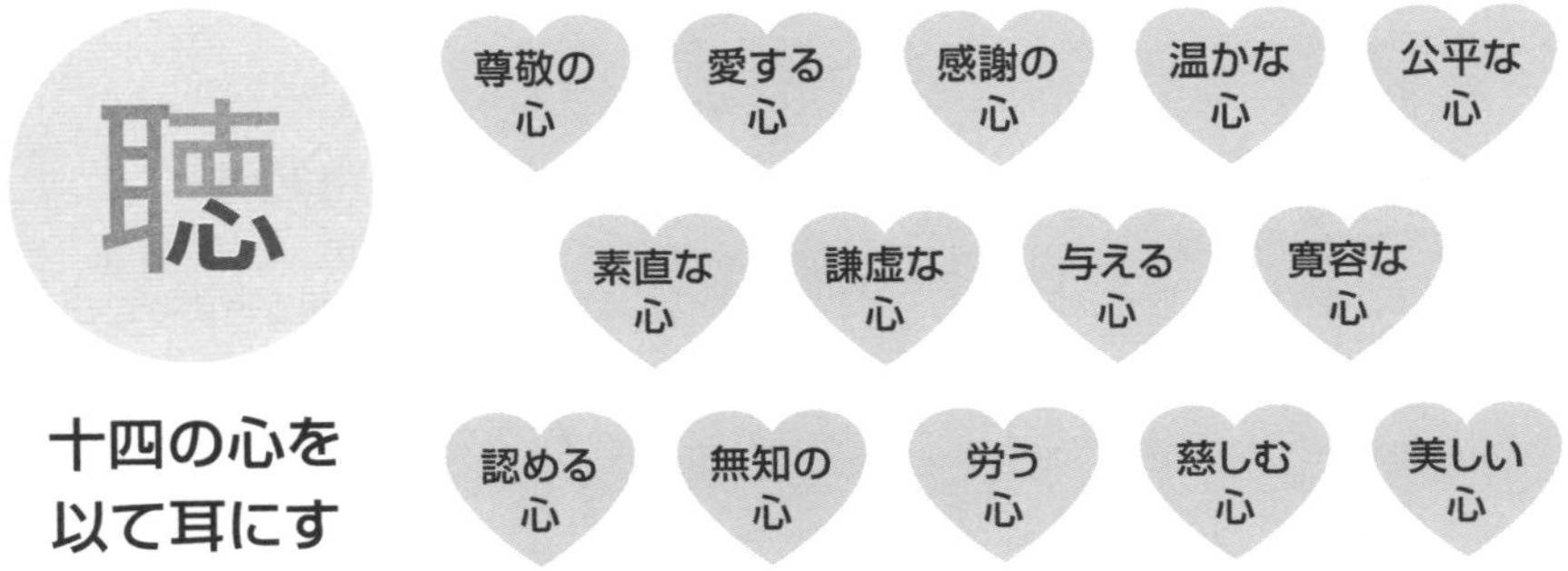

十四の種類は、諸説ありますが、1尊敬の心、2愛する心、3感謝の心、4温かな心、5公平な心、6素直な心、7謙虚な心、8与える心、9寛容な心、10認める心、11無知の心、12労う心、13慈しむ心、14美しい心　などがあります。これらが示すように、聴くことは、音として耳に入ってくる情報をBGMのように聞く（Hearing）のではなく、自分の中にある、十四の心を総動員し、積極的に耳を傾けて聴く（Active-Listening）という能動的なプロセスが求められます。リーダーがこうした心を開いて耳を傾けることができたら、心理的安全性は、間違いなく高

まるでしょう。それでは、この傾聴力はどのようにして高めればよいのでしょうか?

童話『モモ』に学ぶ、傾聴の本質

傾聴の本質を伝える物語に、ミヒャエル・エンデの『モモ』という作品があります。

> 彼女は、じっと座って、注意深く聞いているだけです。その大きな黒い目は、相手をじっとみつめています。すると相手には、自分のどこにそんなものがひそんでいたのかと驚くような考えがすうっと浮かびあがってくるのです。モモに話を聞いてもらっていると、急に自分の意志がはっきりしてきます。急に目の前が開け勇気が出てきます。希望が湧いてきます。
>
> 『モモ』 ミヒャエル・エンデ著、大島かおり訳(岩波少年文庫)より

彼女は、じっと座って聞いているだけ。でもなぜか、話を聞いてもらうと相談した人々は、頭に次々と解決策が思い浮かんでくる。ポイントは、彼女は話を聴いているだけで、上司が良かれと思って、しがちなアドバイスの類は一切していないところにあります。よく、メンバーが考えた案を改善すべく上司が助言しますが、確かに当初の案よりも5%くらいは、改善されるかもしれないですが上司の口出しでメンバーの自主性が削がれ、実行の度合いが50%落ちてしまったら本末転倒です。メンバーのやる気と心理的安全性の確保には、時に見守る勇気も必要です。

「AtからWithのコミュニケーションへ」

よく「聴く」ためには、相手のマイクを奪わない、自分が舞台に上がらないことが必要です。ともすると相手の話を最後まで聞かずにマイクを奪ってアドバイスしたり、舞台に上がって自説を展開したり、途中で遮って説教を始めてしまうようなことがありますが、心の底から耳を傾けるリーダーの態度がメンバーや場にポジティブな影響を与えることを忘れてはいけません。もし、「あなたは、こうすべきだ」という相手に向かっていく「At」のコミュニケーションを取ることが多いのなら、一旦、評価、判断を脇において、相手の現状を一緒に受け止めて聴く「With」のコミュニケーションへ転換してみる。「話す」より「聴く」を意識した実践をリーダーの新しいあり方として取り入れてみるのはいかがでしょうか。

あなたの「傾聴」を妨げる落とし穴チェック

「本当に話を聴けているかどうか？」……面談で、よかれと思って発した自らの台詞が部下に思わぬ反応を与えてしまう、傾聴を妨げる８つの落とし穴を紹介します。設定は、目標数字の未達に苦しむ営業職のメンバーに対して、面談を行うシーンです。左側の空欄に当てはまる項目をチェックしましょう。

● WORK 16

傾聴を妨げる落とし穴チェック

	陥りがちなパターン	上司の台詞	部下の反応（心の中）
	①同情パターン	大変だよな。俺もそういうときあったから。俺のときはさぁ……。	別に課長の昔の話を聞きたいわけじゃない。
	②分析パターン	今回の敗因は、おそらく……。	敗因を知りたいわけじゃない。
	③説教パターン	いいか、営業というものはだな……。	……結局聴いてくれないな。
	④ごまかしパターン	大丈夫だよ。もう少しすれば、きっと芽が出てくるから。	大丈夫じゃない。何とかしなきゃと一番思っているのは自分なんだから。
	⑤詰問パターン	どうして、目標数字の達成ができないんだ?なぜだ?	なぜって、今期は、こういう事情で……（言い訳）
	⑥警告パターン	来期目標数字未達だったら、降格するかもしれないぞ。	この上司のもとでは、やってられない。転職しようかな。
	⑦批判パターン	君が目標に達しないと、ウチのグループ全体に影響するぞ！	そんなことは、分かってる……。
	⑧否定パターン	いつも、いつも、君はだめだな……	黙して反発

自分が陥りがちな落とし穴（パターン）はいくつありましたか？

私たちは、いつもこうした「落とし穴」に邪魔され、相手の話を聴けなくなることがあります。しかし、あらかじめ、自分が陥りがちなパターンを認識することができれば、「転ばぬ先の杖」として回避することができるようになります。

3-7

傾聴と対話 Way17

対話によってアイデアを発展させよう！

リーダーには相手の意見や声を否定するのではなく、受け止めて発展させていく能力も必要です。メンバーとアイデアを互いに創発し合う双方向の対話を行いましょう。

対話とは

普段、部下とどんな風に会話をしているでしょうか。思い返してみてほしいのですが、メンバーとのコミュニケーションが一方的になっていないでしょうか。また、会話が一問一答のようにブツ切りになっていないでしょうか。メンバーと新しいアイデアや価値を共創するために互いに創発し合い発展する**対話**を行うことは必要不可欠です。

では、そもそも対話とは何でしょうか。似て非なるものにディスカッション（議論）やカンバセーション（会話）があります。

ディスカッションは、語源に「打ち砕く」意があるように、どちらの意見が正しいか、正しくないかを争うものです。AとBという異なる意見があった場合、議論しても本質は変わらず、必ずどちらかが勝ち、どちらかが負ける形になります。どちらが勝つにせよ負けた方の心にはモヤモヤが残る可能性があります。

またカンバセーションは、語源に「共に交わる」意があるように、互いに意見を主張して終わりやすく、新たな価値が生まれる可能性は低いです。単なる雑談ならばこれでも良いのですが新しい価値を生み出したいのであれば、少し物足りないのではないでしょうか。

一方、対話は、共同で達成される性質があり、AもBも意見が変化し、双方が新たなステージに辿り着くことを可能にします。この対話の豊かなプロセスは、部下の考えにレッテルを貼り、早急に判断を下すことや落とし所を用意することを保留して、まずは相手の意見や声を受け止めてさらに発展させていくことで促進されます。次ページの図をご覧ください。

一問一答型ではなく、グラデーション型にする

●ダメな例

上司
何か悩み事とかある?

部下
実は協力会社のAさんが苦手で、
ちょっと憂鬱なんです。

上司
まあでも仕事だからね。
納期には間に合いそうなんでしょ?

部下
ええ、まあ…
(相談しても意味ないな)

●良い例

上司
何か悩み事とかある?

部下
実は協力会社のAさんが苦手で、
ちょっと憂鬱なんです。

上司
そうなんだ、
どんなところが苦手なの?

部下
あの人ってちょっと高圧的なところありませんか? 命令口調っていうか……

上司
確かに高圧的な時があるよね。
まさにプレッシャーをかけてくるよね。
一方で、何が彼をそうさせているのだろう?

Point

グラデーション型会話の実現にはつなぎ目が大事!

①相手の言葉を使って拡げる(Yes-And)

②「その意味では~」「まさに~」を枕詞に使って展開

対話を促進する「Yes—And」

豊かな対話は、相手の発言をしっかりと受け止めてから広げる「**Yes—And**」のコミュニケーションが重要です。ともすると、相手の発言を頭ごなしに否定して、それが誤っていることの理由を理路整然と説明する「No—Because」をコミュニケーションで取りがちですが、そうすると意見が平行線になり積み上がっていきません。

相手の発言を捉え「その意味では●●なことが考えられるね」とか「●●と言ってくれたけど、まさに●●だね」というように相手の発言を足掛かりにメッセージを建設的に展開する共感の接点から紡ぐグラデーション型の会話は豊かな対話を促進します。

対話はコミュニケーションのキャッチボールなので、何度も往復のラリーを繰り返すことで、互いの思い込みや枠がゆさぶられ、新しい意味が拡張していきます。ぜひ、「Yes—And」の実践を意識した対話をメンバーとしてみてください。

対話レベルを測定する

対話をより深めるフレームワークにMIT教授のオット・シャーマー博士が発案した有効な対話をするための「**話し方と聞き方の４つのレベル**」というモデルがあります。

まずは、①ダウンローディングとよばれる儀礼的（表面的）な会話から始まります。本音は話されず、あたりさわりのない見せかけの調和を保とうとします。その後、②ディベート（討論）に移り、それぞれの立場の人が率直に自分の意見を述べるフェーズに移行しますが、双方の主張で平行線を辿ることもあります。そこで、視座の転換を行い、互いの意見を共感的に聴き、響きあう③対話（ダイアログ）に入ります。ただ、このレベルでも自他を切り分ける境界線は存在します。さらに高次の④プレゼンシング（生成的な対話）は、自分や相手という立場や境界を超え、自分の執着やこだわりも手放し、その場から新しいアイデア、行動のためのアクションが生成されます。

●WORK 17

話し方と聞き方の4つのレベル

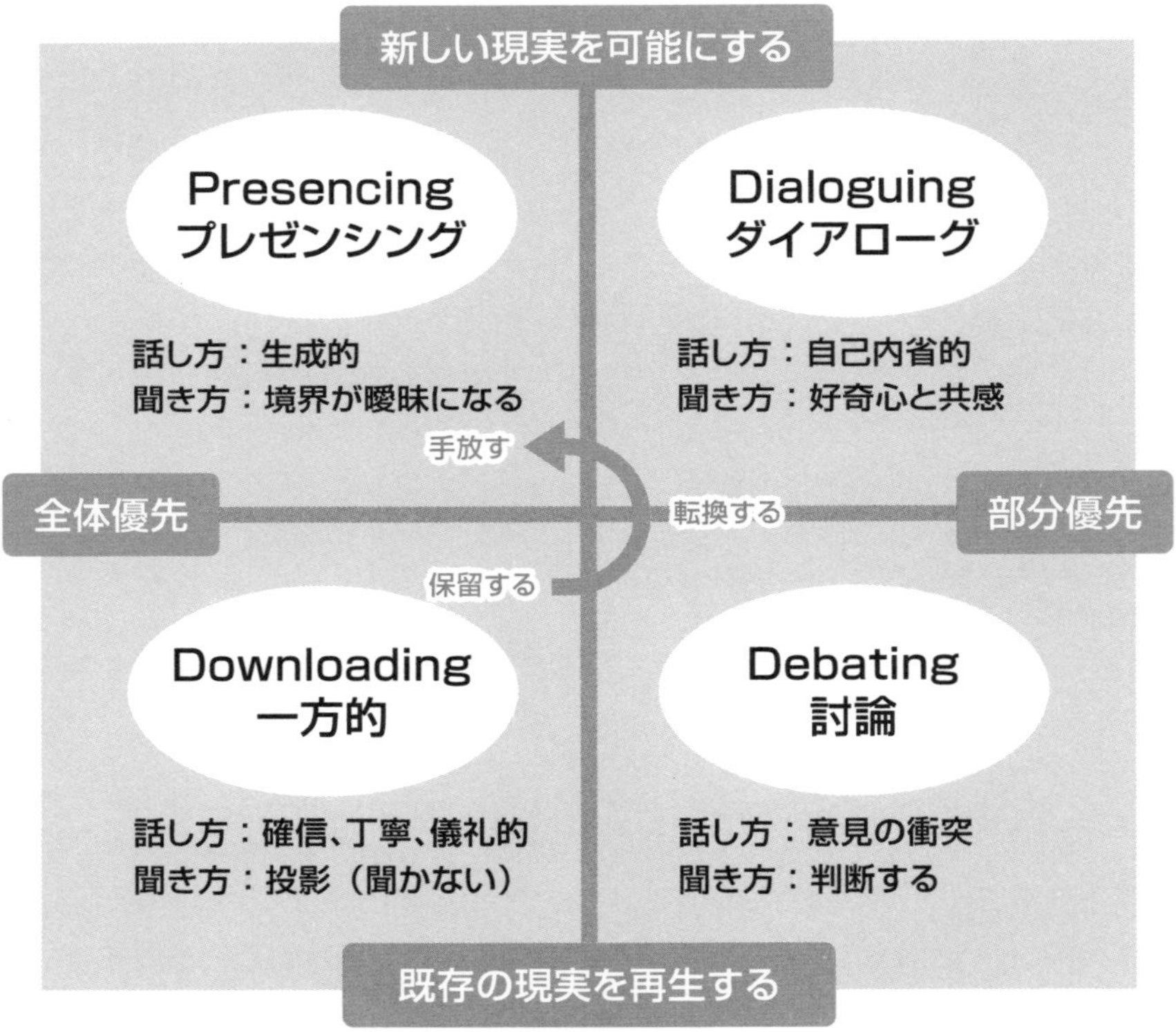

出典:C.オットー シャーマーのU理論をアダム=カヘン氏（Reos Patners社）が改変したもの

自分と部下との対話はどのレベルにあるのか。ぜひチェックして理由も考えてみてください。

3-8

傾聴と対話 Way18

気づきを深める問いかけをしよう！

「対話」についての大まかなイメージはつかめたでしょうか。次は、「問いかけ」について学びます。自分が直面している問題を様々な着眼点から捉え、状況に応じた最適な問いかけを実践しましょう。

４つの問いかけと心理的安全性を損ねる罠

対話において「問い」を立てることは必須です。問いは、上司が示す一方的な答えではなく、部下と一緒に解決・探求したいテーマについて問うことです。ところが、問いについて学ぶ機会は皆無で、なんとなく自己流でやっているというのが実情です。問いかけの分類は下図です。問題が起こっているとき、縦軸が解決に向けた問いの焦点を表します。すなわち、“コト”（事象、状況）と“ヒト”（個人、集団など人に関わるもの）のどちらに焦点を当てるのか？です。横軸が問題の複雑性で、すなわち知識や情報、技能を高めれば対応可能か？自分の見方や、周囲との関係性が変わらないと解決できないものか？で、以下の４象限にそれぞれ分類されます。

問いかけの分類

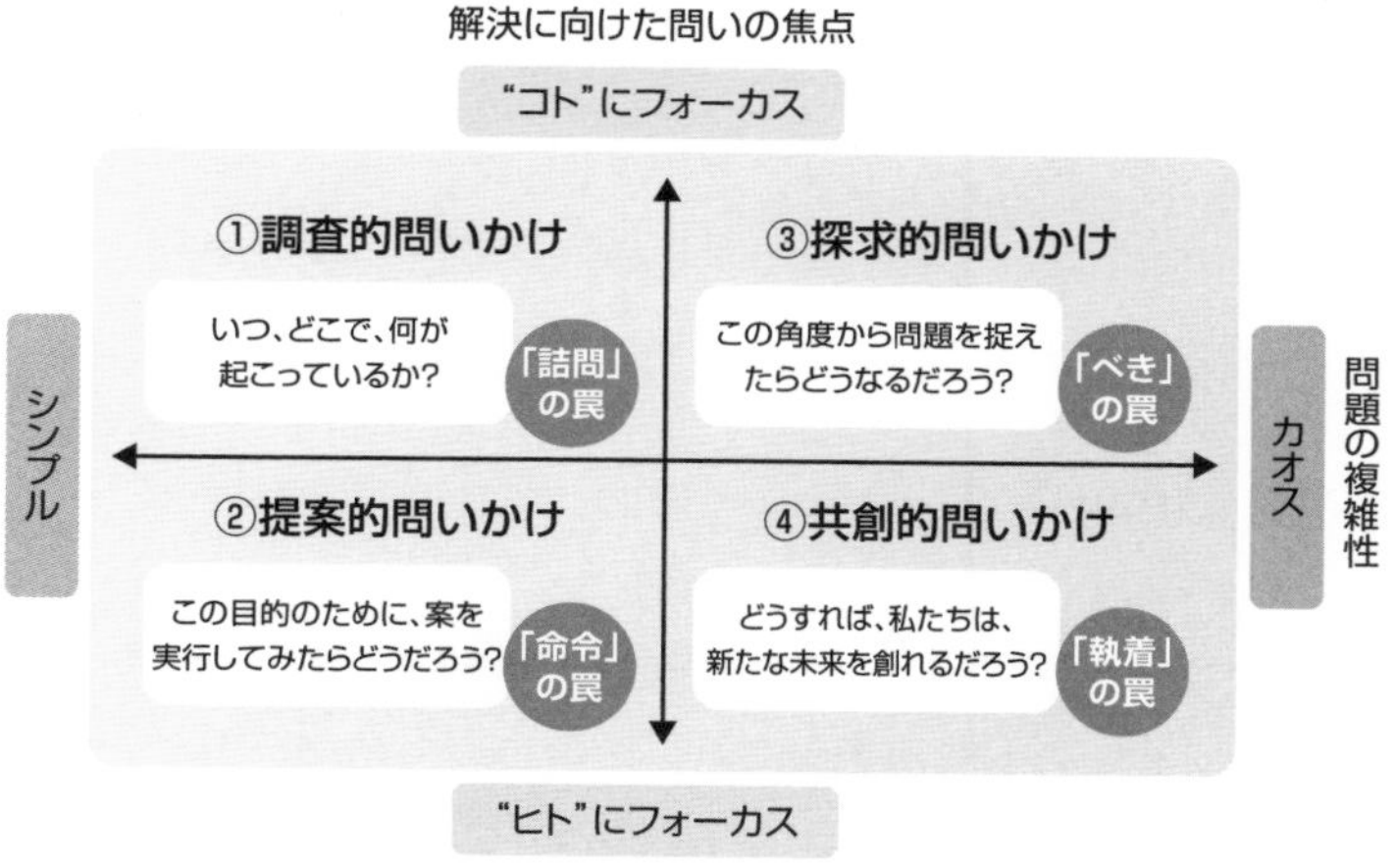

1. 調査的問いかけ

いつ、どこで、何がなどの疑問詞を使いながら、事実の収集、調査を行う問いかけ。陥りがちな罠は、一方的な質問を相手にし続け「取調べ」と化すこと。特に、「なぜ、こんなことに？」と「誰がやった？」の2つは「なぜ」や「誰」を繰り返すと相手を問い詰める「詰問」になりがち。あくまで、現状把握のために事実ベースで状況を確認することにとどめることが有効です。

2. 提案的問いかけ

「問題を解決するために、この案を実行するのはどうだろう？」と実行に向けた提案をする問いかけ。特に未経験者など、該当分野における習熟度が低いメンバーには、育成と迅速な問題解決のために、この問いを使うことが効果的な局面もあります。陥りがちな罠は、相手に同意する以外の反応を認めない押し付けや、質問の形を借りた命令になりやすいこと、強制にならないように部下の意思を尊重したり、その提案を実行することの目的、意義、価値を伝え、納得感を醸成したりす工夫が必要です。

3. 探求的問いかけ

既成概念に縛られず柔軟な発想で探求する問いかけ。複雑性が高い問題は、全体を俯瞰したり、要素間のつながりに注目したりするなど、問題の距離感や角度を変えての問いが有効です。たとえば、時間軸「この状態が続くとどうなる？」、空空間軸「ひいて全体から見ると？」、目的軸「そもそもなぜ必要？」、他社軸「競合ならどう考える？」、IF軸「もし無限に予算を使えたら？」……といったようにリフレームすることで、思考の行き詰まりを突破できます。陥りがちな罠は「べき」と考える常識や慣例の踏襲といった既存の枠組み。何でもありの発想で自由に問いかけましょう。

4. 共創的問いかけ

「私たちは、どうすれば、それが可能となるのか？」と主語を私たち（We）に置き、どのようにすれば(How)を中心とした視点を広げる問いかけ。自由回答できるオープンクエスチョンは、一緒に問題を考える姿勢が伝わります。共創で生み出された解には、責任感が生まれます。陥りがちな罠は、ひとりでやろうとするリーダーの執着心。リーダーの1歩より全員の100歩の大きさを踏まえましょう。

問いを立てる問題を立体的に考える

４つの問いと心理的安全性を損ねる罠について紹介しましたが、どの問いが良い悪いではなく、状況に応じて選択して使い分けることが重要です。全体像を把握していないと気づかずにいつものパターンに陥り、どんな問題でも「調査的問いかけ」しか発していないというようなことが起きがちです。そして、問いを立てる前に、問題をどの視座、視野、視点から捉えたのか、問題の着眼点も知っておく必要があります。

●WORK 18

問題の着眼点を掴む、視座・視野・視点MAP

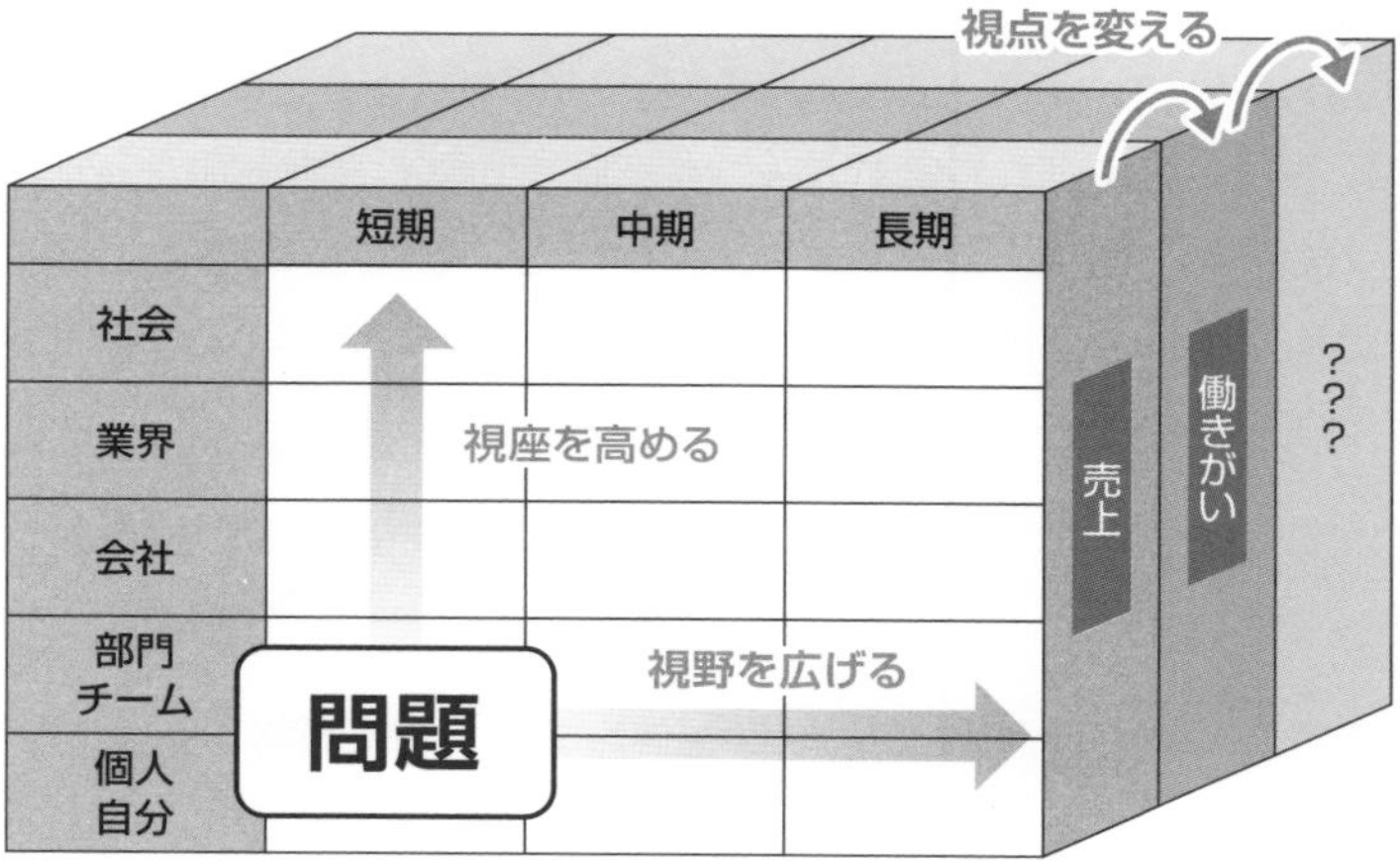

自分がいつも問題として捉えがちな領域はどこでしょうか？ MAPの該当するグリッドに印をつけてみましょう。初めて管理職になった方にありがちなケースは、「視座」は個人や自分のチーム、「視野」は短期的、「視点」は固定的というような状態です。ぜひ、全体像を踏まえてフレキシブルに問題の本質を捉える眼力を養いましょう。

3-9

フィードバック Way19

部下のやる気に火を灯す「ダメ出し」をしよう！

上司と部下という関係であれば必ず改善を求めなければいけない場面は出てきます。そのときに部下の人格を審判するのではなく、確かな行動改善につながる、一歩踏み込んだ「ダメ出し」フィードバックをしましょう。

フィードバックとは

語源にあるFeed（食べ物を与える）をback（返す）が示すように、職場のモチベーションを高める栄養剤が**フィードバック**です。それは部下の人格を審判するものではなく、成功をポジティブに評価したり、改善点をダメ出ししたりする、行動と結果に対する客観的なメッセージです。何よりフィードバックを返された本人が経験から学ぶことで、効率的な行動パターンが強化されたり、非効率な行動パターンが修正されたりして職場全体としても生産性向上につながります。一方で面倒な対立につながるダメ出しは回避されがちです。そこで、部下の心に火を灯すダメ出し『薪+FIRE』のフィードバックを紹介します。

『薪+FIRE』の観点

Fact	■ 具体的事実・行動を確認する
Imessage	■ 自分の気持ちを伝える
Request	■ 望ましい行動・提案を行う
Epilogue	■ 改善や克服の結果、得られる価値を伝える

目的地を確認し、誠実さを持って関わる

①薪《まき》

薪とは、自分の心のありようを示すメタファーです。薪が腐っていると着火しないようにあり方、部下に向き合う誠実さの度合いが心を動かします。部下を見下していないか、非を責める気持ちから始まっていないか、フィードバックの前に自分の薪を確認しましょう。ダメ出しフィードバックで心理的安全性を確保する上で最っも重要です。

②Fact

正したい行動は具体的に**Fact**（事実）に基づいて伝えることが必要です。人は先入観、憶測、解釈などを用いて伝えられると反論したくなるもの。そして、事実であったとしても他人から聞いた「また聞き」の話を持ち込むことも控えましょう。あなたが直接、見聞きした部下の正したい行動を伝えることが肝要です。

③I message

I messageとは自分を主語に気持ちを相手に伝えるメッセージ伝達法です。反対にYou messageは、相手を主語に「君はこうだ」と伝える、問題は相手にある非難、批判的なメッセージになり受け取ってもらいづらくなります。たとえば、遅刻したメンバーに「遅刻するなんて、君はどうかしている」というより「連絡なく遅刻してきて、私は心配したよ」と伝えた方が、相手にメッセージが届きやすくなります。また自分の気持ちを伝えることは自己開示であり、相手との距離感が近くなり、親近感が伝わる効果もあります。

④Request

相手に対し改善に向けた**Request**（要望や提案）を行いましょう。ポイントは、要望を具体的に。「ちゃんとやろう」「やる気を見せろ」では、抽象的で何をすればいいか相手に伝わりません。また、否定形ではなく肯定形で伝えることも必要です。緊張するなと言われると、余計に緊張してしまうように「プレゼン失敗するなよ」ではなく、「力抜いて深呼吸をしよう」と具体的な提案を肯定表現にすることも効果的です。

⑤Epilogue

改善に向けた要望、提案を実行すると、その結果（**Epilogue**）、どうなるのか、本人や組織へどんな成果がもたらされるのかを伝えましょう。注意すべきは、その結果がリーダーだけが満足するものになっていないか？リーダーにとっても、部下にとっても、周囲にとっても納得できる三方よしの結果になることが大事です。一方的に通達して終わりではなく、最後に本人に一連のフィードバックについて、どう思うか、会話に誘い意思を確認することも相手の参画感を高める上で大変有効です。

実際に薪+FIREの観点を使用した例を紹介します。例を参考にしながら、ワークシートに自分の部下へのダメ出しフィードバックを記入してみましょう。

例
経費精算の提出が遅れがちな部下へのフィードバック例

Fact▷今月、経費精算の提出が2回も遅れているよね
I message▷事前に相談もなく遅れ、経理の仕事にも支障が出てしまい私は残念に思う
Request▷週に1回、15分でいいから提出物確認の時間を取ってみたらどうだろう？
Epilogue▷約束を守ると周囲からの信頼も高まるよ。このことについて君はどう思う？
薪▷周囲からの信頼を得て責任ある仕事を任せられる存在になってほしいという願い

● WORK 19

自分の部下へ踏み込むフィードバックをしてみましょう

①自分の職場メンバーを一人、思い浮かべ、「ダメ出しフィードバック」をしたい部下の行動を記載してください。

フィードバックをしたい部下の具体的な行動

②薪＋FIREの観点に沿って、フィードバックを具体的に考えていきましょう。

項 目	メッセージ
Fact： 具体的事実・行動を確認する	
I message： 自分の気持ちを伝える	
Request： 望ましい行動・提案を行う	
Epilogue： 改善や克服の結果、得られる価値を伝える	
火を灯す薪： 目的地を確認し、誠実さを持って関わる	

3-10

フィードバック Way20
メンバーをまるごと承認しよう！

メンバーを褒める際にも気をつけなければならないことがあります。3つの承認レベル、「存在承認」「行動承認」「結果承認」を踏まえて、メンバーをまるごと承認しましょう。

褒められることで、「A10神経」が刺激され、人は動きだす

脳科学的にヒトは褒められることで「A10神経」と呼ばれる神経が刺激を受け、ドーパミンが分泌され血流がよくなり、ワクワクした高揚感に包まれます。言い換えれば、ヒトはこの快感を得るために、行動する→褒められる→幸福になるという神経回路を強化しているといえます。興味深いのは褒めた側にもメンバーが喜ぶ反応を見てA10神経が刺激されるという相互作用が生まれることです。給与を上げるなどの金銭報酬は、メンバーへの承認方法のひとつですが、原資に限りがあります。そうした方法に頼らないコミュニケーション報酬（＝感情報酬）が、組織のモチベーションマネジメントには不可欠で、褒め称える文化の醸成が強い組織づくりへのカギとなっていくでしょう。

承認力を高めるピラミッド

ヒトは誰でも根源的に承認されたいと思っています。誰かから認められていると感じると、自然と心理的安全性が高まります。リーダーの承認力を高めるには、メンバーが自分自身では気づけない成長や周囲への貢献などを本人に自覚できるよう、働きかけることが必要です。その際には、再現性あるフレームワーク、**「ポジティブ・フィードバック・ピラミッドモデル」**を活用することをおすすめします。次のページに示した図を見てみましょう。

ポジティブ・フィードバック・ピラミッドモデル

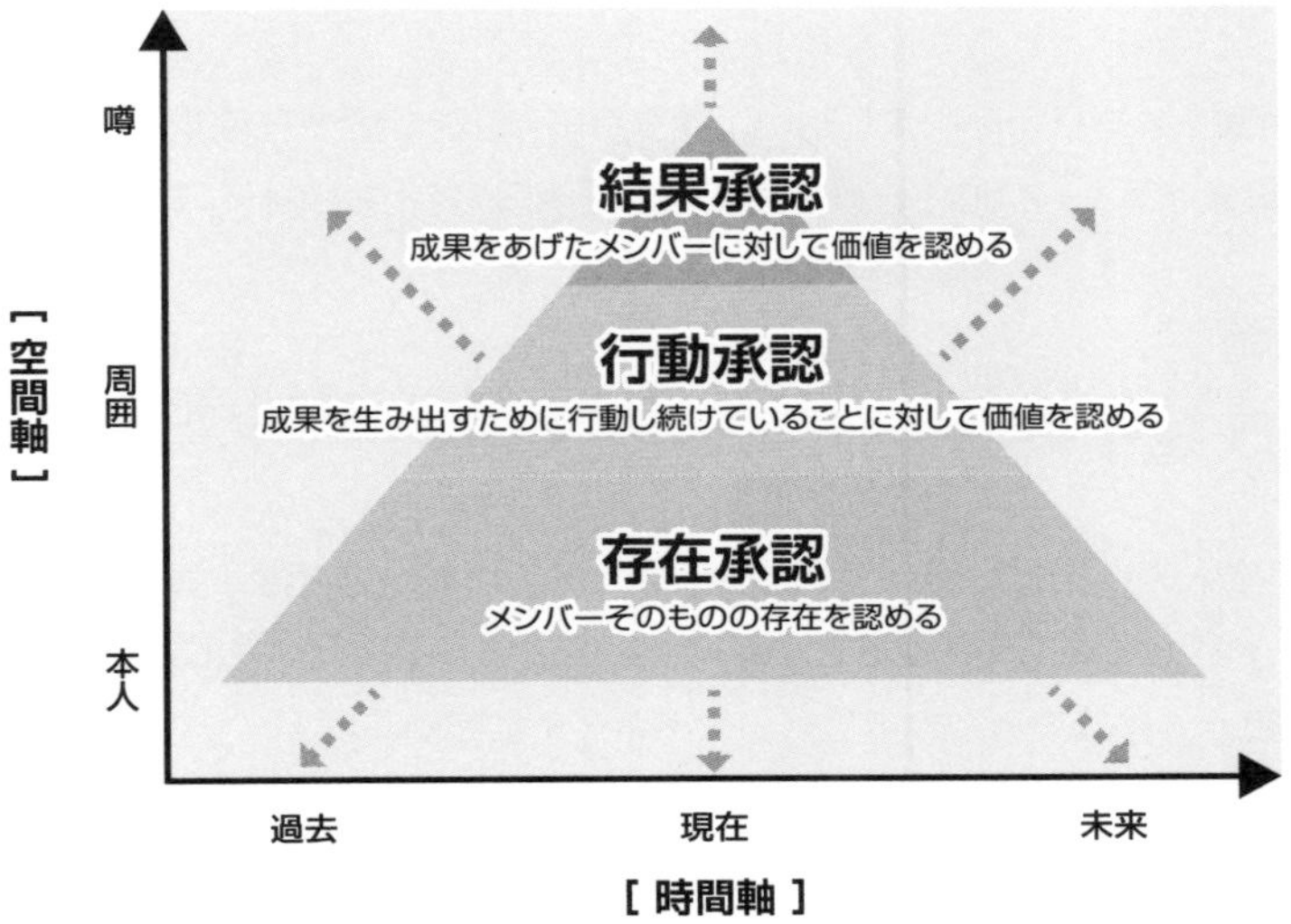
噂
周囲
本人
［空間軸］
結果承認
成果をあげたメンバーに対して価値を認める
行動承認
成果を生み出すために行動し続けていることに対して価値を認める
存在承認
メンバーそのものの存在を認める
過去
現在
未来
［時間軸］

①承認レベル

承認には、3つのレベルがあります。まずは、メンバーその人が存在してくれていることに対しての感謝とリスペクトを示す「**存在承認**」。次に組織で働く以上、何かしらの目的の達成に向けて行動をしますが、その取り組みに対しての「**行動承認**」。最後に、目的を実現したメンバーを称える「**結果承認**」。特に組織では、目に見えて分かりやすい最後の「結果承認」のみに光があたりがちですが、土台部分の「存在承認」や経過のプロセスをしっかり見とどける「行動承認」はメンバーを支援したり、心理的安全性を高めたりする上でも機能するので、しっかり承認しましょう。

②時間軸

時間軸は、現在に限らず、過去から未来までの時制を使い分けることが効果的です。

過去時制:これまでの取り組みを称えるために今までの頑張りを労うときに使用。
例：「本当によく頑張ったね。あれだけの集中力でつくったのは素晴らしいよ！」

現在時制：メンバーの今の状態をその場で称えたいときに使用。
例：「そのアイデア素晴らしい！今の発言、成長してるね」

未来時制：メンバーを励ましたい、頑張りに報いたいときに使用。
例：「最善を尽くしたね！きっと大丈夫。」「明日の今頃は乾杯してるよ！」

③空間軸

空間軸は、本人に限らず、周囲や噂まで領域を広げてあげることが効果的です。

周囲：本人の自己肯定感が低く、受け取ってくれない場合は、同僚やチームメイトなど周囲を褒めることで、結果的に本人を褒めることにつなげる。
例：「最近、君のチームのメンバー、イキイキしているね！」

噂：人は、噂話には敏感です。褒めるときに、本人が思いもよらない人からの良い噂、第三者からの期待の声が聞けるとやる気につながります。
例：「お客さんがA君の仕事ぶりの丁寧さに感心していたって聞いたよ！」

実際にポジティブ・フィードバック・ピラミッドモデルの観点を使用した例を紹介します。例を参考にしながら自分の部下へのポジティブ・フィードバックを考えてみましょう。

具体的な行動：顧客へのプレゼンが前期よりも上達しているメンバー例

ポジティブ・フィードバックの例

空間軸

	過去	現在	未来
噂	―	他のお客様からもAさんのプレゼンを評価する声が上がっている	―
周囲	―	後輩たちもAさんにロープレを付き合ってもらいたがり信頼を獲得している	今後は、後輩の育成も期待したい
本人	1か月前は、一生懸命さは伝わったが、今と比べると物足りなさはあった	1か月前の営業同行よりもクロージング力が高まっている	営業トークのナレッジ化も期待したい！

時間軸

WORK 20

ポジティブ・フィードバック

自分の職場を一人、思い浮かべ、『ポジティブフィードバック』をしたい部下の具体的な行動を記載ください。

ポジティブ・フィードバックをしたい部下の具体的な行動

ポジティブ・フィードバック・ピラミッドモデルの3つの「時間軸」と「空間軸」に沿って、フィードバックを具体的に考えていきましょう。

空間軸

噂			
周囲			
本人			
	過去	現在	未来

時間軸

3-11

フィードバック Way21

心理的安全性を高めるフィードバックを実践しよう！

普段特に何もしていない上司がいきなり部下にフィードバックをしようと思ってもできません。常日頃から、見守りサインを送ることでフィードバックを突然のサプライズにしない安心感を与え発見につながる機会にしましょう。

「ダメ出し」フィードバックを行う際の５つの留意点

これまでご紹介した「薪+FIRE」や「ポジティブ・フィードバック・ピラミッドモデル」といったフレームワークの実践だけでなく、日常からの積み重ねが自分のことをしっかりと見てくれているという安心感につながり、いざというときのフィードバックとして効いてきます。ネガティブとポジティブの2つに分け、日々の実践で留意したいポイントについて紹介します。

1.タイミングを逃さない

問題行動が発生したら、素早くフィードバックしましょう。時間が経つと、相手が忘れてしまったり、焦点がぼやけたりしてしまうリスクがあります。

2.センターピンを外さない

指導する際、改善点を多く要望しがちですが、全てを同時に実行することは不可能です。何が最も優先順位が高いのか、影響力の高いセンターピンを見極めましょう。

3.抽象に逃げない

肝心な部分が不明瞭な抽象的なメッセージは伝わりづらく、誤解されるリスクがあります。フィードバックは､具体的かつ明確に。相手の理解レベルに合わせましょう。

4.感情「で」伝えない

叱る際は、感情的になりがちですが、感情「で」伝えることと感情「を」伝えることはイコールではありません。「I message」(私は〜な感情を抱いた)を使うと、感情「で」伝えるのではなく、感情「を」効果的に伝えられるようになります。

5.評価者のままで終わらない

フィードバックは伝えて終わりではなく、伝えた後にメンバーが改善行動を実践できるか、上司が一緒に考える「支援・伴走者」になれるかがポイントです。

ダメなポジティブ・フィードバック例

ポジティブフィードバック、つまり褒めるときにも気を付けるポイントがあります。

1.判断・否定を入れて褒める

褒めるときは、褒めきることが重要。「今回は、よくやってるね」「割と嫌いじゃない」のような、褒めているのか、いないのか、不明な褒め方をする人がいますが、褒めることに照れ隠しは必要ありません。真正面から褒めましょう。

2.無表情で褒める

無表情で、「とっても良かったよ」「さすが」「素晴らしい」と言われたら、あなたはどう受け取りますか。褒めるときは、ぜひ感情MAXで褒めましょう。

3.上司の望む行動をしたときだけ褒める

親が子供を褒めるときも同様ですが、上司が望む行動をしたときだけ褒めていると、部下はいつも上司の顔色ばかり窺うようになってしまいます。全体で見て褒めるようにしましょう。

4.他人と比較して褒める

他人との比較より過去の本人との比較で褒めた方が、共感を得る傾向があります。「Aさんより君の方が、優れている」と言われるより「半年前より今の方が、プレゼンスキルが断然伸びている」と言われた方が心に響きます。

5.心では全く思っていないのに褒める

たまに褒めることが「タスク」になっている上司がいます。褒める気持ちが全くないのに、「上司だから一応褒めとくか」というマインドで褒めると、部下にも伝わってしまいます。ぜひ、真心を込めて褒めましょう。

見守りサインを考えよう

部下の心理的安全性の確保のためには、どんなに忙しいときでも**見守りサイン**を送ることが必要です。自分は上司から見守られていると感じれば、放置され孤独感に襲われることもなく挑戦心を持って仕事に取り組むことができるからです。あなたが職場で実行できそうな「見守り」についてチェックしたり、すぐに実行できるアイデアを考えてみたりしましょう。

●WORK 21

見守りサインを考えてみよう

- □ 出勤・退社時、必ず、目線を送り挨拶をする
- □ 日報のフィードバックコメントをする
- □ 日報にスタンプを押す
- □ 良いことがあったらメールを送る
- □ 他メンバーに支援を依頼し、間接的に見守る
- □ コピー機・自販機の前で会ったら必ず声をかける
- □ 毎朝30分部下のための余白時間を確保する
- □ …
- □ …

3-12

実践1on1 Way22

メンバーの経験学習サイクルを回そう！

上司から部下への色々な関わり方を紹介してきましたが、それらを全て整理して振り返ることも重要です。メンバーの振り返りを支援し、経験から学び、未来のあるべき行動につなげていく成長を支援する1on1を実践しましょう。

職場での1on1のリアリティー

職場で最も行われているといっても過言ではない上司—部下間のコミュニケーション、**1on1**。ところが、下図のように機能不全に陥っている組織も少なくありません。

1on1の形骸化

制度としてやることが目的の
形式的なものになっている
部下の業務進捗状況の
確認の場と化している
その場の「ノリ」で進めている
特に意味を感じられない
雑談の場になっている
上司が一方的に言いたいこと
を言う場になっている
部下
上司

こうした仕組みの形骸化が放置されると、やがて上司―部下間の心理的安全性は損なわれていきます。本来、1on1は、経験から学習し、次のアクションへと変換させるスループットの機会としても期待されていました。この経験から学び、未来のあるべき行動に繋げていく一連の流れを示したものが組織行動学者のデイビッド・コルブ氏が提唱した「**経験学習サイクル**」という概念で、人は実際の経験を通し、それを振り返ることで、より深く学べるという考えを4段階のサイクルでまとめています。

経験学習サイクル

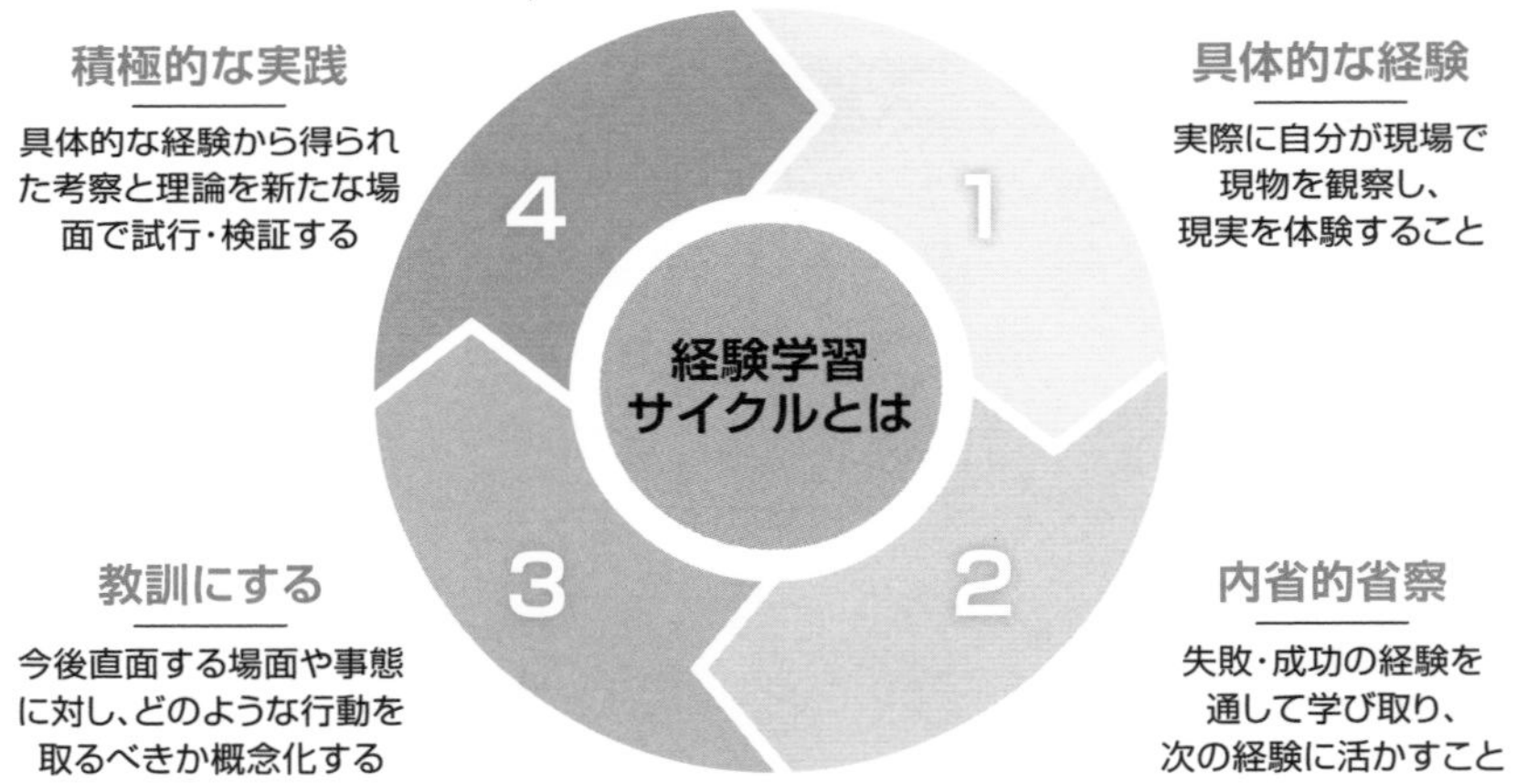

出典：経験学習サイクル デイビッド・A・コルブ

1on1ミーティングは経験学習サイクルの考えを下敷きに考えてみれば、部下ひとりでは客観的に振り返りにくい経験を、上司の力も借りながら棚卸しを行い、気づきを言語化して、ネクストアクションへとつないでいくよう支援することです。

たとえば、あるメンバーが、ミーティングで扱いたいトピックで「業務課題」を選び、営業シーンでリーダーの同行をしてもらわずに、単独でクロージングに成功し、成約した話を取り上げたとしましょう。

そのときに、リーダーは、まず、なぜうまくいったのか、相槌を入れながらアクティブリスニングを行い、顧客先でのクロージングトークの流れを思い出すことに付き合います（**具体的な経験**）。そして、これまでのうまくいかなかったときとの違いは何？など、質問を入れながら**内省的省察**を促進します。結果、メンバーは、自分の中で今回うまくいったケースの独自の**教訓**を引き出して概念化し、今後も再現性を持って働きかけられるよう**積極的な実践**につなげていくのです。

部下との1on1が場当たり的なものになっていないでしょうか。具体的な経験を対話で振り返りながら新しい未来をつくれるよう導いているか？ぜひ振り返ってみてください。

リフレクティブ・サイクル

経験学習サイクルの「内省的省察」は、本来、自己との対話ですが、自分に客観的に問うことは容易ではありません。ゆえに1on1のような対話機会で経験を第3者に語ることで整理されたり、思わぬ角度から問われてみることで気づきが生まれたりします。しかし、毎回、人に問うてもらえない環境では、自分自身で問う必要があります。そこで使える内省を促す問いかけ「**リフレクティブ・サイクル**」を紹介します。

これは経験を様々な角度から振り返り次に活かすための意味づけの過程を示したもので、経験学習サイクルよりも解像度の高い問いで構成されています。まず何が起こったのか？客観的な事実を**記述・描写**します。次に何を感じたのか？本人の**感情**を整理します。その上でうまくいったこと、いかなかったことを問い成功・失敗体験を**評価**します。そして、評価を踏まえてその状況から分かることは何か？成功・失敗の要因を**分析**します。他に何ができたのか？よりよい方法がなかったか考え**総合**、最後にもし同じことがあったらどうするか？（行動計画）を導き出し未来に向けた**行動計画**を決めます。経験から学び、未来のあるべき行動につなげるフレームとして部下やあなた自身の経験の棚卸しの際にもぜひ、使ってみてください。

● WORK 22

ギブス・リフレクティブ・サイクル

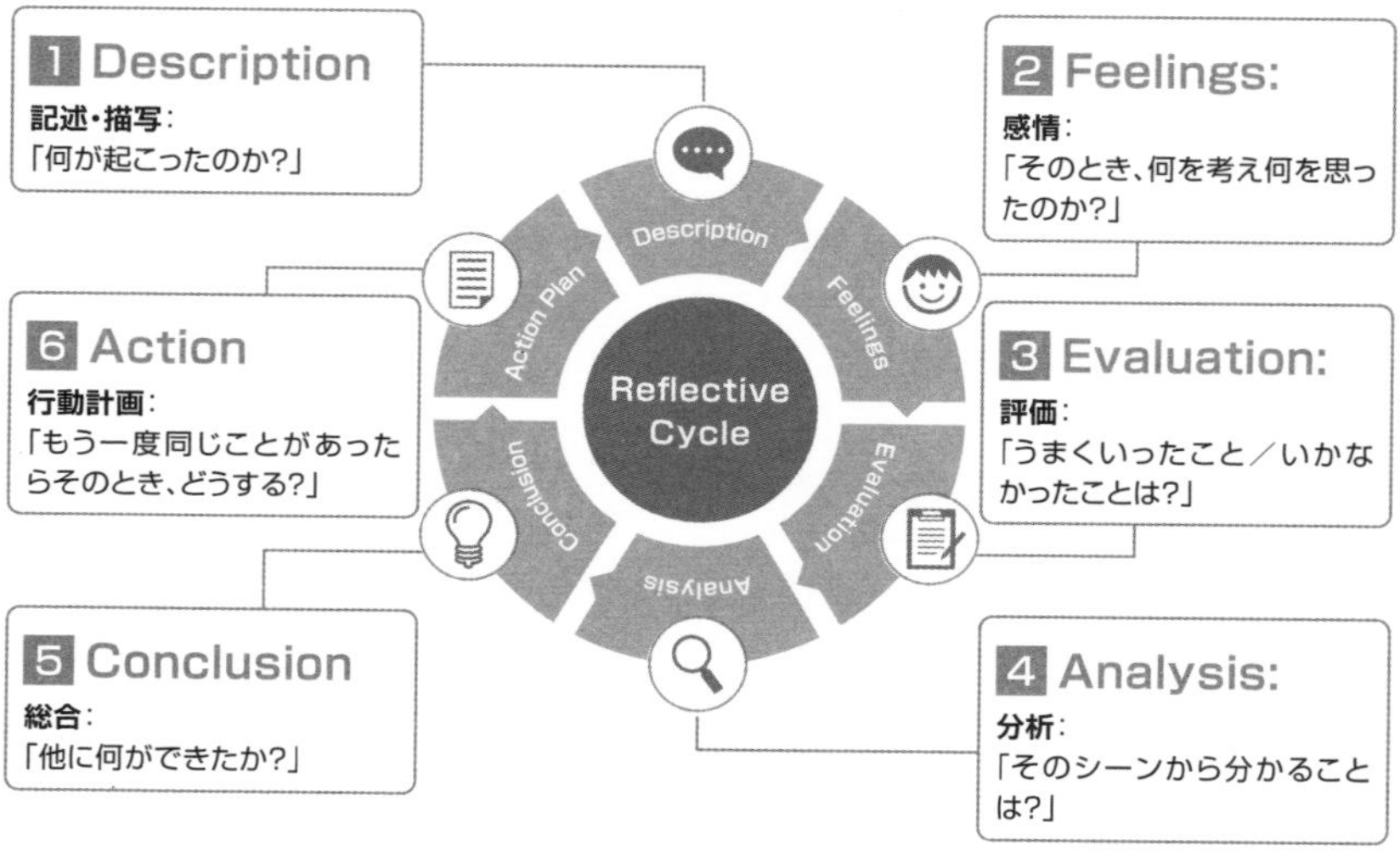
1 Description
記述・描写：
「何が起こったのか?」
2 Feelings:
感情：
「そのとき、何を考え何を思ったのか?」
3 Evaluation:
評価：
「うまくいったこと／いかなかったことは?」
4 Analysis:
分析：
「そのシーンから分かることは?」
5 Conclusion
総合：
「他に何ができたか?」
6 Action
行動計画：
「もう一度同じことがあったらそのとき、どうする?」
Description
Feelings
Evaluation
Analysis
Conclusion
Action Plan
Reflective Cycle

出典：リフレクティブサイクル グラハム・ギブス

MEMO

3-13

実践1on1 Way23
「GROW」モデルで1on1をマスターしよう！

1on1の方法をもう少し具体的に見ていきましょう。1on1の進め方と扱う題材といった基本を押さえ、対話の流れとなる「GROW」モデルを活用し再現性のある1on1をマスターしましょう。

1on1で扱うトピックと進め方

1on1で何を題材にすればよいか分からず、業務進捗を確認するだけになったり毎回、雑談になったりするような状況が散見されます。そこで、参考トピックと進め方を紹介します。大事なことは、この場がメンバーのために開かれていると認識することです。

1on1　トピック例

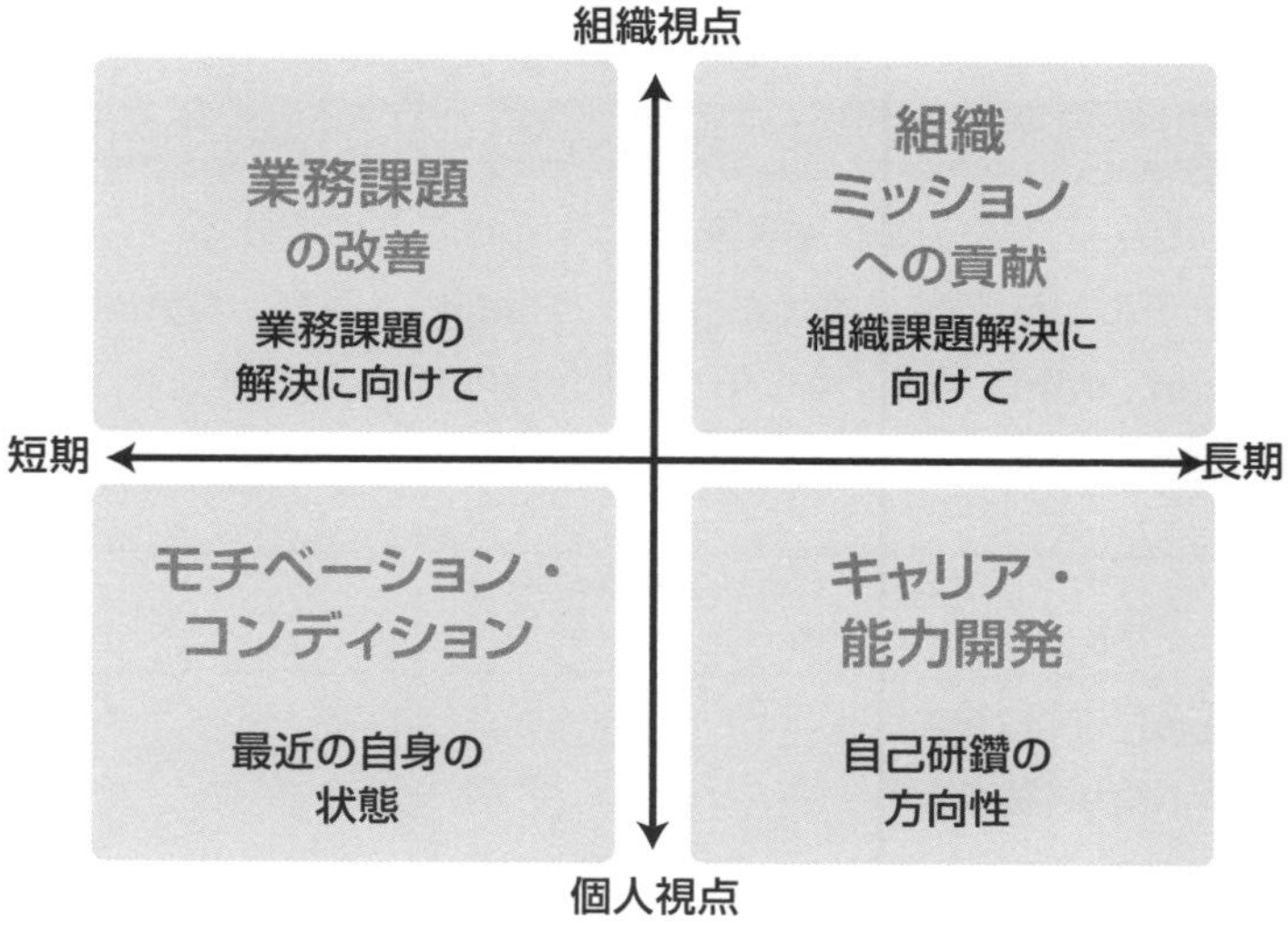

1on1　トピック例

★1on1ミーティング

❶チェックイン　**5分**
（今、ここの感じや今日の場への期待など、双方簡単に）

❷前回のレビュー　**5分**
（前回の1on1ミーティングの振り返りとその後についての確認）

❸今回、扱いたいテーマの選定と相談タイム　**15分**
（□モチベーション・コンディション
□キャリア・能力開発 業務課題の改善
□組織ミッションへの貢献）

❹まとめと次回までのアクションの確認　**5分**

1on1は、週に1回、少なくとも隔週で1回の実施を推奨します。運用に乗るように、時間は30分程度と比較的短い時間で行うことが継続のコツです。

トピックの相談タイムで活用できる「GROW」モデル

コーチングの中であらゆる目標実現に汎用的に活用できるフレームワーク「**GROW**」モデルがあります。**Goal**（目標）、**Reality**（現実）、**Option**（選択肢）、**What**、**When**、**Who**、**Will**（何を/いつ/誰が/意思）の頭文字を並べたもの。この順に質問を投げかけることで、部下の相談に的確に応えることが可能になります。

GROWモデル

- **G** Goal　（目標）
- **R** Reality（現実）
- **O** Options（選択肢）
- **W** What/When/Who/Will（何を　いつ　誰が　実行の意思）

●部下との1on1の会話例

上司：今日の1on1で扱いたいトピックは何かな？ G

部下：新人とのコミュニケーションの取り方です。※組織ミッションへの貢献トピックに該当

上司：君がメンターを務めてくれているＡくんとのコミュニケーションだね。 G

部下：はい。今年に入って初めて育成担当になったんですが思うようにいかなくて。

上司：なるほど。後輩とのコミュニケーションの改善がテーマだね。今の状態は10点満点中何点かな？ R

部下：うーん……。6点くらいですかね。

上司：逆に言うと6点は取れているんだね。その根拠を教えてもらえるかな？

部下：一応、決めたルール、毎日振り返りの時間を2人で取るとかはできているので。

上司：なるほど。すると残りの4点はどうすれば埋まるかな？ O

部下：時間を取るだけで中身が薄い気がしていてお互い黙ってしまう時間も多くて……

上司：では、どうすれば、中身の濃い振り返りの時間に2人でできるのだろうね？ O

部下：う〜ん。あとで振り返りで活かせるように、最初に目標設定しておくとか。

上司：いいね！何を設定しておけばいいと思う？ W

部下：今日気づいたことや分からなかったこと、昨日より成長できたこととか……

上司：いいね！それ、いつからやってみる？ W

部下：明日から早速、やってみようと思います！なんかすっきりしました（笑）

● WORK 23

GROWモデルチェックリスト

【Goal 目標】

□ 一番、達成したいこと、手に入れたい成果は何ですか?
□ その成果が手に入ったことは、何をもってして分かりますか?
□ もし、その成果を手にしたら、あなたの周囲や組織はどう変化していますか?
□ 今年があなたの一生で忘れられない1年になるとしたら何を実現していますか?

【Reality 現実】

□ 今、できていることと、できていないことは何ですか?
□ 理想の状態を10点だとすると今、何点ですか?
□ 今、起きている課題は何ですか?
□ 課題解決のために、持っているリソースや協力してくれる人はいますか?

【Options 選択肢】

□ 何があったら10点に近づきますか?
□ 実現可能な状態にするために必要なことは何でしょうか?
□ もしあなたが最も尊敬する人が同じ状況にいたら何から始めるでしょうか?
□ どのような仕組みやサポートがあると実現しやすくなりますか?

【What When Who Will　何を　何を　いつ 誰が 実行の意思】

□ この1on1が終わった直後、何（What）から始めますか?
□ いつまで（When）に実現したいですか?
□ 実行する上で、誰を（Who）巻き込みますか?
□ 本当にその成果を手に入れたい（Will）ですか?

＊部下との1on1でGROWモデルを活用して実施する前に、どの質問を投げかけてみるか検討してみましょう。問いたい質問にチェックを入れてみましょう。

いかがでしたでしょうか？実際には、部下の反応やその場の文脈などで用意していた質問ではなく、その場で思いついた質問をする方が自然な流れになります。大事なことは、対話を楽しむこと。そして、話が散らかりそうになったら、今、どのステージの話をしているのか？ Goal（目標）を問うているのか？実行に向けたOptions（選択肢）を問うているのか？ステージを確認した上でコミュニケーションをとるとより豊かな1on1の場になります。

3-14

実践1on1 Way24

1on1でメンバーをエンパワーメントしよう！

モチベーションが下がっている部下にはどう接すればよいでしょうか。時に自信を失っているメンバーの意欲と自信回復につながる、力を与える1on1の機会をつくりましょう。

1on1で出てくる厄介な困りごと

1on1でメンバーが仕事に自信を失っていて、どう接すればよいか分からないというお悩みはよくあります。リーダーとしては、傾聴も問いかけも行い、対話に誘っても「のれんに腕押し」状態になってしまうような状況です。そうした場合どうアプローチすればよいのでしょうか。メンタル問題ではない前提の際には、**社会構成主義**をベースにしたアプローチが有効です。

まだ語られていないエピソードを焦点化する

社会構成主義によると、人は客観的な事実の世界に生きているのではなく、自ら解釈し意味づけた世界の中で生きているそうです。たとえば、人との交流が苦手で営業で売れずに自信喪失している人が営業力が劣っているのかというと実際にはそうではなく、自分が営業に向いていないという「**物語**」を自分でつくっていることが多いそうです。自分の体験の中で、営業に向いていないというエピソードを選択して、自らの営業職としての不適性さを自分で意味づけてしまっているのです。

語られていないエピソードを焦点化

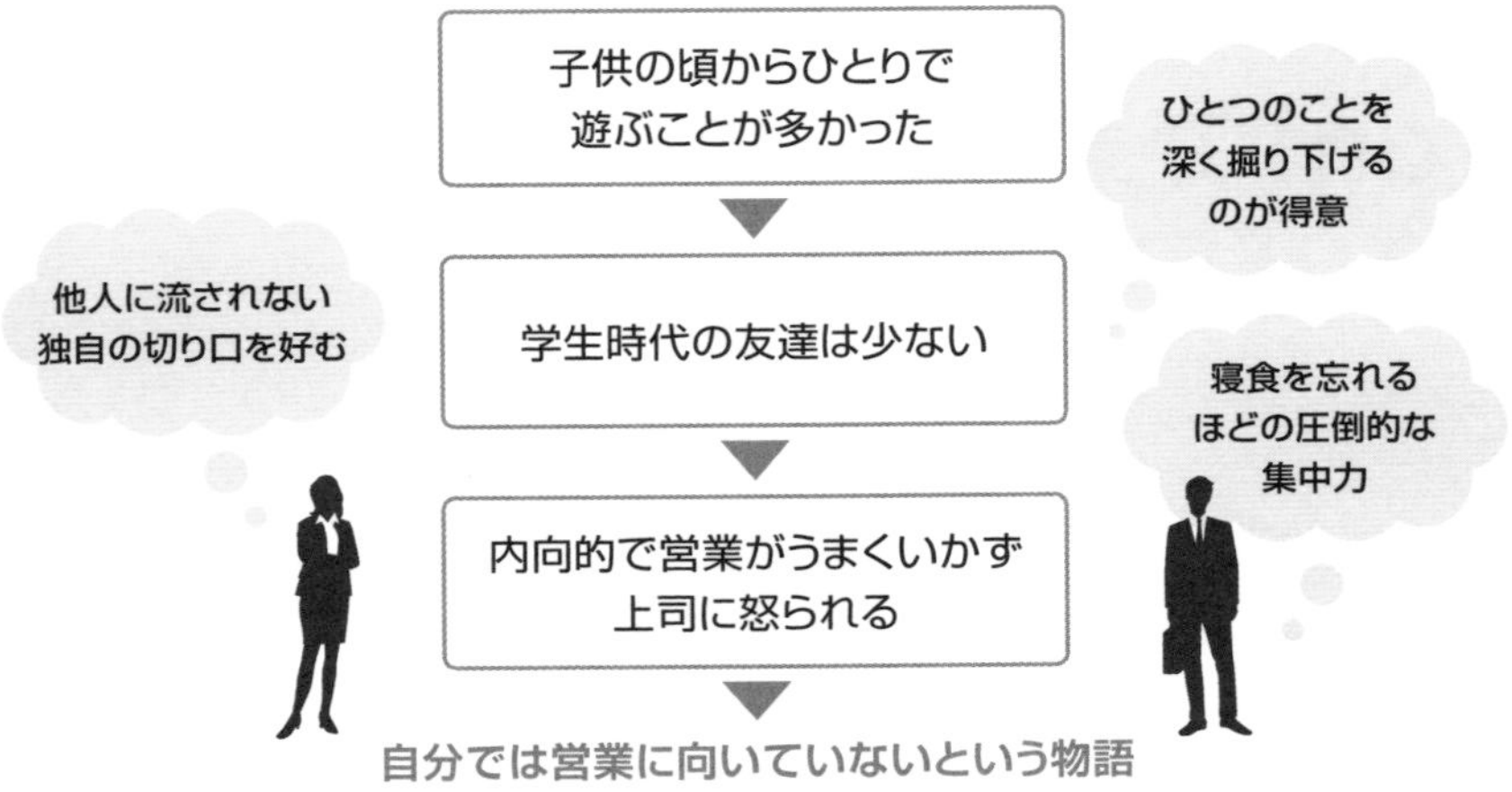
子供の頃からひとりで遊ぶことが多かった
学生時代の友達は少ない
内向的で営業がうまくいかず上司に怒られる
自分では営業に向いていないという物語
他人に流されない独自の切り口を好む
ひとつのことを深く掘り下げるのが得意
寝食を忘れるほどの圧倒的な集中力

その「物語」をつくった人は、キャリアの選択肢に営業職を外すかもしれないし、人付き合いで苦労しそうな職業やポジションとは、距離を置くかもしれません。

しかし、実は選択されなかったエピソードに「ひとつのことを深く掘り下げることが得意」「オリジナリティの発想力がある」などが隠れている可能性があります。この語られていないエピソードに光を当て、本人も気づいていない新たな一面を見出して自己発見と自信の一助とするのが、WORK24で紹介する「他己紹介ヒアリングシート」です。

語り得ぬエピソードの中に未来の新しい自分をつくるリソースを探すには、「問い」の切り口を変える必要があります。子供の頃から好きだったこと、夢中になったこと、今の会社を選んだ理由、胸に秘めた将来の野望など「営業に向いていない」自分以外を焦点化する問いを立てて、他者にインタビューで引き出してもらうことが有効です。

そして自分で解釈するのではなく、他者に総括的に、「○○さんは、実は○○なことを大事にする人なのです」と他己紹介してもらうと、自分では、意味づけのできなかった新しい自分（本来の自分）がその場に立ち上がりエネルギーが吹き込まれます。

職場でもコナトゥス（本来の自分）を取り戻そう！

最後に、17世紀の哲学者スピノザが説いた「**コナトゥス**」という考え方を紹介します。コナトゥスとは、ラテン語で「努力」「試み」「衝動」などを意味しますが、スピノザ思想においては自身の本質、すなわち「本来の自分であろうとする力や衝動」のことを指します。一方で、私たちは、コナトゥス的な、「本来の自分であろうとする力や衝動」を大切に生きているでしょうか。社会生活を送っているうちに、知らない間に社会常識に毒され本来の自分とは、離れた状態になっていることが多いのではないでしょうか。紹介した「他己紹介ヒアリングシート」は、「営業は、外向性の高い人間が成果を上げる職種である」という社会通念の呪縛から本来の自分を取り戻すコナトゥス回復を狙いとしたものでもあります。

心理的安全性の高い職場の本質は、個人の多様性あるコナトゥスが束ねられて力が発揮されている状態に他なりません。ゆえに、リーダーには、常に心理的安全な場をつくり、個人のコナトゥスを問う力と伸ばしていく力が不可欠なのです。

● WORK 24

他己紹介ヒアリングシート

Q1. 子供のころのあだ名（ニックネーム）は?	**Q2.** 子供の頃何して遊んだ?
Q3. 学生時代どんなことに夢中になっていた?	**Q4.** 学生時代のやんちゃな体験は?
Q5. 入社の動機は?	**Q6.** 会社に入ってからの最大の失敗は?
Q7. 仕事で一番嬉しかったときのこと	**Q8.** 将来やってみたいこと（仕事・プライベート問わず）

他己紹介欄　○○さんは実はこんな人!

＿＿＿＿＿＿ さんは、実は…

…することが好きで、

…なことを大切にしている、

…な人なんです!

メンバーが自信を失っているときや、本来の自分を忘れてしまっているときには、以下のような問いをお互いに立てながら、新たな一面を知り合う機会をつくることで自信と本来の自分を取り戻す一助にしてみてください。

Column 2

グロース・マインドセットで部下の可能性を心から信じて関わる

「メンバーの可能性を心から信じる」というグロース・マインドセットに基づいた関わりが望ましい結果を引き寄せます。

●フィックスト・マインドセットとグロース・マインドセット

部下の成長を支援するためには、部下の可能性を心から信じる関わりが必要です。スタンフォード大学の心理学者であるキャロル・ドゥエック博士は学習や成長においてマインドセットが大きく影響することを述べています。

マインドセットとは、人が自分自身について持っている自己認識を指します。それは、その人の課題に対しての挑戦の仕方、障害への向き合い方、努力の仕方、他者からの批評への向き合い方、他者の成功の捉え方など、それぞれの局面での向き合い方を説明する概念として「フィックスト・マインドセット」と「グロース・マインドセット」という2つの概念から構成されています。下記の表を見て、自分自身はどちらのマインドセットを持っているか確認してみてください。

	Fixed Mindset	Growth Mindset
挑戦	Avoid challenges 挑戦を避ける	Embrace challenges 挑戦を受け入れる
困難	Give up easily due to obstacles 困難に直面すると諦める	Persist despite obstacles 困難に直面してもやり通す
努力	See effort as fruitless 努力を無益だと考える	See effort as path to mastery 努力は熟練のための道だと考える
批判	Ignore useful feedback 批判的フィードバックを無視する	Learn from criticism 批判的フィードバックから学ぶ
他者の成功	Be threatened by others' success 他人の成功に脅かされる	Be inspired by others' success 他人の成功に感化される

そして、このマインドセットは自己成長に限らず他者の成長支援でも活用可能です。

自分自身の心の声に真摯に耳を傾け、部下やメンバーの捉え方がフィックスト・マインドセットになっていないか観察をしてみてください。たとえば、下記のマインドセットの自分の内なる声の例を参考にしてみてください。

各マインドセットの内なる声

	Fixed Mindset	Growth Mindset
挑戦	部下Aさんが、この仕事をやり遂げられるわけがない	Aさんは、まだこのテーマのプロジェクトの経験は少ないが、これまでの経験を生かして次のステージに挑戦できる よいチャンスだ
批判	上司のBさんから今期の評価について納得のいかないフィードバックをされた。上司は全然、自分のことを分かっていない。	上司のBさんからフィードバックは、納得のいかない点もあったが、一方で自分にはない経営視点も教えてもらった。来期はその点も活かして行動しよう
他者の成功	同僚のCさんの活躍は自分の昇進に陰を落とすことになるかもしれないので、優秀社員投票で彼を選ぶのは辞めておこう	同僚のCさんの活躍は同期として大きな刺激になる。優秀社員投票も彼に行い、一緒に切磋琢磨していきたい

いかがでしょうか。自分に対しても、他者に対してもグロース・マインドセットで取り組めるかが自己成長、他者への成長支援に欠かせないリーダーの持つべきまなざしだと思います。

ぜひ、自分自身に対しても、メンバーやチームに対してもグロース・マインドセットを持って、可能性を心から信じて関わりましょう。

第4章

職場・チームレベルの心理的安全性を確保する

4-1

チームとしての心理的安全性を高めるために

ここまでの内容ですでにあなたとメンバーの間にはある程度の信頼関係ができているはずです。あとはその関係性をどうやってチーム全体に広げていくか、ということになります。

損なわれる「チームメンバー」の心理的安全性

さて、上司・部下2者間の心理的安全性について自分と部下に当てはめて考えてみた結果はいかがでしたでしょうか。部下との信頼関係がバッチリだった人もいるかもしれません。しかし、リーダー自身が心理的安全であり、それぞれのメンバーに対して上司である自分と部下、2者間の信頼関係が強固であったとしても、イコール、チームの心理的安全性が高い職場であるということにはなりません。「チーム」とは単なる個人の集合ではありません。相互に有機的なつながりを持つ集団なのです。ゆえにチームレベルの心理的安全性の確保には、まだまだいくつもの障壁が立ちはだかります。

ひとりひとりが個人プレイヤーではなくチームとして共通の目的（**ミッション**）のもとに一定のまとまりを持つこと。互いにつながりを感じることのできる心理的安全な文化（**カルチャー**）を育むこと。一方通行の会議ではなく、意見をぶつけ新しい価値を創発していくこと。さらには、メンバーが心理的不安に感じることがあった際にはリーダー自身が共感と行動を喚起するストーリーを語ることが求められるのです。

残念ながら、心理的安全性の高いチームは、日本ではまだ多くありません。これまでの章と同様、チームメンバーの心理的安全性を考える上で、実際に現場の部下から聞こえてくる心理的安全性を阻害する不安の声を紹介します。

職場・チームレベルの心理的安全性

現場でよく聞かれるチームメンバーの悩み

情報通信 新入社員 Aさん （20代）	医療機器メーカー 2年目社員 Bさん （20代）	飲食レストラン 4年目社員 Cさん （30代）	金融機関 5年目社員 Dさん （30代）

配属直後の 新入社員	新卒入社2年目 若手社員	中途入社4年目 ホールスタッフ	中途入社 事務職
配属直後で緊張の日々です。まだ直接会ったことのない先輩も多く、顔と名前が一致せず、誰に何を聞けばいいか全く分かりません……。	直行直帰のルートセールスのため、上司やチームメイトと会話できる機会が限られていて困ったときにすぐに相談できずに困ってます……。	リーダーが熱血すぎて、気が休まりません。いつも何かあったら俺に言えよと言ってはくれますが、本音を言ったら怒られそうで……。	職場の会議は、目的も不明確で上司が一方的に話してます。いいアイデアを出せと言われますが部下の意見が採用されることはまずありません。

いかがでしょうか。上司がこれらのメンバーと問題なく相互に関係が築けていたとしても、チームとしてまとまりを欠いていたり、チームのカルチャー的に言い出しにくいことがあったりという声は現場からよく聞かれるものです。もしかするとあなたのチームの状況と一致するような悩みや不安もあったかもしれませんね。また自分に該当しない場合でも人のフリ見て我がフリ直せということで、改善が必要なところはぜひ知恵として取り入れていただきたいと思います。

4-2

職場・チームレベルの心理的安全性を高める4つの要素

チームレベルの心理的安全性を高めるのにも４つの要素とそれを実現するWayが存在します。個人、２者間よりやや高度な内容となってきますのでしっかり学びましょう。

４つの要素と９のWay

職場・チームレベルの心理的安全性を高めるには、個人、２者間同様、４つの要素が必要とされます。

職場・チームレベルの心理的安全性を高める３つの要素

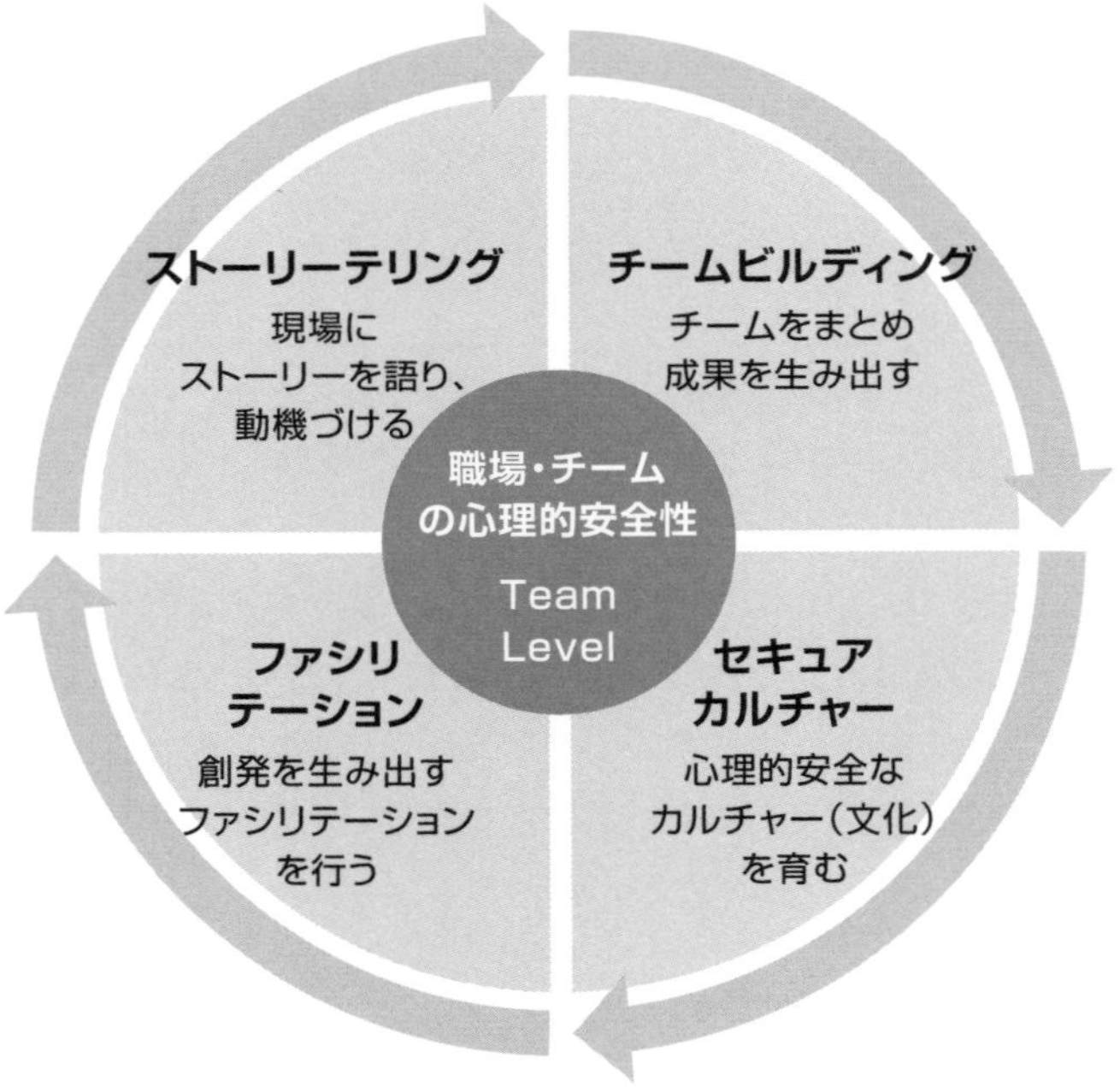

さらに個人、２者間同様、この４つの要素を実現する9のWayがあります。

①チームビルディング：チームをまとめ成果を生み出す

共通の目的となる「ミッション」の実現に向けてメンバー個人の大切にしている価値観を踏まえた組織の「**バリュー**」をつくり実践することで、心理的不安な環境下でもチームが力を合わせて成果を生み出すことができるようになります。

Way25　チームのWhy（仕事の意味）を分かち合おう！

チームのミッションをつくることで、自分たちが仕事をしている意味や目的が明確になり、個人の集まりがチームとして機能するようになります。

Way26　チームで大事にしたいバリューをつくろう！

バリューは、不安定、不確実な状況下での行動の指針（コンパス）として機能します。メンバー個人の大切にしているバリューを踏まえてチームのバリューを紡ぎましょう。

②セキュアカルチャー：心理的安全なカルチャー(組織風土)を育む

職場で心理的安全なカルチャー（組織風土）を醸成するには、時には、リーダーが弱みも含めた本音を自己開示すること。リモートワークの環境下においてもいつでも気軽につながれる仕組みをつくり運用することが必要です。

Way27　職場をセキュアベース（安全基地）にしよう！

職場を安全基地にするには、「安心＝思いやり」と「挑戦＝挑ませる」の2つの要素の高次のバランスが必要です。安心感を醸成するには、時に弱みを見せることも必要です。

Way28　つながりを取り戻す仕組みをつくろう！

リモートワークが主流となりつつある今、職場のつながりは、以前と同じことをしていても構築できません。多様な切り口から、仕組みを構築し、実践と継続を欠かさず行うことが必要です。

③ファシリテーション：創発を生み出す会議のファシリテーションを行う

会議をアイデアや意見が飛び交う活発な場にするには心理的安全性の確保が必要です。会議前に不安の壁を壊しておくこと。発散や収束の各フェーズで、関わり方や仕掛けの引き出しを多く持っておくことが必要です。

Way29　会議前に心理的不安の４つの壁を解消しよう！

会議の成否は会議前に決まっているといっても言い過ぎではありません。参加者が場に対して抱えている不安の壁を先回りして、取り除きましょう。

Way30　発散フェーズでアイデアを湧き起こそう！

アイデアを生み出す発散フェーズでは、Yes, Andを使った対話の作法や「How might we ?」の構文を使った問いかけの工夫を行うことで結果を変えることが可能です。

Way31　収束フェーズで反対意見が言える視点を獲得しよう！

アイデアを絞り込む収束フェーズでは、選択や決定に忖度を持ち込まない、批判的思考や検証が必要です。6HATSという考え方を活用することで結果を大きく変えることが可能です。

④ストーリーテリング：現場にストーリーを語り、動機づける

見通しが悪かったり、チームのモチベーションが下がっているときにリーダー自らが語る物語（**ストーリー**）には、ロジックを超えて共感を呼ぶ力があります。ストーリーテリングの意味と型（**フォーム**）を知り、実践してみましょう。

Way32　ストーリーの意味と効果を知ろう！

ストーリーを物語ることには、ロジックを超えて感情に訴え、人や組織を前進させる力があります。ストーリーが必要とされるシーンで語り、心を揺さぶりましょう。

Way33　ストーリーテリングを実践してみよう！

ストーリーテリングには、語るべき型（フォーム）となる「黄金則」があります。型に沿って、職場で実践して効果を実感しましょう。

4-3

チームビルディング Way25
チームのWHYを分かち合おう！

「チーム」とは何か？そう聞かれてチームの定義を即答できる人はそう多くないと思います。ですが、チームの定義を認識していることが心理的安全性を高めるための第一歩なのです。

チームとグループの違い

改めて「**チーム**」とは何でしょうか。ひとかたまりの集団を表す言葉としては「**グループ**」という言葉もあります。具体的に考えてみましょう。サッカーチームとは呼ぶのに、サッカーグループとは呼びません。またアイドルグループとは呼ぶのに、アイドルチームとは呼びません。この2つはどう違うのでしょうか。

両者を分かつものに、集団を組織として成立させる3つの要素があります。

第一にチームを束ねる「**共通の目的**」の存在があるかどうか。サッカーチームには勝利という目的が明確に存在しますが、アイドルグループにはありません。チームは、「共通の目的」の実現に向けて互いに「コミュニケーション」を取ることで、共に力を尽くそうとする「協働意思」が高まり、組織の求心力につながっていきます。

「集団を「組織」として成立させるための三要素

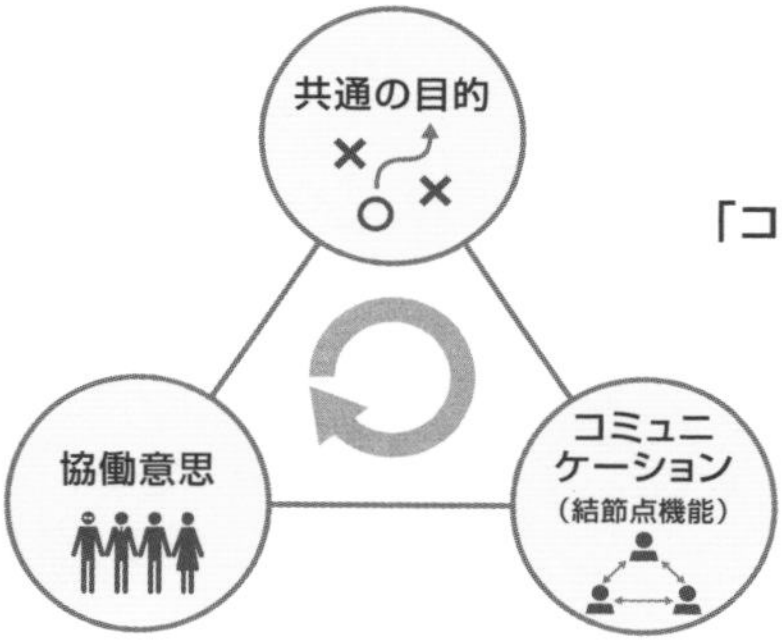

**「共通の目的」を
「コミュニケーション」を通じて共有し、
「協働意思」を高めることで
組織としての求心力を
高めることができる。**

出典：チェスター・バーナード「組織の３要素」

チームの共通の目的となるミッションとは

ひとりひとりが自分の意志や想いを重ねることができる「共通の目的」があれば、意味を見出して仕事を行うことができ、チームとしての心理的安全性も高まっていくことでしょう。自分たちのチームは、誰のどんな期待に、どんな価値を提供することで応えているのか？そしてどんな驚きの声をもらいたいか？そんなことを考えながらチームのWHY、すなわち仕事の意味や存在意義を言語化していくことが必要です。

チームミッションを言語化する

チームミッションを言語化するには、価値を届ける相手（顧客）の存在が必要です。直接顧客が存在しない総務や事務のチームであれば、社内の各部署が自分たちにとっての顧客になります。顧客は誰か？（Who）何を期待されているのか（What）、どのような価値を提供し（How）どんな称賛や驚きの声（Wow）をもらいたいのか？そういったことをチームメンバーと対話しながら、全員が大切にしたいキーワードを集約し、最終的に、HOWの提供価値とWOWの与える影響を軸にチームミッションを言語化してみましょう。私たちがチームで行った際には、次ページのような表に整理しながら全員の想いを紡いでミッションを言語化しました。

●WORK 25

チームのミッションを言語化してみましょう！

Who 誰から	
What 何を期待され	
How どのような 価値を提供し	
Wow! こんな称賛、 驚きの声を もらいたい！	

大切にしたい キーワード	チームが貢献できる提供価値と 他社への効果、影響のキーワードを ひとことで記入してください	
ミッション 言語化	心を揺さぶるチームの ミッションを記入してください	

4-4

チームビルディング Way26
チームで大事にしたいバリューをつくろう！

バリューは、不安定、不確実な状況下での行動の指針（コンパス）として機能します。メンバー個人の大切にしているバリューを踏まえてチームのバリューを紡ぎましょう。

バリューとは

ミッションを実現する上で私たちのチームは、何を大切に行動したいのか？その際の価値観や指針を表したものがバリューです。その構造は、**MVV（ミッション・ビジョン・バリュー）**で表されます。

ミッション・ビジョン・バリューとは

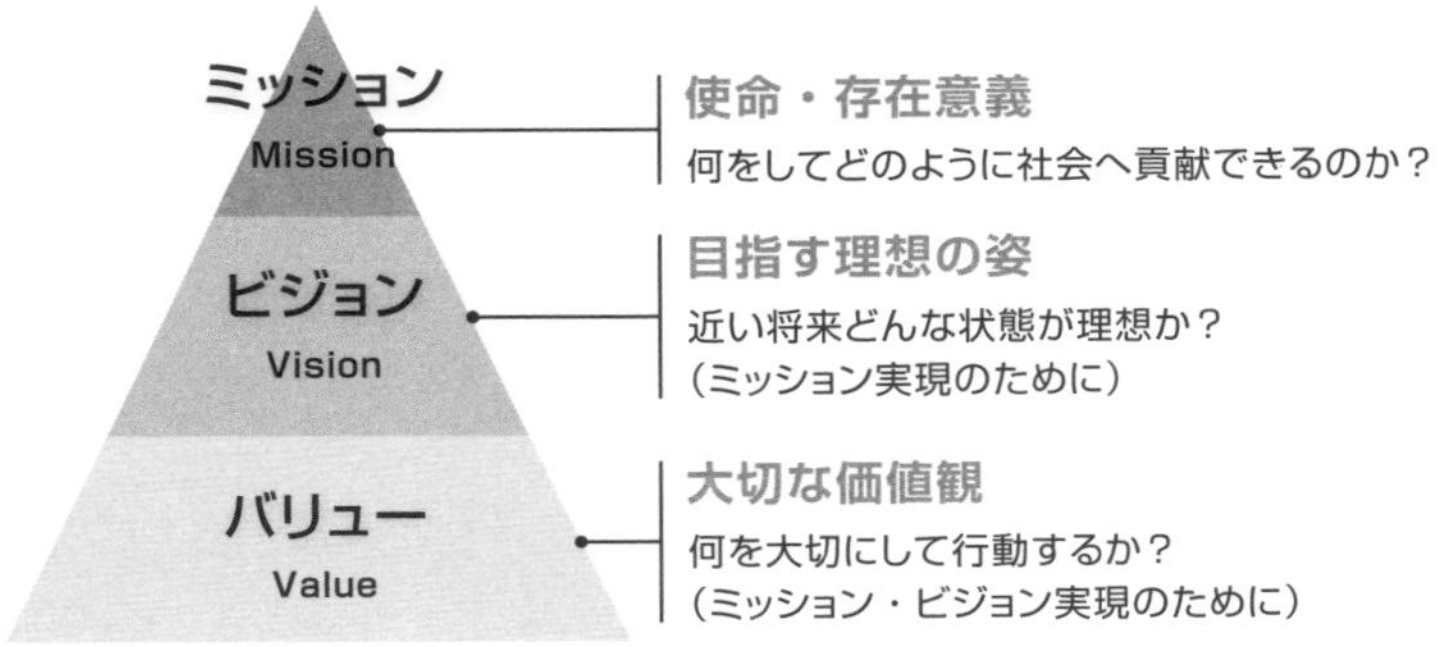
ミッション
Mission
使命・存在意義
何をしてどのように社会へ貢献できるのか？
ビジョン
Vision
目指す理想の姿
近い将来どんな状態が理想か？
（ミッション実現のために）
バリュー
Value
大切な価値観
何を大切にして行動するか？
（ミッション・ビジョン実現のために）

一般的にMVVは、企業全体で示されていることが多いですが、チームでも立てることが可能です。ミッションとバリューは不変ですが、ビジョンは状況や時間軸に応じて変更可能な可変的な内容を入れると柔軟性が増します。チームで立てる際には、シンプルにミッションとバリューにフォーカスすることをおすすめします。バリューが深く共有されていると、メンバーは、安心感を持って自律的に考え、行動することができるようになります。これまで経験のない難易度の高い仕事にチャ

レンジするときやチームとしての決断に困ったときの指針としても活用されます。

そしてバリューは守るべきルール（規則）にしてはいけません。規則にした瞬間に義務感が生まれてしまうからです。メンバーが心から共感できる、そうありたい！したい！と共感できるチームで大切にしたい価値観を選んで言語化しましょう。

チームでバリューをつくってみましょう

チームで価値観（バリュー）を策定するときの手順は下記の通りです。

1. WORK26で添付しているA ～ Zの80の価値観（バリュー）を俯瞰する
2. 個人で80の価値観の中から自分の価値観にマッチするものを、まずは20個選ぶ
3. 20個から10個にする
4. 10個から3個にする
5. チームメンバーと各自が選んだ3つの価値についてその理由を共有する
6. チームとして大切にしたい価値観をIN/OUTシートを使って、大事にしたい価値はINの中に、優先順位を下げてもいい価値観はOUTに記載し最終的に3つから5つ程度の価値観に集約する

IN/OUTシート

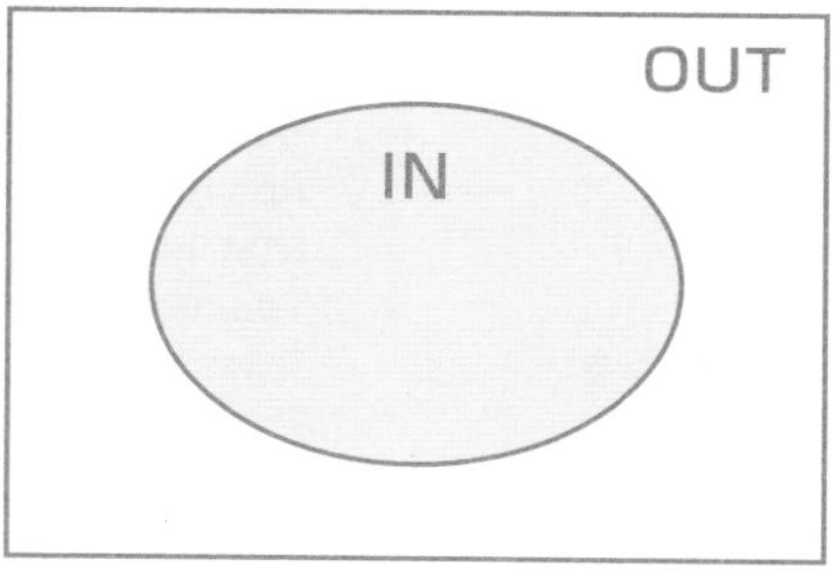

7. チームで選んだ大切にしたい価値観の表現をそのままの原型でいくか？自分たちが最も共感できるものに変更するか？検討します。

次ページのA ～ Zの80個の価値観を活用して自チームの価値観をつくってみましょう。

● WORK 26

A ～ Z価値観チェックシート80

- □ Achievement（達成）
- □ Adventure（冒険）
- □ Ambition（野心）
- □ Awareness（気づき）
- □ Balance（バランス）
- □ Beauty（美しさ）
- □ Boldness（大胆さ）
- □ Candor（率直さ）
- □ Change（変化）
- □ Collaboration（協働）
- □ Craftsmanship（職人気質）
- □ Creativity（創造性）
- □ Curiosity（好奇心）
- □ Diligence（勤勉さ）
- □ Discovery（発見）
- □ Diversity（多様性）
- □ Entertainment（娯楽）
- □ Expertise（専門性）
- □ Exploration（探査）
- □ Fairness（公平性）
- □ Flexibility（柔軟さ）
- □ Fun（楽しさ）
- □ Gratitude（感謝）
- □ Growth（成長）
- □ Happiness（幸せ）
- □ Harmony（調和）
- □ Health（健康）
- □ Helpfulness（人の力になる）
- □ Honesty（正直さ）
- □ Hospitality（ホスピタリティ）
- □ Humor（ユーモア）
- □ Imagination（想像力）
- □ Innovation（革新）
- □ Integrity（誠実さ）
- □ Joy（喜び）
- □ Justice（正義）
- □ Kindness（親切）
- □ Knowledge（知識）
- □ Learning（学び）
- □ Liberty（自由）
- □ Love（愛）
- □ Maturity（成熟）
- □ Modesty（控え目）
- □ Neatness（きちんとした）
- □ Openness（オープンマインド）
- □ Optimism（楽観的）
- □ Originality（独創性）
- □ Passion（情熱）
- □ Peace（平和）
- □ Perseverance（粘り強さ）
- □ Playfulness（遊び心）
- □ Professionalism（プロ意識）
- □ Punctuality（時間厳守）
- □ Reliability（頼りになる）
- □ Resilience（レジリエンス）
- □ Respect（尊敬）
- □ Responsibility（責任感）
- □ Self-discipline（自己鍛錬）
- □ Self-reliance（自立）
- □ Sharing（共有）
- □ Simplicity（シンプル）
- □ Sincerity（真摯さ）
- □ Speed（スピード）
- □ Spirituality（精神性）
- □ Spontaneity（自発性）
- □ Stability（安定性）
- □ Teamwork（チームワーク）
- □ Thoroughness（徹底）
- □ Transcendence（超越）
- □ Trust（信頼）
- □ Truth（真実）
- □ Uniqueness（ユニークさ）
- □ Variety（変化に富む）
- □ Vitality（活力）
- □ Warmth（ぬくもり）
- □ Wittiness（機知）
- □ Wonder（驚嘆）
- □ Yell（応援）
- □ Youth（若さ）
- □ Zeal（熱狂）

4-5

セキュアカルチャー Way27

職場をセキュアベース（安全基地）にしよう！

職場を安全基地にするには、「安心＝思いやり」と「挑戦＝挑ませる」の2つの要素の高次のバランスが必要です。安心感を醸成するには時に、弱みを見せることも必要です。

安全基地（セキュアベース）

心理的安全性に近しい概念に安全基地（**セキュアベース**）があります。それは、イギリスの精神科医、ジョン・ボウルビィとメアリー・エインスワースによる愛着理論で「全ての人は、生まれながら親密さと安心を得ようとする欲求を持ち、自分を守ってくれると感じられる人からそれを得ようとする」という前提のもとで展開されます。

たとえば、我が家には4歳の末娘がいます。公園に行くと様々な遊具を使ってひとりで遊びます。ただし、ひとりで遊ぶのは、親の気配を感じることのできる距離感のみです。親の姿が見えなくなると、不安でキョロキョロし始めます。親の存在が、ある種の安全基地となり、何かあったら戻れる安全基地がそばにあることで恐れを感じずに「探索行動」を行い、遊ぶことで健全な発達が促されていくのです。

そして、子供と同様、大人も働く職場が安全基地になれば、快適領域を抜け出し、「探索行動」としてのチャレンジを積極的にするようになるという観点から、スイスのビジネススクール、IMDのジョージ・コーリーザー教授らによって、セキュアベース・リーダーシップという理論が発展的に提唱されています。この理論には、「安心＝思いやり」と「挑戦＝挑ませる」という2つの要素が含まれており、その考えは、ロッククライミングのクライマーとビレイヤーという2人の存在をメタファーに語られます。ロッククライミングでは、壁を登攀するクライマーだけでなくクライマーのロープを下で保持し、安全を確保するビレイヤーがいます。クライマーは、このビレイヤーがいるからこそ登頂に向けて様々なチャレンジができるのです。つまり

「安心＝思いやり」と「挑戦＝挑ませること」の両立が成功の必須条件。思いやり一辺倒だと、ぬるま湯の仲良しサークルに。挑戦一辺倒だと不安、危険な職場になってしまうことは想像に難くありません。両者のバランスを図ることが、真の心理的安全性の高い職場づくりに必要なのです。

時には、弱さをさらけ出そう！

安心・安全で自己開示できる組織のカルチャーをつくる上で、上司自身も本音で関わろうとするあり方は、大きく影響します。しかし、上司が部下に本音である不安や弱さを見せることに抵抗を感じる人は多いのではないでしょうか。悪い影響がありそう、舐められるかもしれないと腰が引けがちですが、たとえば、自分の悩みや困っていることを打ち明けられる上司は下図のAさん、Bさんのどちらでしょうか？

どっちが悩みを打ち明けられる上司か？

暑さなんて吹き飛ばせ！
目標達成まであと少し
君ならできる！いける！
信じているぞ!!
いやぁ、こうも
暑い日が続くと、
やる気なくなっちゃう
ときもあるよなぁ……
Aさん
Bさん

Bさんの方が、つい自分の本音や不安を打ち明けたくなるのが人情ではないでしょうか。非の打ちどころのない完璧な上司だと、部下も身構えてしまいますが、時に人間臭さや上司自身も困っているようなところを自己開示して見せることで、困ったときはいつでも相談するようにと言葉で伝えるよりも、効果的に部下に本音を促すことが可能です。何でもかんでも弱さを見せる必要はありませんが、時には、

自然体で自分の本音を開示できる自分らしさ（オーセンティックさ）も大事にしましょう。

雑談の重要性

「雑談」は、職場で気軽に自分の本音や、時には不安などを話す関係性の潤滑油になります。その必要性が今、見直されつつありますが、雑談が大事といわれても何を話せばいいか、分からなくなってしまうことへの処方箋として、サイコロを使った**スモールトーク**があります。これは、会議の冒頭にチェックイン代わりにサイコロを振り、出目に応じたお題に答えていくものです。盛り上がるのでぜひ、試してみてください。実施前に自分だったら、このお題にどう答えるか考えてみましょう。ちなみに6の「すべらない話」は、あえて答えにくい出目があることで逆に盛り上がる要素になるので設定しています。

●WORK 27

サイコロスモールトーク

チェックイン

⚀	最近、うれしかったエピソード
⚁	最近、大変だったエピソード
⚂	いま、一番はまっているもの
⚃	わたしが一番感謝を伝えたい人は?
⚄	次の休暇でいきたい場所やしたいことは?
⚅	すべらない話

●記入してみましょう

4-6

セキュアカルチャー Way28

つながりを取り戻す仕組みをつくろう！

コロナを経てリモートワークが主流となりつつある今、職場のつながりをつくるのはコロナ以前よりずっと難しくなっています。多様な切り口から、仕組みを構築し、実践と継続を欠かさず行うことが必要です。

リモート環境で減少した、つながりの余白

コロナ禍前、職場では雑談が生まれる余白がそこかしこにありました。会議前に同僚と週末について話をしたり、自席で周囲と趣味の話に花を咲かせるなど僅かな時間ながら、人間的なつながりを感じ、職場に自分の居場所を見出す人も多かったのではないでしょうか。一方、リモートワーク主体の働き方になると、雑談（スモールトーク）は激減しメンバーとの心のつながりが薄れているという声も聞きます。また、リーダーが「さぁこれから雑談しよう」と意気込むほど、雑談は生まれにくいというジレンマも起こりがち。そこで、職場ですぐに実践できる余白のつくり方をお伝えします。

ハドルタイム（短い作戦会議）をこまめに実施

「**ハドルタイム**（Huddle Time）」とは、アメリカンフットボールの試合中にフィールド上で選手たちが円陣を組み、数十秒間で情報共有やプレイの指示を行うことを指します。職場で1日3回15分程度（始業時、昼、終業時）メンバーの時間をハドルタイムとして押さえ、何かあったときに気軽に報連相できる余白を仕組みとして持つことをおすすめします。リモートで仕事をしていると、ちょっとした相談や質問で互いに連絡を取ることをためらいますが、ハドルタイムがあればそうした相談や質問もこの時間に共有してみようとメンバーにも認識されますので、そうした懸念は解消されます。

ピアサポート体制をつくる

　他にもメンバー同士が支え合う「**ピアサポート**」という考え方があります。お互いの状態に興味関心を持ち、情報を共有したり、応援や助言、時には愚痴をこぼすなどざっくばらんに雑談をし合える状態をつくることは、メンバー間に信頼関係を芽生えさせ、自分はこの組織に所属していて安心であるという心理的な効果をもたらします。たとえば、毎月、年次関係なく、シャッフルで2 ～ 5人程度のサポートグループをつくり、週に1回程度、リモートでランチの時間を取るなどを仕組み化するだけでもピアサポートのしくみにつながります。ぜひ、職場でできることから始めてみましょう。

互いの思いやりを育む深い相互理解をしよう

　身近な人の新たな一面を知ったとき、親しみや関心が芽生え相手とのつながりを感じた経験は誰しもあると思います。ユング心理学の流れを汲むプロセス指向心理学に**役割**（ロール）という考え方があります。役割は、重層構造になっており、**表層的役割**（肩書、役職などを指すもの）の内側に**深層的役割**（ムードメーカーなどキャラクターを指すもの）さらに奥にその人さえも隠していたり、気づいていななかったりする**秘密の役割**があるとされます。これら多層の役割を共有できる仕組みをつくると相互理解を一層深めることができます。

表層（ロール）の構造

今回のワークは、心理的安全性を確保する上でリーダーの自己開示から始めます。コアの秘密は、プライベートな話も含まれるケースもあるので、任意にしましょう。しかしやってみるとお互いの人となりが明確になり、親近感が湧いてくるはずです。私の職場では、WORK28のシートに全員で記入したあとに、「お互いのトリセツをつくろう！」でつくったモチベーションタイプを分類軸に、人物マップを作成しました。このマップがあると新人がチームに配属されたときに、誰がどんなことをしている人なのか、人柄も含めて深い理解ができて、オンボーディング（新しい仲間の組織順応を促進する施策）としても大きな効果を実感しました。

●WORK 28

役割（ロール）棚卸ワークシート

氏名

私のモチベーションタイプ

表層的役割（役職や担当している仕事、専門分野「これは私に任せて！」）

-
-

深層的役割（非公式だが実質担っている役割や機能「裏番長、お姉さん役など」）

-
-

秘密の役割（職場の皆には、公に明かしていない暴露要素）

-
-

4-7

ファシリテーション Way29
会議前に心理的不安の4つの壁を解消しよう!

会議がうまくいくかどうかは会議前に決まっているといっても言い過ぎではありません。リーダーは、参加者が場に対して抱えている不安の壁を先回りして、取り除いておきましょう。

参加者が抱える「4つの不安」

ファシリテーションと聞くと、会議の中身をどのように進行しようかと考えがちですが、会議の成功は、開始前にいかに、参加者の心理的不安を払拭できるかに半分はかかっているといっても過言ではありません。一般的に、参加者は、会議の前に、以下4つの不安を抱えています。会議の冒頭でこれらの不安を払拭することが心理的安全な場の醸成につながります。

①「目的」に対する不安　～何のためにこの場が存在しているか不安～

事前に詳しい意図や目的が知らされず（あるいは、伝わっておらず）参加者が、とりあえずその場に来ているといったようなことが起こりがち。今日の会議の場の目的、ゴールを冒頭ではっきりと示しましょう。

②「人」に対する不安　～近くにいる参加者同士に心理的な距離感があり不安～

緊張状態で打ち解けないまま進めると距離が開いてしまうので、冒頭に、今日の期待や意気込みなどをテーマにひとりひとり簡単に口を開く、チェックインを促しましょう。自己開示の深さが心理的距離を近づけます。最初は少人数で共有し、徐々にグループサイズを広げるなど、安心して語れる場づくりをすることが有効です。

③「時間」に対する不安　～いつまで拘束されるのか、時間に不安～

いつまで、この会議が続くのか終了時刻や節目となる休憩の目安など時間に関するストレスを取り除きましょう。ただし、分単位のスケジュールを伝える必要はありません。詳細を伝えすぎると状況によって内容を変更したいときに変更しにくくなるからです。

④「形式」に対する不安　～どんな形式で進行していくのか、そのやり方に不安～

はじめに進め方や対話のスタイルを示しましょう。双方向の場では、参加者への動機づけが重要で、たとえば「今日は、対話を行う皆さん全員が主役の場です」と伝えてみるといったように、場の形式を明確に示すことが必要です。

以上のように、参加者が場に対して感じる「4つの不安」をあらかじめ認識し、取り除いておくことで、参加者は安心して腰を据えて場に臨むことができるようになります。

グランドルールを全員で定める

対話や会議を始めるにあたり、心理的安全性を高めるためにも、この場の**グランドルール**（対話の場で大事にしたいこと、お約束）を参加者間で策定することもまた有効です。

「どんな雰囲気でこの場を進めていきたいか？」
「もし、困難な状況が生まれたら何を信頼したいか？」
「お互いに約束できることは何か？」

といった問いを参加者に問いかけて、出てきたキーワードを見えるように記していきます。いくつか出たら、最も参加者の中で大事にしたい要素に星印をつけてもらいます。ホワイトボードなどを使って、次ページのようにシンプルに書き入れていきます。

● WORK 29

グランドルールの一例

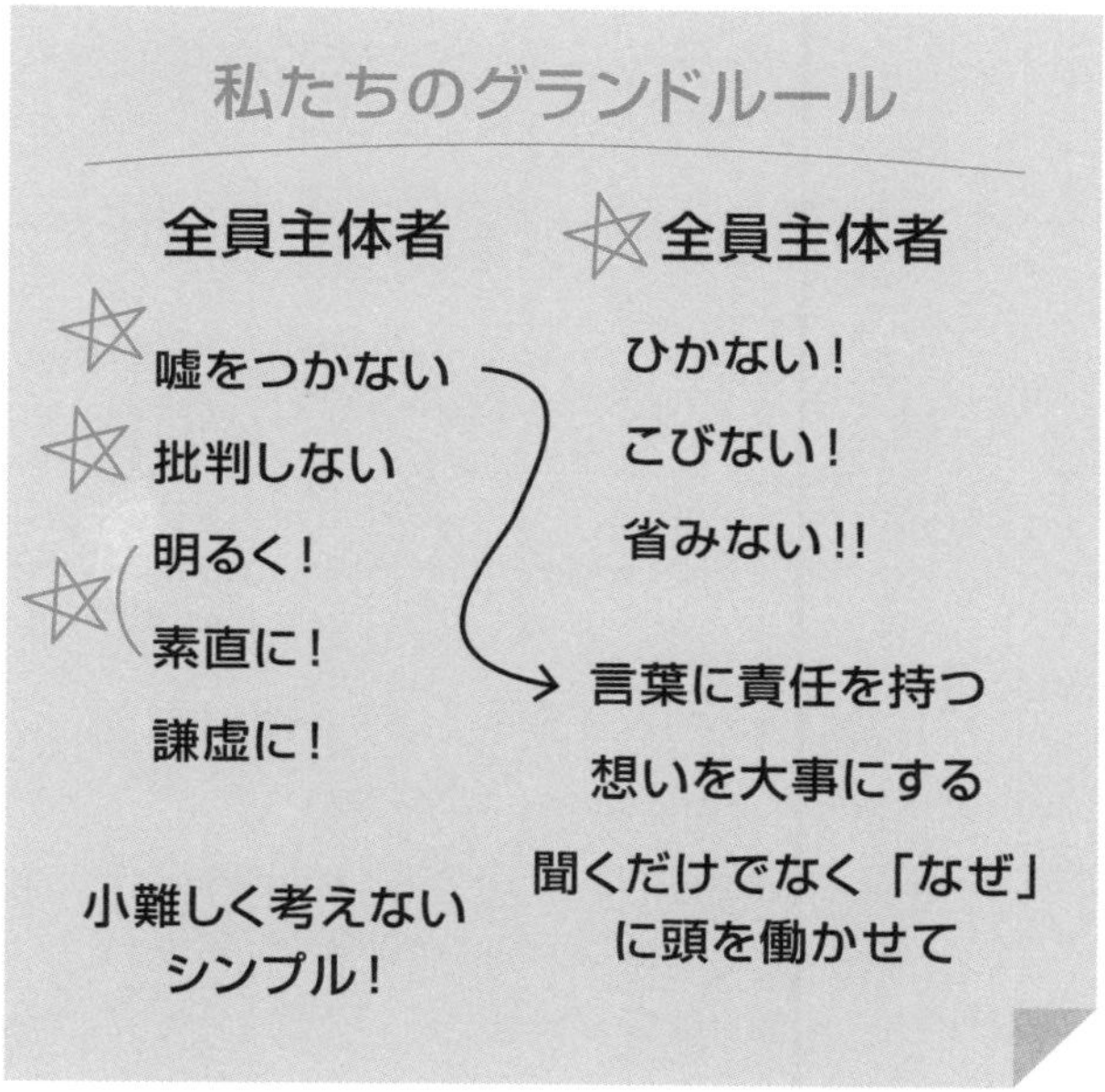
私たちのグランドルール
全員主体者
全員主体者
嘘をつかない
批判しない
明るく!
素直に!
謙虚に!
ひかない!
こびない!
省みない!!
言葉に責任を持つ
想いを大事にする
小難しく考えない
シンプル!
聞くだけでなく「なぜ」
に頭を働かせて

会議では、ついつい議論が白熱したり、話が脱線したりしがちです。しかし仮に、議論が散漫になっても、ここで定めたグランドルールが、自分たちが迷ったときに立ち戻ることができる、心の拠り所「コンパス」となり、心理的安全性を自分達で担保しようとする主体的な場が生まれて対話の質が深まります。

次のページのWORKでは、あなたの職場の会議での心理的安全性を高めるグランドルールをつくってみましょう。参考までに世界的デザインコンサルティング会社IDEO社のブレインストーミングルールも記しておくので、気に入ったルールをいくつか取り入れてみてもいいでしょう。

会議のグランドルール

1 トピックに忠実であれ ── Stay Focused on Topic

2 ぶっ飛んで良し ── Encourage Wild Ideas

3 すぐに判断/否定するなかれ ── Defer Judgement

4 会話は一人ずつ ── One Conversation at a Time

5 質より量を ── Go for Quantity

6 描け、視覚的であれ ── Be Visual

7 他者のアイデアを広げよ ── Build on the Ideas of Others

4-8

ファシリテーション Way30

発散フェーズでアイデアを湧き起こそう!

アイデアを生み出す発散フェーズでは、「Yes, And」を使った対話の作法や「How might we ?」の構文を使った問いかけの工夫を行うことで結果を変えることが可能です。

発散と収束

一般的に、会議でアイデアを生み出し、創発させたい際には「**発散**」と「**収束**」のフェーズを辿ります。発散フェーズでは、質より量を求めて多くのアイデアを生み出し、収束フェーズでは、何らかの評価基準に基づき、量から質へとアイデアを絞り込んでいきます。また、発散では、自分の感覚や感情に耳を傾けて発散する**拡散思考**、収束では、論理や基準を見極めて選択していく**集中思考**など、扱う脳のモードも変わっていきます。

発散と収束

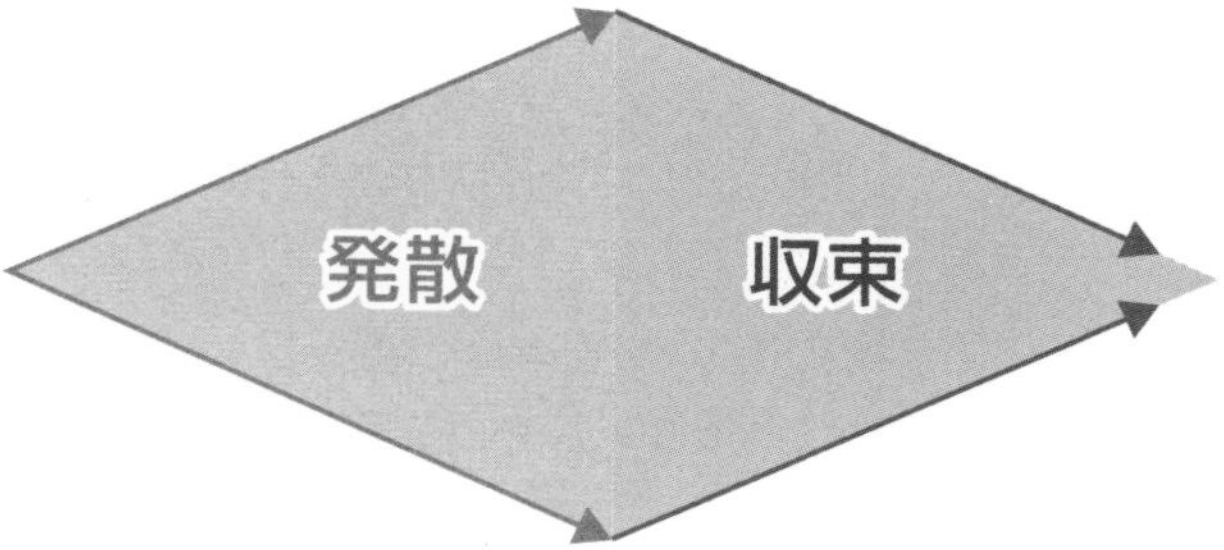

会議は、チェックインから

チェックインは、会議の冒頭に今感じていることや身体感覚、気がかりなこと等を伝え合うことを指します。何を言っても裁かれない状態でひとりずつ口を開く時間を持ちます。言葉を発する機会を会議の冒頭に持つことで緊張緩和につながり、その後の活発な議論への橋渡しとなるのです。そして、リーダーが気を張って良いことを言おうとしないことも必要です。自然体の発信がリラックスした場になります。

「Yes,And」で意見を発展させる

発散フェーズにおいては、どんな意見を出しても否定や判断をしない心理的安全な場をつくる必要があります。前述のグランドルールの中に「意見の否定や判断をしない」条項を入れることも大切ですが、ルールとして設定するだけでなく、対話の作法として、相手の意見を受け入れてさらに発展させる「**Yes,And**」を実践しましょう。職場で実践できるよう、WORKで紹介しているので、ぜひ試してみてください。

対話のテーマは、「問いかけ形」にする

対話を始めるときに**テーマ**（課題）設定は欠かせません。しかし、そのテーマが創造性を誘発できるかは問いの立て方に左右されます。理想形は、「私たちは、どのようにすれば、それが可能となるのだろう？（＝**How might we ～？**）」というように主語は相手（You）ではなく、私たち（We）に置き、どのようにすればという（How）を中心とした視点を広げる問いかけをしましょう。

右図のテーマ設定の例を見てください。BeforeよりAfterの方が、テーマを探求してみようという情熱が湧いてくるはずです。答えを限定しない**オープンクエスチョン**は、一緒に問題を考えようという共創的なメッセージが伝わります。結果、本音の対話がなされ、自らの意見や価値観を変容させながら生み出された解には、一方的に提示された解よりも責任感が生まれ実行に向けたエネルギーが湧き起こっていくのです。

●WORK 30

テーマ（課題）設定の例

Before	After
人材育成について	どのようにすれば、私たちの組織に専門性の高い人材が多く育つだろうか？
エンゲージメント向上について	どのようにすれば、私たちが、チームに誇りと愛着心を持てるようになるだろうか？
リーダーの引継ぎについて	どのようにすれば、リーダーの交代時に起こる諸問題に対応できるだろうか？
顧客クレームの改善について	どのようにすれば、私たちは顧客対応時間を３割削減できるだろうか？
部門の活性化について	どのようにすれば、私たちの部門は垣根を越えて連携できるだろうか？

「Yes,And」を実際に職場で取り入れてみましょう。また「Yes,And」だけでなく、その逆の「No,Because」も試してみることをおすすめします。具体的な方法は下記になります。

●Yes, And　パターン

- ２人組になり最初に提案する人とその提案を受ける人を決める
- 提案する人は「今日、仕事が終わったら○○○に行かない？」と提案する
- 提案を受けた人は提案に対して「イイね！！それなら○○○しよう♪」とアイデアを付け加える
- 最初に提案した人もそのアイデアを瞬時に受け入れ「イイね！！△△△しよう♪」と交互にアイデアを受け入れ、付け加えることを２分程度繰り返して実施する

●No,Because　パターン

- ２人組になり最初に提案する人とその提案を受ける人を決める
- 提案する人は「今日、仕事が終わったら○○○に行かない？」と提案する

・ 提案を受けた人は提案に対して「いや、それはやめて○○○しよう」とアイデアを否定して、自分の意見を伝える
・ 最初に提案した人もそのアイデアを瞬時に否定して「いや、だったら△△しよう」と新しいアイデアを提案する。これを交互に2分程度繰り返して実施する

●振り返り

・ 最後に日常や会議、部下や上司とのコミュニケーションにおける、Yes, AndとNo,Becauseの比較を全員で振り返り、その後、全員でシェアする

※Yes, AndとNo,Becauseの比較をするといかに、Yes, Andの心理的安全性が高まるかを実感しやすくなるのでおすすめです

●実践メモ

4-9

ファシリテーション Way31

収束フェーズで反対意見が言える視点を獲得しよう！

アイデアを絞り込む収束フェーズでは、選択や決定に忖度を持ち込まない、批判的思考や検証が必要です。6HATSという考え方を活用することで結果を大きく変えることが可能です。

収束の難しさ

アイデアがたくさん出るのは良いことですが、大量に出てきたアイデアを現実の課題や効果と結びつけて絞り込む収束フェーズには一定の難しさがあります。また議論を進めていくと、業務上の自分の思考の癖、たとえば経理担当者は、数字が気になったり、マーケティング担当者は、販促手段が気になるなど、バイアスに陥ることがあります。

そうであるならば、もしも自分の視点に縛られることなく、柔軟に物事を見ることができる視点がチーム全員に付与されていたら、アイデアを多様な視点から考察、評価、検証することが可能になるはずではないでしょうか。

水平思考6HATS

これを可能にし、実際に、チームでの収束フェーズで活用できる方法を紹介します。水平思考のエドワード・デボノ博士が提唱した**6HATS THINKING**という手法で、６色の帽子の色ごとに付与された視点をもとにして、出てきたアイデアを検証していく際に有効活用できます。

俯瞰役や肯定役など帽子の色によって会議内での立場が決まっており、その色を割り当てられた人は出てきたアイデアに対してその立場で振る舞ってみるという手法になります。詳しくは次のページに用意した図で紹介します。

水平思考6HATS

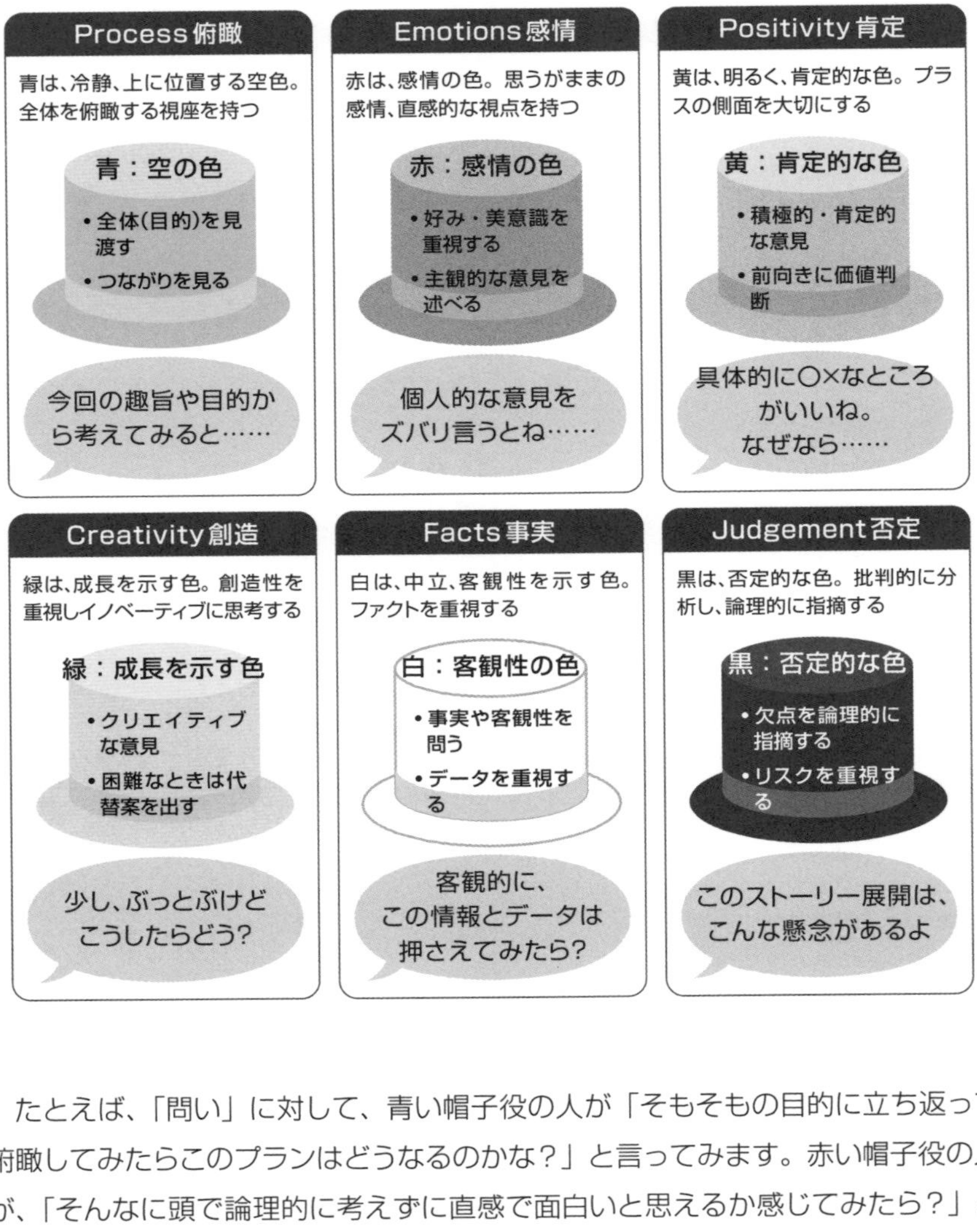
Process俯瞰
青は、冷静、上に位置する空色。全体を俯瞰する視座を持つ
青：空の色
・全体(目的)を見渡す
・つながりを見る
今回の趣旨や目的から考えてみると……
Emotions感情
赤は、感情の色。思うがままの感情、直感的な視点を持つ
赤：感情の色
・好み・美意識を重視する
・主観的な意見を述べる
個人的な意見をズバリ言うとね……
Positivity肯定
黄は、明るく、肯定的な色。プラスの側面を大切にする
黄：肯定的な色
・積極的・肯定的な意見
・前向きに価値判断
具体的に○×なところがいいね。なぜなら……
Creativity創造
緑は、成長を示す色。創造性を重視しイノベーティブに思考する
緑：成長を示す色
・クリエイティブな意見
・困難なときは代替案を出す
少し、ぶっとぶけどこうしたらどう?
Facts事実
白は、中立、客観性を示す色。ファクトを重視する
白：客観性の色
・事実や客観性を問う
・データを重視する
客観的に、この情報とデータは押さえてみたら?
Judgement否定
黒は、否定的な色。批判的に分析し、論理的に指摘する
黒：否定的な色
・欠点を論理的に指摘する
・リスクを重視する
このストーリー展開は、こんな懸念があるよ

たとえば、「問い」に対して、青い帽子役の人が「そもそもの目的に立ち返って俯瞰してみたらこのプランはどうなるのかな？」と言ってみます。赤い帽子役の人が、「そんなに頭で論理的に考えずに直感で面白いと思えるか感じてみたら？」と提案します。白い帽子の役は、「そのプランの実効性にはエビデンスが見えないよ。安心できるデータや根拠を見せて。」極めつきは、否定の色の黒い帽子が、「そのアイデアでは、これまでと大して変わらないし、つまらない。他にこう考えて見たら？」と現状のアイデアを否定し前提を覆すような問いかけをし、それぞれの色に基づいて投げかけていきます。

すると、視点が変わり、対話が弾んでいきます。あとは、役割が固定しないように帽子の色を交代することで議論がどんどん活性化していきます。人は、単独で多面的に物事を見るのは難しいですが、こうした切り口を活用して、他者に質問されることで視点を縦横無尽に変えて検証できるようになります。

チームの中には、目に見えないランク（上下関係）が存在します。そのランクを気にして、実は否定したくともできないということがあります。また、前提を問うような疑問を投げかけたくとも、そんなことも知らないのかとバカにされたくないという羞恥心から相手への忖度が発生しがちです。しかし、こうした共通の道具がチームにあれば、役割として誰もが平等に多面的な視点からアイデアを検証することが可能になります。ぜひ、試してみてください。

また、収束フェーズで既存のアイデアをブラッシュアップするときに有効な方法、**「社長からのちゃぶ台返し質問集」**も次ページで紹介します。どこまでもリアリスト（現実家）で視座の高いトップからの「つっこみ」を網羅的に観点化したものです。

あなたにとって、これまであまり考えてこなかった盲点だったポイントに印をつけておいて下さい。一旦、収束フェーズでプランを絞り込む際やチームの中でプランが決定した後でもこのリストを活用して、ブラッシュアップすると思わぬ発見があるはずです。ぜひ、活用してみてください。

WORK 31

社長からのちゃぶ台返し質問リスト

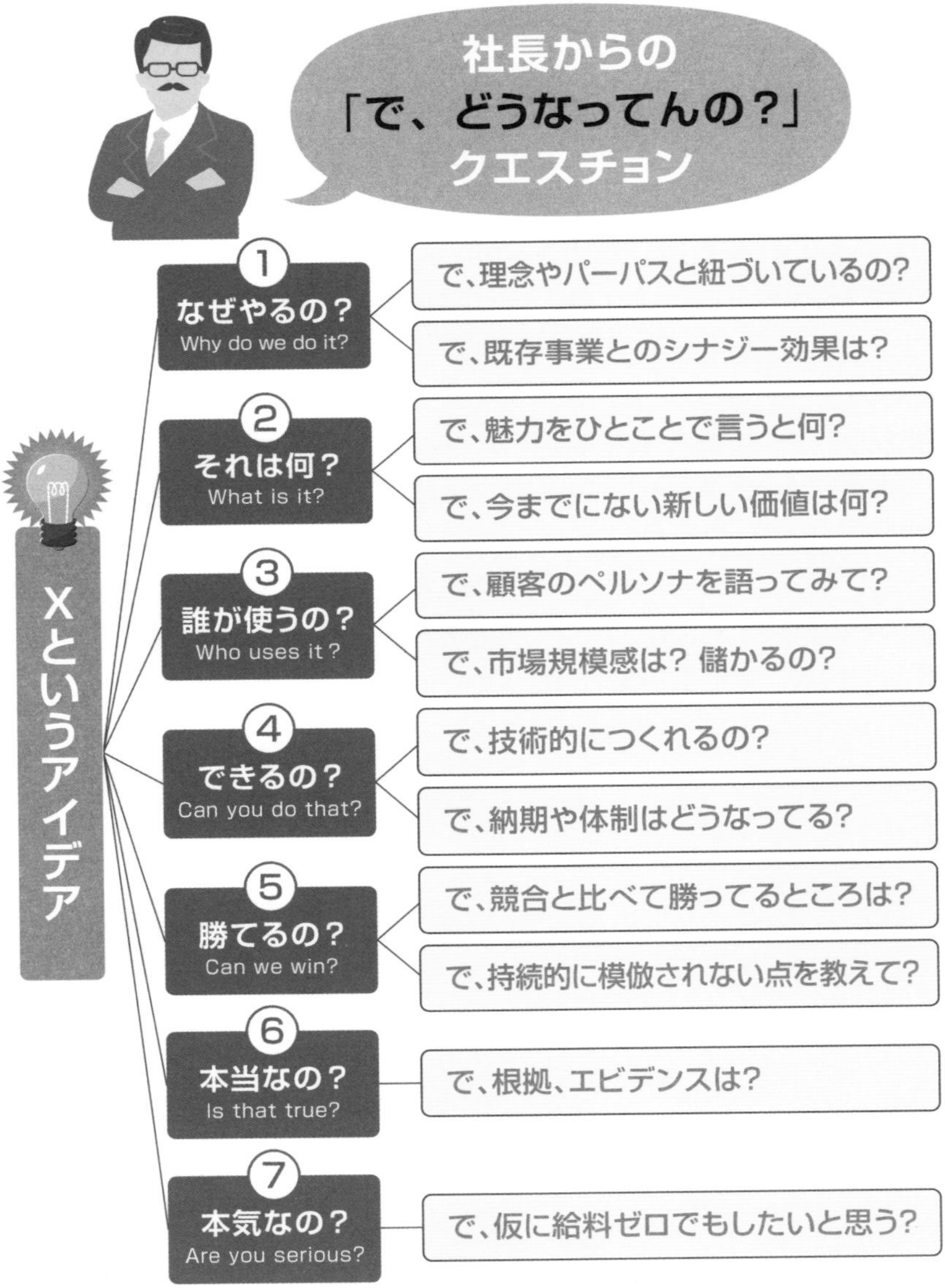
社長からの
「で、どうなってんの？」
クエスチョン
Xというアイデア
1
なぜやるの？
Why do we do it?
で、理念やパーパスと紐づいているの?
で、既存事業とのシナジー効果は?
2
それは何？
What is it?
で、魅力をひとことで言うと何?
で、今までにない新しい価値は何?
3
誰が使うの？
Who uses it？
で、顧客のペルソナを語ってみて?
で、市場規模感は? 儲かるの?
4
できるの？
Can you do that?
で、技術的につくれるの?
で、納期や体制はどうなってる?
5
勝てるの？
Can we win?
で、競合と比べて勝ってるところは?
で、持続的に模倣されない点を教えて?
6
本当なの？
Is that true?
で、根拠、エビデンスは?
7
本気なの？
Are you serious?
で、仮に給料ゼロでもしたいと思う?

4-10

ストーリーテリング Way32

ストーリーの意味と効果を知ろう！

リーダーには、時にはあえて感情を見せて話すことも必要です。ストーリーを物語ることには、ロジックを超えて感情に訴え、人や組織を前進させる力があるため、必要とされるシーンで語り、心を揺さぶりましょう。

ストーリーテリング

人類は、有史前から**ストーリー**を語り継いできました。火を囲み自らの体験や教訓などを脈々と語り、集団の規範を継承してきました。こうしたストーリーには、理屈を超えて聞き手の感情に訴え想像を掻き立てる力があります。ビジネスシーンでも相手の共感や行動の変容を促すメッセージをストーリーを通して伝えることで大きな効果が期待されます。

心理的安全性とストーリーテリング

メンバーが目の前の挑戦課題に不安を抱えて躊躇しているとき、理路整然とプレゼンしてもメンバーの心は動きません。相手の感情を揺さぶり挑戦意欲を掻き立てる際に、ストーリーテリングは有効な方法です。職場で語るストーリーには以下の種類が存在します。

●WORK 32

心理的安全性とストーリーテリング

種類	シーン
☐ "Who I am" Stories 「私（私たち）は何者か」というストーリー	新しい機会と対峙したとき
☐ "Why I am here" Stories 「私（私たち）はなぜこの場にいるのか」というストーリー	変化、挑戦などが求められるとき
☐ "Vision" Stories ビジョンを伝えるストーリー	変革の方向性を示したいとき
☐ "Teaching" Stories スキルを教えるストーリー	仕事や技術などの方法を伝授したいとき
☐ "Values in Action" Stories 価値観を具体化するストーリー	変革に必要な価値観や行動を示したいとき
☐ "I know what you are thinking" Stories 「あなたの気持ちは分かっている」というストーリー	距離感や境界のある相手と心を通わせたいとき

Annette Simmons , "Story Factor" Basic Book,2001, pp.4-26）を参考に筆者改変

あなたは、職場でどんな種類のストーリーを語ることに興味を持っていますか？6種類のストーリーの中から興味のあるストーリーのチェックボックスに印をつけてみましょう。

たとえば、2つめの"Why I am here" Stories「私(私たち)はなぜこの場にいるのか」というストーリーを語った好例があるので紹介します。

ストーリーの一例

かつて大惨事になった伊勢湾台風の悲劇を繰り返してはいけないという使命の下、富士山に気象レーダードームの建設が行なわれていた。

しかし、難工事で失敗を繰り返し、危険を感じた労働者たちは意気消沈、当時の現場監督だった大成建設、伊藤庄助は、頭を抱えていた。

しかし、そのとき、伊藤氏が語ったストーリーで、現場作業員たちは、肩を震わせ、涙を流して奮い立ち、難事業をやり遂げる大きなエネルギーに変わった。

「男は一生で、一度でいいから子孫に自慢できるような仕事をすべきである。富士山こそ、その仕事だ。富士山に気象レーダーの塔ができれば東海道沿線からでも見える。それを見るたびに『おい、あれは俺が造ったのだ』と言える。子供や孫にそう伝えることができるのだ。」

プロジェクトX 挑戦者たち～
『富士山レーダー 男たちは命をかけた～巨大台風から日本を守れ～』より

いかがでしょうか。「私たちはなぜこの場にいるのか」ここぞという場面でストーリーを語ることで、心を揺さぶり新しい変化を生み出すことができるのがストーリーの力です。

聞き手を動かすストーリーを語るための「3つのコツ」

聞き手の心を掴み、行動に駆り立てるストーリーを語るためのコツを紹介します。

1. ストーリーは、障害・葛藤を扱う

人が物語を愛するのは、障害や葛藤のハードルを乗り越える変容というキーラインがあるからです。「えっあの人が！？」という人がダイエットで大変身を遂げていると希望と刺激になるように「苦闘と救済」は、人類共通の心に刺さる物語の要素なのです。

2.ストーリーは、聞き手の存在を理解して組み立てる

ストーリーは、聞き手との相互作用で命が吹き込まれます。伝えたい聞き手の現状や状況を理解した上で組み立てましょう。いきなり、変化を強いるのではなく、現在への感謝や承認を行い、その上で変化の必然性を訴える配慮も必要です。

3.ストーリーは、自分をさらけ出し目標にコミットする

ストーリーは、綺麗に話す必要はありません。人は、リーダーの個人的体験や失敗談、弱さに親しみを覚えます。リーダーが自らをさらけ出すことでストーリーに自分を重ねてつながりを覚えます。そして、覚悟を示すコミットをリーダー自ら行いましょう。

ストーリーを組み立てる前に、職場で、どんなストーリーを語りたいのか？ストーリーの種類から選び、誰に語るのか？聴衆の現在の状態やストーリーを通じて伝えたい意図、関連するエピソードなどを棚卸しをしてみましょう。

4-11

ストーリーテリング Way33
ストーリーテリングを実践してみよう！

ストーリーテリングには、語るべき型（フォーム）となる「黄金則」があります。人間が感動するストーリーにはパターンがあるためです。この型に沿って、職場でどんどん実践して効果を実感しましょう。

ストーリーの「黄金則」ヒーローズジャーニー

ハリウッドの監督が好んで使うパターンに英雄の旅（**ヒーローズ・ジャーニー**）があります。神話学者ジョーゼフ・キャンベルが神話を研究する中で共通点を見出し法則化したものです。世界の神話には共通するストーリーがあり、登場するヒーローたちは、その流れに沿って幾多の苦難を乗り越え、最終的に故郷に帰還するというもので『スター・ウォーズ』や『指輪物語』などもこの法則にのっとって創作されたと言われています。

ヒーローズジャーニーの流れ

導入部（きっかけとなる出来事）	❶ Calling（天命）	天命を聴く
	❷ Commitment（旅の始まり）	天命に従う
中間部（葛藤や障害との闘い）	❸ Threshold（境界線）	分岐点を越える
	❹ Guardians（メンター）	守護者が見つかる
	❺ Demon（悪魔）	トラブル・試練に遭う
結末（目標達成と経験からの教訓）	❻ Transformation（変容）	試練を自分の資源（リソース）に変える
	❼ Complete the task（課題完了）	試練を克服し、天命を全うする方法を見つける
	❽ Return home（故郷へ帰る）	英雄として帰還する

この流れをビジネス用に、より単純化してみると「導入部」できっかけとなる出来事が発生し、主人公が冒険に旅立ち、「中間部」で逆境的な葛藤や障害と向き合い、行動し「結末」で目標を達成して経験からの教訓を得て、生まれ変わるという流れになります。以下に、具体的な例とともに記しました。確認してみてください。

職場で実践できる簡易版ヒーローズジャーニー

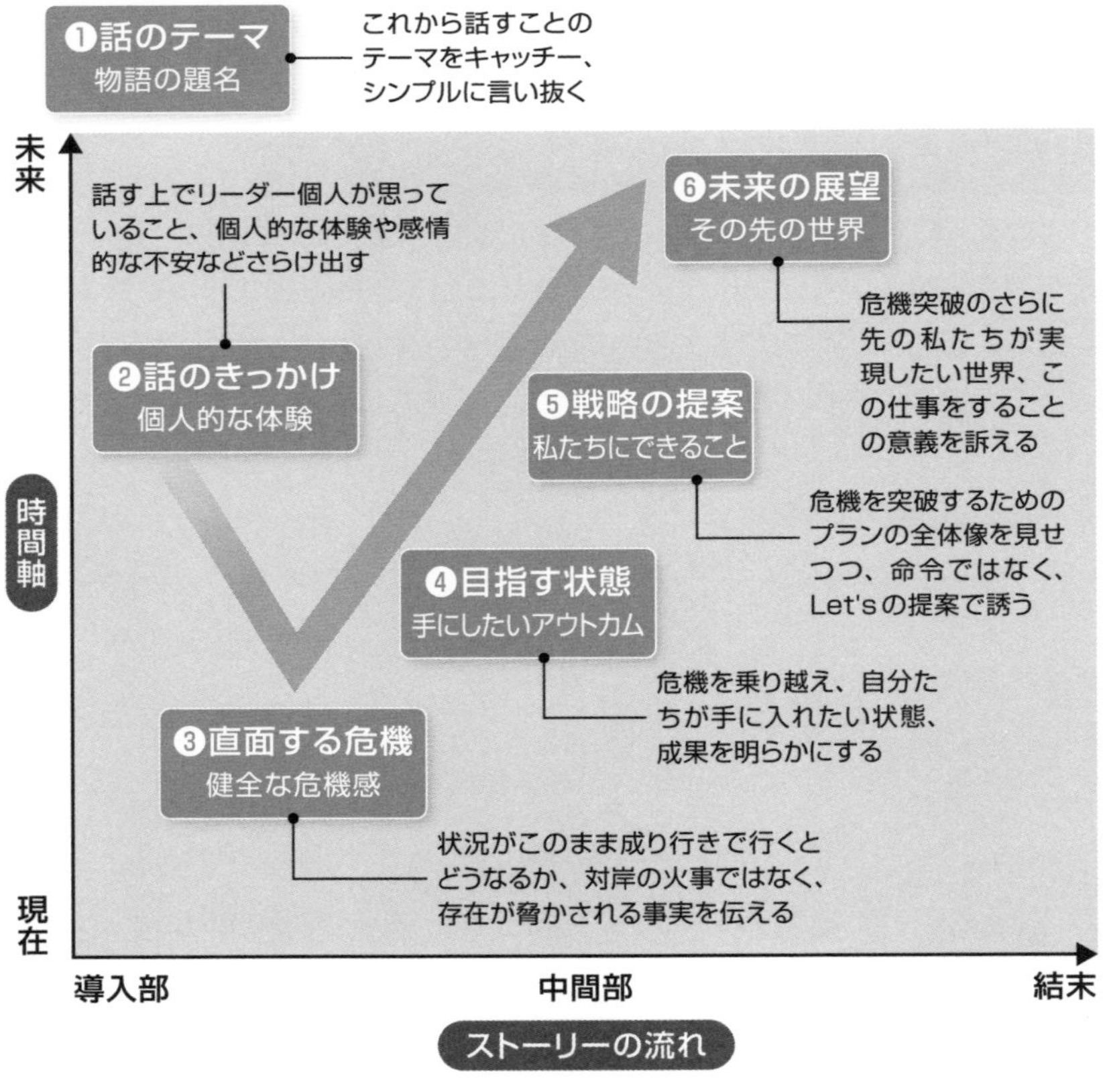

❶話のテーマ
物語の題名
これから話すことのテーマをキャッチー、シンプルに言い抜く
未来
話す上でリーダー個人が思っていること、個人的な体験や感情的な不安などさらけ出す
❷話のきっかけ
個人的な体験
❻未来の展望
その先の世界
危機突破のさらに先の私たちが実現したい世界、この仕事をすることの意義を訴える
❺戦略の提案
私たちにできること
危機を突破するためのプランの全体像を見せつつ、命令ではなく、Let'sの提案で誘う
時間軸
❹目指す状態
手にしたいアウトカム
危機を乗り越え、自分たちが手に入れたい状態、成果を明らかにする
❸直面する危機
健全な危機感
状況がこのまま成り行きで行くとどうなるか、対岸の火事ではなく、存在が脅かされる事実を伝える
現在
導入部
中間部
結末
ストーリーの流れ

ストーリーシーンの例

課題感の例：専門性の高い職人集団で、メンバー同士の興味関心が薄い。お互いに協働して新たな価値を生み出せるように「共創」をテーマに話をしたいといったとき。

1. 話のテーマ：今日は、今期の新たなテーマ、「共創」について話したい。
2. 話のきっかけ：先週、久々に1日オフィスにいる機会がありそこで残念に感じた出来事があった。電話が鳴っているのに誰もでないことだった。
3. 直面する危機：このままの状態が続くと互いに助け合うことのできない、自分の仕事にしか興味の持てない職場になってしまうリスクもあるのではと感じた。
4. 目指す状態：互いが、ちょっとしたことでも雑談できる遊びのある状態をつくりたい。遊びは、人間関係の潤滑油にもなるしアイデアを生み出すことにもつながる。
5. 戦略の提案：互いの仕事状況が分かるよう、週に1度、状況確認とサポートの要不要の確認やナレッジを共有する場を設けたいと思っているが皆はどう思う？
6. 未来の展望：月曜に会社に来たくなるような、職場を創りたい。力を貸して欲しい。

ヒーローズジャーニーを活用したストーリーテリングを整理してみましょう。

WORK 33

課題感：

1. 話のテーマ：

2. 話のきっかけ：

3. 直面する危機：

4. 目指す状態：

5. 戦略の提案：

6. 未来の展望：

Column ❸

職場・チームをひとつにするパブリック・ナラティブ

チームを鼓舞する上で、リーダーによるストーリーテリングは欠かせません。本文で紹介した型の他に参考になるパブリック・ナラティブの視点をご紹介します。

●コミュニティ・オーガナイジング

ハーバード大学ケネディスクール（公共政策大学院）の上級講師、マーシャル・ガンツ博士による、市民の力で社会を変えていくための方法、コミュニティ・オーガナイジングのフレームワークを紹介します。

コミュニティ・オーガナイジング（Community Organizing、以下CO）は、市民の力で自分たちの社会を変えていくための方法であり考え方です。

オーガナイジングとは、人々と関係を作り、物語を語り立ち向かう勇気を得て、人々の資源をパワーに変える戦略をもってアクションを起こし、広がりのある組織をつくりあげていくことで社会に変化を起こすことです。キング牧師による公民権運動、ガンジーによる独立運動、どれも数えきれないほど多くの人々が参加し、結束することで社会を変えてきました。

コミュニティ・オーガナイジングのイメージ

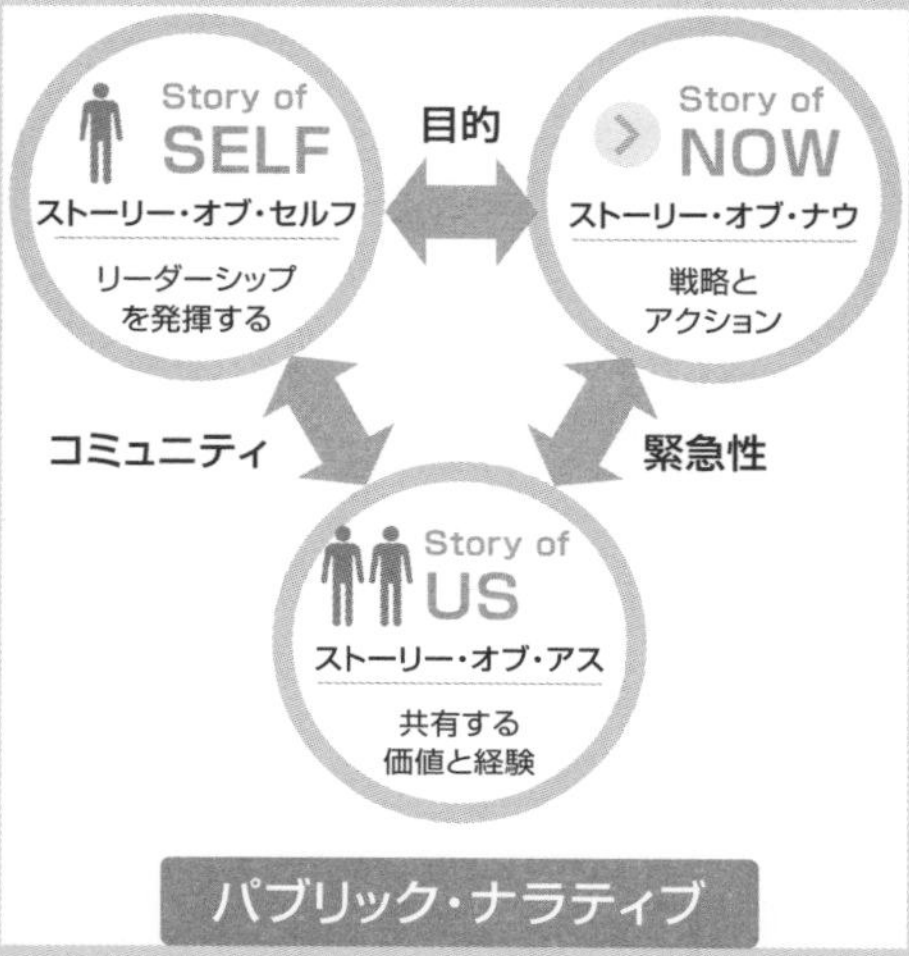

出典：https://communityorganizing.jp/co/info/

ガンツ博士は、2008年の米国大統領選挙でバラク・オバマの選挙参謀として初の黒人大統領を誕生させたことでも著名ですが、人の心を動かすには自分を起点(Story of Self)に、仲間と共有したい価値観(Story of US)と今、必要な確かな戦略(Story of Now)を語るという構造を示しました。

主に市民運動で使われるキーラインですが、個の思いを組織(公)に伝播させ力に変換する上でも大変、有効な観点です。以下、このパブリック・ナラティブのキーラインから着想を得て、私が独自に構造化した会社のパーパスと個人の価値観を重ね合わせて語るストーリーテリングの構造を紹介します。ぜひ、参考にしてみてください。

パーパスを軸にしたストーリーテリングの構造

導入部 Story of SELF	❶ 感謝とリスペクト	共に働けることへの喜びと感謝
	❷ 私の生い立ち	キャリアや大事にしている価値観
中間部 Story of US	❸ パーパスとのつながり	会社のパーパスと個人の価値観の接続
	❹ チームで実現したい夢や願望	新たな可能性、選択肢の提示
	❺ 乗り越えるべき課題や葛藤	今、直面している課題やテーマ
結末 Story of NOW	❻ 解決に向けた戦略・アクション	具体的な指針の提示
	❼ let's(let us)の呼びかけ	共に、一緒に乗り越える動機付け

個の思いを組織(公)に伝播し力に変換するには、
パブリックナラティブのキーラインが必要

第5章

心理的安全性、その先に

5-1

心理的安全性のセーフティゾーンを拡張する

リーダー個人、上司・部下の2者間、チームと3つのレベルで心理的安全性の確保ができたと思います。では、その3つが確保できたとして、さらに目指すべきものとはなんでしょう。

全社レベルを目指し、社会までを見据える

ここまでチームを率いるリーダーの皆さんが、メンバーの心理的安全性を確保するため職場ですぐに実践し、効果と影響を発揮できる様々な方法を3段階のレベルに分けて紹介してきました。レベルは、リーダーが直接働きかけて影響を及ぼせるリーダー個人（Individual level）の心理的安全性、2者間レベル（Dyadic level）のリーダー・メンバーの心理的安全性、チームレベル（Team level）の心理的安全性から構成されていました。レベルごとに紹介したプラクティスを職場で取り入れ実践することで、心理的安全性の向上に向けた確かな変化を実感いただけると思います。

そして、チームレベルまで心理的安全性を確保することができたら、ぜひその先のレベルにも意識を向けてみましょう。自身のチームや組織にとどまることなく、勇気を持って踏み出すことで心理的安全性を他部署や他部門、「全社」にまで拡張していくのです。心理的安全性が豊かに耕された土壌では、新たなイノベーションが萌芽し、それはやがてもっと大きなコミュニティである「社会」にまで新しい価値をもたらす結果につながるでしょう。

拡がる心理的安全性の影響の輪

チームと全社・社会の間の溝（キャズム）

個人、2者間、チーム、ここまでの3つのレベルは、リーダーの働きかけによってある程度、制御できるコントローラブルな領域であるといえます。一方で、自身のチームを超えて他部署や他部門に働きかけ全社に影響を与えていこうとする行為は、時に反対や抵抗に遭ったり、摩擦が生じやすかったりする、リーダーにとってアンコントローラブルな領域となり挑戦を躊躇してしまうような、深い溝（**キャズム**）があります。

最終章となる本章では、リーダーのチャレンジを阻む8つの溝（キャズム）を紹介し、それを乗り越えて、部門、全社、ひいては社会にインパクトを与えるために必要な観点について紹介していきたいと思います。

チャレンジを阻む8つの溝（キャズム）

❶自身のメンタルモデルの限界のキャズム

物事の見方や行動に影響を与える「暗黙の前提」が邪魔をしてチャレンジできない溝

❷創造性の限界のキャズム

柔軟な発想で新たなアイデアやイノベーションにつながる発想ができない溝

❸ネットワークの限界のキャズム

いつもの固定化されたネットワークの発想にとどまり停滞してしまう溝

❹変化を怖れ、自分の殻にこもるキャズム

既存の専門分野の習熟、深化にとどまり新領域の探索ができない溝

❺新しい取り組みを上司につぶされる溝

新たな挑戦や取り組みを発案しても上司に反対され、つぶされてしまう溝

❻新たなチャレンジをメンバーに反対され頓挫する溝

メンバーが変革に懐疑的であり現状維持にとどまり結果的に衰退してしまう溝

❼抵抗勢力が現れ他部門と協力関係が築けない溝

変革を不利益と感じる既得権益を持った他者の抵抗で協働できない溝

❽心理的安全性を高める機運と具体的な取り組みが全社運動につながらない溝

チームの垣根を超え、他部門、全社に影響を与える取り組みが拡がらない溝

チームと全社・社会の間に横たわる深い溝

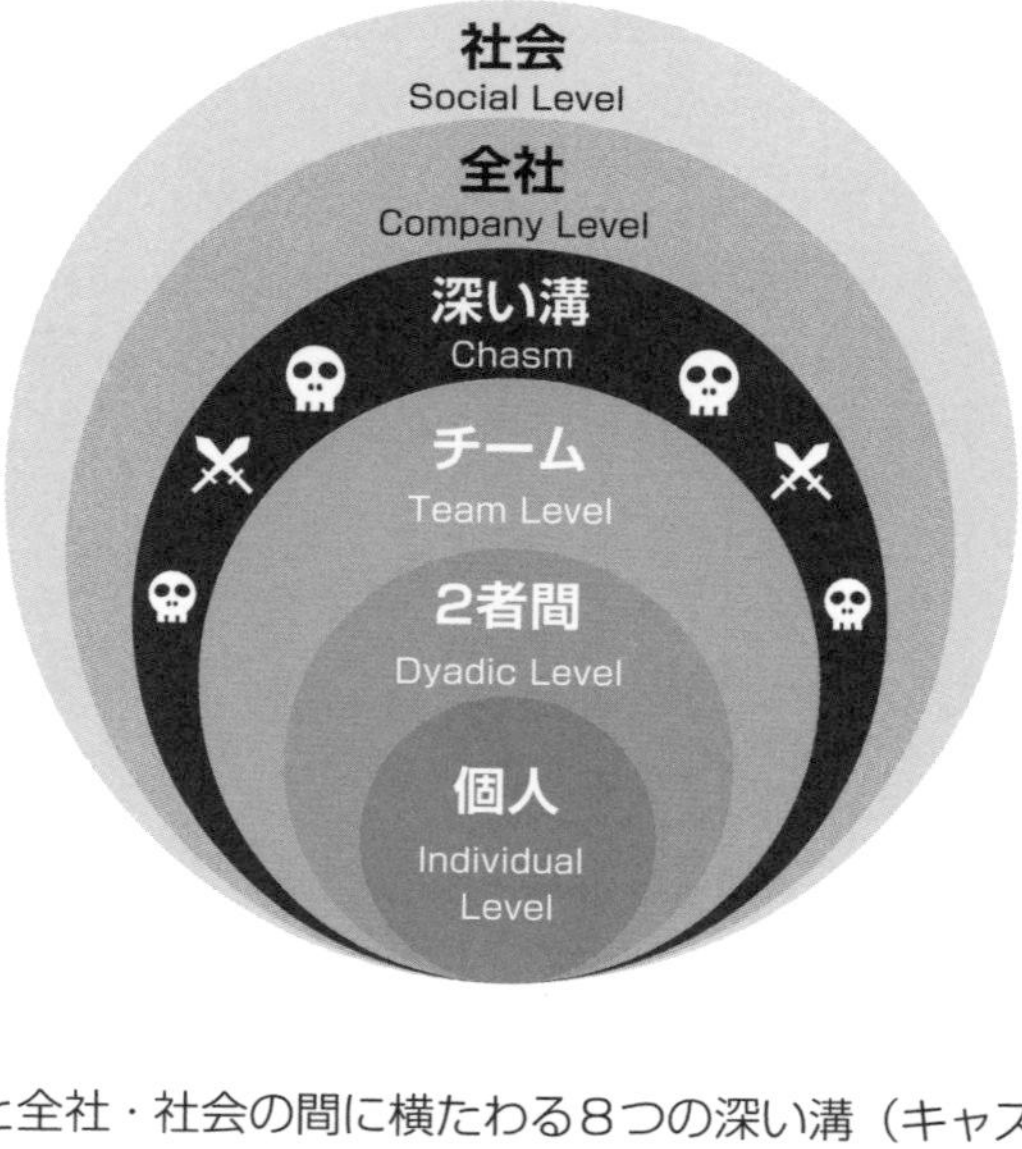

以上、チームと全社・社会の間に横たわる8つの深い溝（キャズム）について簡単に紹介しましたが、これから示すのはいずれも自分の領域を超えて、新たな地平にチャレンジする取り組みばかりです。次のページから詳細に、一つずつ紹介していきましょう。

5-2

キャズム❶

自身のメンタルモデルの限界

人間の思考の枠組みには限界があり、時にはそれがキャズムを超える弊害になってしまいます。しかし、自分の枠組みをしっかりと捉え直せば、変えることも可能になります。

氷山モデルで思考の枠組みを認識する

「**メンタルモデル**」とは、自分自身が世界を認識し、解釈するための思考の枠組みのことを指します。成果を阻害してしまうメンタルモデルを持っているならば、枠組みそのものを変える必要があります。

私たちが日頃目にする事象は、多様な因果関係のつながりの結果、生じています。それを表すのが「**氷山モデル**」です。氷山をイメージすると、海面に現れている氷山は、一部であり、その大部分は、海中に沈んでいて姿が見えません。私たちは、この氷山の一角、つまり目に見える出来事だけを捉えがちで、問題があればすぐに反応してしまう傾向があります。

しかし、目先の出来事に反射的に対処しても根本が変わらなければ、結局、同じことを繰り返すなど抜本的な変革にはつながりません。一歩立ち止まり、何が起こっているか、状況を観察することが必要なのです。

氷山モデル

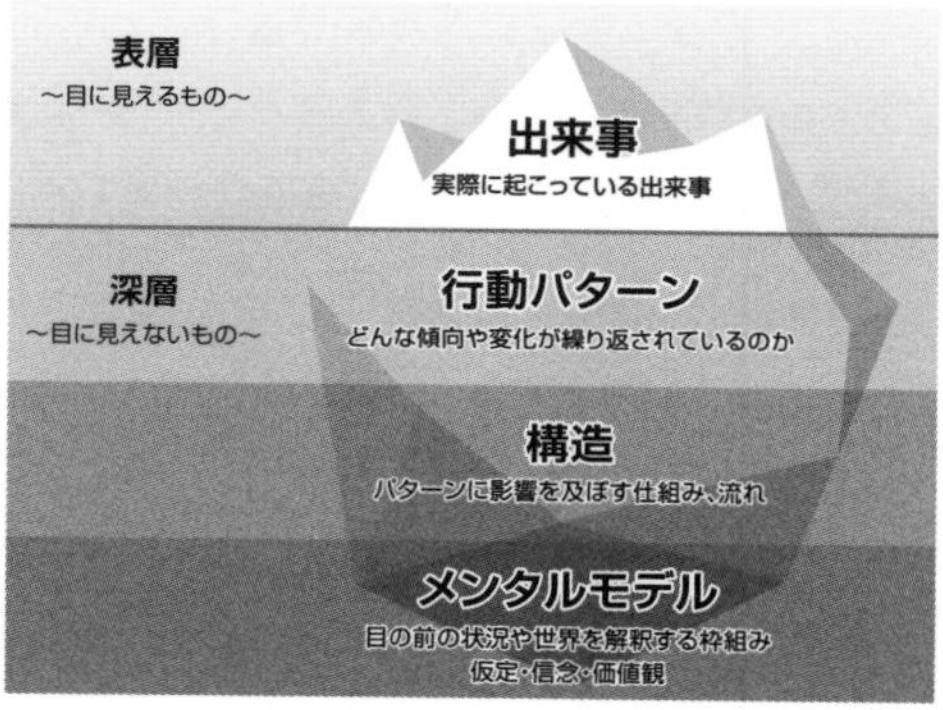

自身のメンタルモデルをひもとく

起こっている問題をひもとくには、表層部分の目に見える「出来事」だけではなく、通常は見えない深層部分にアプローチすることが有効です。

まず、どんな変化が起こっているのか、「行動パターン」に着目しましょう。起こっている出来事は、何かしらの変化の結果や繰り返される行動がパターンとして強化されることで表出することが多いからです。そのパターンに影響を与えるのが、「構造」です。構造は、モノやコトの流れ、仕組み、ルールなどを指します。そして、根底にこうした構造を生み出す「メンタルモデル」が存在します。

このように、氷山モデルは、目の前にある出来事を反射的に捉えるのではなく、その根底にあるパターンや構造、前提となっている思考の枠組みの全体をシステムとして総合的に把握して、最も解決に向け変化を起こしやすい「ツボ」にアプローチすることが効果的です。話が難しくなってきたので、具体例を紹介します。

【1】「出来事」として、チームで決めた新しいアイデアやアクションプランが遂行できない事実があるとします。

【2】そこで、「行動パターン」で、その出来事が起こる際に、繰り返し起こるパターンを確認します。するといつも上司である部長にダメ出しをされるとせっかく取り決めた自分のチームの案を取り下げてしまうパターンを繰り返していることが見えてきます。

【3】そして、「構造」でなぜ、そのパターンに陥ってしまうのかを探ると自分の率いるチームは、R&Dの研究開発部隊であり、短期的な時間軸の仕事ではなく、中長期的な時間軸で思慮深く仮説検証を繰り返すことが期待されていること。一方で、昨今の激しい環境変化の中、スピーディーに課題解決しなければならないという外部環境と内部環境のねじれた構造が見えてくるかもしれません。

【4】最後に、自分の思考の枠組みである「メンタルモデル」を見ると、体育会出身で「年上や経験、専門知識が自分より豊富な人間の意見には従うべきだ」と、凝り固まった決めつけをするなど、視野狭窄に陥っているかもしれません。

ゆえに出来事の根本的な解決を目指すには、より深いレベルに働きかけ「目的は、外部環境の変化に合わせてスピーディに商品開発をすること。そのためには、上司との健全な衝突も辞さずチームで定めたプランをエビデンスとその先の得たい成果を示して上司を説得する」というようにメンタルモデルを書き換えることが必要です。このメンタルモデルとなる自身の思考の枠組みは、私たちの過去の体験や学習をもとに良くも悪くも形づくられ、過去の経験の引き出しによって、目の前の課題をその都度、ゼロから考えることなく、素早く自動処理できるようになります。

しかし、誤ったモデルに支配されると自分の可能性に制限をかけてしまうこともあるので、そのときこそ、そのモデルを持ち続けることが必要なのか、内省する必要があります。特に、成果につながりにくいメンタルモデルでは、勝手に決めつけてしまう「べき思考」や可能性を否定するあきらめの「どうせ思考」に陥っていることがあるので、自分が「〜すべきだ」とか「どうせ〜だから」と考えて成果が上がらない際には、メンタルモデルの見直しを図るようにしてみましょう。

メンタルモデルを見直す「5P」の観点

成果が出ないパターンが繰り返される際には、立ち止まってメンタルモデルの見直しをしてみることが有効です。そこで有効な5つの頭文字からなる「**5P**」という観点を紹介します。ぜひ、自分自身に客観的に問いかけてみてください。

メンタルモデルの転換を促す5Pの問いかけ

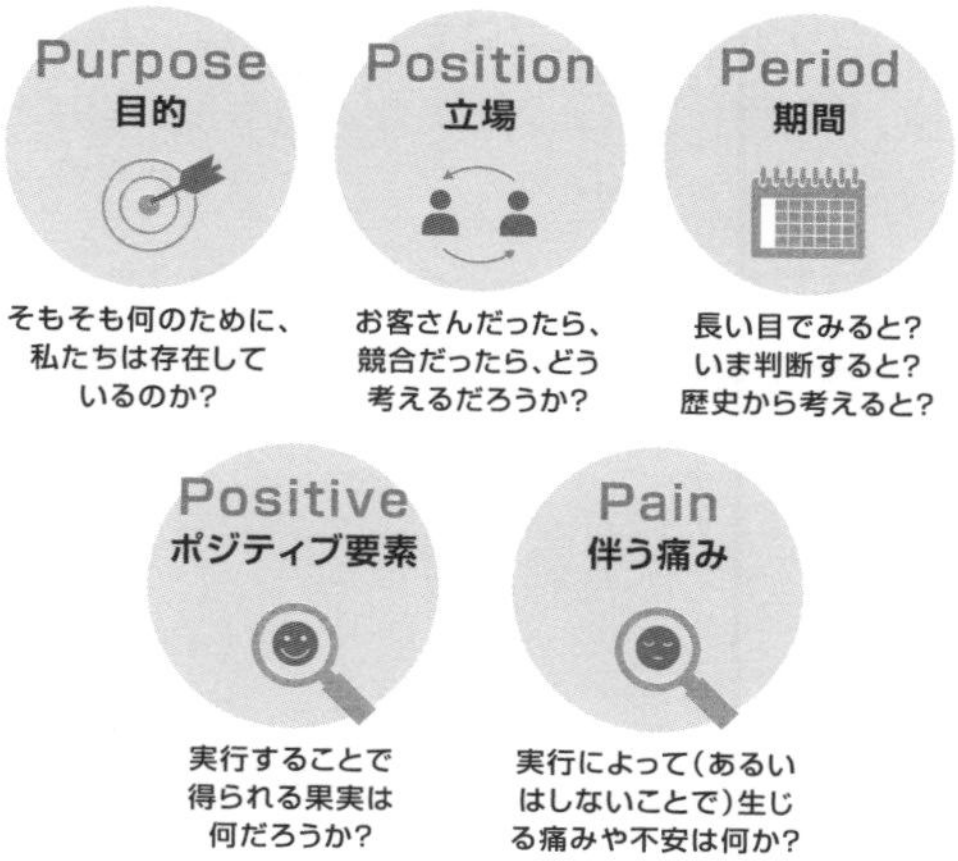
Purpose
目的
そもそも何のために、
私たちは存在して
いるのか?
Position
立場
お客さんだったら、
競合だったら、どう
考えるだろうか?
Period
期間
長い目でみると?
いま判断すると?
歴史から考えると?
Positive
ポジティブ要素
実行することで
得られる果実は
何だろうか?
Pain
伴う痛み
実行によって(あるい
はしないことで)生じ
る痛みや不安は何か?

5-3

キャズム❷
創造性(クリエイティビティ)の限界

天才ではない私たち一人のクリエイティビティにはたかが知れています。しかし、あるフレームワークを使えば、より画期的で新しいアイデアを創出していく可能性を高めることができます。

5つのクリエイティブプロセス

いかに、自組織が心理的安全で他者から意見に対しての非難や攻撃をされない状態であっても、自身の創造性が著しく欠如していたら、イノベーションの芽は萌芽しません。そこで、IMD教授のシリル・ブーケ氏をはじめとする、研究チームが開発した画期的なアイデアが発展する過程で繰り返し見られたパターンを特定し、アイデアを潰さず発展させるための5つの要素からなるフレームワークを紹介します。

シリル氏らによれば、既成概念に囚われない思想家は、(1)注意力を研ぎ澄まして新鮮な目で物事を捉え、(2)一歩下がって広い視点で見渡し、(3)常識破りの組み合わせを考え、(4)素早く巧みに実験し、(5)組織内外で排他的な環境に遭遇してもうまく乗り切ると喝破しています。

そして、この過程全体を通して課題となるのは、創造性を削いだり優れたアイデアを潰したりしそうなメンタルモデルを克服することとしています。

これら5つの要素の**クリエイティブプロセス**について、採点表の質問に答えて要素ごとに平均点を出してみましょう。スコアが4点未満の際は、その要素ごとに改善することが必要となります。

採点項目に目を通してみるだけでも創造性のある優れたリーダーは、従来の「やり方」「成功体験」を健全に疑い、自身も常に変化し続けていることが分かります。

クリエイティブプロセス採点表

あなたには、イノベーションを生み出す力がどれくらいあるだろうか。その力を評価するには、以下の質問に答えて各要素で平均点を出すこと。スコアが４未満であれば、その要素では改善が必要となる。

注意	そうは思わない → そう思う						
私は、折あるごとにユーザーや顧客の立場に立って物事を考える。	1	2	3	4	5	6	7
他の人が見落としても、私は小さな変化や想定外のことに気づく。	1	2	3	4	5	6	7
デジタルツールを使って、たえず周囲の環境をモニタリングしている。	1	2	3	4	5	6	7
一風変わった行動を取る顧客に興味が湧く。	1	2	3	4	5	6	7

広い視点	そうは思わない → そう思う						
細部に没頭している時にも、全体像を把握する時間を取るようにしている。	1	2	3	4	5	6	7
主力事業とは関係のない業界イベントにも参加している。	1	2	3	4	5	6	7
問題に対する固定観念を覆そうとしている。	1	2	3	4	5	6	7
目の前の課題に対して、違う意見も探し求める。	1	2	3	4	5	6	7

想像力	そうは思わない → そう思う						
私は、一般に認められた方法や前提に率直に疑問を投げかける。	1	2	3	4	5	6	7
私は、無関係の分野のアイデアも織り交ぜて考えている。	1	2	3	4	5	6	7
創造性を働かせ、対象物の間でつながりを見出そうとしている。	1	2	3	4	5	6	7

実験	そうは思わない → そう思う						
自分のアイデアの価値を説明するために画期的な方法を見出そうとしている。	1	2	3	4	5	6	7
コンピュータシミュレーションを利用して、自分のアイデアの可能性を試している。	1	2	3	4	5	6	7
最初や2番目に思い付いたソリューションで手を打つことは、あまりない。	1	2	3	4	5	6	7
学びを得られる限り、失敗することを自分に許している。	1	2	3	4	5	6	7

ナビゲーション	そうは思わない → そう思う						
自分の考案したソリューションを推進するうえで頼りになる人たちを知っている。	1	2	3	4	5	6	7
重要な利害関係者の関心事がそれぞれ異なることを、十分に理解している。	1	2	3	4	5	6	7
相手によって説明の仕方を変え、語りかける方法を知っている。	1	2	3	4	5	6	7
戦略的な情報を明かすべき時がいつかを、鋭く見極められる。	1	2	3	4	5	6	7

出典：イノベーション戦略を補う５つの要素
2019.7. ハーバードビジネスレビューより

いかがでしょうか。論理的に分析する左脳優位の思考だけではなく、一見無関係なアイデアを織り交ぜたり、対象物との間で新しい結びつきを生み出そうとしたりする右脳を活用した思考法が重視されていること、また、自分の知識や能力の限界について衆知を集めることで知恵に変換することなど、これまでとは、異なる質感の「考え方」が求められていることも見えてきます。

ChatGPT時代に必要な右脳のクリエイティビティ

私たちがこれまで受けてきた左脳優位の教育は、右脳の発達を疎かにしてしまった側面もあると思います。しかし、ChatGPTをはじめとするチャットボットやAI（人工知能）の発達によって、これまで左脳が得意としていた、情報の整理、計算、記憶に基づく処理が質もスピードも格段に高まり、仕事によっては、自分の仕事がAIに取って替わられる日も近づいています。こんな時代に、リーダーに求められるのは、AIにはできない全体を見通す力、一見結びつかないと思われるものを統合する力、物事をさかさまから見る力など、AIには十分にできない右脳の持つクリエイティビティなのだと思います。

5-4

キャズム③
自身のネットワークの限界

VUCAの時代においては、既存のネットワークだけでは対応できない状況に陥る可能性があります。そうした時代においては自身のネットワークを広げておくことで、様々なことが可能になります。

新しいシナリオにつながる3つの無形資産

国連による推計では、2050年までに日本の100歳以上の人口は、100万人を突破する見込みとされ、雇用環境も一変します。人生100年ライフを生きる上で、生き方、働き方に新たなステージが現れ、今までの常識が通用しなくなることは明らかです。そうした環境変化の中、ロンドン・ビジネス・スクール教授のリンダ・グラットン氏は、可能性を広げる新しいシナリオを描くために3つの**無形資産**を蓄えておく必要性を提唱しています。

1つめは、スキルや知識が主たる構成要素の「**生産性資産**」
2つめは、肉体的・精神的な健康と幸福の「**活力資産**」
3つめは、多様性に富んだ開かれた人脈の「**変身資産**」

新しいシナリオにつながる3つの無形資産

中でも、キャリアの移行や発展を遂げるときに、活力と多様性に富むネットワークをすでに築いている人ほど、円滑な移行を遂げやすいとしています。この機会に自分の人脈を棚卸ししてみましょう。特に、社外に頼れる友人の存在や自分より世代の違う、人との付き合いはあるか？具体的には20歳以上、上の先輩や下の後輩などとの交流があるかもチェックポイントです。20歳年齢が違うと、育ってきた教育環境や触れてきたトレンドも全く異なり、対話の中で両者の違いから新しい視点を互いに獲得しやすいメリットがあります。こうしたネットワークは、仕事以外にも趣味やスポーツなどでも求めれば広がります。

また、斬新なアイデアや自分にはない思考様式は、自分の所属する集団以外の規範の人との交流を通じて、発見されやすく、ある集団では、常識の考えが、別の集団では、非常識で型破りの考えに転換されることはよくあります。

弱いつながりが新規制をもたらす

「弱い紐帯の強み」という理論を提唱したアメリカの社会学者、マーク・グラノベッター氏は、強い紐帯、すなわち親密で近接なネットワーク（肉親や親友、同僚、チームメイト）ではない、弱い紐帯（あまり親しくない知り合い、最近会っていない友人、遠い親戚）との結びつきを大事にすべきだという提言をしました。

強い紐帯は、生きていくうえで、かけがえのない存在であるものの、弱い紐帯のほうが、新しいアイデアや智恵を集団にもたらしてくれると論じています。考えてみても、いつも一緒にいる似た者同士のメンバーとの間で掟破りのブレークスルーが起こるような突き抜けたアイデアは、なかなか出ないものです。だからこそ、リーダーは、積極的に自分のネットワークの外に出て、新しい人や場所、環境に触れて発想を広げ、自組織に新たなアイデアをもたらすことが必要です。

リーダーはパワーコネクターたれ

また、時に人と人がつながることで、びっくりするほどの大きな変容が起きることがあります。たとえば、誰もが知るアップルのスティーブ・ジョブズにスーパーエンジニアのスティーブ・ウォズニアックを引き合わせたのは、共通の知人であるビル・フェルナンデスという当時21歳の青年でした。お互いに無類の電子機器好きという特性から、2人を引き合わせたら面白いことが起きそうだという予感があり紹介したそうです。

これは、のちのアップルの大躍進を歴史が示すように画期的なつながりとなりました。あなたの会社やネットワークの中に「この2人を引き合わせたら、絶対に面白いことが起きそうだ」という人はいないでしょうか。会社内にもタテ（上司、先輩⇔部下、後輩）だけでなく、ヨコ（同僚、同期）や、ナナメ（別部署の年代、立場を超えた存在）、また会社外ではソト（アルムナイ、顧客やパートナー）など様々なステークホルダーがいるはずです。

人脈は、棚卸しすると意外なほど多くいるはずです。そして、人と人をつなぐ**パワーコネクター**になるほど、実力を超えた大きな仕事（志事）をなすことができます。ぜひ、あなたの人脈からイノベーションを生み出しましょう。社内、外でこの人とこの人を結びつけたら面白いことが起きそうだ！という人をイメージしてみましょう。

人と人とのパワーコネクター

5-5

キャズム❹

変化を怖れ、自分の殻にこもる

新しいアイデアや多様なネットワークを持っていても、自分たちが変化を恐れるマインドであるならば宝の持ち腐れです。こうしたマインドを打破する考え方を紹介します。

個人にとっての「両利きの経営」とは

イノベーション理論に「**両利きの経営**」という考え方があります。すなわち、経営の要諦は、「知の探索」（既存の認知の範囲を超えて、遠くに認知を広げていこうとする）と「知の深化」（自社の持つ一定分野の知を継続して深掘りし、磨き込んでいく）の両利きでマネジメントすることの大切さを指した概念です。

両利きの経営とは

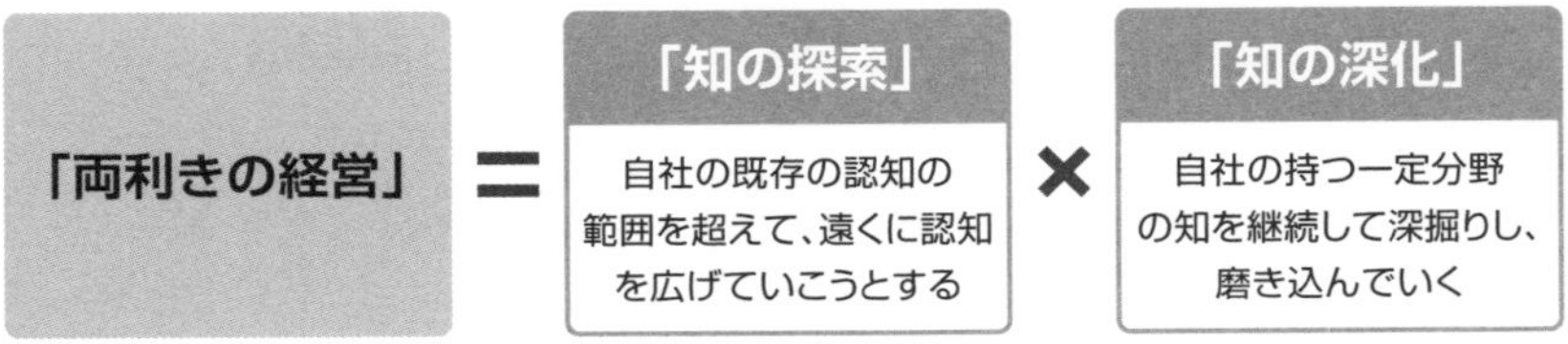
「両利きの経営」
＝
「知の探索」
自社の既存の認知の範囲を超えて、遠くに認知を広げていこうとする
×
「知の深化」
自社の持つ一定分野の知を継続して深掘りし、磨き込んでいく

この「知の探索」と「知の深化」を高次元で行い、イノベーションにつながる新たな挑戦は、個人にも当てはまります。創造的な閃きやブレークスルーは、自身の専門分野の習熟（知の深化）に加えて、先のネットワークのところでも触れたように、全く新しい次元、異世界との出会いと探求（知の探索）から生まれることが多いからです。

リーダーは、知の探索を「越境学習」で積極的に行う

だからこそ、リーダーは、積極的に、**越境**して知の探索を行う必要があるのです。越境学習の第一人者でもある法政大学大学院教授 石山恒貴氏によれば、越境学習は、ホームとアウェイを往還する（行き来する）ことによる学びと定義されています。これは、必ずしも会社の外へ行くという話だけにとどまらず、自らが準拠する状況（ホーム）から、その他の状況（アウェイ）へ、境界を往還しAという状況と、Bという状況を行き来することで、Aという価値観と、Bという価値観が同時に自分の中に入り、違和感や葛藤が生まれる不安定になることさえありますが、それがやがて、日常の固定観念を打破し、多様なモノの見方や考え方ができるようになったり、ホームである自組織に新しいアイデアやイノベーションをもたらしたりすることにもつながるとしています。ぜひ、越境による学びで探索をしましょう。

越境（ホームとアウェイの往還）

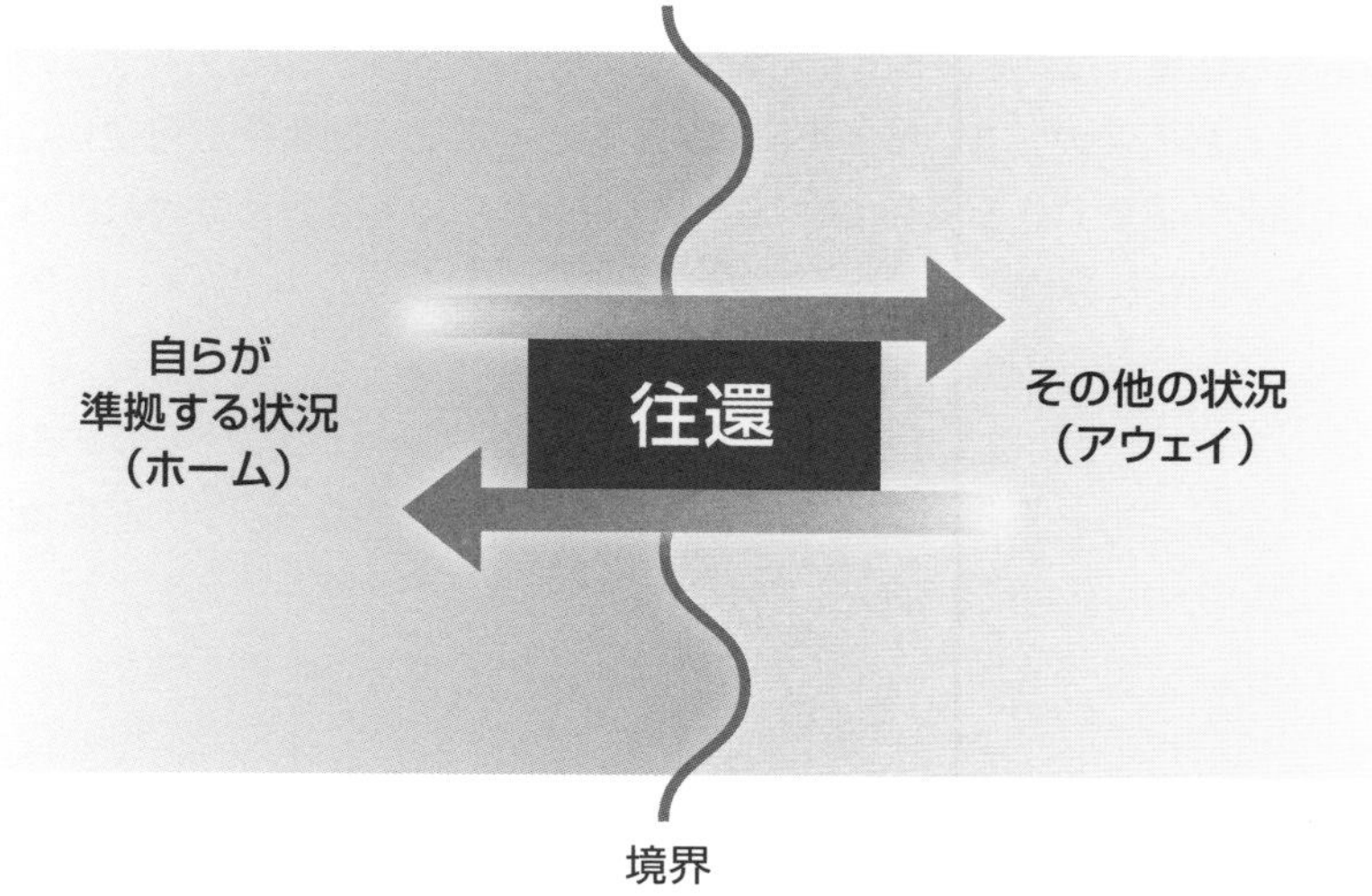

5-6

キャズム❺

新しい取り組みを上司につぶされる

「根回し」と言うと悪いイメージがありますが、自分たちの案が実行できるように上司との関係をスムーズにしておくのは、ビジネスパーソンには必須のスキルです。

上司と自分の現在地を捉える

せっかく、チームでまとめた新たな挑戦やプランが上司に反対や否定をされて計画倒れになってしまった経験はないでしょうか。チームの心理的安全性をより強固なものにするには、チームの役割や権限を越えて、上申した案が、しっかりと上司や経営に通るという成功体験も重要になってきます。

より大きな仕事や投資を引き出すためには、自分より権限のある上司を味方に引き入れることが不可欠です。その際には、上司との現在の関係性を可視化し、互いが尊重しあい協調できる関係になるために有効な手立てを打たなければなりません。そこで必要な観点をご紹介します。

右のマップは、ジョナサン・ビハル氏の提唱するボスマネジメントのための関係性の地図です。自分と上司の現在地について、まずは、次のマップのどの象限に該当するのか？例も参考にしながらプロットしてみてください。

上司との関係性と成果

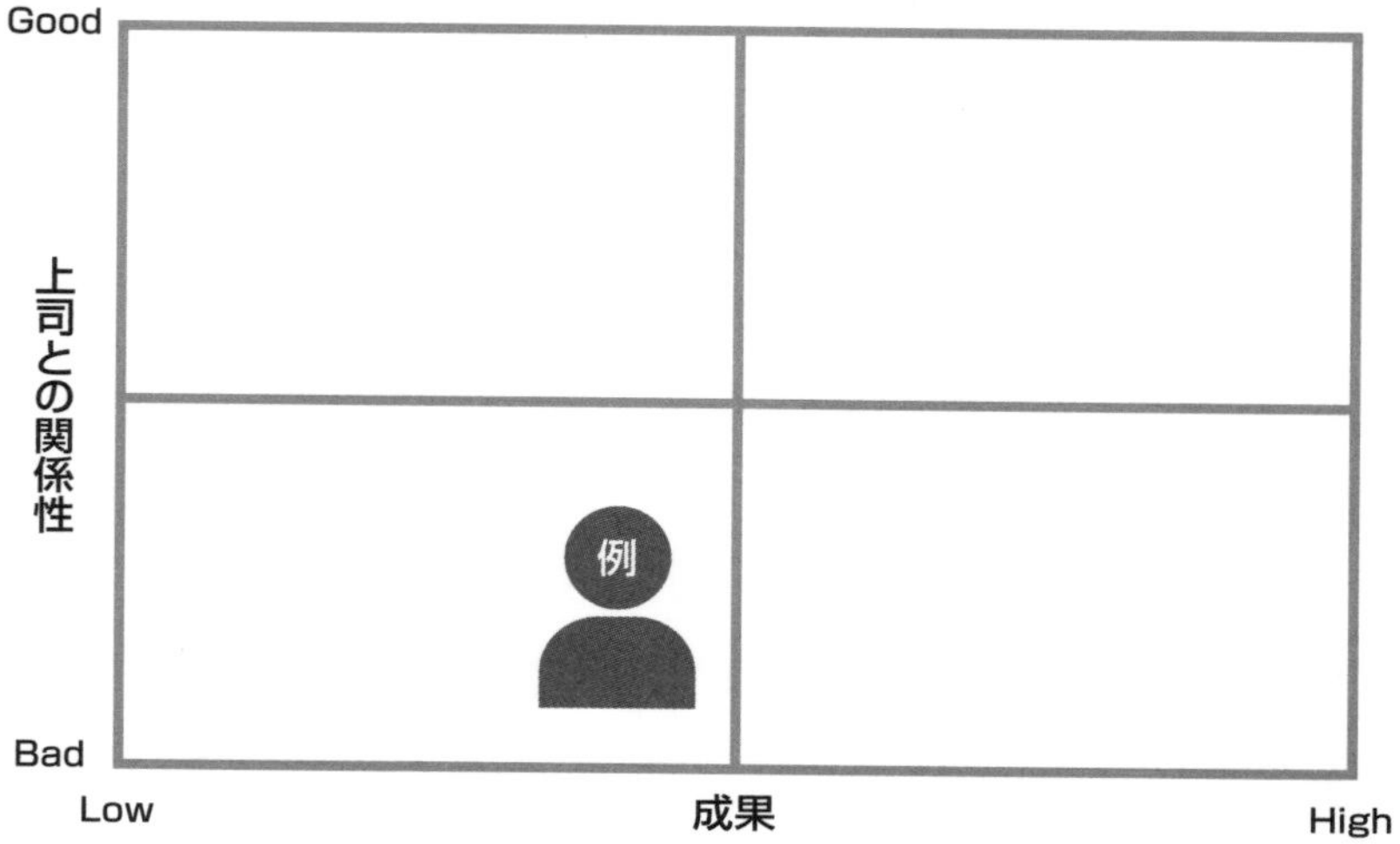

上司とのコミュニケーション量

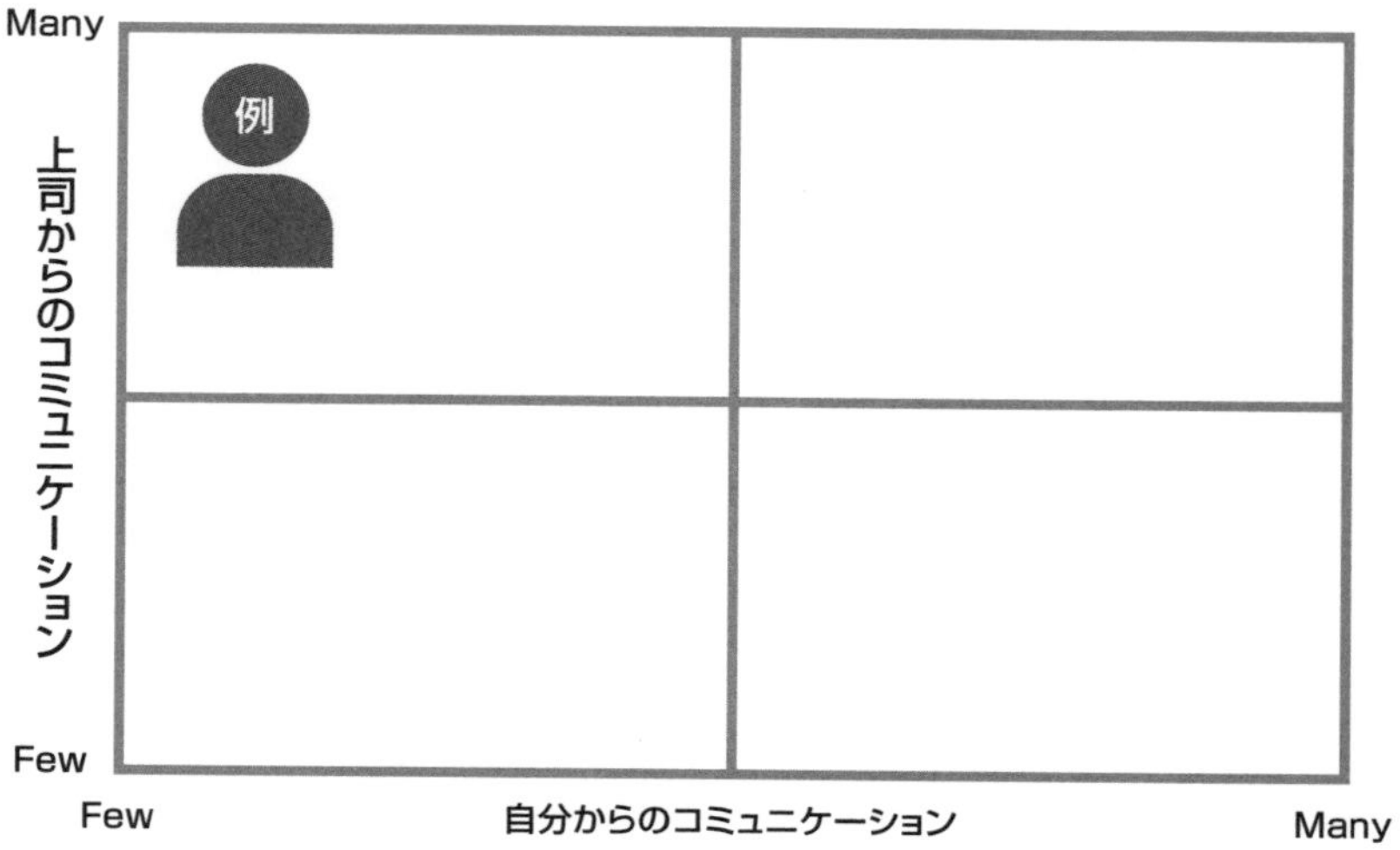

上司とあなたの相互尊重について

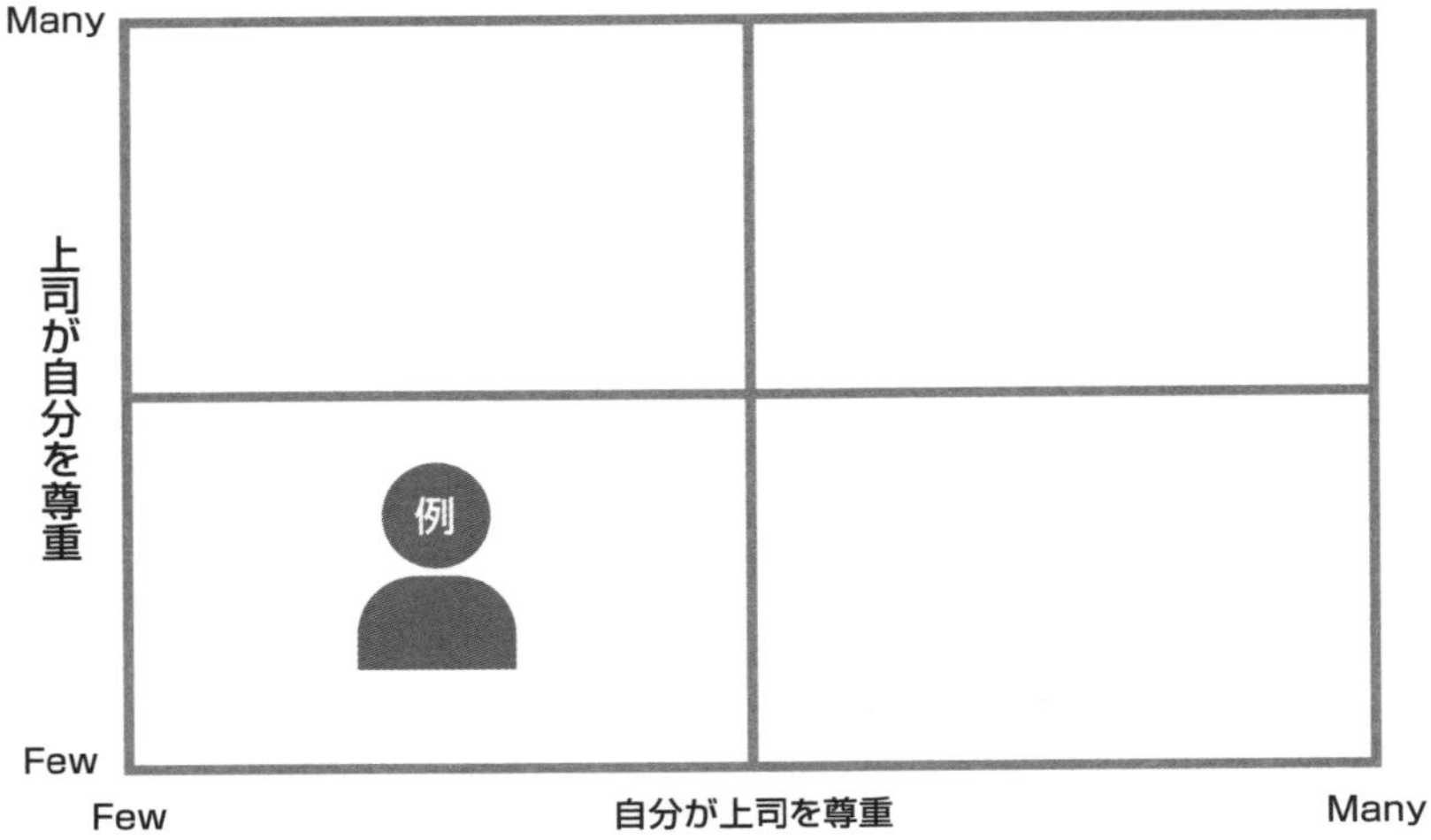

いかがでしょうか。プロットしてみて感じたこともメモしておきましょう。

次に、それぞれのプロットの象限に書かれている問いかけについて目を通してみましょう。

①上司との関係性と成果

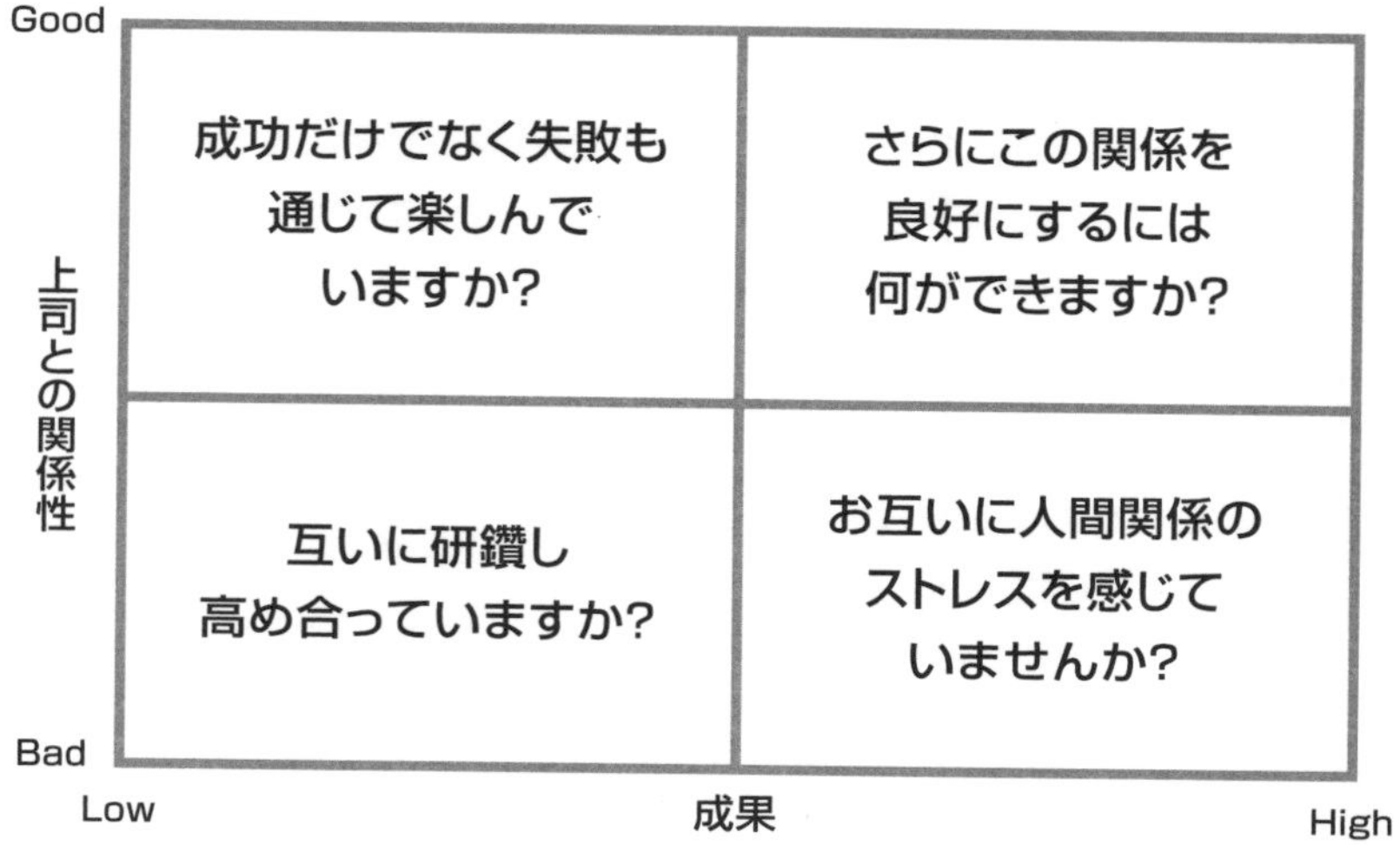
Good
Bad
上司との関係性
成功だけでなく失敗も通じて楽しんでいますか?
さらにこの関係を良好にするには何ができますか?
互いに研鑽し高め合っていますか?
お互いに人間関係のストレスを感じていませんか?
Low
成果
High

②上司とのコミュニケーション量

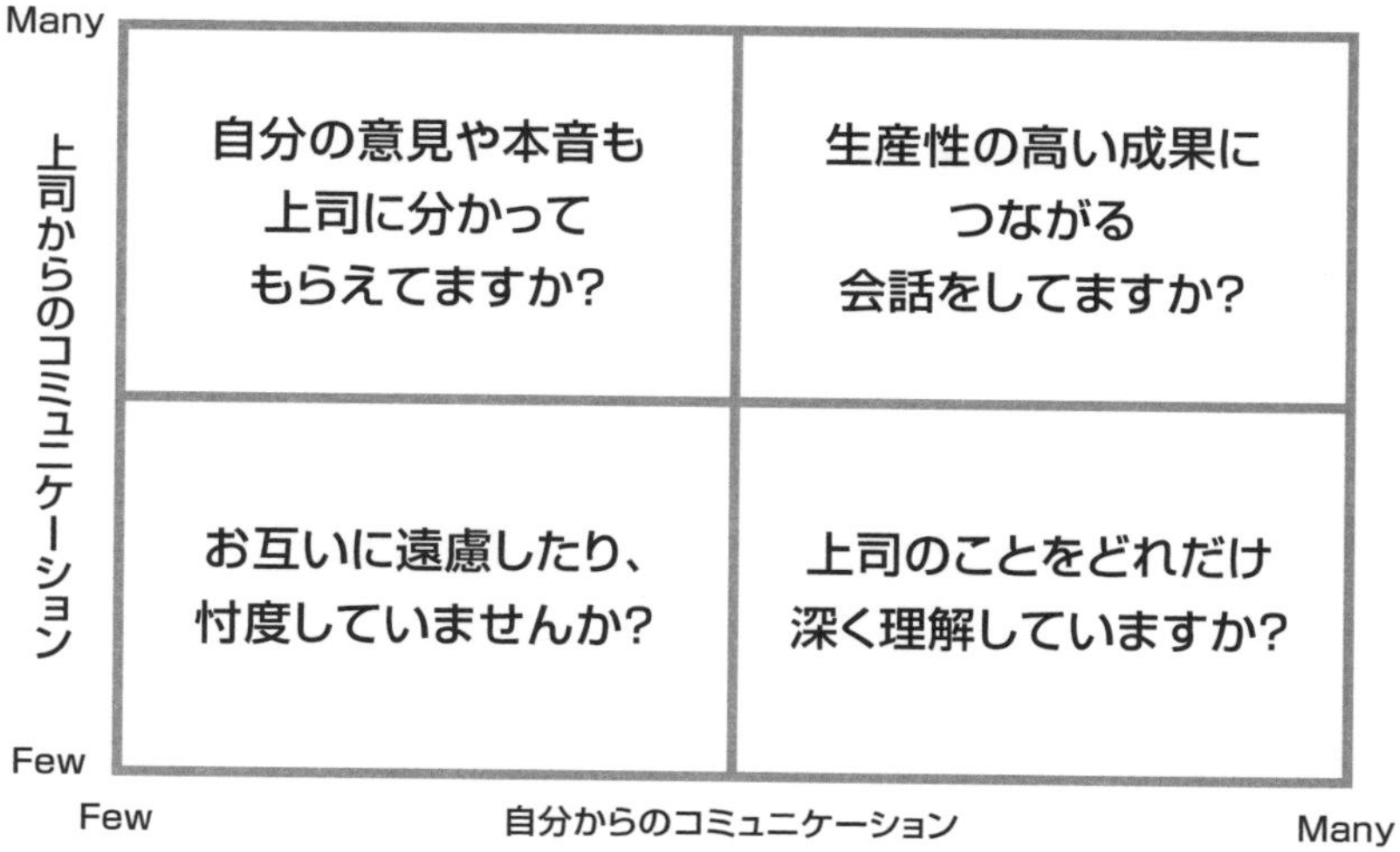
Many
Few
上司からのコミュニケーション
自分の意見や本音も上司に分かってもらえてますか?
生産性の高い成果につながる会話をしてますか?
お互いに遠慮したり、忖度していませんか?
上司のことをどれだけ深く理解していますか?
Few
自分からのコミュニケーション
Many

③上司とあなたの相互尊重について

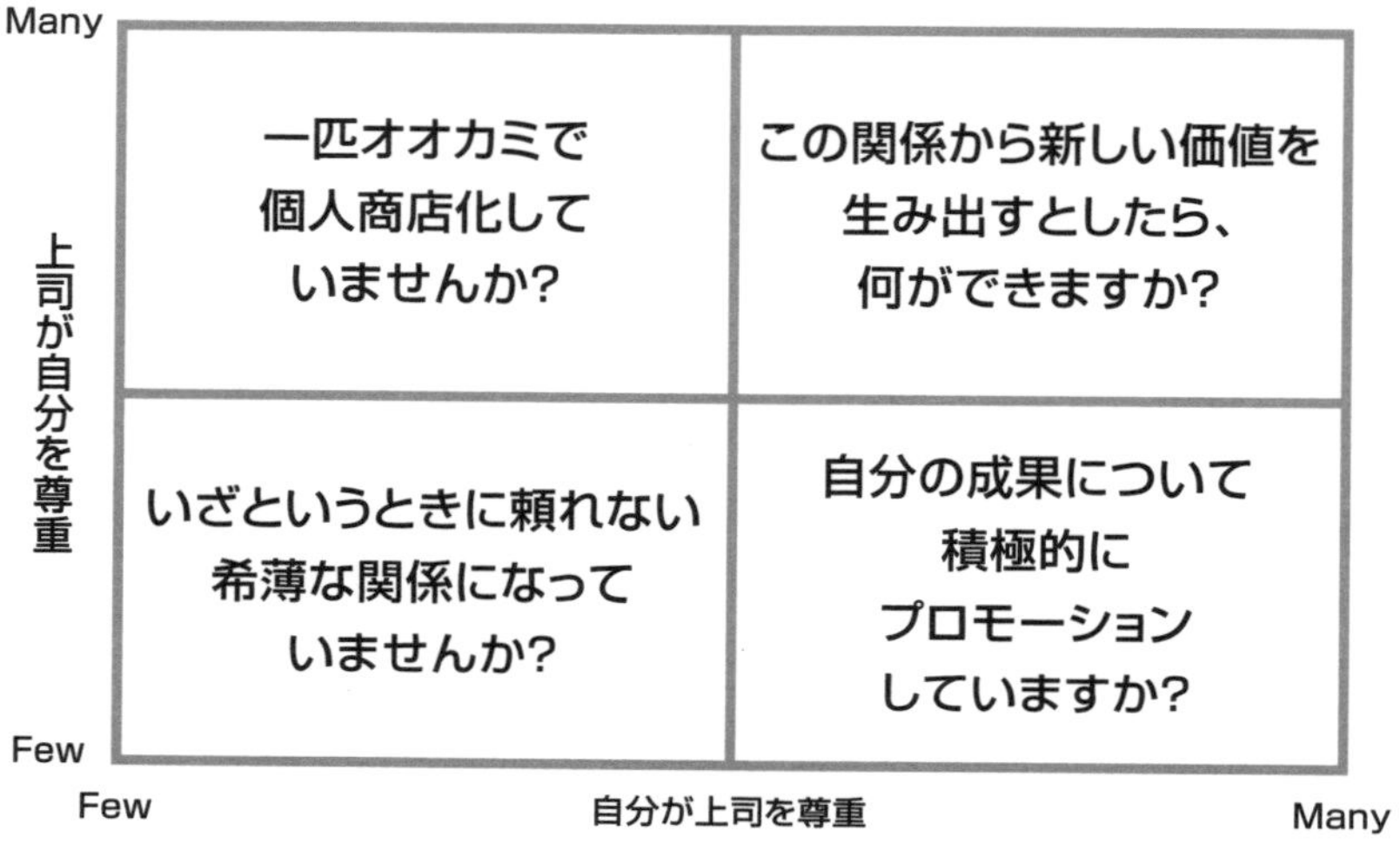
Many
一匹オオカミで
個人商店化して
いませんか?
この関係から新しい価値を
生み出すとしたら、
何ができますか?
上司が自分を尊重
いざというときに頼れない
希薄な関係になって
いませんか?
自分の成果について
積極的に
プロモーション
していますか?
Few
Few
自分が上司を尊重
Many

①上司との関係性と成果をさらに高めるために。

②上司と自分のコミュニケーション量をさらに増やして豊かなものとするために。

③上司と自分も相互尊重できる状態にするために。

どんな新しい一歩が必要になりそうか、考えるきっかけにしてみてください。そして、上司ー部下2者間の関係性を高める章でもご紹介した、上司ー部下のお互いのトリセツをつくるなど、お互いの共通点や違いも見出しながら共感、協調の接点を見出し、上司と良い信頼関係を築く相互理解の機会をつくっていきましょう。

5-7

キャズム❻

新たなチャレンジをメンバーに反対される

チャレンジは時に、部下に反対されることもあるかもしれません。チャレンジに伴うストレスを回避したい部下に対してどのように対応するか、リーダーの腕の見せ所です。

ポジティブとネガティブ両面で未来の見通しを見せる

新しいチャレンジをしようとすると、一時的にこれまでの安定が崩れ、メンバーは、心理的不安に襲われます。その際に今回、チームとしてチャレンジすることや一時的にリスクやコストを取ることの意義や必要性を将来の見通しも含めてリーダーがメンバーに語れるかどうかが、この溝を乗り越えるポイントになります。

未来の見通しがあることでメンバーの心は奮い立ちます。MITスローン経営大学院上級講師のピーター・センゲ氏は、「人は変化に抵抗するのではない。変化させられることに抵抗するのだ」と言いましたが、メンバーが魅力的に思うポジティブな成果や途中に生じるであろう葛藤や障害など変革の全体の見通しを見せることはリーダーとして、必須の働きかけであり説明責任（アカウンタビリティ）でもあります。

理想と現実の狭間には、当然、大きな乖離があり、理想の伝達だけでは、実践の途中で、こんなはずではなかったと、メンバーの心が折れてしまうことも想像に難くありません。そこで、ポジティブな理想像だけでなく、その理想を実現するまでのネガティブな道のりをあらかじめ伝えておくことも、チームの心理的安全性を確保する上で大変有効です。

次ページの図は、「**チェンジカーブ**」（企業変革カーブ）と呼ばれる、変革までの道のりを示す地図です。特徴的なのは、その途中に棲む魔物、モンスターの習性とそれが仕掛ける罠についての水先案内図を示しているところです。変革の途中にどんな困難や葛藤、障害が待ち受けているのか、今大変でも次にどんな良いことが待っているのか、変革の道程をあらかじめ見せることで、メンバーは、安心して、旅を進めることができます。エベレストへ登頂するときも、各ルートの特徴や、気をつけるべきポイントが念入りに示されていると聞きますが、このチェンジカーブを使うことで、ゴールまでの道のりの「停滞」「準備」「実行」「決着」「結実」の今どのステージに自分たちがいるのかを把握することができるのです。

ネガティブなことをあえて見せて、転ばぬ先の杖を持つことによって万全の備えが可能となり、窮する前に先手を打つこともできるようになるのです。

メンバーの心理的安全性にとって必要なポイントは、情報を開示すること、特に耳の痛い話こそ、積極的にオープンにすることが必要です。ぜひ、変革やチャレンジの過程にメンバーを積極的に巻き込み一緒にトライしていきましょう。

チェンジカーブ～変革までの道のりで表れるモンスター～

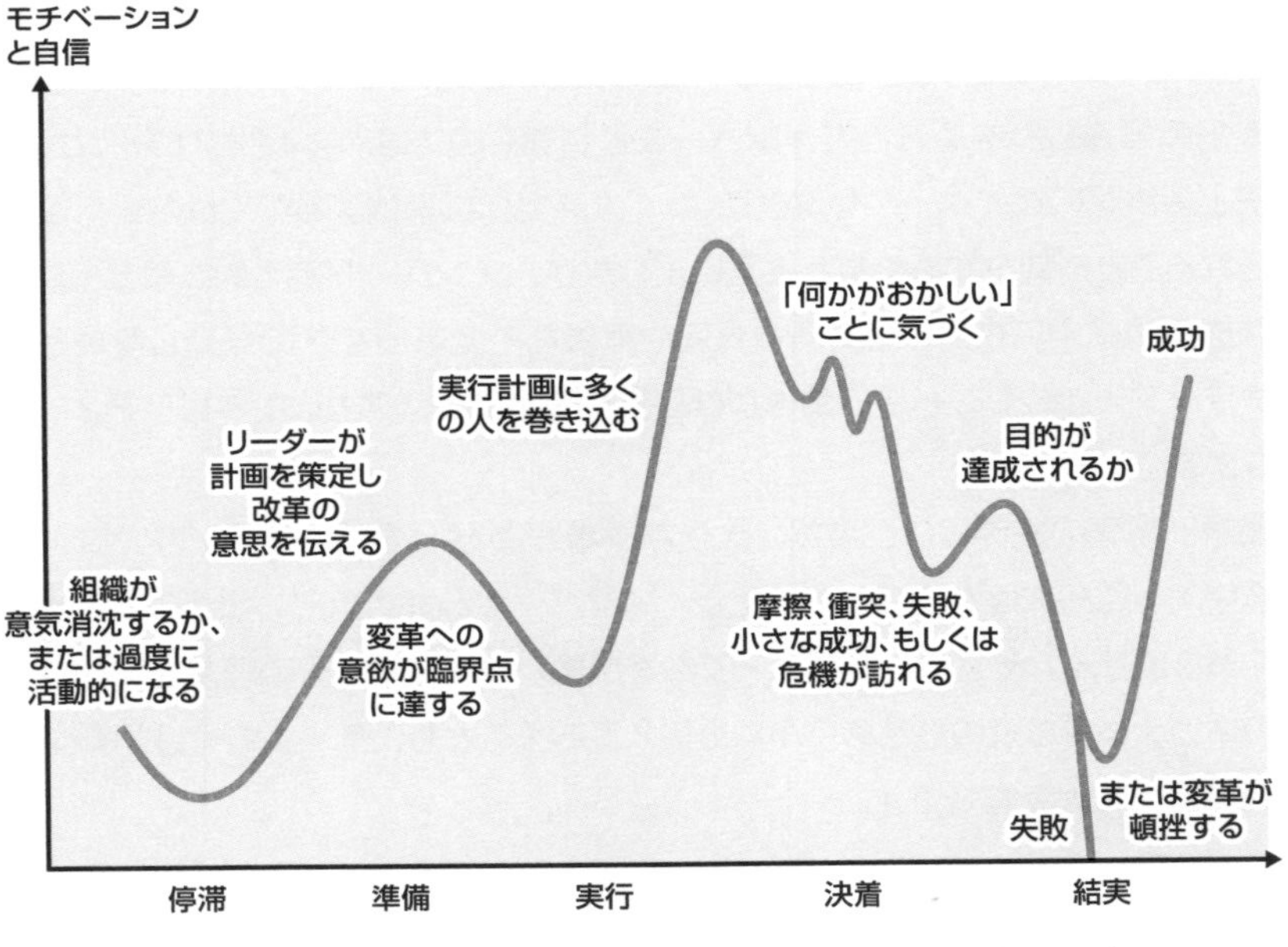

出典：『チェンジモンスター　なぜ改革は挫折してしまうのか？』
ジーニー・ダック著（東洋経済新報社）から「チェンジカーブ」を著者修正

5-8

キャズム❼
抵抗勢力が現れ、他部門と協力関係が築けない

全社を巻き込んでのチャレンジであれば当然、他部署からも色々な意見が飛んできます。そういった異論・反論に対応するのはなかなか難儀ですが、乗り越えないことには実現ができません。

変革は抵抗勢力とつながることから

新しいことを始めたり、チームを超えて他部門や全社に影響を与えるような変革をしようとしたりするとき、決まって現れるのが抵抗勢力です。しかし、抵抗勢力を排除して、コトを進めようとするとその瞬間は、勢いで押し切っても後から横槍が入ったり、むしろ勢力が増大したりしてリベンジに遭ったりします。

そうならないためにも最初から、抵抗勢力を巻き込んで進めることが必要です。変革を進める際に抵抗勢力となる反対者を排除せず、同志としてつながることで、変革の実効性をより高めたり、組織の境界線を越えて専門や経験、視点の異なる多様な人々との出会いから新たな智恵や洞察を得たりして、さらに進化できるからです。

以下の図は「変革への取り組み姿勢の積極度」と「組織への影響力の強さ」を2軸4象限で示した図です。

抵抗勢力（フーリガン）と関わる比率

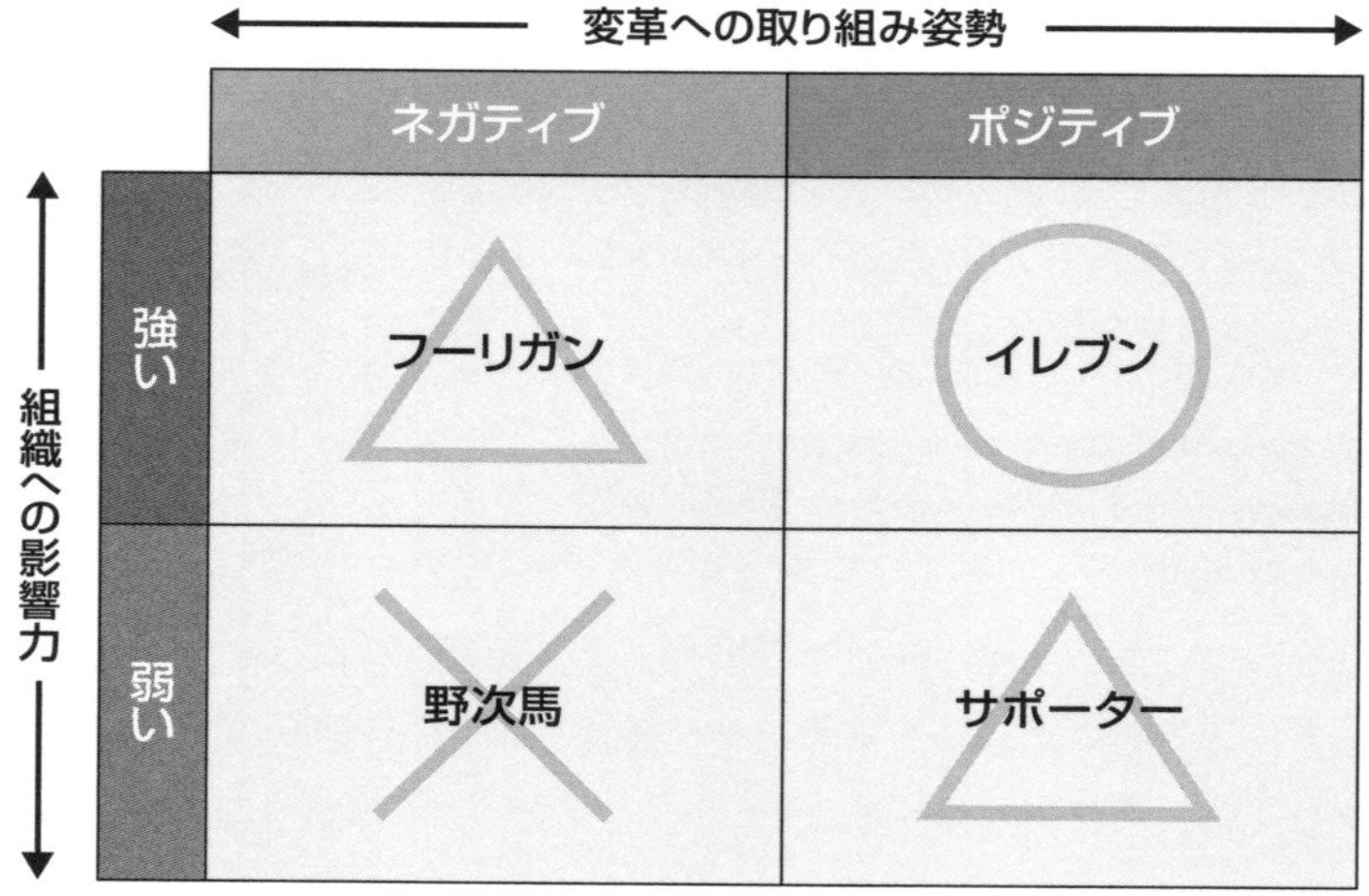

参考：推奨メンバー比率

イレブン（4） ＞ **サポーター（3）** ＞ **フーリガン（2）** ＞ **野次馬（1）**

留意すべきは、コアメンバーの「**イレブン**」とのつながりだけで進めていると、他メンバーとの温度差が生まれてしまうところにあります。そこで重要になってくるのが、変革に対してネガティブで、周囲への影響力も強い「**フーリガン**」といかにつながりを築くかというポイントです。組織への影響力が強い、反対者（フーリガン）を味方につけることができたら、こんなに心強い存在はいません。

その際に有効な観点が、変革への抵抗勢力への対抗策として有名なハーバード・ビジネス・スクール名誉教授ジョン・P・コッターの抵抗勢力への６つの対応方法です。

抵抗勢力への6つの対応策

アプローチ方法	状況	メリット	デメリット
❶教育とコミュニケーション	情報が足りない場合、もしくは不正確な情報による間違った分析がなされている場合	一度納得すれば変革の実施に協力することが多い	多くの人々を相手にすると非常に時間がかかる
❷参画と巻き込み	変革の主導者が計画するために必要な情報をすべて持っておらず、抵抗しそうな相手が相当な力を持っている場合	参画した人は、変革に熱心に取り組むことと、彼らが持つ関連情報は計画段階で活かされる	参画者が見当違いの計画を立てると非常に時間がかかる
❸援助と促進	変革に適応できない人々が抵抗している場合	適応の問題に対処するには、この手法が最も効果的である	時間とコストがかかるが成功は保証されない
❹交渉と合意	特定の個人またはグループが変革の結果、損をすることが明らかであり、しかもその人々が抵抗するとやっかいな場合	時として手ごわい抵抗を比較的簡単に回避することができる	変革に従うと見返りがあると気づき、交渉する人が増えてくると多くの場合は、実行不可能なほど高くつくことになってしまう
❺操作と取り込み	他の手法がうまくいきそうにない、またはコストがかかりすぎて使えない場合	比較的短期間に、しかもコストをかけずに抵抗問題を解決できることがある	人々が「操られている」と感じると、別の問題に発展しかねない
❻直接的強制と間接的強制	変革のスピードが最も優先されるべき事項で、しかも変革の主導者が大きな力を持っている場合	あらゆる種類の抵抗を短期間で制圧することができる	人々が変革の主導者に怒りを持つと危険である

抵抗の強さや抵抗が生じている背景、心理も踏まえて対応していくことが必要です。参考にしてみてください。

5-9

キャズム❽
心理的安全性を高める機運と取り組みが全社運動につながらない

あなたは他のチームのことをどれだけ知っているでしょうか。人間は分からないことに対しては恐れや不安を抱き反発します。自チームの取り組みを全社員に知らしめる仕組みを作りましょう。

アワードの設置

組織には多くのチームがあります。全チームではなくともいくつかのチームでは、リーダーの頑張りとメンバーのフォロワーシップによって心理的安全性が耕され、新しい挑戦や取り組みを始めているチームもあるはずです。しかし、チームという垣根を越え、他部門、全社に影響を与えるような取り組みは「仕組み」がないと全社運動にまでは自然発生的に広がりづらいものです。

特に、心理的安全性を生み出すために、どんな工夫をしたのか？表に見える出来事レベルだけではなく、その背景や意図、工夫といった深層も理解できないと自部署に置き換えて再現性高く、取り入れることは困難であったりします。

そこで「仕組み」としておすすめしたいのは、**表彰**（アワード）です。

ひょうしょう【表彰】を大辞林 第三版で引くと「(名) スル善行・功労・成果などを公にし、ほめたたえること」とあります。意味を紐解けば、善行・功労・成果を表に彰（あきら）かにする機会と言い換えられます。

表彰（アワード）で気を付けること

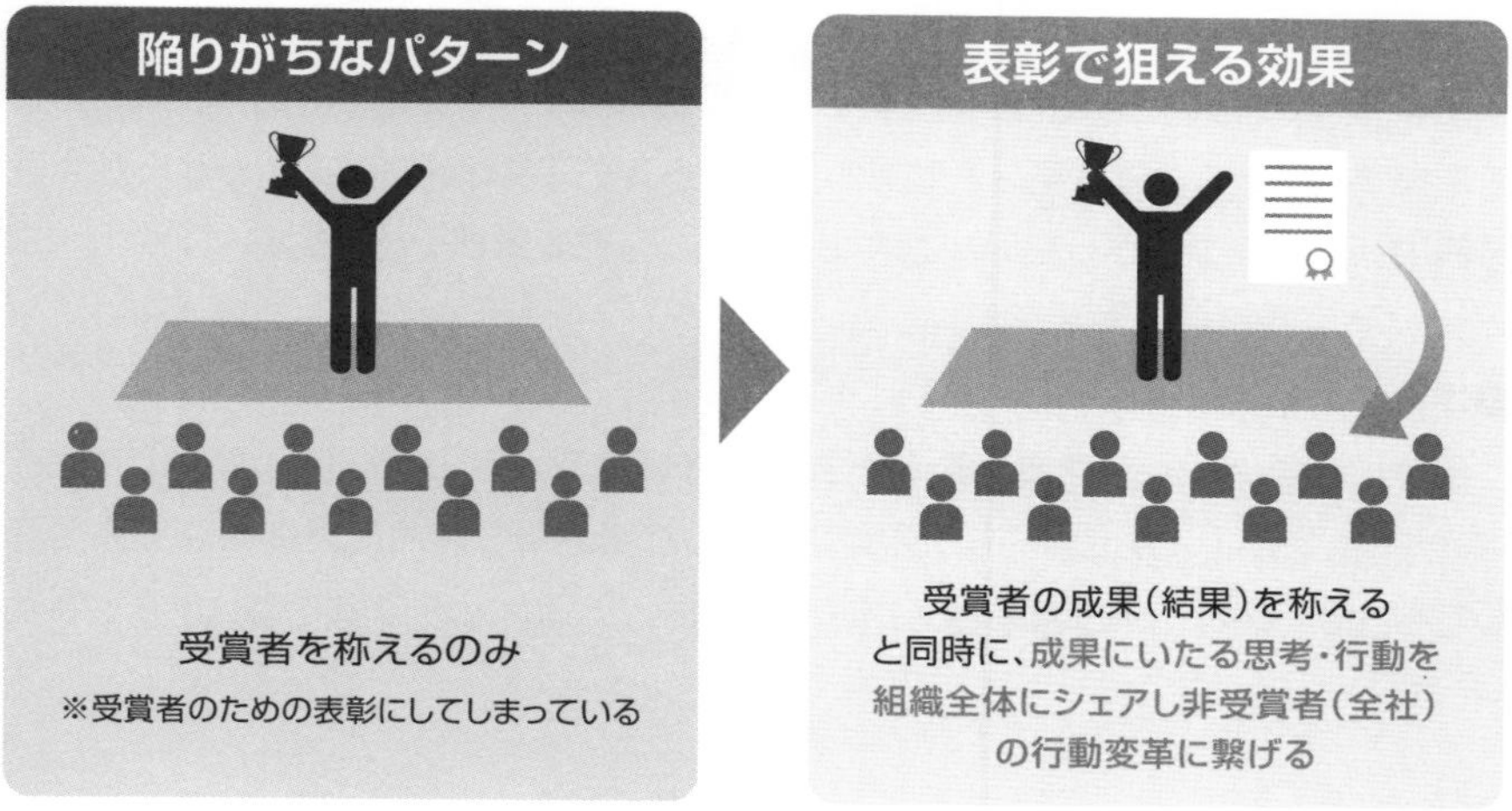
陥りがちなパターン
受賞者を称えるのみ
※受賞者のための表彰にしてしまっている
表彰で狙える効果
受賞者の成果（結果）を称える
と同時に、成果にいたる思考・行動を
組織全体にシェアし非受賞者（全社）
の行動変革に繋げる

陥りがちな成果だけにフォーカスしてクローズドな場で受賞者を称える場にするのではなく、オープンな場で受賞者の成果を称えることはもちろん、成果にいたる思考や行動を組織全体に共有し、非受賞者にとっても活かせるナレッジとして展開し組織全体の行動変革につなげることが有効です。

これをいきなり全社で実践するのはハードルが高いので、たとえば、ファーストステップとして、あなたの職場から始めてみてはいかがでしょうか？成功のロールモデルができたら、その既成事実を持って全社導入できないか上申し、仕組みとして全社展開につなげていくのもひとつのやり方です。

【手順例】

❶選定

3か月に一度くらいの時間軸で、職場で最も心理的安全性を周囲にもたらすことに貢献し、かつ確かな事業成果（組織成果）につなげている個人、あるいはチームを選ぶ

❷表彰の場を設定する

期末の職場全体会議などで（新たに設けるよりもすでに設定されている会議体に乗っかった方が運用しやすい）全員の前で表彰する

❸表彰状の作成

表彰の目的は前述のように受賞者を称えるだけではなく、オープンな場で成果に至る思考や行動を組織全体に共有し、非受賞者にとっても活かせるナレッジとして展開することなので、第３者である上司からみて、具体的にどのような行動や振る舞いが成果につながったのかを表彰の理由として表彰状に盛り込む

❹本人によるスピーチ

受賞に至るナレッジを書き込んだ表彰状を読んで渡すとともに、本人にもさらに詳しく、当人にしか話せない密度で直面した壁や乗り越えた具体的な工夫を話してもらう。スピーチが苦手なメンバーの際は、上司からその場で問いかけてもよい

問いかけ例

・どんな壁に直面しましたか？
・そのときにどんな想いや感情が芽生えましたか？
・困難をどんな工夫で乗り越えましたか？
・心理的安全性があなたやチームにもたらした成果は何ですか？
・この先、さらにどんなチャレンジをしていきたいですか？

Q&A

リーダー個人の心理的安全性に関する質問

Q.「マイパーパス」の具体的な事例について教えてもらえませんか？

A.

本文では、ワークシートのみの提示だったので、よりイメージを持っていただくために私の例をご紹介します。ちなみに青字の箇所が、マイパーパスを言語化する際に、抽出したパートです。私のパーパス、「心理的安全な場をつくる力によって、人や組織に備わる自然な創造性に着火し、創発が広がる場を生み出すこと」は、私自身を突き動かす確かな原動力となっています。

サンプル：筆者の例

□あなたが思わず夢中になり幸せを感じるのはどんなときですか?

・相手や場に想いを馳せながら準備をしているとき
・自分の手が離れて、新しいすてきな動きが意図を超えて広い範囲で創発していることを聞いたとき

□他人から、「そこまでこだわるの?」と驚かれた場所はどこですか?

・場づくりに関しての細やかな配慮座席の位置、問いの立て方、意図的な沈黙など

□あなたが、最高にやりがいを感じる瞬間はいつですか?

・お客さんやパートナーと一緒にひとつの目的に向かって新しい未来を探求しているとき

□仕事で最大のピンチから立ち直れたときに何が起こっていましたか?

・自分がなんとかしようとするのではなく、場や相手に備わっている創造力を信じることができたこと

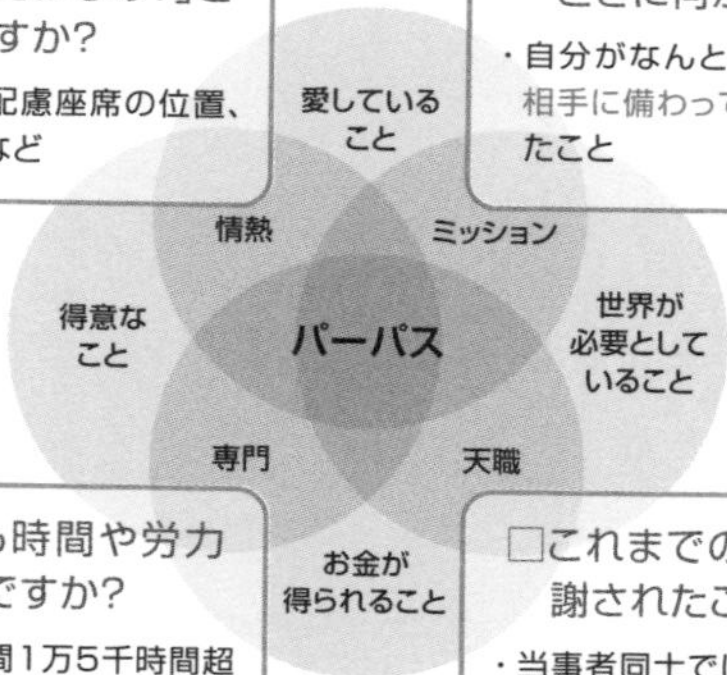

□これまでの人生で最も時間や労力をかけてきたことは何ですか?

・研修、ワークショップの登壇時間1万5千時間超
・コーチングは、2種類の国際認定資格保持

□努力していないのに、他の人よりうまくできてしまうことは何ですか?

・スイッチが入ると集中できること
・ユニークな場づくりのアイデアを思いつくこと

□これまでのキャリアで最も人から感謝されたことは何ですか?

・当事者同士では困難だった関係性改善、アイデアの共創などを心理的安全な場を耕すことで促進できたこと

□他人からよく頼まれることは何ですか?

・成果や本質的な変容につながる場のファシリテーション

□あなたを突き動かすパーパスは何ですか?

・心理的安全な場をつくる力によって人や組織に備わる自然な創造性に着火し、創発が広がる場を生み出すこと

Q. 自分の感情とどのように、向き合えばいいか、おすすめの本や情報があれば教えてください

A.

怒りをコントロールするアンガーマネジメント系の書籍や、自分の内側と向き合うマインドフルネス系の書籍など沢山あるのですが、せっかくなので、この場で短くとも全て読める「詩」をご紹介します。ジャラール・ウッディーン・ルーミーという13世紀のペルシャの詩人が書いた「ゲストハウス」という詩です。自分自身の感情とどのように付き合えばよいか、豊かな示唆を与えてくれます。ゲストハウスに訪れる様々なゲスト（＝感情）を知り、情動に任せて反応するのではなく、人生を豊かにする関わりの大切さが説かれています。ぜひ、参考にされてみてください。

ゲストハウス

ゲストハウス

人間は、ゲストハウスのようだ。
毎朝、新しいゲストを迎える。
喜び、憂鬱、卑屈、一瞬の気づきが
思いがけないゲストとして訪れる。
それらをすべて歓迎し、楽しませよう。
誰が来たとしてもありがたくもてなそう。
たとえ彼らが悲しみの集団で、荒々しく家中の家具を持ち去って
空っぽにしてしまったとしても、敬意を持って接しよう。
それは新たな喜びを迎え入れるために、
あなたを空っぽにしてくれているのかもしれない。
暗い気持ち、恥ずかしさ、悪意も、
玄関で微笑みながら出迎えて招き入れよう.
訪れるものすべてに感謝しよう。
なぜなら、どれもがはるか彼方から、
あなたの人生のガイドとして送られてきたものなのだから。

ルーミー

Q. ストレス下におかれると部下を責める感情が湧き起こってきます。自分や部下の心理的安全性の確保のために、どのように対処すればよいでしょうか

A.

人間、時には避けられない困難な状況に置かれることがあります。その時は、自分にも相手にも思いやりの心を向け、温い感情を高めることで困難に対応できる力を育みましょう。この思いやりの心を向けることを直訳すると、セルフ=自己、コンパッション=思いやりで「自分への思いやり、慈しみ」の心を向けることを指します。

ストレスを受けて「こんなはずではなかった」「あの人が悪い」といったような自己批判、他者批判をするのではなく、自分や他者に思いやりの気持ちを向けることで困難に対応できる力や、周囲との協働、幸福感の向上などが期待されることが、テキサス大学のクリスティン･ネフ准教授らの研究によって明らかにされています。

「慈悲の瞑想」と呼ばれるセルフコンパッションに有効な瞑想法があるので紹介します。この瞑想は、生きとし生けるものの幸せを願い、不安や落ち込みから解放され感謝の心でポジティブな感情に近づくよう促すものです。

●相手の幸せを願うフレーズ

「あなたが、(私が、生きとし生けるものが)安全でありますように」
「あなたが、(私が、生きとし生けるものが)幸せでありますように」
「あなたが、(私が、生きとし生けるものが)健康でありますように」
「あなたが、(私が、生きとし生けるものが)安らかに暮らせますように」

まずは自分にとって、感謝や尊敬している幸せを願うことができる恩人から始めて次に自分、最後に生きとし生けるものと対象を変えて相手の幸せを願うフレーズを心の中で唱えていきます。自分から始めないのは、自己批判に陥っていると自分に感謝の矢印が向きにくいからです。

慈悲の瞑想のステップ

STEP 1

誰にも邪魔されない静かな場所であなたが、感謝している人を思い出します。その人が目の前に優しく微笑んで座っているイメージで、恩に報いるように以下のフレーズを繰り返しましょう。

あなたが、安全でありますように

あなたが、幸せでありますように

あなたが、健康でありますように

あなたが、安らかに暮らせますように

STEP 2

呼吸のリズムに合わせひとつひとつのフレーズをゆっくり、繰り返します。そこで湧き起こる感情、思考に気づき優しく受け入れます。

わたしが、安全でありますように

わたしが、幸せでありますように

わたしが、健康でありますように

わたしが、安らかに暮らせますように

STEP 3

「恩人」の次は、「自分」「生きとし生けるもの」と対象を広げ、呼吸のリズムに合わせてフレーズをゆっくり、やさしく繰り返します。
全ての対象が終わったら、この瞑想で感じたことを優しく心にとどめてゆっくりと目をあけてください

せかいが、安全でありますように

せかいが、幸せでありますように

せかいが、健康でありますように

せかいが、安らかに暮らせますように

呼吸のリズムに合わせてひとつひとつのフレーズをゆっくり優しく繰り返し恩人や自分、生きとし生けるものを包みこんでいくイメージで穏やかに瞑想をすると、感情が落ち着き、ゆっくりと心身のエネルギーが回復していくことに気づきます。良かったら、試してみて下さい。

上司、部下の2者間の心理的安全性に関する質問

Q. モチベーションタイプについて、人を観察することで見抜くことはできるのでしょうか？

A.

本文で紹介したような、チェックリストを相手に実施できるならよいですが、上司や初対面の人にいきなり回答してもらうのは難しいこともあります。そこで、チェックリストを使わずに相手の振る舞いを観察することである程度見抜ける方法があるので紹介します。

まず、「強さ」と「表現」2つの座標軸は、見極める際の参考になります。「強さ」の軸では、アタックかレシーブに、「表現」の軸ではフィーリングかシンキングに分けられます。

強さの座標軸

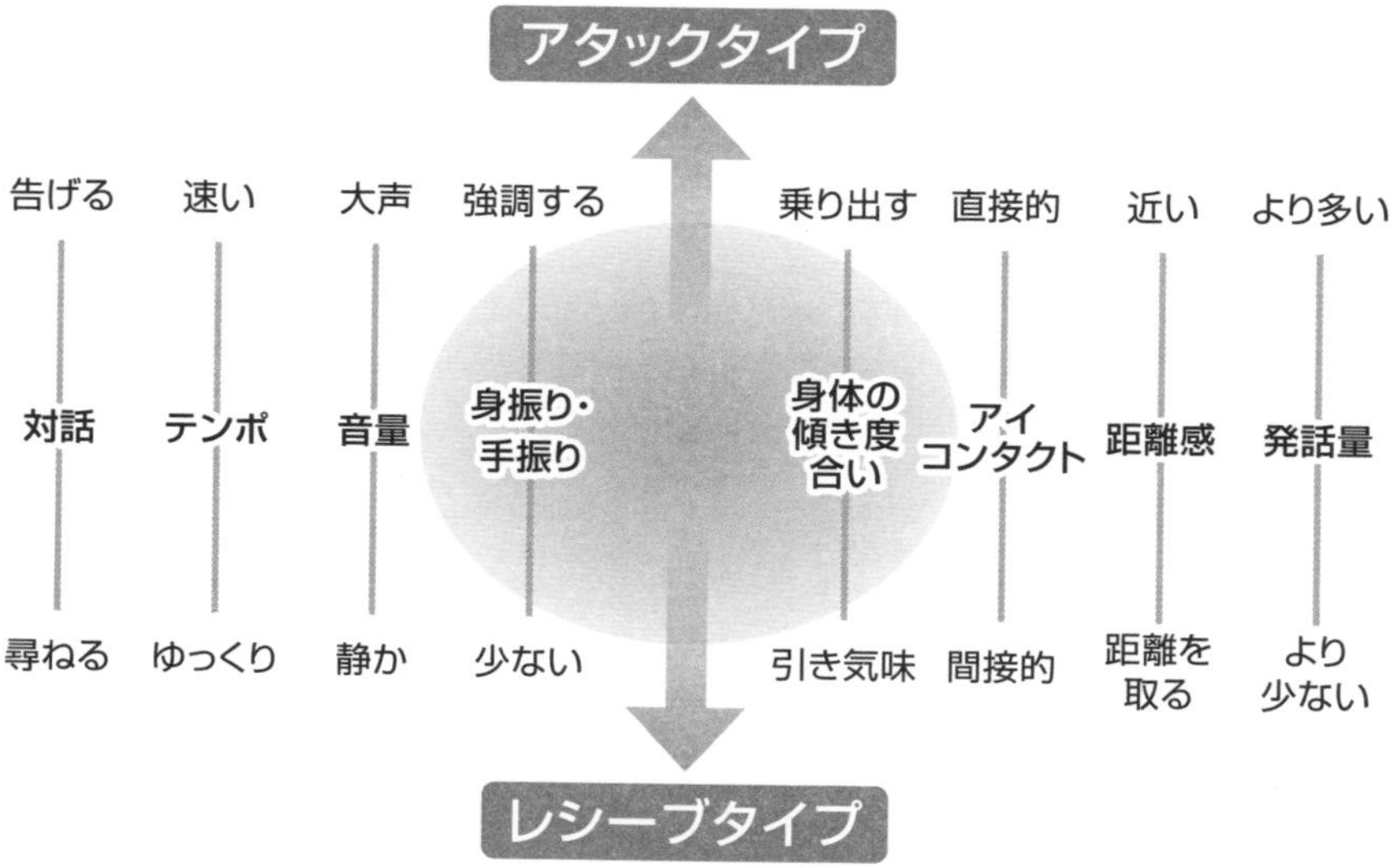

表現の座標軸

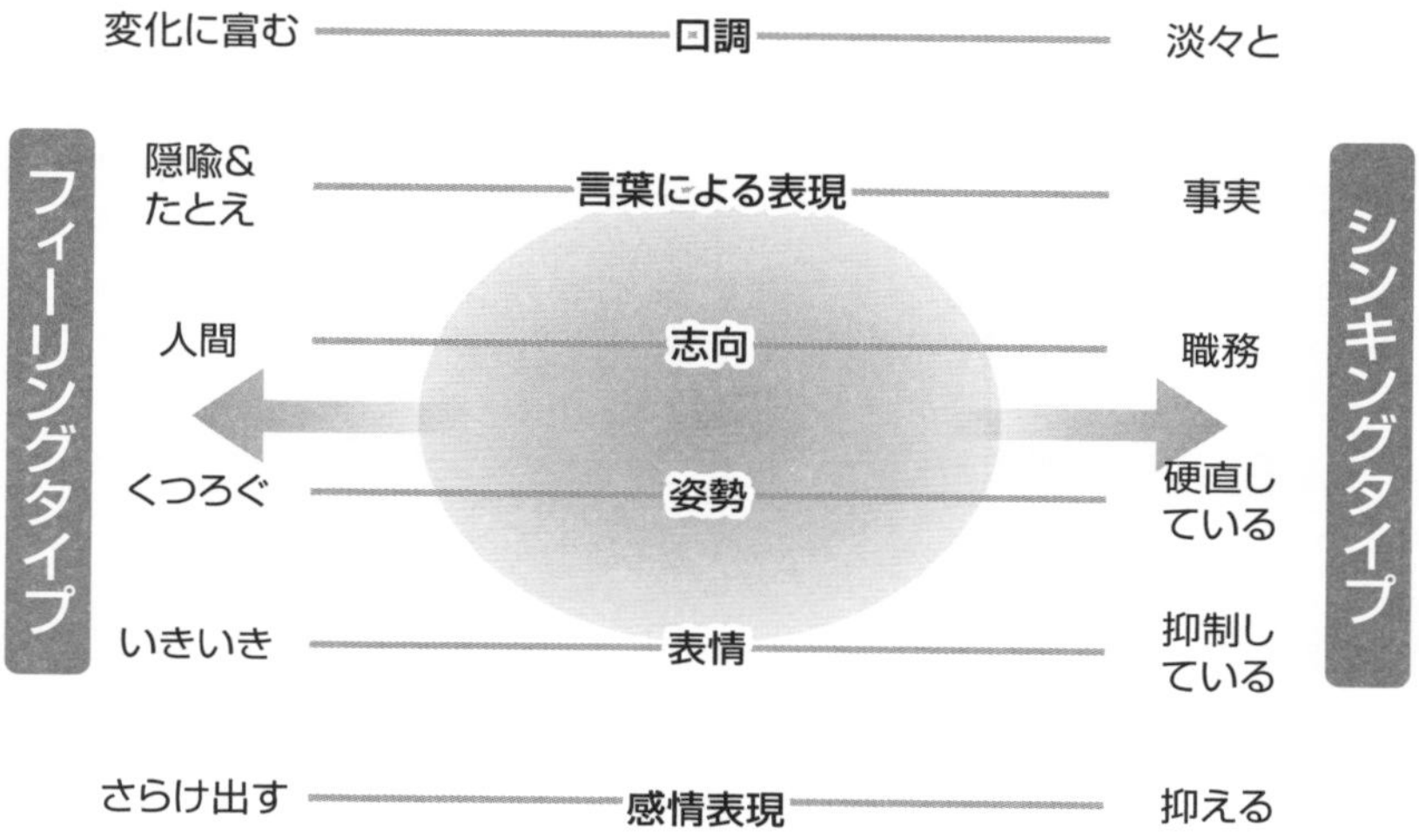

出典：『クリティカル・トーキング』ジョン・R・ストーカー著（ダイレクト出版）
P116〜118「自己表現と強引さの座標軸」を参考に著者改変

私は、講演やセミナーなどプレゼンをする際は必ず登壇前に参加者の様子を観察します。それはオンラインであっても同様で、始まる前にギャラリービュー表示にして参加者の様子を観察します。どんな姿勢で席に座っているのか、隣や同じグループに座っている参加者同士とどんな様子で会話をしているのか、「テンポ」「音量」「身振り、手振り」「体の傾き度合い」「アイコンタクト」「距離感」「発話量」「口調」「言語表現」「志向」「姿勢」「表情」「感情表現」などを総合的に見立てて、今日の参加者は、アタックタイプの参加者が多いなとか、いやシンキングタイプも一定数いそうだなとこれまでの経験を通じた個人的な感覚であたりを付けます。

これだけ聞くと難しく感じるかも知れませんが、ものさしを知れば場数を踏むうちに相手のことが見えてくるようになります。ぜひ、活用してみてください。最後に、相手のタイプに応じて関わり方を変えるトリガーフレーズを紹介します。相手の大事にしている価値観に根差したアプローチは相手の心理的安全性を高めることにもつながるので、ぜひ取り入れてみてください。

相手の心の鍵穴にあったアプローチをする

アタック

結論から言えば……
要約すると……
これが誰にも負けないプランです……
決められるのはあなただけだ……
ぜひ、達成して、成果を手に入れよう。

シンキング

根拠は○○……
順を追って説明すると……
具体的なリサーチ結果によれば……
もしものリスクを回避するには……
ユーザーの過去の調査の結果でも……

フィーリング

これは面白いよ……
最新の○○です！……
驚くべきことに……
世界初、業界初、社内初、世界を変える……
君の自由に創意工夫できるよ?

レシーブ

みんなで一緒に……
周りのからの評価も……
現実的なスケジュールもこう描いている……
著名な○○社、氏も実行しているよ……
チームとして成果を出すには……

自分と相手のタイプの違いを知り、相手の特性を踏まえた関わりをする

Q. 心理的安全性を担保するために部下を正しく公平に評価したいのですが、どうすればいいですか？

A.

そもそも人が人を正しく評価することはできませんが、精度を高める努力は可能です。評価をする前に陥りやすいエラーや自身の思考のクセを把握して事実に基づいて客観的な評価をすることが、心理的安全性の確保につながるので、評価のバイアスにつながるエラーを紹介します。

評価における6つのエラー

❶ 好き・嫌いや人間性で評価しない

相手の印象などに対して評価をしてしまいがち。客観的事実に対して評価する

ハロー（後光）効果

❷ 直近の出来事にまどわされない

評価期間の期末の出来事が印象に残りがち。評価期間全体から評価する

期末評価

❸ これが良ければあれも良いはず、を避ける

知識が豊富なら判断力もあるというように勝手に連動させず、項目ごとに評価する

論理的誤認

❹ 自分を基準にしない

評価者の自己基準ではなく、各ステージの評価項目を基準に評価する

自己尺度評価

❺「評価に差がつかない」を避ける

遠慮は、互いの成長につながらない。情報収集に基づき、自信を持って評価する

中心化傾向

❻ 自分自身の癖を知る

評価の甘辛等、自分の評価のクセを知った上で、客観的に評価する

寛大化/厳格化傾向

上記、6つのエラーに目を通し、自分の評価のクセを自覚するところからはじめてみましょう。

Q. 仕事に「やりがい」が見いだせず辞めていく若手が多く、それも職場の心理的安全性を損ねる要因になっていると思うのですが、何か良い方法はないでしょうか?

A.

ジョブクラフティングと呼ばれる仕事にやりがいを見出すための手法が、エールスクール・オブ・マネジメント教授のエイミー・レズネスキー氏らによって提唱されているので紹介します。ジョブクラフティングとは、メンバーが、仕事に対する認知や行動を自ら主体的に意味づけていくことで、“やらされ感”ある業務をやりがいのある仕事へ変容させる手法のことです。

ジョブクラフティングでは、仕事を3つの次元でとらえるように促します。

●タスククラフティング(Task crafting)

仕事のやりかたを変える

仕事をしやすくするために必要な作業を追加したり不必要な作業を減らすなど仕事の中身や作業手順を最適化すること

●関係性クラフティング(Relational crafting)

人とのかかわりを変える

仕事を通じて積極的に人と関わり、相手への便宜や奉仕を行う

●認知的クラフティング(Cognitive crafting)

仕事に対しての意味や目的など認識を変える

仕事を別の角度から見つめ直し、単なる作業ではなく、全体として意味や意義あるものだと捉えなおす

たとえば、東京ディズニーランドのパーク内外の清掃を担当するキャストは、カストーディアルキャストと呼ばれていますが、まさにジョブクラフティングの3つの次元でいきいきと仕事をされています。見かけた方も多いのではないでしょうか。ぜひ、仕事への意味や意義、やりがいを再構築してメンバーの意欲を高め、結果として職場の心理的安全性の回復につなげてくださいね。

1.タスククラフティング（Task crafting）

→仕事の範囲拡大や、実施方法の追加、変更

清掃＋道案内＋落ち葉などでミッキーの絵を描く＋ゲストへの写真撮影

2.関係性クラフティング（Relational crafting）

→人とのかかわりを変更

ゲストに声をかけたり、誕生日の子供におめでとうと伝えるなどもてなす

3.認知的クラフティング（Cognitive crafting）

→仕事に対しての意味や目的など認識の変更

清掃係、掃除当番ではなく、ゲストに特別な体験とおもてなしをするキャスト

チームの心理的安全性に関する質問

Q. リモート会議でチームメンバーに語りかけても反応が悪く、質問がないかを聞いても返ってきません。上司からの一方的な押し付けになって心理的安全性が損なわれていないか心配です。

A.

リモート会議で上司の独り相撲になってしまうことは、部下にとっても上司にとっても心理的安全性を損なう状態になります。伝えたメッセージをどう受け止めたのか？賛成、反対、疑問について、互いが思ったことを率直に対話できる場が必要です。すぐにできる提案は、リモート会議をする際は、画面オンにすることです。視覚情報があるだけでも相手の表情や態度で伝わっていないなと思えば、該当箇所を詳しく伝えたり、補足できたりします。

また、発言に躊躇や恐れがありそうな際は、チャットも効果的です。「今まで話したことについて、気づいたことや感想を投稿してみてください」「リアクションボタン（表情などの絵文字アイコン）で、いまの感情を表現してみてください。」と呼びかけるだけでも双方向のコミュニケーションが生まれます。そして、チャットやリアクションをしてくれた相手に感謝を示し、「Xさんコメントありがとうございます！」名前をコールするのです。人は、自分の名前を呼ばれると認知、承認の感情が湧き、つながりが生まれます。

他には、意図的な「間」を開けるのも有効です。伝えたいメッセージを問いかけ調に変えて発し「間」を置くことで、相手との疑似的な会話のキャッチボールを行い、上司自身の不安解消と相手の理解促進につなげることができます。

例えば、チームメンバーに新しい提案をした際に、

×「ぜひ、このプランをやろう！」

○「このプランをやってみるつもりはないかな？」「……間……。」

特に注目してほしいグラフの箇所がある際に、

×「このグラフ、2段階目で急激に値が下がっています。」

○「このグラフ、おかしな点に気づきませんか？」「……間……。」

このように、一方的に伝えるだけではなく、問いかけることで、聞き手の注意を話し手の意図するところに向けられるようになります。他にも問いかけることで、こんなメリットが生まれます。

メンバーに問いかけることのメリット

- 聞き手に「自分で考えた答え」という意識を与える
- 話し手と聞き手、双方で「答えを共創する」という意識を与える
- 聞き手を「受動モード」から「能動モード」に変えることができる
- 相手が問いに答えた「自分が出した結果」を行動に移しやすくなる
- 想像力を掻き立て、問いの答えはどうなるのか? 好奇心を生み出す

ぜひ、質問形を使って相手に問いかけ、心理的安全性を損ねる一方通行から脱却し行動を喚起しましょう。

Q.なぜ心理的安全性には意見の対立が必要なのですか？

A.

仲良しサークルのぬるま湯体質の中では、新たな発想やブレークスルーは置きません。また批判や提言を口にしても誰からも裁かれることがないという安心感を持って自由に発言したり、忖度のない健全な意見の対立があったりする中で、新たなアイデアが生成されていきます。

一方で、組織や集団全体が、偏った思考に陥ってしまう集団浅慮（グループシンク）とよばれるバイアスもあるので紹介しましょう。

集団浅慮は、心理学者のアービング・ジャニス氏（Irving Janis / 1918～1990年）によって、示されたものですが、これは、人間が集団で意思決定するとき、ひとりで決断するよりも、失敗する危険性が高まるというものです。ジャニスによれば、グループシンクには、8つの兆候があるとされています。これらの兆候があなたのチームに表れたら要注意です。

兆候1　自分達に無敵感が生まれ、楽観的になる
兆候2　自分たちは正しく、道徳的であるという信念が広がる
兆候3　周囲からの助言を無視し、決定を合理的なものと思い込む
兆候4　競合や外部を軽視し、弱点の過大評価、能力の過小評価をする
兆候5　集団の決定に異論を唱えるメンバーに圧力がかかる
兆候6　集団の意見から外れないように、疑問を唱えることを抑制する
兆候7　過半数の意見であっても、全員一致であると思い込む
兆候8　自分たちに都合の悪い情報から目をつぶる

もしもこうした兆候があなたの組織に見えたら、グループシンクに陥らないために健全な批判をすることが必要です。下記のリストは、健全な批判の際に使える問いかけです。状況に応じて、使ってみてください。

＜グループシンクに陥らないための「健全な批判」リスト＞

□　それは、何らかの事実や確かな裏づけ、見解に基づくものか？

□　私達が間違っている可能性はないだろうか？

□　起こりうる最悪の事態は何だろう？

□　こうあるべきだと決め付けているのは誰だろう？

□　この状況を別の見方ができないだろうか？

□　私たちは単に結論を急いでいるだけなのではないか？

Q.チームメンバーの価値観が多様で、どのように接していいか分かりません

A.

まず、第一に価値観の多様性があることは、あなたのチームの成果がより高まる可能性があることに気づく必要があります。

エイミー・C・エドモンソン教授らが行った調査結果によると心理的安全性の高いチームは、多様性とパフォーマンスは正の相関を示し、心理的安全性が低いチームでは、多様性とパフォーマンスの負の相関が見られたという研究結果もあります。

心理的安全性と多様性・パフォーマンスの関係

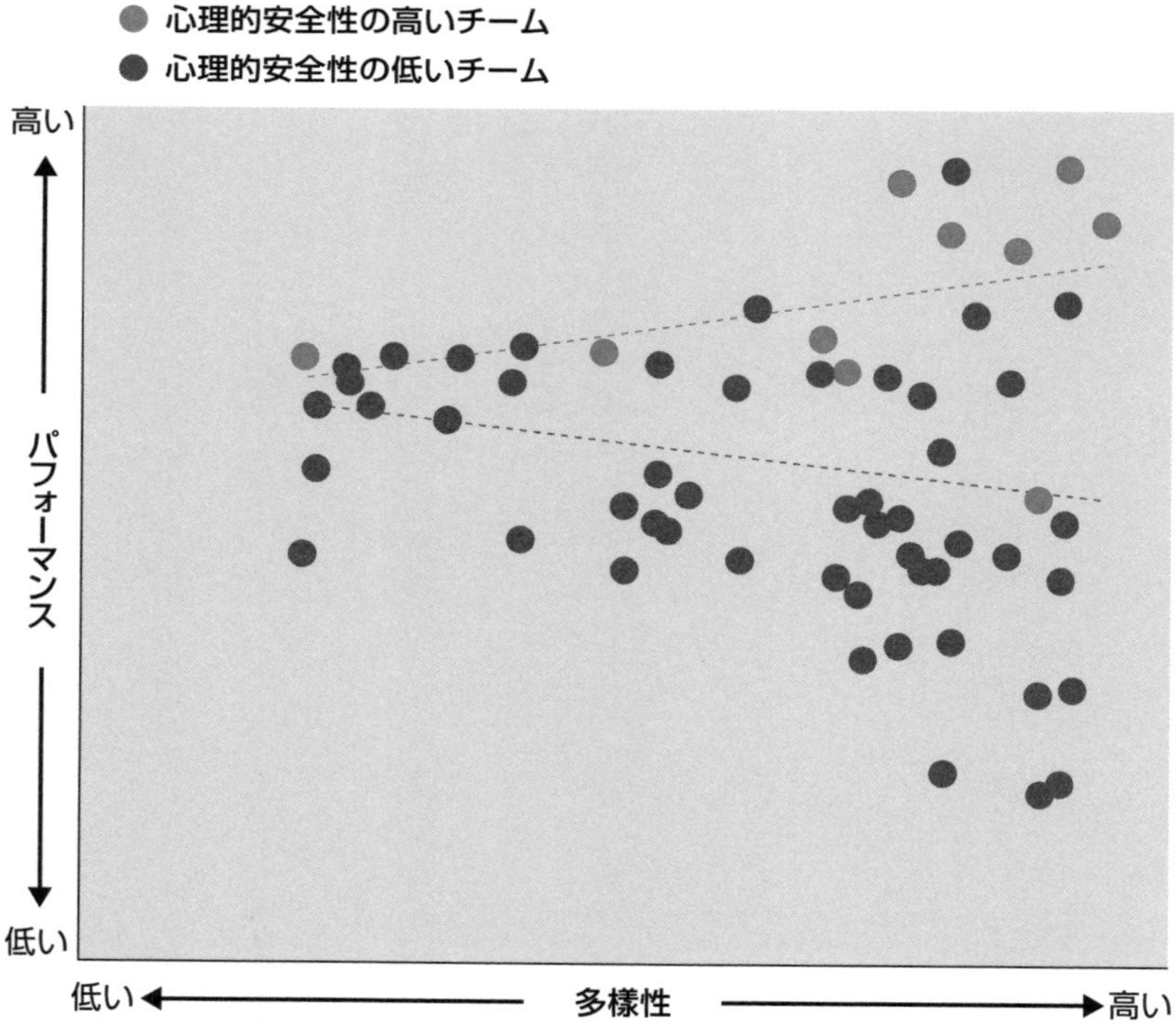

"Resarch:To Excel,Diverse Teams Need Psychlogical Safety"
HBR.org,March 17,2022

その上で、多様性の高いメンバーと接する時に留意したいのは、相手の大切にしていることを大切にすること、本書でもお伝えしてきた「お互いのトリセツ」を上司・部下という限られた場だけでなく、チームメンバー全員でお互いの価値観を共有する対話の場を設けたり、モチベーションタイプを知り合う場をつくることもおすすめです。

Q. メンバーに米国籍の社員がいるのですが、どうも居心地が悪そうで、どのように接したら、もっと本人のらしさやチームへの参画感が引き出せるか悩んでいます。

A.

グローバル化の進展により外国籍の社員雇用拡大がなされ、同質的な日本の職場環境が様変わりしています。こうした状況下、多様な人材の統合、インクルージョンに注目するインクルーシブ・リーダーシップへの関心が高まりつつあります。

下記のフレームワークが参考になるので紹介します。

インクルージョン概念のフレームワーク

		帰属感 低い	帰属感 高い
独自性の価値	低い	排除 (Exclusion)	同化 (Assimilation)
	高い	差別化 (Differentiation)	インクルージョン (Inclusion)

出典：Shore et al.（2011）.p1266

Shoreらは、インクルージョン概念のフレームワークとして、集団への帰属感と集団での独自性（自分らしさ）をそれぞれ低い状態と高い状態の2×2の表で示しました。帰属感も独自性も低い状態は「排除」、帰属感は低いが独自性は高い状態は「差別化」、帰属感は高いが独自性は低い状態は「同化」、帰属感も独自性も低い状態は「インクルーション」と整理され右下のインクルージョンが最も好ましい状態です。

今、その人はおそらく左上の「排除」の象限にいて居心地の悪さを感じているかと思いますが、いきなり右下のインクルージョンには一足飛びにいけないので、左下の「差別化」か、右上の「同化」のルートを通ってインクルージョンに辿りつくよう支援することが必要です。

おそらく欧米人であれば、個人の自分らしさを重視する傾向が強いと思うので、左下の「差別化」ルートを経て、インクルージョンに導くことが肝要です。

差別化を経てインクルージョンへ

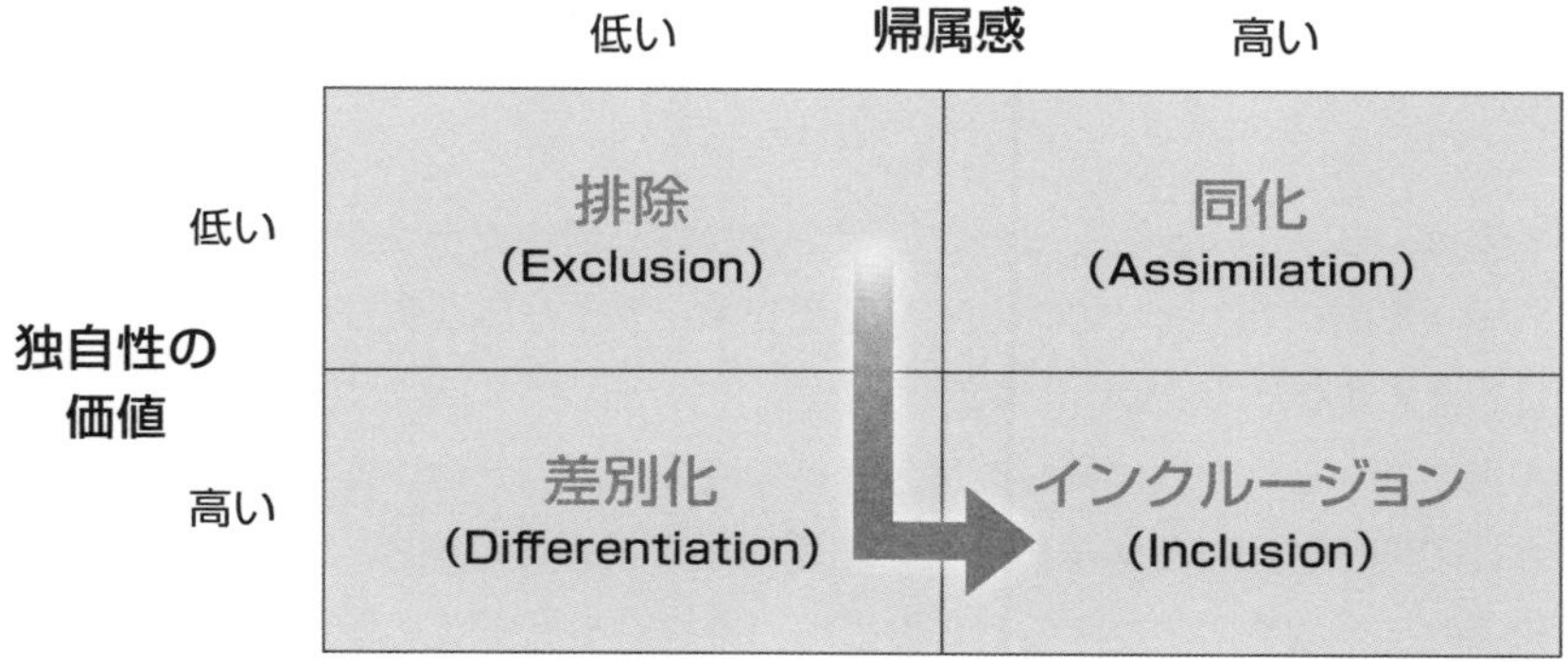

出典：Shore et al.（2011）.p1266

そのためには、本人のらしさや組織に差別化要素として発揮できる専門性をいかんなく発揮できるような支援をしてはいかがでしょうか？「らしさ」は、大事にしている価値観や趣味、バックグラウンドを上司として、しっかり理解しようとすることと、本人がもし専門性を発揮できなくなっている問題やボトルネックを抱えているのであれば、それを排除してあげるようなかかわりをするとより独自の価値が発揮できるようになります。ぜひ、本人にとってもチームにとってもwin-winになるように支援してあげてください。

おわりに

本書を最後まで、お読みいただき、誠にありがとうございました。

あなたのお役に立てる気づきや職場で明日から使ってみたい具体策は手に入れることはできたでしょうか？

本書は、リーダーとして自分の職場で確かな心理的安全性を築くために必要な処方箋「影響の輪」という新しい切り口を用いて、理論と実践の両輪で分かりやすくお伝えするために書いた本です。

本書を通じて、時代に即した自分自身の内面との向き合い方、職場での心理的安全性の向上に向けたメンバーとの関係構築や場のつくり方、そして根底に流れる普遍的な理論や哲学が少しでも皆さんの現場でお役に立てるチャンスがあれば、著者として望外の喜びです。

最後に2つ、お伝えしたいことがあります。

●打倒10%理論

私は、長らく研修（教育）業界に身を置いてきましたが、この業界でまことしやかにささやかれる10%理論と呼ばれるものがあります。

それは、研修や授業、ワークショップなどに参加して、それがどんなに参加者にとって気づきが生まれる場になったとしても、実際にその気づきを実践する、試してみる人は、全体の1/10にも満たないという事象から名づけられています。

10%の科学的真偽はともかく、この割合は、言い得て妙であり、本質を言い抜いていると実感せざるを得ません。ただ、この本の読者の皆様には、あえて、リクエストさせてください。

どんな小さなことでも構いません。何か、ひとつでもあなたの場で試してみて下さい。

実際に試してみることで、うまくいっても、いかなくても小さな変化が必ず生まれます。その変化は、あなた自身にも周囲にも影響を与え、やがて新しい価値につながります。本は、読むためのものであると同時に、活かすための道具でもあるのです。

●心理的安全性の先を見つめるまなざしを持つ

心理的安全性は、あくまで手段であって、目的ではないことを忘れてはなりません。

心理的安全性を実現したその先の世界を見据えて行動することが不可欠です。

西洋の格言に「薪を割りたかったら、薪割台を狙え」という教えがあります。薪そのものをゴールにしていると真っ直ぐに力が伝わらず、薪がうまく割れないものの、土台の薪割り台をめがけて斧を振り下ろすと驚くほど容易に薪が割れることから名づけられた教えです。このことから、自分が創り出したい成果（アウトカム）から発想して行動することが目先の事柄に目を向けるよりもより、大きな成果につながることがわかります。

心理的安全性の確保は､あなたが成し得たい成果の前提や通過点です。あなたが、本当に作り出したい未来はどんな未来でしょうか？

文末に紙面を借りて、お礼を述べさせてください。

はじめに、本にメッセージを込めて世に問うことの大切さを教えて下さった、リンクアンドモチベーショングループ代表の小笹芳央さん。心理的安全な職場づくり（会社づくり）に新しい視点で変化をもたらし続ける（株）リンクイベントプロデュースの愛すべき社員の皆さん。特に、本書で紹介した幾つかの事例は、実際に我々の職場で発案､実行したものです。職場という「場」がなければ､書けなかったものばかりです。また、これまで、現場で志をひとつにして、ご一緒させて頂いたクライアントの皆様と可能性に溢れた参加者ひとりひとりのみなさんにも謝意を表します。

最後に、健康な体を授けてくれた両親と執筆で家族団らんの時間がカットされるにも関わらず、応援し続けてくれた妻と3人の子供たちに感謝と愛を捧げます。

みなさんのお力添えとご支援がなければ、本書はこの世に生まれませんでした。

改めて感謝の意を申し上げ、筆をおくことにします。

心理的安全な場の先にあふれる新しい可能性に期待を込めて

2023年猛暑のおわりに

著者

広江朋紀（ひろえ・とものり）

組織・人事領域のエキスパートとして、採用、育成、キャリア支援、風土改革に約20年従事。上場企業を中心に1万5,000時間を超える研修やワークショップの登壇実績。最近は、リーダー向けの心理的安全性を実現するためのコミュニケーション、リーダーシップ開発のトレーニングが大好評。育休2回。3児の父の顔も持つ。著書に『問いかけて心をつかむ「聞く」プレゼンの技術』（翔泳社）、『場をつくる　チーム力を上げるリーダーの新しいカタチ』（明日香出版社）などがある。

＊著者への講演・相談依頼はこちら

お問合せ：（株）リンクイベントプロデュース

https://service.link-ep.co.jp/inquiry

STAFF

校正：ペーパーハウス

イラスト：mammoth.

図《ず》解《かい》入門《にゅうもん》ビジネス
マネジメントに役《やく》立《だ》つ
心《しん》理《り》的《てき》安《あん》全《ぜん》性《せい》がよくわかる本《ほん》

発行日　2023年 10月 23日　　第1版第1刷

著　者　広江《ひろえ》　朋紀《とものり》

発行者　斉藤　和邦
発行所　株式会社　秀和システム
〒135-0016
東京都江東区東陽2-4-2　新宮ビル2F
Tel 03-6264-3105（販売）Fax 03-6264-3094
印刷所　三松堂印刷株式会社　　Printed in Japan

ISBN978-4-7980-7022-3 C0034

How-nual Shuwasystem Industry Trend Guide Book

図解入門 業界研究

最新 食品業界の動向とカラクリがよ～くわかる本

業界人、就職、転職に役立つ情報満載

[第5版]

中村 恵二 著

秀和システム

はじめに

未曾有の国難ともいわれるコロナ禍により、日本はもとより世界経済全体が恐慌とも呼べる状況となりました。そして、ほとんどの企業はこれまで経験したことのない厳しい経営環境のもと、深刻な事態を迎えています。

食品業界においても、ほどんどの業種で、製品や原材料の輸出入にも大きな影響が出ています。

しかし、外出自粛や外食店の休業から、一部の品目で買い溜めなどから、小売販売においては売上げを一時的に増やしているものもあり、また自宅で調理する機会が増えたことから、いわゆる内食・中食・外食のボーダレス化が一層進み、テイクアウトなどコロナ禍を契機に外食産業が内食市場へ参入する動きも相次ぐなど、業界内における影響度の違いが拡がっています。

コロナ禍以前、世界貿易においては、日本やオーストラリアなど、一一ヵ国による環太平洋連携協定（ＴＰＰ11）が発効されたのに続いて、日欧経済連携協定（ＥＰＡ）も発効し、さらには日本とアメリカとの自由貿易協定（ＦＴＡ）の交渉も本格化するなど、国民の暮らしや農業などの地域経済を取り巻く環境も大きく変わってきました。

一方、国内に目を転じれば、もともと食品産業は「胃袋産業」と呼ばれ、食品の需給量が人間の胃袋の量、すなわち人口と一人当たりの消費カロリーに比例するといわれていますが、縮小傾向が続いています。

日本の人口は、二〇一〇(平成二二)年の一億二八〇六万人(国勢調査平成二二年一〇月)をピークに、それ以降、減少傾向に転じています。その数だけ、胃袋の量が減ったことになります。また、年齢別階級での変化では、相変わらず少子高齢化が続き、消費カロリーベースでの食料需給も減少しています。

しかし、人口が緩やかに減少する中で、一般世帯数は増加しています。特に高齢者単身世帯数が大幅に増加しています。

このように、人口の緩やかな減少、少子高齢化の進展に加えて、高齢者単身世帯数の増加は、消費者の食行動や購買行動に大きな影響を及ぼし、食品業界を取り巻く環境も激変しています。

コロナ禍による新しい生活様式、新しい常識というものが、食のパラダイムも大きく変えはじめてきました。併せて、国内食品メーカーの経営戦略にも大きな変化が現れようとしています。海外に市場を求めながらも、世界のすべての国でコロナ禍による経済への影響が深刻で、新たな経営戦略の構築が求められています。

本書では、そのような業界の最新動向と経営の仕組みや業界の歴史、現状、今後の展望や取り組むべき課題など、食品業界の全体像が見渡せるように多角的な解説を心がけました。すでに業界で活躍している人をはじめ、同業界へ就職や転職を希望する人たちに満足していただけるような内容になっています。

時代にあった新たな付加価値を見出し創造することで、食品業界に再びかつての活気が取り戻されることを期待しています。

二〇二〇年　中村恵二

How-nual
図解入門
業界研究

最新食品業界の動向とカラクリがよ～くわかる本［第5版］

●目次

第3章 国内食品業界の全容

第4章 食品業界の仕事

第5章 食品業界に求められる社会的責任

第6章 食品グローバル企業の動向

第7章 食品業界を支える新しい加工技術

第8章 国内食品メーカーの動向

第1章

食品業界の現在《いま》を俯瞰する

コロナ禍以外の理由でも、日本の食品メーカー、とりわけ消費者向けの最終加工製品を製造しているメーカーの経営環境は激変を続けています。消費者による食品へのニーズの多様化はもとより、所得減少や小売段階での価格競争、製品の供給過剰と原料高騰のほか、少子高齢化と人口減少、消費税増税による消費の低迷、貿易の自由化や為替変動など、いくつもの要因を掲げることができます。

しかし、各メーカーともより一層のコストチェックや積極的な新商品開発、海外進出など新たな市場の開拓や国内事業におけるM&Aなどを積極的に進めながら、新たなビジネスモデルの構築に取り組んでいます。

本章では、食品業界の現状と今後の見通しについて、多面的に解説していきます。

How-nual
図解入門
業界研究

1 コロナ禍での食品業界への影響

二〇一九年一二月に中国の湖北省武漢市で最初の症例が確認された新型コロナウイルスはその後、中国全土へ急速に感染が拡大し、さらには全世界へと拡大を続け、WHOではついに、二〇二〇年三月一一日「パンデミック（感染爆発）相当」と表明しています。

食品業界への影響と対応

日本では二〇二〇年四月七日に、**緊急事態宣言**＊が発出されたものの、生活に欠かせない食品の供給を担う食品製造業については、政府からも事業継続の要請があり、業界独自のガイドラインを作成し、業界をあげて取り組んできました。主たる内容としては、一般衛生管理に加え従業員の健康管理や施設設備など消毒の徹底などで、感染拡大を予防する「新しい生活様式」の実践に則した内容になっています。しかし、供給面では、飲食系店舗が感染予防のため人出が激減して大打撃を受けたほか、学校の休校に伴う学校給食用食材など、業務用の需要は大きく落ち込みました。

外出自粛要請による買いだめ

消費者の市場においては、自治体からの外出自粛要請で不安心理が増長されたことから、調理済食品や保存のきく食品類の買いだめ行動が見られて、冷凍食品・缶詰・レトルト食品・カップ麺・パスタなど、一時的に店頭の品切れが続出するほどのパニック状況がありました。

また、外出自粛が長引くと共に、食品市場のトレンドが大きく変化し、家族で楽しむ家庭内食に対する需要が増加し、それまでの外食・中食・内食といった食のパラダイムの境界が不明になり、食品メーカーのマーケティングでも、レシピの紹介を中心にするなどの変化が出てきました。

用語解説

＊**緊急事態宣言**　新型コロナウイルス感染症の感染拡大を踏まえ、国が2020（令和2）年4月7日に関東・近畿・九州圏の7都府県を対象に、初めて特別措置法に基づく「緊急事態宣言」を行っている。

原材料の調達と物流の問題

コロナ禍による影響で一番心配されたのが、**食のサプライチェーンの崩壊***だといわれています。

サプライチェーンは、材料・部品の調達、製造、配送、販売といった一連の流れを指しますが、食のサプライチェーンでは、生産地に食料はあるものの農家が収穫のために農場に出られないことや、トラックでの輸送、航空貨物、船舶輸送ができず、肉、野菜、果物などが生産現場の段階で、大量に腐り廃棄されるというケースです。

近年、国際的な分業がサプライチェーンによって結ばれ、さらには余計な在庫をもたないことで、生産性は高まり、生産のコストも下げてきました。しかし、その一方で半加工品や完成商品も他国からの輸入に依存してしまいます。

食品メーカーの多くは中国にグループ企業や協力工場、製造委託先を構えてきたことから、原料・資材の新たな手配や価格の高騰を抑える方法などで苦慮しており、しばらくその混乱も続いています。

新型コロナウイルスによる影響　要因別

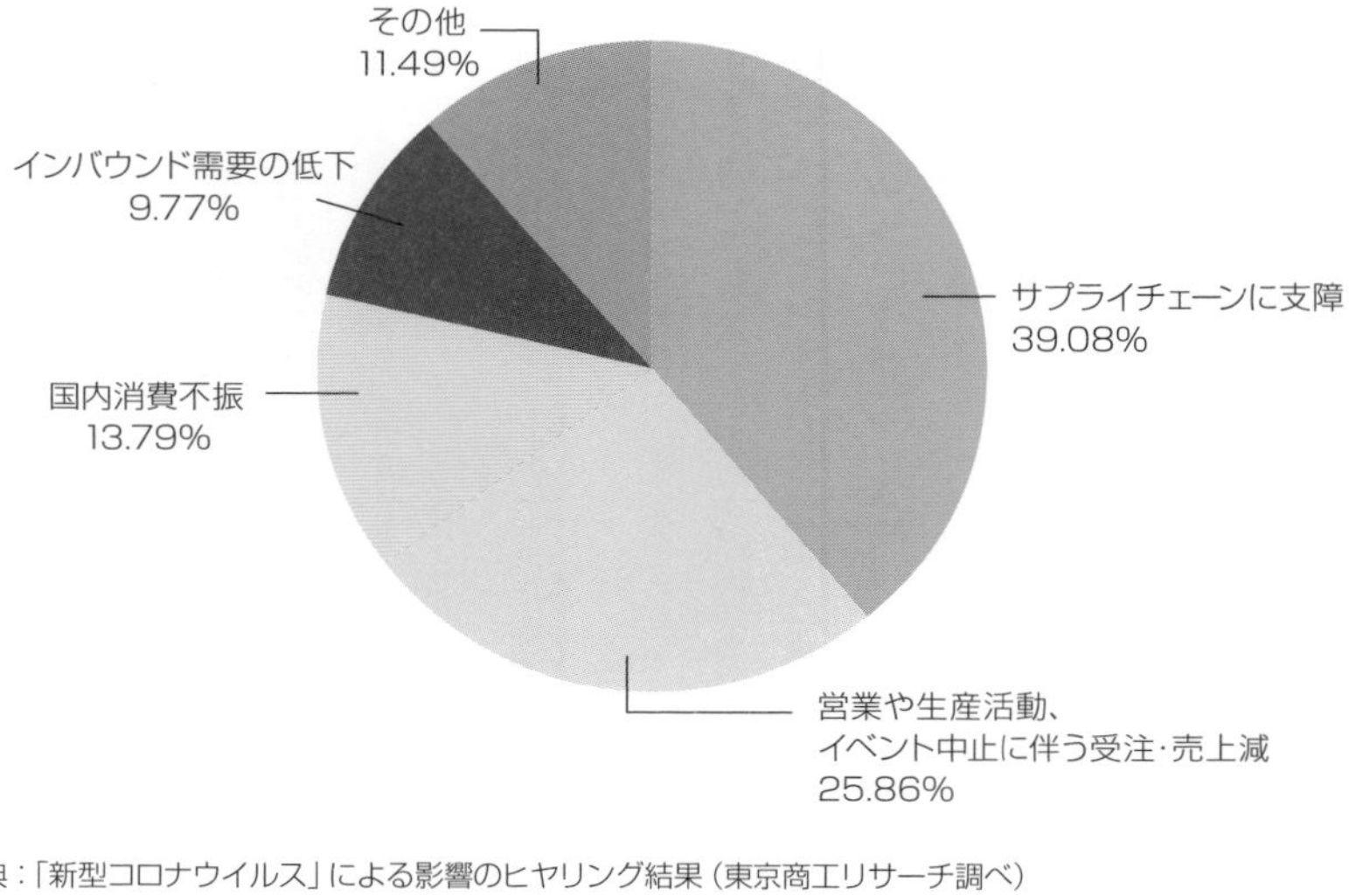

出典：「新型コロナウイルス」による影響のヒヤリング結果（東京商工リサーチ調べ）

用語解説

＊**食のサプライチェーン**　モノが作られ最終生活者の手に渡るまでの一連の流れのことで、サプライ（＝供給）＋チェーン（＝連鎖）と表現されている。

2 食料消費支出の変化

二〇二〇（令和二）年四月分の消費者世帯（二人以上の世帯）の実質の消費支出は、二六万七九二二円で、対前年同月比一一・一％の減少になっています。三年連続の減少となっていますが、このうち食料費は、七万三九一九円で、対前年同月比で、六・六％の減少で、外食費と菓子類などが減少しています。

外出自粛による影響から

新型コロナウイルスの感染拡大により、消費行動に大きな影響が見られた主な品目は、交通・通信費と教養娯楽費のうち、宿泊費、映画・演劇入場費、遊園地・文化施設の入場費で、いずれも休校や在宅勤務の広がりによる巣ごもり需要や、外出自粛による影響などがうかがえる結果となりました。

しかし、食料のうち、米・パスタ・カップ麺・即席麺、冷凍食品などは増加し、さらに家庭内で調理する生鮮肉なども増加していますが、食事代や飲酒代などは激減しています。また、マスクなど保健用消耗品費は増加しています。

インターネットではまとめ買い

コロナ禍の前より食料費の購入先として、支出の多い上位品目をみると、❶スーパーでは、野菜・海藻、肉類、魚介類、❷コンビニエンスストアでは、調理食品、飲料、穀類、❸ディスカウントストア・量販専門店では、酒類、穀類、飲料、❹インターネットによる通信販売では、飲料、調理食品、穀類の支出割合がそれぞれ高くなっています。

特に近年、インターネットによる、いわゆるお取り寄せといわれる商品は、量的に多いケース単位のものや普段の買い物では重くて運びにくいものや、地域の特産品になっている食材が選ばれています。

用語解説

＊**内食・中食**　食堂やレストランなどで食事する「外食」に対して、家で素材から調理したものを食べることを「内食」、惣菜や弁当などを買って帰り、家で食べること、あるいはその食品のことを「中食」と呼んでいる。

調理食品の増加

一世帯当たり実質食料消費支出における、品目別の動向では、魚介類や肉類、野菜などの生鮮三品や主食の穀物は減少したものの、乳卵類、飲料、調理食品は増加傾向にあります。

また購入先別では、スーパーが六一%と最も高く、次いで一般小売店の一四%、生協・購買の八%の順になっています。一九九四(平成六)年以降ずっと、一般小売店の割合が低下傾向にあるのに対し、スーパー、コンビニエンスストア、ディスカウントストア・量販専門店、インターネットによる通信販売の四つの購入先の割合は上昇傾向にあります。

スーパー、コンビニエンスストアでは、**内食・中食ブーム***もあって、調理済食品や加工食品の購入割合が増加し、肉・魚・野菜の生鮮三品については、ディスカウントストアや量販店での購入割合が増え、インターネットによる通販では、ショッピングサイトの増大や一部コンビニなどでの宅配サービスなどが増えています。

1ヵ月間の食料消費支出額(平均)

		2008	2013	2018
生鮮食品	米	825	782	728
	生鮮魚介	1275	1235	1122
	生鮮肉	1120	1260	1580
	牛乳	603	589	554
	卵	260	259	310
	生鮮野菜	1970	2190	2424
	生鮮果物	1230	1264	1375
	計	7283	7579	8093
調理食品		5480	5523	6743
外食		13810	11645	10653
飲料		2702	2731	3098
その他		10134	10353	11439
合計		39409	37831	40026
消費者物価指数:食料		93.9	93.4	103.9

出所:2018(平成30)年度　食糧・農業・農村白書より

3 エンゲル系数の変化

エンゲル系数（消費支出に占める食料費の割合を示す数値）をみると、近年は微増傾向になっています。要因分析にあたっては、分母である家計消費支出と分子にあたる食料費のそれぞれの動向と変動要因について多面的に分析することが必要です。

変動要因の分析

エンゲル係数の算出にあたって、変動要因は分母に当たる消費支出に直接影響する「消費者物価要因」と「家計購入数量要因」、分子に当たる食料費に直接影響する「食料品価格要因」と「食料購入数量要因」に分解して、分析することができます。

例えば二〇〇八（平成二〇）年のエンゲル係数が前年に比べて〇・二ポイント上昇し、二三・二％になったことについては、穀物価格高騰の影響などにより、分子に当たる「食料品価格要因」の影響がもっとも高く、次いで世界的な金融危機に伴う消費支出の減少により分母の「家計購入数量要因」の影響がありました。

生活必需品としての食糧費

「消費者物価要因」における変動要素としては、雇用指数や給与所得の増減が作用し、「家計購入数量要因」では、食糧費以外の支出、例えば交通・通信費や教養娯楽費の増減などが作用します。

一方、「食料品価格要因」では、米などの主食費の価格変動や大豆加工品のような輸入に頼る割合が高いものについての相場変動などが影響しています。また、「食料購入数量要因」では、単身赴任者の増加などの世帯構成の変動や少子高齢化などのような人口構成上の変動が強く影響するなど、国民生活の動向を数値として反映するものになっています。

ワンポイントコラム

【エンゲル係数】 家計の支出に占める食費の割合を示す数値で、「食費 ÷ 消費支出 × 100」によって算出される。

食料消費構造の変化

一方、「食料購入数量要因」の変動要因は世帯構成の変化や人口構成の変化によると、前頁で説明しましたが、これはすなわち、飲食料の最終消費額などと国民一人一日当たり供給熱量の動向が影響するということになります。

人口減や世帯構成の変化では、単身世帯や高齢者世帯、共働き世帯などの動向が影響します。共働き世帯の増加によって、調理済み食品の需要に大きく影響します。現代のような少子高齢化の場合には、高齢化の進展に伴って国民一人一日当たりに必要とする供給熱量が低くなりますが、しかし高齢者になるに従ってエンゲル係数は上昇する傾向にあります。

また少子化では、子供が好む菓子・パン類、飲料などの需要が減少してきます。さらに一世帯当たりの人員減少に伴う世帯数の増加などにより、商品の少量化や小口化が進むと共に、外食化や中食化といった食のライフスタイルの変化も顕著になるなど、食料消費に影響を与える変動要因は様々で、エンゲル系数に大きく影響しています。

エンゲル系数の推移

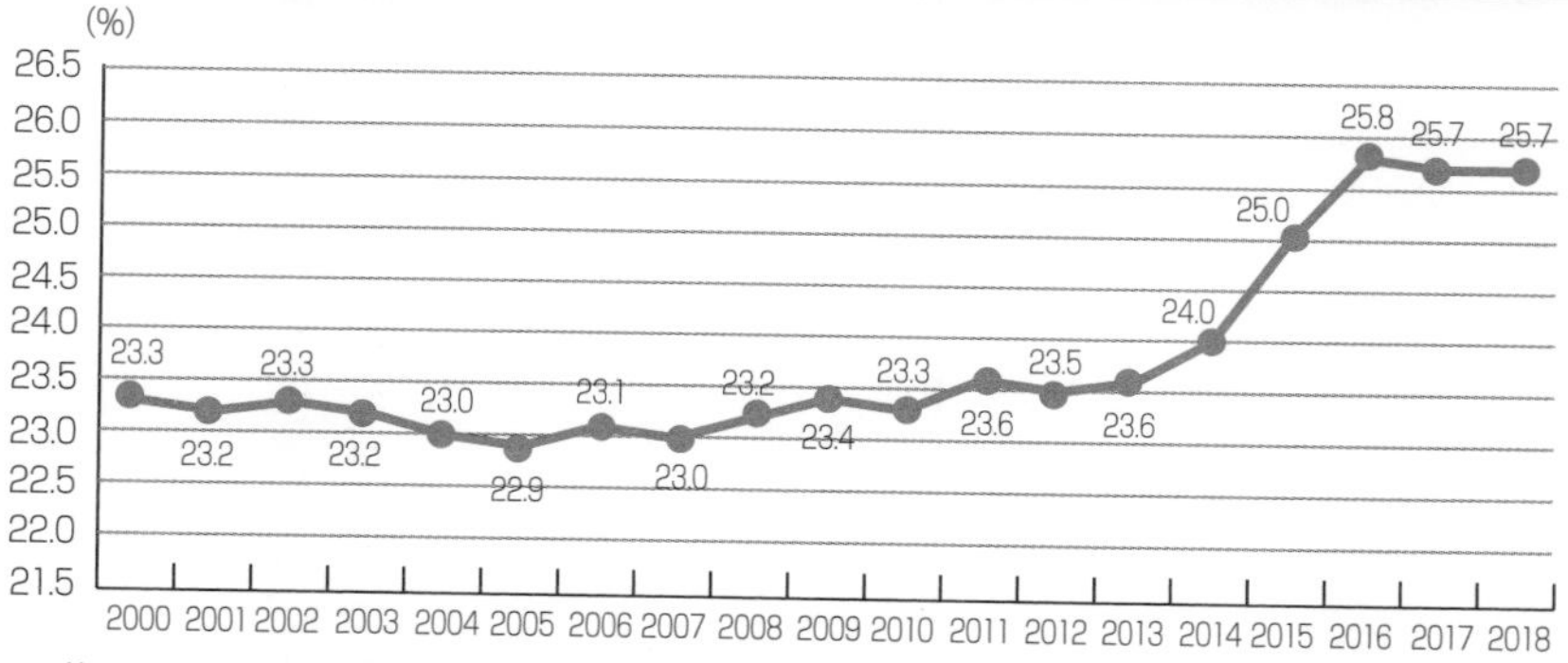

注：1999年以前は、農林漁家世帯を除く結果による。また、2000年以降は、農林漁家世帯を含む結果による（資料:家計調査）。

●消費支出に占める食料の割合（エンゲル係数）の推移を見ると、1965（昭和42）年には38.1%だったが、生活水準の向上に伴い低下が続き、1979（昭和54）年には30%を下回り、2005（平成17）年には22.9%となったが、2012（平成24）年は23.5%、2016（平成28）年は25.8%に上昇している。

出所：総務省統計局より

4 人口動態と世帯数の変化が及ぼす影響

「はじめに」で述べたように、食品産業は昔から「胃袋産業」と呼ばれ、食品の需給量は人間の胃袋の量、すなわち人口構成に比例します。併せてライフスタイルの変化などによっても、食料品の購買行動というものが変わってきます。

少子高齢化の進展

日本の人口はこれまで緩やかに増加傾向で推移していましたが、二〇〇九年からはわずかな減少に転じ、二〇二〇年は一億二六〇〇万四〇〇〇人で、前年に比べ、三〇万五〇〇〇人（〇・二四％）と減少が続き、今後も緩やかな減少が続くものと予想されています。

年齢階級別に人口の推移を見ると、一五～六四歳人口の割合は五九・四％で、比較可能な一九五〇年以降過去最低となっています。

六五歳以上人口は三二万一〇〇〇人の増加で、二八・六％を占めています。また七五歳以上人口は引き続き六五歳以上人口の半数以上となっています。

単身世帯数の増加

国立社会保障・人口問題研究所が公表した直近の将来推計によれば、二〇二五年の単身世帯（一人暮らし）は、二〇一五年より八・四％増えて一九九六万世帯になると予測されています。ちなみに総人口に占める一人暮らしの割合が一六％となり、二〇一五年の「七人に一人が一人暮らし」という状況から、二五年は「六人に一人強」に変わると予測されています。

単身世帯の食生活における変化として注目すべきは、五〇代以上の年齢階層では、全体で二三％も単身世帯数が増え、さらに八〇歳以上の単身世帯が増加していくと見られていることです。

宅配サービスの需要増

人口の緩やかな減少と少子高齢化の進展に加えて、単身世帯数の増加、とりわけ高齢者単身世帯数の増加は、消費者の食行動や購買行動に大きな影響を与えています。

消費者の購買行動において、一番顕著なのが、一回あたりの購買額の減少で、量目の減少と少量パックへのシフトなどがみられ、食品製造業や小売業ではこれらに対応しています。また、メニューへの要求も多彩になってきたことから、多品種少量型の商品開発が迫られるようになってきました。

さらに、高齢の単身世帯の増加によって、いわゆる買い物難民という問題も起きています。食品スーパーなどが大型駐車場付きで郊外に店舗を構えるにつれて、近隣商店街では商店の退店や閉店、廃業が相次ぎ、高齢者が徒歩で食料品などの日用品を買い求めることができなくなってきたのです。このため、食品製造会社や小売業界では、食料品や調理食品の宅配サービスに取り組むところが多くなってきました。

一般世帯の家族類型別割合の推移（全国）

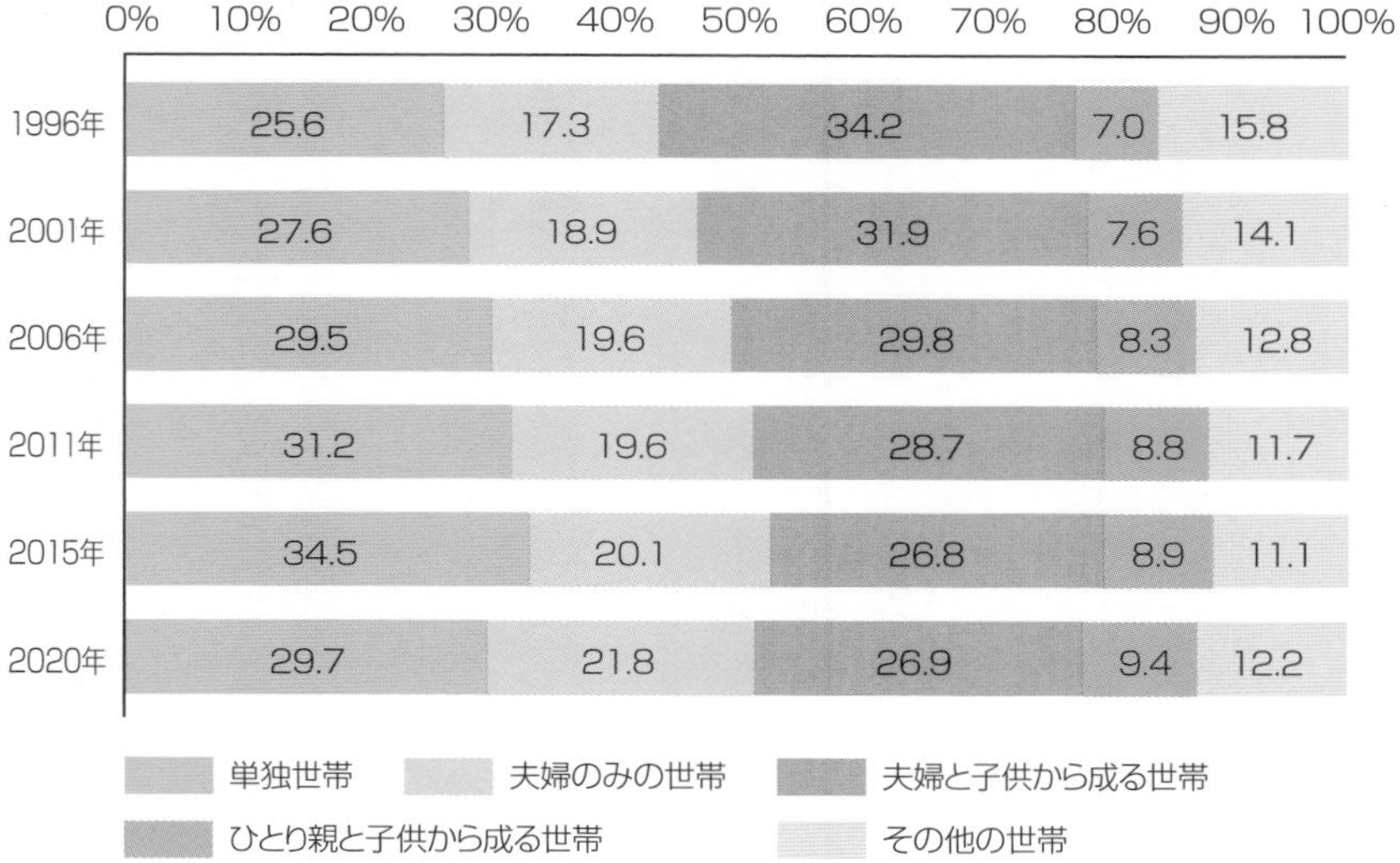

出所：総務省「国勢調査集計」より

5 食品業界を取り巻く市場環境の変化

二〇一九年の食品製造業（総合）の生産指数は、二〇一五年を一〇〇とした場合、一〇〇・二で、〇・二%の増加となっています。それまでも食品製造業（総合）の生産指数は上昇傾向にあったのですが、二〇一八年および二〇一九年は対前年比では減少しています。

好調のきざしを見せる食品業界だが

帝国データバンクによれば二〇一九年度の国内景気は、これまでの回復基調から二〇一九年一二月以降「後退局面入り」と、基調判断を引き下げています。

そんな中、新型コロナの感染が日本国内でも拡大し、経済活動の停滞や消費不振を受け、各業界で大きな影響が発生しています。

このうち食品、化粧品、医薬品のいわゆる「三品産業」と呼ばれる業界は総じて好調のきざしを見せていると分析されていますが、予断を許しません。特に海外向けに市場を開拓してきた調味料製造などは、**ポストコロナ***の動向がまだよく掴めていません。

個人消費の低迷と低価格志向

コロナ禍以前は、食料品の輸入物価や企業物価は対前年比で上昇しているものの、消費者物価は緩やかな下落が続いてきました。デフレからの脱却が進まない中で、相変わらず個人消費は弱い動きとなっていますが、食料品の消費者物価指数だけは微増になっていました。しかし、依然として国内の食料品市場では低価格競争が進展し、食品市場全体での低価格商品の売上規模は拡大していました。ポストコロナでもその傾向は続くとみられています。

また、世界経済全体での低迷から、食料品の輸出量にも影響が出てくると予想されています。

ワンポイントコラム

【ポストコロナ】　新型コロナのワクチンや特効薬などが開発され、人間社会が新しいフェーズ（段階）に入る頃を指している。

企業物価と消費者物価の乖離

食品製造業の生産額指数は、原材料となる国内農畜産物・水産物の市場価格と共に、原材料品の輸入が大きな割合を占めていることから、輸入による農水産物や穀物、飼料などの輸入物価などによって大きく変動します。二〇一〇年後半頃から、穀物原産国の異常気象による不作や新興国の経済成長に伴い穀物などの需要が拡大し、また投機マネーの流入や原油価格の高騰などにより、穀物や畜産物など食品原材料の輸入価格が高騰しました。ドル安円高ながらも価格は上昇したのです。また近年は、食料品の流通経路が簡素化され、ロットによる取引の拡大と中間コストの削減も顕著になってきました。

このように加工食品の**企業物価指数***は、輸入原料の高騰や猛暑による国産原料の不作、海水温度上昇などによる不漁などを背景に急激に上昇し、近年でも引き続き高値水準となっています。今後、世界各国でのコロナの収束状況や国内経済の動向に注視しないと、消費者物価と企業物価の乖離も予測がつきません。

消費者物価指数の推移

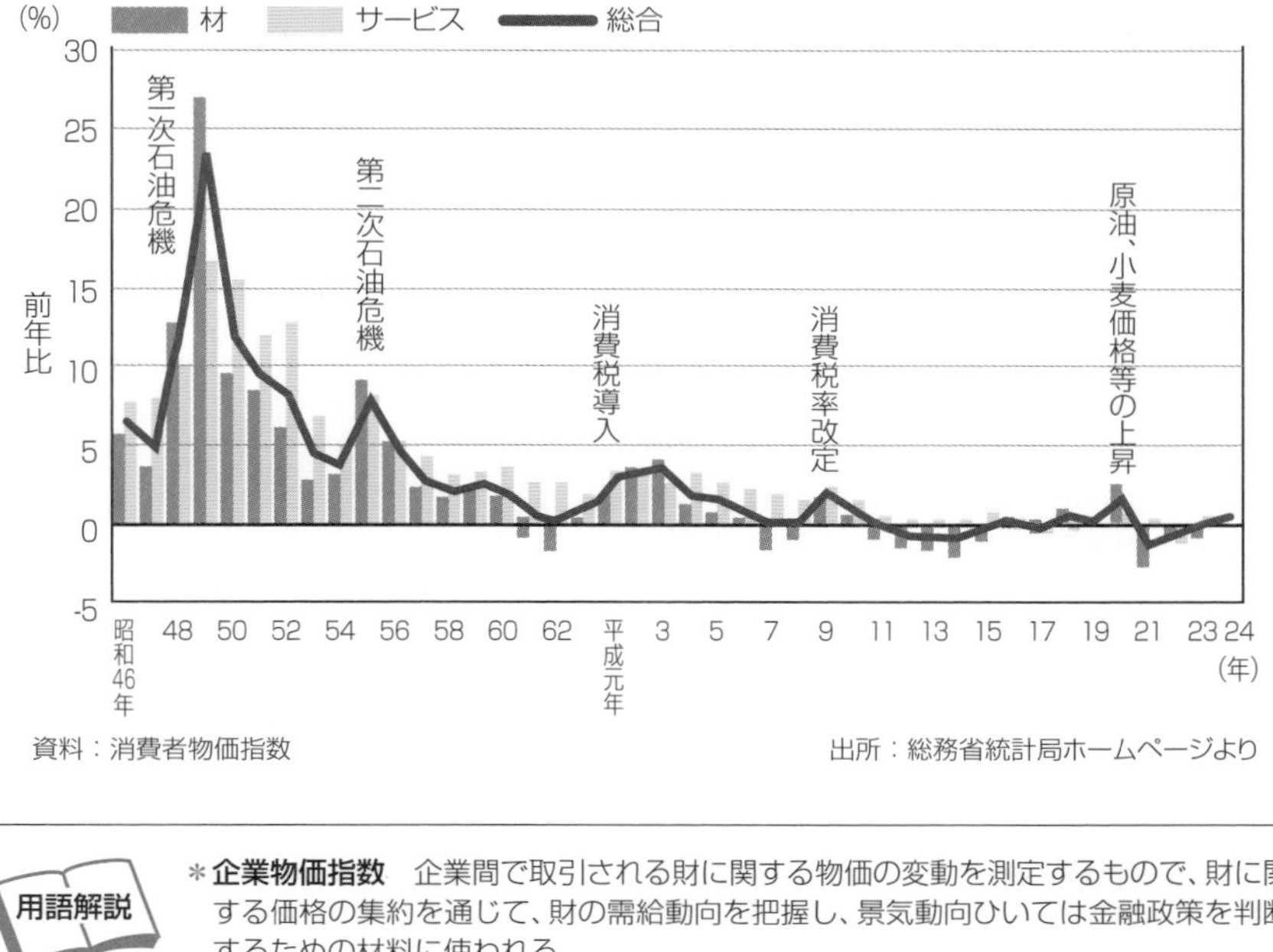

資料：消費者物価指数　　出所：総務省統計局ホームページより

用語解説

＊**企業物価指数**　企業間で取引される財に関する物価の変動を測定するもので、財に関する価格の集約を通じて、財の需給動向を把握し、景気動向ひいては金融政策を判断するための材料に使われる。

6 食品小売業の動向

販売チャネルが多様化している食料品の業態別売上高シェアでは、相変わらずスーパー（食品売上高七〇％以上、売場面積二五〇㎡以上）とコンビニエンス・ストア（CVS）のシェアが多数を占めていますが、近年はドラッグストアにおける食品の販売が増加し、百貨店の飲食料品販売額は減少しています。

GMSから食品スーパーへ

食品小売業の歴史を振り返ってみると、食品小売業の中で圧倒的なシェアを誇ってきたスーパー業界においては、様々な業態改革が行われてきました。一九七〇年代以降、総合スーパー（GMS）といわれる業態が、衣料・食品・雑貨など総合的な品揃えで集客力を高め、成長してきましたが、九〇年代に入り、価格競争が激化する中で、衣料・家電・住関連などの大型専門店が出現し、GMSのシェアを奪うようになり、収益力も大きく低下していきました。そしてバブル崩壊と共に、GMSを中心とする大手スーパーは次々と経営危機を迎え、業界再編成へと向かいました。

地域密着型の食品スーパーとコンビニ

そんな中で、地域密着型の食品スーパーは、確実に顧客をつかみ、店舗戦略としても特定地域に集中的に出店するドミナント戦略によって、特定地域内でのシェアを確保すると共に、店舗のオペレーションとしても、経営効率化（物流コストや広告費の抑制など）を実現し、安定した成長を遂げてきました。

七〇年代に登場したコンビニも、小規模売場に食品・日用品を中心に豊富な商品を取り揃え、「便利さ」を売り物に、フランチャイズ方式での大量出店とPOS（販売時点情報管理）による単品管理を武器に、食品販売のシェアを確保してきました。

用語解説

＊**GMSの変遷**　「ゼネラルマーチャンダイズストア」の略称で、スーパーマーケットとは異なり、食料品や日用品のみならず、衣料品や家電、家具など、様々な商品を総合的に品揃える「総合ストア（大型量販店）」の意味。

中食市場の拡大とドラッグストアの増加

コンビニの拡大に併せて、市場を広げてきたのが、弁当や総菜、調理済み食品などのいわゆる「**中食**」市場です。二〇一九年度のコンビニ業界は、店舗数が初めて前年より減少したものの一店舗当たりの売上高が増加したことから、前年と比べて一・七％増の一一兆一八四一億円で、このうち食品の売上高が七兆八五〇〇億円を占めています。前節でも解説したように、少子高齢化による単身世帯の増加と女性の社会進出によって、ニーズが増えている「中食」に対応した品揃えで食品取り扱いのシェアを増やしています。ちなみに「中食」市場の規模は、二〇一九年度で一〇兆二五〇〇億円（惣菜白書）で、このうち量販店とコンビニが約六兆円を売上げています。

このほか近年売上高を伸ばしているのが、ドラッグストアにおける食料品販売で、二〇一九年のドラッグストアの総売上高は前年比五・六％増の六兆八二〇〇億円で、このうち食料品の売上高が一兆九四〇〇億円になっています。

商業統計における業態区分

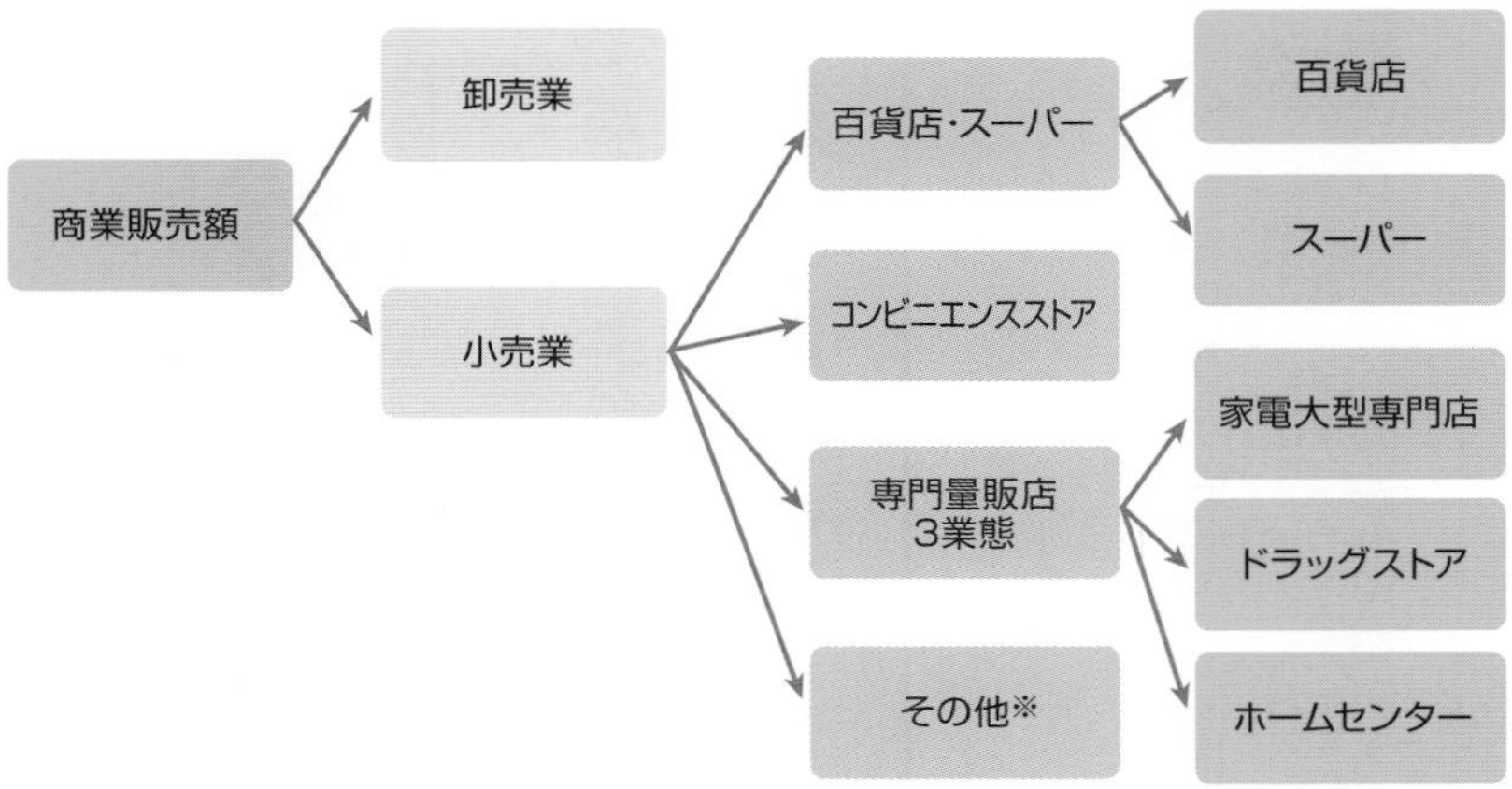

※通信販売、訪問販売などの
無店舗小売販売などの業態

＊**中食**　1-2節参照。

7 食品卸売業界の動向

国内の食品流通においては、近年「川上インフレ」、「川下デフレ」の状態にあるといわれています。「川上」とは食品製造メーカーで、「川下」は消費者に直結している小売店ですが、「川上」「川下」両方の業界で、再編と淘汰が進んでおり、川中に位置する食品卸業界にも大きな影響を与えています。

商社系列の卸会社での経営統合と業界再編成

小売業界では同業態間での出店競争や異業態との競合などにより、売場効率が低下し、収益の悪化を自社のみのコスト削減ではなかなか吸収できない状況にあります。そのため再編・淘汰が急速に進行していますが、小売業界の再編・淘汰は「**川中**」に位置する食品卸業界にも無縁ではなく、仕入先の見直しや価格交渉力の強化という影響を与えています。これらの状況から、商社系列の卸会社を中心に、経営統合や大型の業界再編成が行われています。また、独立系や地場卸、専業卸の業界においても再編が余儀なくされています。

売上高二兆円を超える三菱食品

三菱商事はグループ内の筆頭卸であった「菱食」の商号を「三菱食品」へ変更し、併せて三菱系の食品卸であった明治屋商事やサンエス、フードサービスネットワークの食品卸三社と経営統合しました。四社合計での売上高は二兆円を超える規模になり、食品卸業界では第一位を誇っています。三菱食品は、全国に物流網を網羅し、その物流システムの評価も高く、地域によっては他社を寄せ付けないシェアを誇っています。

伊藤忠商事では、グループの中核卸会社の日本アクセスを中心に、中間流通事業四社の経営統合を進めてきました。

ワンポイントコラム

【川中】 川上・川中・川下とは、「原料」が「製品」となり「販売」されるまでの過程を川の流れにたとえたもの。

コンビニ、ドラッグストアとの取引を強化

大手総合卸の各社は、コンビニエンスストアやドラッグストアをはじめとする有力チェーンとの取引を拡大させています。また、低温関連事業などの伸長で規模拡大を継続しながらも、各社は粗利の改善やコストの抑制にも取り組んでいます。特に物流費の増大で収益力が低下し、事業規模の拡大に見合った利益水準への回復には足踏み状態となっています。さらに海外展開を見据えたM&Aも急増しています。国分グループ(東京都)は、東アジアに日本型卸売事業の展開を目指して、二〇一四年に中国の上海恒孚物流(中国)の株式を取得し子会社化したのを手始めに二〇一五年には上海峰二食品(中国)、二〇一七年には中国の輸入食品卸の深セン市一番食品(中国)を買収しています。

また最近は、ネット販売の対応に本腰を入れ始め社内にネット販売の専任部署を設置し、ネット向けの商品調達・開発やマーケティングデータ収集などの体制整備を進めています。

食品流通の概念図

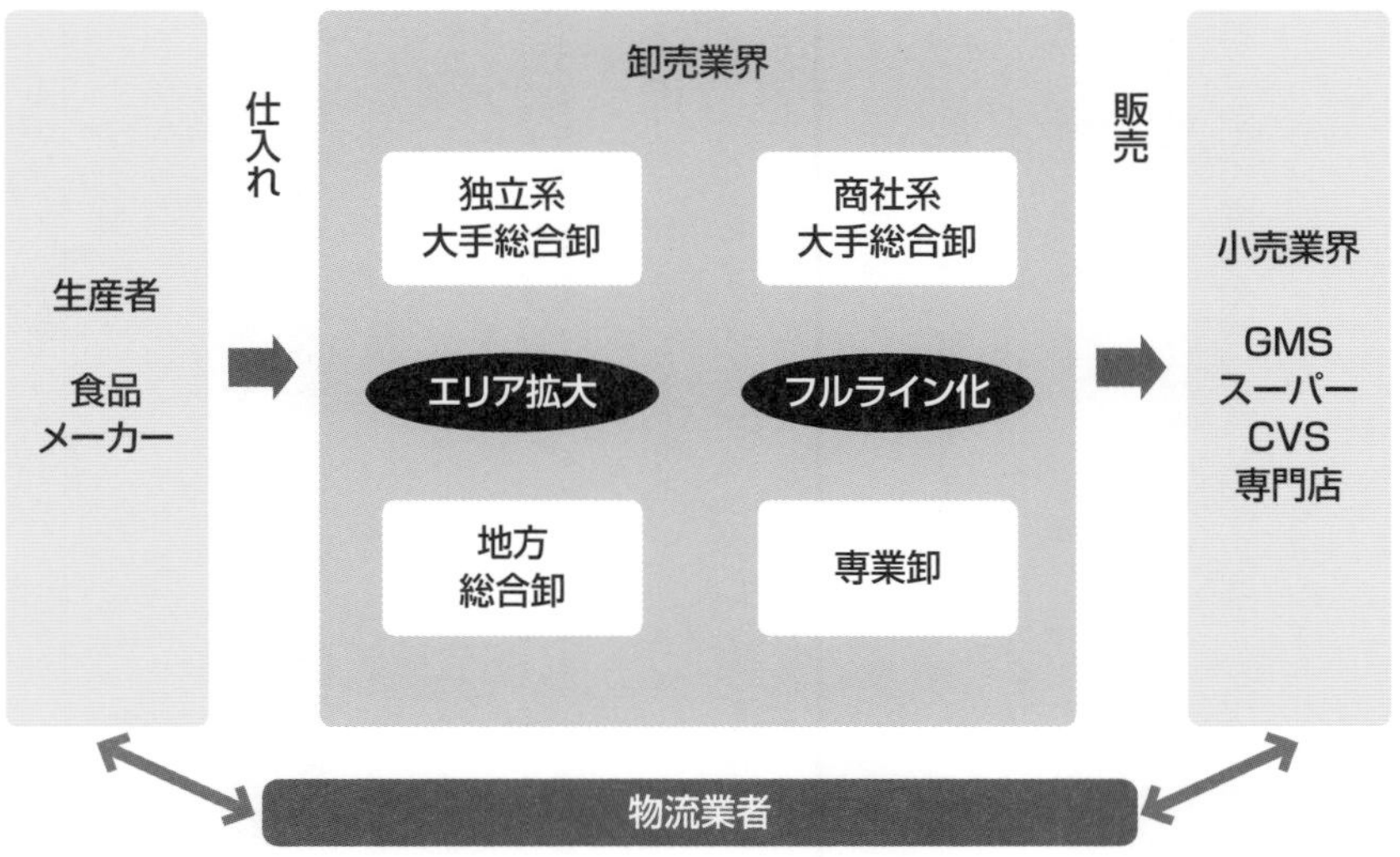

日本加工食品卸協会
〒103-0023　東京都中央区日本橋本町2-3-4　江戸ビル4階
http://nsk.c.ooco.jp/

8 食品ダイレクトセールス市場

単身世帯と高齢者の増加、女性の社会進出は、インターネット通販などの食品ダイレクトセールス市場の拡大にも反映しています。旬の食材やスーパーなどの店頭では販売していない希少性の高い商品や産直品・名産品などの購入に利用されています。

インターネット通販

食品ダイレクトセールス市場とは、電話、ファックス、インターネットなどで受注した食品を宅配（家庭・オフィス）するサービスと、サーバーを設置して水、コーヒー、お茶を宅配するサービスやカップ式自動販売機などを含めた市場とされています。これまでは**生協**などの**宅配ビジネス**が中心でしたが、最近ではインターネットを活用した通販へシフトしています。**インターネット通販**は、特に気軽さと豊富な品揃え、関連情報の多さによって消費者の支持を集めています。名産品や産直品のほか、最近ではケース単位など、重くて、かさばり、持ち運びしにくい商材などが売れ行きを伸ばしています。

大手も取り組むネットスーパー

ネットスーパーは、顧客会員からインターネットや電話、ファックスなどで注文を受け、既存店舗や商品センターから個人宅に配達する食品宅配サービスで、スーパーチェーンの多くは、不況やリアル店舗での熾烈な競争によって店舗売上げが低迷する中、ネットスーパー事業でノウハウを蓄積して、中長期的な収益性を見出せるビジネスを構築したいと積極的に取り組み始めました。コンビニでもセブンイレブン、ローソン、ファミリーマートの大手三社が、弁当や総菜などの宅配サービスを開始して、急速に勢力を広げ始め、同じ客層を持つ専業の通販業者たちを脅かしています。

幅広い年代層で利用

インターネット通販の市場は、インターネットの普及と共に広がり、当初は男性、女性共に二〇代から三〇代、特に子育て世代が買い物手段の一つとして、メインの利用者になっていました。しかし最近では、四〇代から六〇代までの比較的幅広い年代層のインターネット利用が増えてきたことや、特にこの世代では、地方産品やこだわり商品など付加価値商品の購入比率や食へのこだわりが高いために、市場の拡大が期待されています。

宅配サービスの先駆けとなった生協でも、これまでの伝統的な共同購入がライフスタイルの変化と共に徐々に廃れはじめてきました。代わって宅配事業の中心となった**個配**も最近では伸び悩みが鮮明となり、スーパーチェーンによる宅配サービスとの競合も激しさを増してきました。

そこで、インターネットによる注文方式など、組合員向けの独自の基盤を確立するためにインターネット環境を確実に進化させつつあり、競争力を高めていくことで、生協としての生き残りを賭けています。

インターネットスーパーの概念図（マンションでの事例）

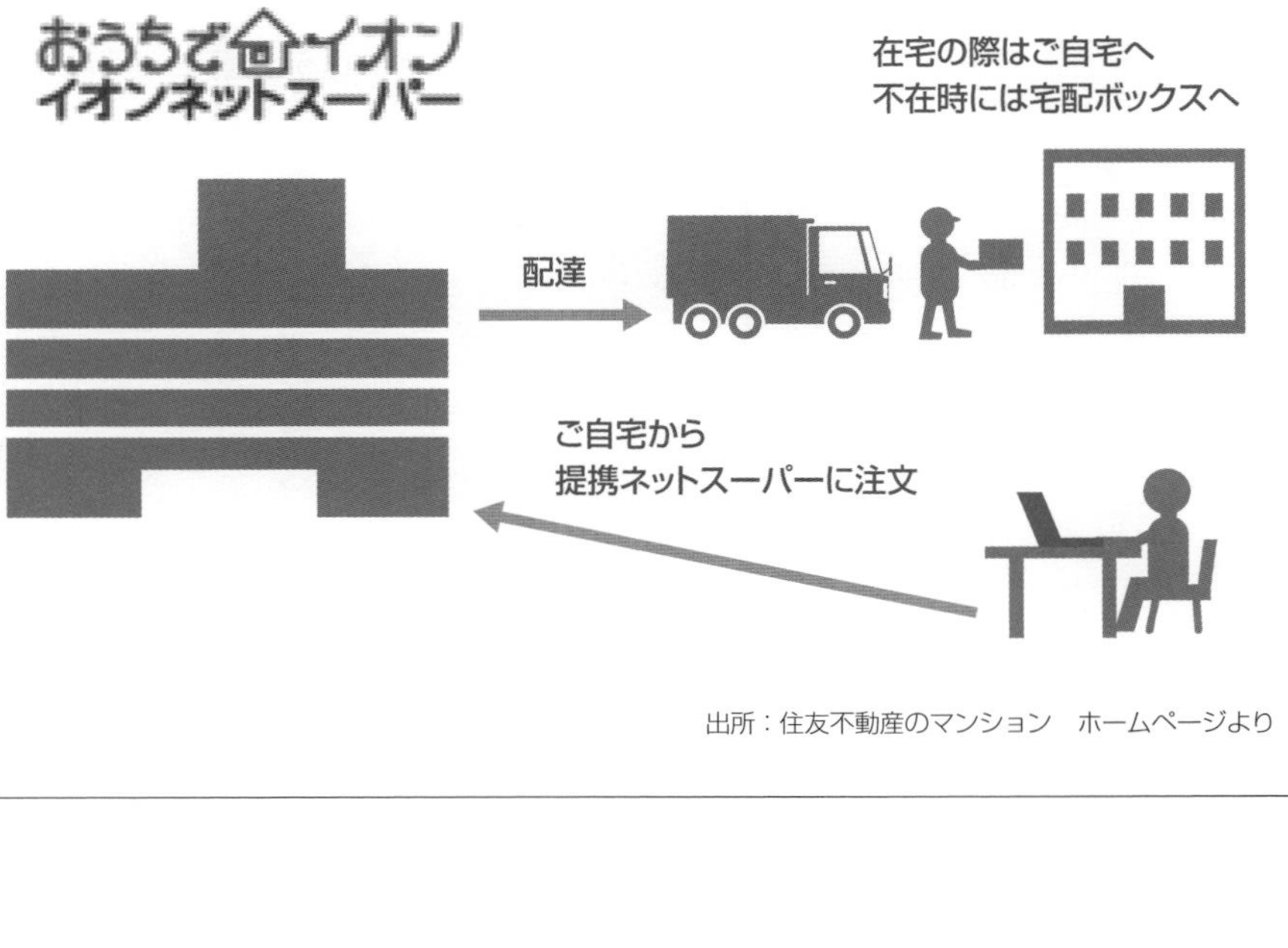

出所：住友不動産のマンション　ホームページより

9 自由貿易協定と食品業界

世界貿易においては、特定の国の間での自由貿易協定や経済連携協定などの協議が行われますが、ＴＰＰのようにモノの関税削減や撤廃の議論に留まらず、サービス貿易の自由化や競争、投資、政府調達などのルールづくりに発展するとなかなか一つにはまとまりません。

ＴＰＰと日欧ＥＰＡ

二〇一八年一二月三〇日に**TPP11**（環太平洋パートナーシップ協定）、二〇一九年二月一日に日欧ＥＰＡ（経済連携協定）が発効しました。

もともとＴＰＰも**日欧ＥＰＡ**も自由貿易に関する取り決めです。ＥＰＡは、二国間で関税の撤廃や知的財産の保護、投資ルールの整備など、経済上の連携強化を目的に結ばれるものですが、日欧ＥＰＡは、日本とＥＵ諸国との間で結ばれた協定で、ＴＰＰは、二〇一七年一月に米国がＴＰＰを離脱したことから、米国を除いた一一ヵ国の間で結ばれた協定になりました。

日米貿易協定

最初はＷＴＯ（世界貿易機関）が貿易のルールを定めていましたが、やがて自国の産業を守るために全体では話がまとまらないことも多かったことから、交易のある国同士での独自の協定を結ぶ流れから、**ＦＴＡ**（自由貿易協定）やＥＰＡ（経済連携協定）などが生まれました。

日米貿易協定は、日本とアメリカの二国間での関税や輸入割当などの制限的な措置を、一定の期間内に撤廃もしくは軽減することのできる取り決めで、今回は、関税に関する部分のみなので、ＦＴＡとなっています。

ワンポイントコラム

【TPP11　参加国】　オーストラリア、ブルネイ、カナダ、チリ、日本、マレーシア、メキシコ、ニュージーランド、ペルー、シンガポール、ベトナムの合計11ヵ国。

日米貿易協定とコロナ禍の影響

日米貿易協定は二〇二〇年一月一日に発効となりましたが、その主な合意内容として、食料品の関係では、コメの関税撤廃・削減は除外するなど、下記の図のとおりです。日本がもっとも重要視しているコメに関しては保護している一方で、乳製品や牛肉などに関しては日本に対して輸入が迫られている内容になっています。

その後、日米貿易協定の追加交渉に向けた両国の予備協議を四月末まで取りまとめる予定になっていましたが、両国で新型コロナウイルスの感染拡大が深刻化し、協議が進展していません。米国では秋に大統領選挙が予定されていることから、米国の要求が厳しくなることも懸念されています。

これより一年早く発効した日欧ＥＰＡでは、相互に関税を引き下げた結果、輸出では自動車や和牛、輸入ではワインが伸びていますが、同様にコロナ禍の影響からこれから先の状況は不透明なものになってきました。なお、イギリスとはＥＵ離脱後の二〇二一年一月一日から日英のＦＴＡに移行の予定です。

TPPを上回る日欧EPAの波及効果

品目(関税)	日欧EPA	TPP11
カマンベールなど ソフトチーズ（29.8%）	低関税の輸入枠を新設。 16年目に3.1万t（トン） とし、関税ゼロに	現行の関税を維持
パスタ（スパゲティ） 1kg30円	11年目に関税を撤廃	9年目に1kg12円
ワイン（15%など）	即時関税撤廃	8年目に撤廃
豚肉低価格帯の従量税 （1kg482円）	10年目に50円	日欧EPAと同じ
製材・合板（2.2～6%）	8年目に撤廃	16年目に撤廃

出所：農水省公表資料

ワンポイントコラム

【日欧EPA参加国】　EU加盟国27ヵ国と日本。ただし、イギリスは2020年12月31日まで。

10 消費税増税と食品業界の対応

消費税率一〇%への引き上げについて当初二〇一七年四月から二〇一九年一〇月に再延期され、酒を除く飲食料品の消費税率については、影響が大き過ぎるとして軽減税率が導入され、また増税感の緩和を目的にキャッシュレス・ポイント還元事業も行われました。

食料品に対する軽減税率

日本では当初、他国と比較しても消費税率が低いことや食料品などの生活必需品に関して税率を低くする軽減税率には、取引段階で複雑になることから、まだ準備が整っていないとして同率の課税を行う方針できました。ただし、低所得者対策としては、現金を配るなどの「簡素な給付措置」を実施することとしました。

しかし、最終的には社会保障と税の一体改革の下で、低所得者に配慮する観点から、「酒類・外食を除く飲食料品」と「定期購読契約が締結された週二回以上発行される新聞」を対象に消費税の「軽減税率制度」が実施されることになりました。

導入当初の混乱

軽減税率が初めて導入され、スーパーやコンビニエンスストアなどでは、値札の付け替えやレジシステムの切り替えなどで大混乱しました。

特に、軽減税率は外食には適用されないことから、飲食料品を持ち帰り用に購入すると税率八%、店内で飲食すると一〇%になるなどのわかりづらさもあり、国民の消費生活の間でしばらく混乱が起きました。軽減税率の適用対象外となる「外食」について、①取引の場所②取引の態様(「サービスの提供」といえるか)という点に着目し、ケータリング・出張料理などを含めて、細かく定義づけが行われました。

キャッシュレス・ポイント還元事業＊

消費税率引上げに伴い、需要平準化対策として、消費税率引上げ後の九ヵ月間に限り、中小・小規模事業者によるキャッシュレス手段を使ったポイント還元事業が行われました。

経済産業省によれば、最終的な登録加盟店舗は約一一五万店にのぼり、そのうち五%還元対象の中小・小規模事業者(個店)の登録数は約一〇五万店で、二%還元対象のフランチャイズチェーン(コンビニ以外)の登録数が約五万二〇〇〇店、コンビニの登録数が約五万五〇〇〇店でした。

二〇一九年一〇月一日から二〇二〇年三月一六日までの対象決済金額は約七兆二〇〇〇億円で、還元額は約二九八〇億円になっています。

このうち、五%還元対象の中小・小規模事業者(個店)の還元額は約二五六〇億円で全体の約八六%を占め、二%還元対象のフランチャイズチェーン(コンビニ以外)の還元額は約一〇〇億円、コンビニの還元額は約三二〇億円となっています。

キャッシュレス・ポイント還元事業

出所：経済産業省発行公式ステッカーより

用語解説

＊**キャッシュレスポイント還元**　2019年10月1日の消費税増税による景気の落ち込みを緩和するために、経済産業省が2020年6月30日まで実施していた政策。

11 拡大続く高齢者向け食品と介護食品市場

高齢化社会の進展により肺炎で亡くなる高齢者が急増し、日本人の死因の第三位に浮上しました。高齢者だけに限定すると第一位になっています。また、肺炎の中でも歯の喪失や噛む力・嚥下能力の低下による誤嚥性肺炎が急増し、食での対応が迫られています。

世界で一番高い高齢化率

二〇一九年の高齢白書によると、二〇一八年一〇月一日現在の日本の人口は一億二六四四万人で、このうち六五歳以上の高齢者人口は過去最高の三五五八万人になっています。総人口に占める六五歳以上人口の割合（高齢化率）は二八・一％で、世界で一番高い高齢化率です。また、「要介護世代」と呼ばれる七五歳以上人口（後期高齢者）は一七九八万人で、総人口に占める割合は一四・二％となります。今後、いわゆる「団塊の世代」（一九四七～一九四九年に生まれた人）が七五歳以上になる二〇二五年には三六七七万人となり、その全世代が「要介護」になります。

高齢者の「食」のニーズの高まり

高齢化の進展により、高齢者の「食」のニーズはますます高まり、市場も拡大を続けることが推定されます。**介護食市場**と呼ばれるのは、流動食、やわらか食、栄養補給食、水分補給食、とろみ調整食品・固形化補助剤で、富士経済の調査では、二〇一八年には計一六三〇億円と六年連続で一〇〇〇億円を突破しています。

現在市場のメインとなっている施設用は価格競争の激化などで成長率が伸び悩んでいるものの、在宅用は通販を中心に今後とも伸びが見込まれるとしています。また介護食に限らず、糖尿病や腎臓疾患などの患者用の食品も市場が拡大しています。

日本介護食品協議会
〒101-0042　東京都千代田区神田東松下町 10-2　翔和神田ビル３階
公益社団法人日本缶詰びん詰レトルト食品協会内日本介護食品協議会事務局　http://www.udf.jp/

高品質・低コストな食事の提供

現在は、施設用の低価格帯に需要が集中していますが、今後は高品質・低コストな食事の提供、**再成形食品**など特殊な技術を用いた介護食の提供、介護事業との相乗効果を発揮できる企業などが実績を伸ばすとみられ、二〇二五年には二〇四六億円と予測されています。政府では医療費や社会保障費の抑制から、今後は施設介護から在宅介護へとシフトしており、介護食についても在宅用に注力する企業が増加しています。

在宅用の介護食の販売チャネルとしては、個人が購入する場合、身体の健康状態などから個人に適した商品を選択することが必要になることから、医師やケアマネジャーの紹介をきっかけに購入するケースが多く、チャネルとしては通販の比率が七割と圧倒的に高くなっています。価格の安さと品揃えの良さといった通販のチャネルとしての適性だけではなく、まとめ買いのしやすさや無料配送サービスが受けられるなどの理由からリピーターが多くなっています。小売店では、薬局・薬店、量販店などでの購入が見られます。

column

地方発「再成形ソフト食」で世界市場へ

山形県鶴岡市で配食サービスや施設での給食業務を受託している「ベスト(療食)※」では、10年前から、見た目は普通食と変わらないのに、柔らかくて、のみ込みやすくて、噛んだりのみ込んだりする力が弱まった高齢者向けの**新介護用ソフト食**を開発しています。最近では中国などからの引き合いも多くあるといわれています。

このソフト介護食は、それまでペースト食やきざみ食しかなく、食欲が湧かなかったという高齢者からの要望を受けて、同社と寒天メーカーなどが連携を組んで国の「新連携事業」という支援を受けて、普通食と変わらない姿の商品を開発したものです。

高齢者が喜ぶ魚の切り身などを、皮の焼き目までリアルに再現したもので、高齢者向けのおせちなども販売しています。

国内大手メーカーのPB商品としても採用され、年々売上が伸びています。

※ http://best-ryoushoku.jp/

12 活発化する海外市場への参入

人口の減少や少子高齢化、実質所得の低下、雇用不安など国内市場が縮小傾向にある食品産業では、海外に新たな活路を求めて、積極的な海外戦略を展開しています。しかし、食文化や国民の味に対する嗜好の違い、物流などの問題からそのハードルは高くなっています。

国内食品市場の縮小傾向

消費支出の低迷や人口減少、少子高齢化の進展などで国内の飲食品市場は縮小傾向が続き、生産面でも原料価格が上昇していながら、デフレの環境下にあって製品価格の引き上げが困難な状況にあり、食品メーカーは苦しい状況に置かれています。販管費などの削減にも限度があり、営業利益の確保も困難な状態が続いています。また、流通業界においては集約化が進み、小売りのバイイング・パワーが増加しているために、メーカー主導での価格設定が行いにくく、加えてＰＢ（プライベートブランド）商品比率の上昇もあって、国内食品市場は魅力の少ないものになってきました。

アジアの市場を求めて

飲食品市場の縮小は日本特有の現象ではなく、多くの先進国に共通した現象といわれています。米国や欧州でも、加工食品の市場規模はほぼ横ばいであり、今後についても急激な人口の増加や所得の増加は望めないことに加え、日本のように高齢化社会に突入していく可能性が高いことから、食品市場の急激な成長は期待できない状況にあります。その中で中国やインド、インドネシア、ベトナム、タイ、フィリピン、マレーシアなどのアジアの新興諸国は、加工食品の市場が大きく成長していることから、先進国の有力な食品メーカーや日本企業のアジア進出が始まりました。

好調な海外市場での売上高

日本の食品メーカーによる海外戦略は、欧米の大手メーカーと比較して、大きく立ち遅れていました。その要因として、欧米の大手メーカーは最初から国内外のＭ＆Ａなどや海外進出など外向きの戦略を優先に、売上規模や利益率で他社を圧倒し、海外売上高比率を高めることを前提に、国際的なブランドを数多く持ちながら、「総合食品メーカー」としての姿勢を貫くことを企業の成長戦略としてきたのに対して、日本の場合には、大手メーカーであっても基本的には、「総合」というより「製品セグメント内」での国内シェアの獲得を優先し、経営資源の多くをそこに投入してきたからだといわれています。しかし、近年ようやく海外での売上高が増加してきました。

サントリーや日清製粉グループ本社などは海外企業の買収などによりシェアを拡げています。このほか、味の素やキッコーマンなどは海外の売上高が五〇%を超えています。さらには、キリンＨＤ、日本水産、ヤクルト本社、不二製油なども好調に推移しています（第六章参照）。

今後、新たに海外進出したい国・地域（上位5ヵ国・地域）業種別

業種	社数	1位	2位	3位	4位	5位
		中国	ベトナム	台湾	タイ	米国
全体	750	42.3	31.9	29.5	27.6	27.2
製造業	417	43.2	30.5	31.4	29.3	33.8
内、飲食料品	131	38.2	31.3	38.9	31.3	44.3
非製造業	333	41.1	33.6	27.0	25.5	18.9
内、商社・卸売	139	52.5	33.1	33.8	28.1	14.4
内、小売	42	45.2	21.4	45.2	16.7	33.3

出所：2018年度「日本企業の海外事業展開に関するアンケート調査」（ジェトロ）

13

農業の六次産業化と食品業界

六次産業とは、これまで第一次産業であった農林水産業者が今後、農業だけにとどまらず、農産物の加工新商品の開発や製造、販売、あるいは観光事業などに取り組むことをいいます。つまり、工業の第二次とサービスの第三次を兼ね備えた業態を創造するという目的で提唱されました。

付加価値を生み出す農業

農林水産業の**六次産業化***の推進が叫ばれた背景には、加工食品や外食の浸透に伴って消費者が食料品に支払う金額は増えてきたものの、それは原材料の加工や調理などによって原料価格に上乗せされた付加価値分が増えただけで、農林水産物の市場規模は変わらず、農家の所得もほとんど変わらなかったということが挙げられます。また、付加価値を生み出す食品製造業や流通業、外食産業の多くが都市に立地し、農山漁村が衰退していったことも背景にあり、農家自身が付加価値を生み出し、農家所得の向上と農村振興の両方を目指して国などが支援していこうという施策です。

農商工連携

六次産業化にあたっては、生産者自体が製造から販売まで手掛けることによって六次産業化することや生産者が食品加工メーカーや流通業者と連携する**農商工連携**として実現する場合があります。また、地域全体のクラスターを形成して実現する方法もあります。その事業規模や市場規模、創出される付加価値の規模によって、取り組み方が変わっています。

食品メーカーとの関係では、単なる原料納入に留まらず、付加価値のある一・五次加工の製品として出荷したり、メーカーが持っている設備とノウハウを活かして新商品を作り出しているケースがあります。

用語解説

＊**六次産業化**　農林漁業本来の1次産業×2次産業（工業・製造業）×3次産業（販売業・サービス業）を取り込むことで付加価値の高い農業経営を実現するという意味。東京大学名誉教授の今村 奈良臣氏が提唱した造語といわれている。

地域資源の活用

食品の国内市場の縮小や競合の激化などにより、食品メーカーにおいても新しい切り口での商品開発や新たなビジネスモデルへの取り組みによって、生き残りを図ろうとしています。

　その新しい切り口の一つが、地域資源や地域ブランドと呼ばれるもので、先に述べた農商工連携などには積極的に参画しているメーカーが増えています。

　食品クラスターへの参画もその一つです。クラスターとは、「(ブドウなどの)房」「(魚などの)群れ」などの意味ですが、地域の食材、人材、技術などの資源を有効に結び付け、新たな製品、新たな販路、新たな地域ブランドなどを創出することを目的とした集団です。この食料産業クラスターの形成を推進することにより、地域の食品産業と農林水産業との連携が促進され、地域振興にもつなげていこうとしています。

　そのほか、大学などと連携して先端科学技術を応用して、新しい機能性食品の開発などに取り組むメーカーも増えています。

農業六次化の概念図

6次産業化

農林漁業者が生産、加工、流通(販売)を一体化し、所得を増大

産地ぐるみでの取り組み
経営の多角化、複合化
農林水産物や食品の輸出　など

農林漁業者が2次、3次産業と連携して地域ビジネスの展開や新たな産業を創出

農商工連携の推進
バイオマス･エネルギーの利用　など

▼

儲かる農林水産業を実現

column

日本人の食事摂取基準

厚生労働省では、「日本人の食事摂取基準（2020年版）」として、5年ぶりに改定しています。

今回の改定のポイントとして、「筋肉量・骨量を保つ食事」を重視しています。特に、「高齢者のフレイル（虚弱）予防」について触れています。

フレイルについては、二つの考え方があり一つは、健康状態と要介護状態の中間的な段階に位置づける考え方と、もう一つは広範囲に、ハイリスク状態から重度障害状態までをも含める考え方がありますが、食事摂取基準においては、食事摂取基準の対象範囲を踏まえ、前者の考え方を採用するとしています。

健康維持に対するリスクは抱えているものの、おおむね自立した日常生活を営み、歩行や家事などの身体活動を行っている者で、体格（BMI）が標準より著しく外れていない者までをフレイルとしています。

具体的には、総エネルギー量に占めるたんぱく質由来エネルギー量の割合の下限を六五歳以上では13％から15％に引き上げていますが、同時に男女全世代の1日当たりのたんぱく質維持必要量を増やすように求めています。

また、2017年の国民健康・栄養調査で、女性は20から50歳代で「やせ」の人（BMIが18.5未満）が10％を超え、特に20歳代では21.7％と高く、背景にある不必要なダイエットを指摘しています。

骨の健康を保つのに必要なビタミンDの目安量を増やすことや若い世代は高齢者と比較して野菜や果物、魚介類の摂取量が少なく、動物性脂肪の摂取量が多いことから、将来の生活習慣病のリスクにつながることが高いと考えられ、その改善を促すために飽和脂肪酸、コレステロール、カリウムの改定も行っています。

高齢者向け栄養補助食品など、これからの食品メーカーの新商品開発などに活かされていきます。

第2章

食品産業の発展史

18世紀後半、イギリスで起こった「産業革命」は、技術の発明により、社会経済が農業中心から工業中心へ移行することを意味していました。しかし、人間の営みの中では、狩猟時代と呼ばれる原始の時代より、食材に加工を施して、長く保存しながら、食いつないでいくという智恵がありました。

穀物や木の実、魚、肉などを、「捏ねる」「発酵させる」「火を使って、茹でる・煎る・焼く・煮る・蒸す」「天日に干す」「塩や醤油などに漬ける」「つく・挽く・切る・搾る」などして加工してきました。そして、その技術がいまに活かされ、加工食品というものが作られているのです。

How-nual
図解入門
業界研究

1 古代から近世にかけて

稲作が始まった縄文・弥生時代から、米の加工は本格的に行われていました。もちの歴史は古く、米だけでなく、アワやキビなどの雑穀も一緒に混ぜ合わせて作ったもちが、様々な生活シーンや神事などに登場してきました。

中国から伝わった食品加工技術

奈良時代に入り、発酵技術をはじめ中国の食品加工の技術が、遣唐使などから日本に伝えられるようになり、これに日本での工夫を加えて、食品加工が活発化していきました。

最初は米を使った酒や酢などが作られ、塩蔵による長期保存の技術から漬け物や米と大豆と塩を使った味噌づくりなども行われるようになりました。

魚介類の加工も行われ、干物のほか魚介類を塩漬けして熟成させる魚醤から醤油なども作られるようになりました。また、大豆を加工して作った豆腐も平安時代末に中国から伝わったといわれています。

貴族の食文化から武士の食文化へ

平安時代に貴族は白米が中心であったのに対して、鎌倉時代になると、武士は玄米中心の食生活に変わり、副食も貴族は肉が少なく保存食中心だったのに対して、武士は野菜や肉、魚など品数も多く、また調味料などが多彩に作られ、見た目を重んじた貴族の食生活から、美味さとか満腹感が中心の武士の食生活に変わっていきました。醤（ひしお／食品を麹と食塩で発酵させた調味料）は、鎌倉時代の代表的な調味料で、いろいろな食材に使われました。また、それまでは果実の扱いだった梅が、ご飯のおかずとしての梅干しに加工されたのもこの時代からだといわれています。

食品加工の花が咲いた江戸時代

安土・桃山時代より、諸国名産品の開発も活発になり、楽市などでの販売も行われるようになりました。諸国名産品としては、こんにゃくや納豆、豆腐、かまぼこ、魚の干物などが全国各地で作られています。

さらに、江戸時代に入ると、うどんやそばが開発され、それに伴い、出汁のかつお節やたれのかえしに使う味醂なども一緒に作られてきました。

江戸前の鮨も、それまでは塩と飯と魚をつけ込んで発酵させる「なれずし」が主であったものが、やがて発酵の時間を早めるために酒が加えられるようになり、その酒が酢になって酢飯となり、生物のネタでも殺菌力のあるワサビと一緒にのせて食べられるようになりました。また、なたね油など食用油が作られると、調理方法でも天ぷらなどが作られるようになり、油揚げなどの大豆加工品も多く作られています。

江戸前の料理では、二八そばと天ぷら、そして鮨は、手早く、美味しく食べられる江戸の三大人気食品になり、外食産業の走りともなりました。

江戸時代の主な諸国名産品

納豆(浜名・浄福寺・観音寺など)	蕎麦切り(甲州・信州など)
鰹節(土佐宇佐浦など)	味噌(三河・悲田院・奈良法輪など)
醤油(銚子・野田・堺など)	蒟蒻(水戸久慈など)
酢(尾張粕酢など)	葡萄(甲州勝沼など)
米(大和山辺米・山城米・和泉落花米など)	
酒(伊丹・灘・加賀・伊豆江川・備前児島など)	

2 加工食品メーカーの登場

人類は狩猟や栽培、飼育など農業の営みから得られた食品の保存と貯蔵の方法について、試行錯誤しながら考案してきました。そして、産業革命以降は、考案した保存や貯蔵法の効果について、科学的な裏付けに基づいて、機械的な製造技術を編み出してきました。

産業革命以降の食品加工

欧州などでの食品産業の技術開発の歴史を見ると、産業革命以前の**食品加工**は、保存と貯蔵に主眼が置かれ、農場などでの人手による加工が中心でした。

しかし、産業革命以降は人手に代わって、動力を用いた機械による加工方法というものが編み出され、原料の乾燥から粉砕、分離、濃縮、発酵といった加工技術が機械化され、従来の製法よりも品質の高い食品素材を大量に作り出すことが可能になりました。

これにより、食品加工の領域でも産業化、工業化、企業化が進み、各カテゴリーにおいて工場生産を行う**加工食品メーカー**が出現するようになりました。

簡便性を付与した加工食品

第二次世界大戦頃は、食品加工も量産から簡便性へと移行し、インスタントや冷凍食品などの技術開発が行われるようになりました。

そして、戦後は生物化学の進歩と共に、栄養学や食品衛生学、成分分析学などの、いわゆる**食品科学**の進歩や、加熱、冷凍、乾燥、粉砕などの機械化の発明なども相まって、次々と画期的な食品加工技術が発明されました。

さらに、冷凍技術の発達やプラスチック素材の発明などから、食品を包装するという技術の開発もあり、食品加工は新時代を迎えました。

＊**殖産興業**　本文46ページ参照。

殖産興業と食品加工

日本においても食品加工の工業化が本格的に始まったのは明治時代からで、明治政府による**殖産興業**＊によって、欧米からの機械技術を導入し、それに併せて食品加工の工業化も進みました。例えば、昔は人力や水車の動力に頼っていた製粉や製糖、酒や醤油などの製造分野で工業化による大量生産が進み、企業化も始まりました。また、食の洋風化も進み、それまでの米、魚介類、野菜を中心とした食生活から畜産物、油脂類、乳製品などの食品を多用する食生活に変わり、国民の栄養摂取量が著しく増加し、健康な暮らし向きに変わってきました。

日本でも本格的に食品産業が形成されていったのは、戦後からです。食料難時代から解放され、食料生産も徐々に回復しました。

そして、一九六〇年に入り、高度経済成長と共に、国民の生活水準も高まり、電気冷蔵庫や電気炊飯器など家電製品の普及と共に、国民の食生活も豊かさを求めるようになってきました。

食品業界発展の背景（1945～1970年）

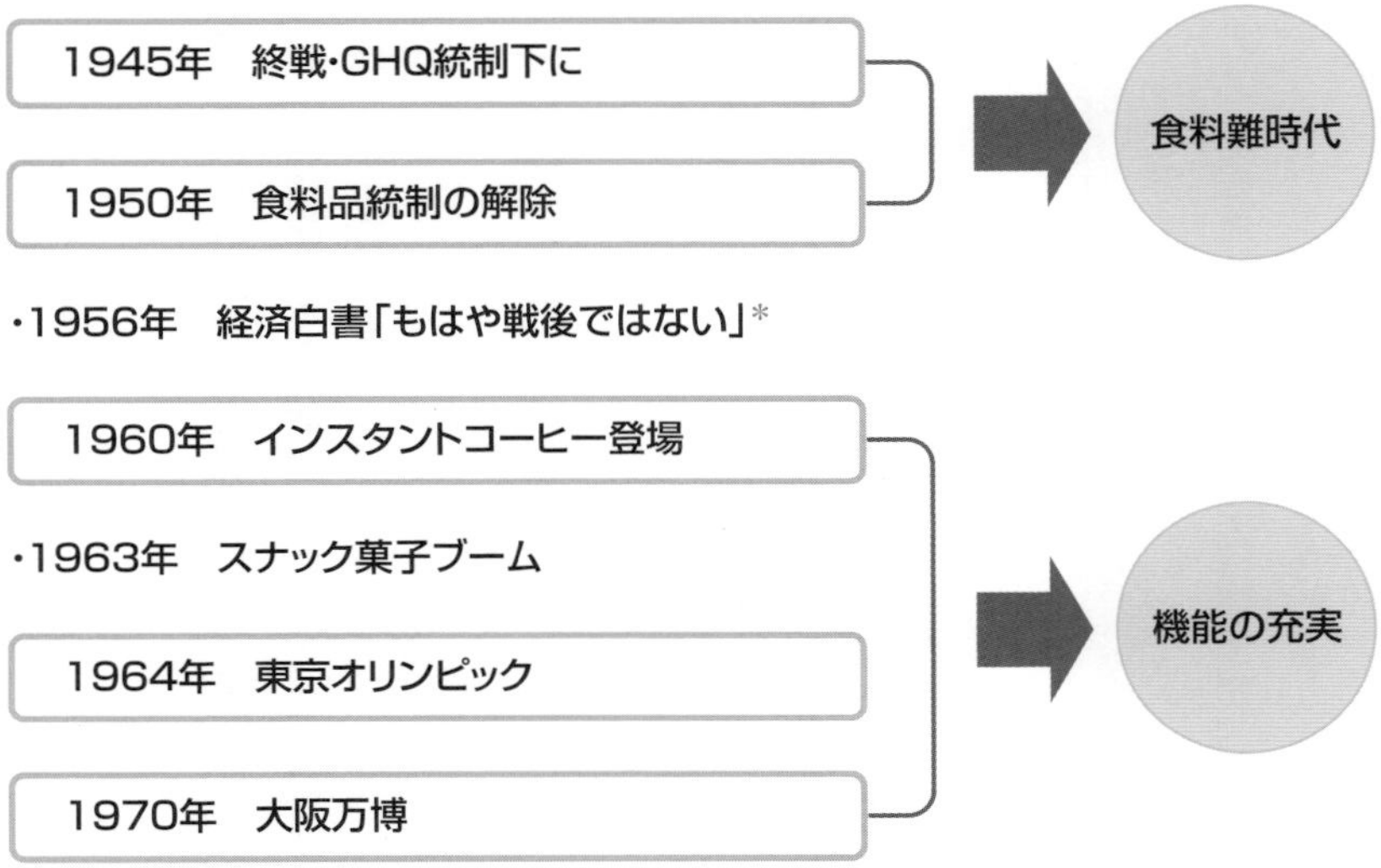

用語解説

＊**「もはや戦後ではない」**　1956年の経済白書に盛り込まれた言葉で、経済水準を示す指標である1人当りの実質国民総生産（GNP）が、1955年に戦前の水準を超えたという意味の表現で、これ以降、高度経済成長が始まる。

3 外食産業の登場と小売業の革新

一九七〇年代からの外食産業の成長やスーパーマーケットの登場が食品業界の革新と発展を後押しするかたちとなりました。さらに、八〇年代以降のライフスタイルの多様化や健康志向、コンビニエンスストアの成長などが食品業界を育てました。

外食産業がもたらした新市場

一九七〇年はわが国の**外食産業元年**といわれています。同年三月から九月まで開催された大阪万博にロイヤルがレストランを、**ＫＦＣ**（ケンタッキー・フライド・チキン）がファストフードの実験店をそれぞれ出店し、アメリカで生まれた**外食産業**の出現が大きな話題になりました。同年七月、ＫＦＣは三菱商事との合弁で日本ＫＦＣを設立、同年一一月、名古屋市に一号店を出店しました。同じ年の七月、わが国初のファミリーレストラン、**すかいらーく**一号店が東京・府中市にオープン、**ファミレス**という外食業態がわが国に定着する契機になりました。

加工食品需要の増大

マクドナルドの登場は、日本の食卓にハンバーガーを定着させる契機にもなりました。

その後の外食産業の成長は、わが国の外食業界の経営、食生活、ライフスタイルなど様々な分野に大きな影響を与えました。その中で最も大きな影響を受けたのが食品業界でした。外食産業は安定的で大量の需要を発生する新たな加工食品需要を食品業界にもたらし、その成長が食品業界を大きく発展させました。さらに核家族化の進行、共働き家庭の増加が内食の簡易化志向を上昇させ、これも冷凍食品、レトルト食品などの加工食品需要を拡大させる要因になりました。

スーパーマーケットの成長

外食産業の登場と共に、食品小売業においては、**スーパーマーケット**の登場も、食品製造業の経営に一石を投じる結果となりました。

一九六〇年代から七〇年代にかけて、日本は欧米先進国と比較しても、食品小売業のほとんどが単品専業型で小規模な商店が多くありました。その後、チェーンストアの大量出店と郊外型の大型店(GMS)の出現により、商店数は激減し、食品小売業はスーパーマーケット主導型に変わっていきました。

そして、一九九〇年代からは、コンビニエンスストアの存在が、食品業界に大きな影響を与えています。

スーパーマーケットでの経営の基本は、幅広い商品の大量仕入と大量販売で、商品調達の計画化と安定的な商品調達先の確保が使命で、食品メーカーへの発注形態が大きく変わりました。また、セルフサービスによる販売形態は、商品のプレパッケージや分量、品質、価格表示など、大量生産型の標準化、規格化された商品の品揃えが中心になりました。

食品業界発展の背景（1970～2000年代）

1970年	大阪万博開催 外食産業元年

新市場出現

・70年　KFC1号店開店
・70年　すかいらーく1号店開店
・71年　マクドナルド1号店開店
・71年　ロイヤルホスト1号店開店

1980年	ドトールコーヒーFC展開開始
1983年	グルメマンガ『美味しんぼ』連載スタート
1987年	バブル景気表面化

株価高値更新を契機に地価、住宅の高騰始まる

1990年	日経平均株価暴落
1991年	バブル景気崩壊 牛肉、オレンジの輸入自由化解禁 トクホ制度化
1996年	O157事件発生
2000年	改正JAS法施行
2005年	食品業界再編加速

食品の安全性と品質が食品業界の存続条件に

4 産業の機械化と大量生産

開国後、日本には欧米諸国から数多くの工業技術が流れ込み、食品製造においても機械化が一気に進みました。大量生産が可能になるとともに、それまで人手や水車の動力に頼っていた製粉・製油・製糖業では、大量生産が行われるようになりました。

殖産興業*と食品加工

日本においても食品加工の工業化が本格的に始まったのは明治時代からで、明治政府による殖産興業によって、欧米からの機械技術を導入し、それに併せて食品加工の工業化も進みました。例えば、昔は人力や水車の動力に頼っていた製粉や製糖、酒や醤油などの製造分野で工業化による大量生産が進み、企業化も始まりました。

また、食の洋風化も進み、それまでの米、魚介類、野菜を中心とした食生活から畜産物、油脂類、乳製品などの食品を多用する食生活に変わり、国民の栄養摂取量が著しく増加し、健康な暮らし向きに変わってきました。

機械化による大量生産の始まり

製粉業の始まりは一八七三(明治六)年で、北海道札幌で、アメリカから輸入した石臼製粉機による機械製粉が始まりました。機械製粉のほとんどは輸出用と軍用の保存食の原料で、一部は国内の製パン・製菓用にも使われています。製パンの歴史については後節で紹介しますが、軍用の保存食は現在の乾パンのような兵糧パンと呼ばれるものでした。

国内で製麺用に使われるうどん粉などの粉は昔ながらの水車と石臼を使っての製粉でした。明治時代末頃までの機械化による製粉の量は全体の六割くらいといわれていました。

用語解説

*殖産興業　明治政府が西洋諸国に対抗し、機械制工業、鉄道網整備、資本主義育成により国家の近代化を推進した諸政策を指す。

食用油の輸出

また製油の加工も、江戸時代まではナタネなどを人力あるいは水車で絞る方法で行われていましたが、一八九〇(明治二三)年頃から、水圧式の圧搾機が導入されるようになり、大豆油の機械化が行われ、大量生産されるようになりました。江戸時代の植物油は主として燈用でしたが、明治に入ると食用としても使われてきました。

さらに大正時代の終わり頃からサラダ油が登場し、揚げ物・マヨネーズ用に、食用油が広く使われるようになりました。

日本の製油会社は油の種別や製法の違い、また参入の違いから大きく四つに区分されるといわれています。

一つは菜種やゴマ搾油を伝統製法で作ってきた会社、二つ目は明治から大正にかけて中国の大豆を原料に製造してきた大豆油の会社、三つ目は総合的な食品加工会社を目指して新規参入してきた会社、そして、昭和に入り、大豆に限らずコーンや米糠、ヤシ油やパーム油などで戦後新たに起業した油会社です。

column

インド人もびっくり印度カレー（昭和の食卓①）

1887(明治20)年頃から、日本に「C&B社」というイギリスの会社から「カレー粉」が輸入されるようになりました。エスビー食品の前身、合名会社日賀志屋の山崎峯次郎は、カレー粉の研究をさらに進め、この「C&Bカレー粉」に勝るとも劣らないカレー粉を、1930(昭和5)年に誕生させました。普通品の商標は「ヒドリ(太陽と鳥)カレー」、高級品は「サン・バード」として発売しました。昭和8年には商品名を太陽(Sun)と鳥(Bird)の頭文字「S&Bカレー」に改称しました。そこからも、「C&B社」を相当に意識していたことがわかります。

「インド人もびっくり」のCMで有名になった特製ヱスビーカレーは、33種類のスパイスを使い、初めてプラスチックトレーを採用し、1961(昭和36)年から発売され、大ヒットしました。イギリスにも、インドにも負けない、国産カレー粉とカレールーの開発に取り組んできたことが、エスビー食品の企業理念になっています。

5 缶詰・製缶加工の歴史

前節で紹介した兵糧パンなどのように戦争がきっかけとなって開発された食品加工の技術があります。瓶詰加工は一九世紀にはじめに、フランス海軍の非常用食料として採用されました。さらにイギリスでもブリキ缶による缶詰貯蔵も開発されています。

日本の缶詰製造

日本の缶詰は一八七一（明治四）年にフランス人からイワシの油漬け缶詰の作り方を教えられたというのが始まりとされていますが、これは試作的なもので、商業的に生産されたのは一八七七（明治一〇）年に北海道で作られたサケの缶詰が一番最初の商品といわれています。

その後、日清・日露戦争を機会に、軍事用食料の種類が拡大して、鯨肉や牛肉の大和煮、野菜の水煮の缶詰とかみかんや桃など果実のシロップ漬けの缶詰などが開発されました。さらに、一九二三（大正一二）年の関東大震災では被災者の救援物資として缶詰商品がたくさん使われ、需要が拡大しました。

製缶会社の分離独立

当初、空缶は缶詰の製造業者が自家製造していました。工場内にブリキ缶を造る機械が設備され、食品加工の工程とは別に製缶の工程がありました。それぞれの会社で製缶の熟練工を抱えて製造していました。

その後、大正に入り、缶詰業から製缶業へ分離・独立する動きになりました。当時、サケ・マスの缶詰を製造していた会社が大正二年に米国から高性能の自動製缶機を購入し、自社の必要数量以上に余力があることから他社の缶詰会社に空缶を販売するようになり、缶詰製造と製缶業が分離し、それ以来、空缶製造の専門会社が次々と設立されるようになりました。

用語解説

＊**PETボトル**　合成樹脂の一種、ポリエチレンテレフタラートを材料として作られてた容器で、飲料用容器の9割で使われている。

＊**PL法**　1995年7月1日から施行された、製造物責任法で、製造物の欠陥により損害が生じた場合の製造業者などの損害賠償責任について定めた法規のことをいう。

PETボトル*へのシフト

一九三七(昭和一二)年に始まった日中戦争により経済統制が強化され、八社あった製缶会社が国策で統合された歴史があります。敗戦復興と共に、日本の缶詰製造は、ミカンの缶詰やマグロの缶詰の輸出拡大などで盛り返してきました。

その後、ライフスタイルの変化などもあり、「缶コーヒー」や「スポーツドリンク」、「ウーロン茶」など、新製品が次々と開発され、清涼飲料市場の拡大と共に缶詰製造の市場も拡大してきました。

しかし、バブル経済の崩壊と共に、消費者が堅実な生活を求めるようになったり、輸入缶詰の増加やレトルト食品、冷凍食品の市場が拡大しました。**PL法***(製造物責任法)や食品リサイクル法など、製造の法的規制の環境も変化し、国産缶詰の製造量も再び減少傾向になってきました。特に、順調に拡大してきた清涼飲料分野では、清涼飲料業界が自主規制していた小型PETボトルの規制が解除され、スチール缶・アルミ缶とも需要が減少に転じることになりました。

column

PETボトルの歴史

日本国内でPETボトルが初めて使われたのは、1977(昭和52)年のしょうゆ容器でした。その後、1982年には食品衛生法の改正によって清涼飲料用の容器として使えるようになり、85年には酒にも使われ出しました。96年からは1リットル未満は作らないという自主規制が解除され、小型のPETボトルが普及し始めました。最初は不燃ごみだったPETボトルですが、容器メーカーや飲料メーカーが参加し、日本容器包装リサイクル協会(容リ協)が設立され、処理業者に引き取ってもらうようになり、大規模な再商品化施設を各地に建設し、原油価格が高騰したときなどは、廃PETボトルが有償で売れるようになりました。

6 製塩の歴史

塩づくりの原料を海水に頼る日本では、古くから塩浜法が行われ、江戸時代には瀬戸内に入浜式塩田が発達し、全国の約八割の塩を生産していました。明治の開国後は国内塩業の育成・保護や価格の低廉化のために、一九〇五(明治三八)年から専売制度になりました。

専売による価格の安定

塩専売後しばらくは、塩の価格が安定しなかったことから、政府は塩の価格を引き下げると共に、塩の元売人や小売人を指定し、官費による塩の輸送を行いながら塩の価格の安定に努めました。さらに、国営による塩田整備なども行われ、塩の価格引き下げと整備の目的を達成しました。また、明治時代には日露戦争の軍費調達という目的もあり、収益確保も迫られましたが、塩は生活必需品ということから、昭和に入っても専売制度を維持して安価に推移してきました。しかし、太平洋戦争が勃発すると塩の生産が激減し、割当配給制になると共に、自家用の塩の製塩が認められました。

イオン膜による技術革新

日本専売公社に引き継がれた塩専売事業では、食料用塩の国内自給を目標に、生産技術の改良や法的整備が進められました。その結果、国内塩の生産量は飛躍的に増加し、一九五三(昭和二八)年から塩の消費者価格も統一されました。しかし一方で、塩の過剰生産から塩田廃止による生産調整も行われています。さらに、塩の輸入量が増加する中で、コストの高い国内製塩は見直しを迫られ、輸入塩の価格に対抗できる国内製塩業の再編が急務になってきました。

製塩技術はさらに進歩し、**イオン膜方式**＊による製塩の実用化で低コスト化の取り組みも行われています。

＊**イオン膜方式**　本文190ページ参照。

塩専売制度の終焉

行政改革の本格化から一九八五年に、たばこの専売制が廃止され、日本たばこ産業株式会社が発足し、塩事業だけは日本たばこ産業株式会社に置かれた塩専売事業本部によって専売制が継続されましたが、さらなる行政改革と規制緩和への流れから、専売制の廃止を前提として、製造・輸入・流通にわたる原則自由の市場構造への転換が図られることとなりました。

「財団法人塩事業センター」が設立されると共に、一九九七年四月に、九二年間続いた塩専売制度は廃止され、生活用塩の供給や緊急時に備えた備蓄などの機能を財務大臣の指定を受けた塩事業センターが担う体制がスタートしました。

その後、イオン交換膜製法の国内塩はそれまでの七社七工場体制から四社五工場体制へ再編され、塩元売も八〇社から約四〇社へと半減しています。

そして塩の専売制度を支えてきました小売組合も解散されることになり、塩は自由市場となりました。

製塩法の仕組み

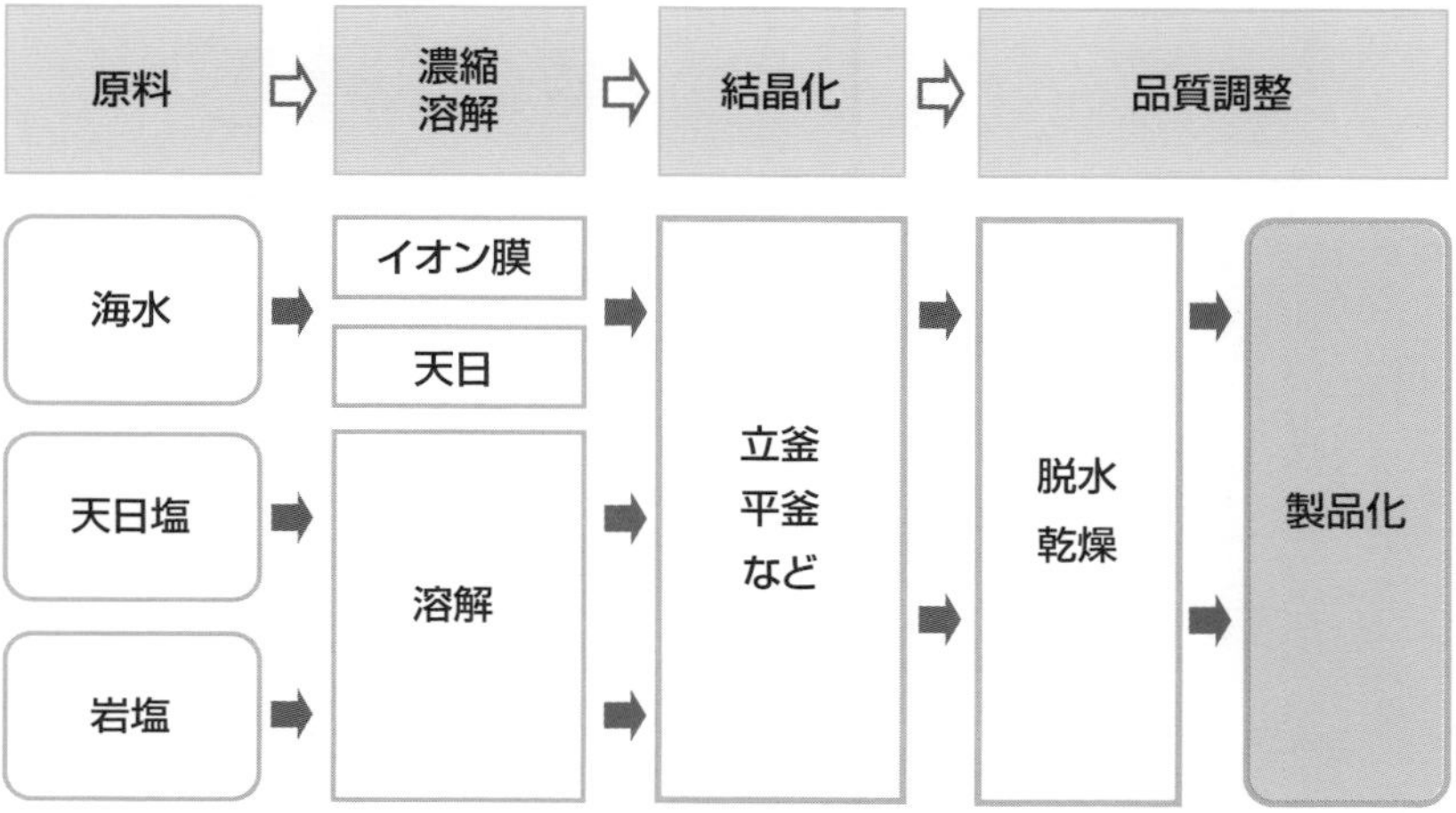

製糖、製菓のあゆみ

7

もともと、製糖も製菓も南蛮渡来のものとされていましたが、日本の製糖の始まりは、江戸時代の一六一〇(慶長一五)年に奄美大島で造られました。鎖国政策によって国内産が奨励され、黒糖のほか讃岐や阿波の白糖など、各地に有数の製糖の産地ができました。

機械化の始まり

一八八〇(明治一三)年に、北海道の国営甜菜(てんさい)製糖工所にフランス製の精糖機が導入され、機械化による砂糖の製造が始まりました。

その後、一八九五(明治二八)年、日清戦争で勝利した日本は清から台湾を手に入れ、日本の製糖産業は大きく転換しました。一八九六年に日本精製糖が設立され、一九〇〇年には三井財閥の出資で台湾製糖が設立され、日本精糖と合併し、大日本製糖株式会社になりました。この大日本製糖が一九〇六(明治三九)年、台湾に進出し、日本国内に台湾産の砂糖が豊富に出回るようになりました。

国民生活に密着

大正時代にも台湾への進出が続いていますが、昭和に入り、太平洋戦争に突入すると、台湾で生産された砂糖を国内に輸送することが困難となり、国内の砂糖不足は深刻なものとなりました。

塩と同じように砂糖も配給制になり、一九五二(昭和二七)年まで配給制が続きました。

甘味は国民にとって非常に貴重な存在だったことから、一時期ズルチンやチクロなどの**人工甘味料***が使われましたが安全性の面から使用禁止となりました。

高度経済成長に入ると、国民一人当たりの砂糖の年間消費量が急増し、新たな健康問題にもなりました。

ワンポイントコラム

【人工甘味料】 化学合成により作られた甘味料で、現在は「アスパルテーム」「アセスルファムカリウム」「スクラロース」などがある。

製糖と共に発展した製菓

日本人で初めて「金平糖」を食べたのは戦国時代の織田信長だといわれています。砂糖を使った「南蛮菓子」が渡来したのは一五五〇年、ポルトガルの貿易船によるものとされています。砂糖は江戸中期には大名の茶菓子として、また明治時代にも高級菓子として普及し始めましたが、高価な白砂糖を使ったものが上菓子、黒砂糖や砂糖以外の甘味を使った安価な菓子を駄菓子と呼んでいました。

製糖と共に製菓の技術も発展し、日本で最初に洋菓子が作られたのは、「風月堂総本店」からのれん分けされた米津風月堂で、一八七七(明治一〇)年にケーキを、翌年にはチョコや洋酒入りボンボン、ビスケットを製造しています。また、洋菓子の量産を始めたのは一八九九(明治三二)年に設立された森永西洋菓子製造所で、ビスケットとドロップ、大正に入りキャラメルとチョコを製造しています。ドロップは、一九〇八(明治四一)年には佐久間惣次郎商店が改良を加え、溶けにくいドロップの製造に成功しています。

column

一粒300メートル（昭和の食卓②）

グリコは森永ミルクキャラメルや明治キャラメルと共に古い歴史を持つキャラメルの一つで、キャラメルにはグリコーゲンという栄養成分が含まれていて、そのグリコーゲンを成長ざかりの子供に摂ってほしいとの思いから、創業者がネーミングしたといわれています。また、1粒のキャラメルにはカロリーが15.4kcalあって、これは300メートル走るのに必要なカロリーであることから、キャッチコピーの「ひとつぶ300メートル」は古くから親しまれてきました。パッケージデザインでも、一般には「グリコポーズ」と呼ばれている、男性ランナーが両手と片足をあげているゴールインのマークを採用し、このマークは、大阪の道頓堀川にあるネオンサインにも描かれ、グリコの顔として、おなじみになっています。

8

「うま味」の発見と発達

甘味、塩味、酸味、苦味の、四つの食の味に加え、「五つ目の基本味」として知られるようになったのが、昆布だしの主成分であるグルタミン酸で、一九〇八（明治四一）年に、東京帝国大学の池田菊苗博士によって発見されています。

日本の十大発明の一つ

日本では古くから料理に昆布だしが使われてきましたが、特に昆布に含まれる成分においしさの元があると、経験的には知られていました。

一九〇八年、東京帝国大学理科大学の教授だった池田菊苗博士が、当時の医学部学部長の三宅秀博士の「佳味は消化を促進す」という言葉に触発され、コンブ抽出液（昆布出汁）に含まれるL-グルタミン酸塩の特徴的な呈味を発見し、翌年発表した論文（新調味料に就て、東京化学会誌、一九〇九年）の中で「うま味」と命名したことから始まります。池田菊苗博士は、翌年製造法特許を取得し、最初のうま味調味料が市販されています。

ＵＭＡＭＩが世界の共通用語に

池田博士はこの功績によって、特許庁が日本の工業所有人権制度一〇〇年を記念して制定した「日本の十大発明家」の一人に選ばれています。ちなみに、他の発明家では、ビタミンＢ１の鈴木梅太郎博士などが選ばれていますが、一九四〇年代までには世界各地でも販売され、一〇〇年以上経ったいまでも、世界一〇〇ヵ国以上で広く使われています。また、グルタミン酸に続いて、かつお節に含まれるイノシン酸、干ししいたけに含まれるグアニル酸もうま味を呈することが解明され、一九八五年に、うま味（英語表記＝ＵＭＡＭＩ）という用語が使用されることになりました。

味の素発展のあゆみ

このグルタミン酸ナトリウム製造の工業化に協力し、量産化を実現したのが味の素です。発明の翌年に国内での発売を開始しています。

同社ではその後、三五年に食用油、六二年にスープ、六八年にはマヨネーズ、七二年に冷凍食品と事業領域を拡大してきました。

さらに食品周辺のアミノ酸事業、医薬品事業にも進出、現在の「食と健康への貢献」を目指す国内最大の総合食品メーカーへと成長しました。

同社の調味料事業では、うま味調味料の「味の素」のほか、和風調味料の「ほんだし」、中華調味料の「クックドゥー」などがあり、市場シェアのトップを保持しています。さらに、一九六四年に米国ベストフーヅ社（現ユニリーバ社）との連携で「クノール」を発売以来、家庭用スープの市場もリードしています。

アミノ酸事業では、調味料のほか、医薬品やアミノ酸を活用した甘味料、化粧品の原料など、様々な分野の研究を行っています。

column

味の素の容器（昭和の食卓③）

赤いキャップでおなじみの「味の素®」30gの食卓瓶が発売されたのは、1951（昭和26）年11月でした。それまでの耳かき大のスプーンではなく、キャップを外し、サッサッサッと直接振りかけるタイプに変わり、中身がなくなったら缶や袋から瓶に詰め替えられるようになったのです。瓶の中蓋の穴は11穴あり、穴の直径は2.7mm、3振りで0.15～0.2g出るように作られました。これは、すまし汁1杯分の量を目安にしたそうです。ちなみに、1909（明治42）年の発売当初は薬品用のガラス瓶で、そのあとはヘリングボーン式巻取缶になりました。

その後、戦争中は容器の素材が入手困難となってきたため、1941（昭和16）年からは全面的に「段ボール紙缶」となり、戦後1951（昭和26）年11月まで使われました。

9 経済の復興と食品産業の発展

敗戦後の一〇年間、日本は極度の食料不足に悩まされてきました。しかしアメリカからの食料援助や、米・麦・大豆などの基本食糧が増産されたことから、国民は飢えから解放され、食生活も改善されてきました。

食の簡便化とインスタント食品

経済復興と共に、国民の生活様式も徐々に変わり、一九五〇年頃からは、インスタント食品の開発が盛んになってきました。インスタントラーメンや魚肉ハム・ソーセージの開発は日本の食品産業の歴史の中でも画期的な出来事でした。

一九五二年にニッスイから発売された「フィッシュソーセージ」は、日本の伝統的な食品である「かまぼこ」の製造技術を応用し、でんぷんやブドウ糖などを加えて練り混ぜ、加熱することでソーセージのような触感を再現できるように開発されました。その後、「カニかまぼこ」などのコピー商品が開発されました。

粉ミルクの生産再開

一九四七年に学校給食が始まり、脱脂粉乳とコッペパンなどが支給されました。さらに一九五〇年には牛乳の販売が再開され、食生活の洋風化と共に牛乳・乳製品の消費が伸び、国内生産量のほか、輸入量共に激増しました。一九一七(大正六)年、和光堂が国産初の育児用粉ミルク「キノミール」を発売しました。続いて、一九二〇年には森永乳業が、三年後の一九二三年には明治乳業が育児用の粉ミルクを発売しています。

昭和に入り、戦時中は粉ミルクの生産供給がほとんどできず、戦後の復興と共に、生産供給が開始され育児用粉ミルクの規格も確立されました。

米飯関連商品の開発

日本人の主食である米飯に関連した食品も戦後次々と開発されています。

一九五三（昭和二八）年には、永谷園本舗から「お茶漬け海苔」が発売され、昔から日本には、ご飯にお茶をかけて、のり、漬け物、かつお節などをのせて食べる習慣があり、大ヒットしています。

また、お茶漬けと同様に、米飯関連商品として、ふりかけも大ヒットしています。一九六〇年に、丸美屋がふりかけの「のりたま」を発売したのを皮切りに、お茶漬け海苔にも使われた、凍結乾燥（フリーズ・ドライ）による、さけやたらこ、梅干し、野沢菜などを使ったふりかけ商品が次々と開発されました。

同じ米飯関連商品では、明治時代から人気があったカレーも、戦後、固形ルウカレーの誕生によって、一般の家庭に浸透していきました。一九四九年に、「ハウスカレー」が八年ぶりに製造を再開し、翌年には、エスビーやベル、キンケイ、テーオー、オリエンタル、蜂、メタルなどのカレー製品が発売されています。

column

のりたま（昭和の食卓③）

1960（昭和35）年に丸美屋食品の創業者・阿部末吉が、旅館の朝食のような雰囲気を家庭でも手軽に味わえないかと考えて考案したのが、卵と海苔を使ったふりかけの「のりたま」で、1963（昭和38）年からは、テレビアニメ『エイトマン』のスポンサーとなり、エイトマンのシールをおまけに付けて、大ヒットしました。ふりかけブームの先駆者となった「のりたま」ですが、ご飯にかけるだけではもったいないと、最近は明星食品と丸美屋がコラボして、「のりたま焼うどん」が発売されています。

10 冷凍食品とレトルト食品

日本での冷凍食品の歴史は古く、一九二〇(大正九)年、ニチレイ(当時は葛原商会)が北海道で魚の冷凍を始めていますが、一般家庭用の冷凍食品は一九三〇(昭和五)年に、日本水産(当時は戸畑冷蔵)が「イチゴシャーベー」という商品を開発しています。

電子レンジの普及と共に

一九五四(昭和二九)年、学校給食法の制定と共に、冷凍コロッケなどが給食に出され始めますが、調理済みの冷凍食品が開発されたのは一九六四年の東京オリンピック頃といわれています。世界各地から集まる多数の選手団の食事を提供するために調達する食材の量が問題になり、冷凍食材などの検討が行われました。しかし、当時は解凍技術などが伴わず、一般家庭向けの商品化の目途はなかなか立っていませんでした。その後、一九六六(昭和四一)年に家庭用電子レンジが登場し、五大調理冷凍食品といわれる、コロッケ、ハンバーグ、焼売、餃子、えびフライなどが次々と市場に登場してきました。

新展開を迎えた冷凍食品

昭和四五年、大阪万博の開催と共に、ファミリーレストランなどの外食産業が展開され、それがきっかけで冷凍食品が爆発的に普及しました。

家庭用冷蔵庫の普及が一九七五(昭和五〇)年には九五パーセントを超え、電子レンジの普及率も九〇パーセントを超えるようになり、ほとんどの家庭で冷凍食品を利用するようになりました。導入時期に懸念されていた解凍技術もいまでは、反対に自然解凍で食べられる調理用冷凍食品が開発されるなど、新しいカテゴリーでの冷凍食品が生み出されています。冷凍食品はたくさんの会社から様々なジャンルで発売されています。

＊**レトルト食品**　本文176ページ参照。

常温流通食品の拡大

冷凍食品の開発によって、流通や販売においても冷凍管理のシステムが導入されてきましたが、その一方で常温流通される食品も次々と登場してきました。

一九六八年に大塚食品から発売された「ボンカレー」は、**レトルト食品***の先駆けとして大ヒットした商品です。レトルト食品とは、調理済みの食品を、二枚のプラスチックフィルムの間にアルミ箔を貼り合わせた袋（レトルトパウチ）に充填包装して殺菌した商品で、袋のままお湯で温めてすぐに食べることができるものです。その簡便性と常温流通できるということから、消費者に好評で、カレーのほか、クリームシチューやハンバーグ、マーボー豆腐の素など、ジャンルも幅広くなってきました。さらに、一〇℃以下での流通が義務付けられていた牛乳は、無菌充填包装という技術の採用によって、常温流通が許可されました。高温で数秒間殺菌された牛乳を無菌室内で滅菌ずみの容器に詰める方法により、販売される商品で、**ロングライフ牛乳**と呼ばれています。

column

3分間待つのだぞ　ボンカレー（昭和の食卓④）

1968（昭和43）年2月に、大塚食品工業が世界で初めて一般向けの市販レトルト食品として発売したのがボンカレーです。当時のレトルトパウチは、透明な合成樹脂のみによる2層の積層加工で、強度に問題があり、輸送中に穴が空くなどの事故が起きていました。そこで内側のポリプロピレンと外側のポリエステル間にアルミ箔を挟んだパウチに改良して強度を増し、空気遮断機能も向上したことから、賞味期限が2年に延びました。1973（昭和48）年から、笑福亭仁鶴がＣＭに出演し、「3分間待つのだぞ」という台詞が人気になりました。その後も、子供たちに人気のＣＭキャラクターが次々と登場しています。

経済の変動と食品メーカーのあゆみ　11

日本経済は二度にわたるオイルショックの経験によって、それまでの大量生産・大量消費や使い捨ての時代から、節約を美徳とする省エネの時代へと変化し、国民の価値観や生活様式を大きく変えることになりました。

カロリー摂取量の低下

昭和五〇年代に入り、国民所得の伸び悩みや人口増加率の低下という要因も重なり、食品業界の成長にも陰りが出てきました。

まず日本人一人当たりのカロリー摂取量が一日二五〇〇キロカロリーを超えてから頭打ちとなり、食生活にあっては、健康志向も相まって、量的なものへの満足感から、質的なものへの転換が顕著となりました。

また、夫婦の共稼ぎが増え、女性の社会進出と共に核家族化の傾向が一段と顕著になり、ファミリーレストランやファストフードなどでの外食化や家庭内での調理の簡便化も進み、冷凍食品の需要が増えてきました。

バブル経済によるグルメ志向

一九八〇年代に入り、バブルの進行と共に、ライフスタイルのさらなる多様化が見られるようになり、食のジャンルも、健康志向やスポーツブームにより、健康食品やスポーツドリンクなどの新商品がヒットしてきました。さらに、食のパーソナル化やグルメ化など、「飽食化」と呼ばれる時代にもなってきました。

それも束の間で、バブルが崩壊すると一転して、不景気から、家庭で鍋を囲むという内食化に変わり、鍋料理の食材となるものやしょうゆ、ポン酢といった調味料がヒットするようになり、食のスタイルも自然志向、本物志向に変わってきました。

用語解説

＊**0157**　腸管出血性大腸菌の一種で、大腸菌の持つ0抗原のうち157番目のものを意味し、家畜などの糞便や糞便で汚染された水、食物を介して、集団食中毒などを引き起こしている。

平成不況の長期化・深刻化

一九九〇年代に入り、牛肉、オレンジの輸入自由化など農産物の輸入自由化が始まり、食品業界を取り巻く環境も大きな変化してきました。

小売店においては、大手スーパーのプライベートブランド(PB)が人気を集めるようになり、食品業界においてもOEM供給など取引の形態も大きく変わり、商社も含めて、大手食品メーカーとの取引にも変化が出てきました。

また、一九九六年の春から夏にかけて起きたO157*による食中毒事件をきっかけに、衛生安全への消費者意識が一気に高まり、さらには環境ホルモンの問題や野菜の高濃度ダイオキシンの問題、遺伝子組み換え食品や食品添加物の危険性など、食の安全に関する問題が一気に噴出した時代でもありました。

二〇〇〇年に入っても、雪印乳業の食中毒事件など、食品メーカーをめぐる社会問題が発生し、食品メーカーは、技術革新の一方で、これまで以上に、衛生管理や危機管理、情報開示が問われる時代となりました。

バーモントカレー（昭和の食卓⑤）

1963（昭和38）年から発売されたバーモントカレーは50年以上たった現在でも、ハウス食品のトップブランドとして高い人気を誇っています。開発前までカレーは、辛さや刺激が売り物の大人向けの食品というイメージが強くありました。団塊世代の子供達が食卓の中心になってからも、子供向けのカレールウの登場はなく、小麦粉を混ぜたり牛乳を入れるなど、それぞれの家庭で辛さを調整しながら調理していました。そこに着目して、「子供も大人も一緒に美味しく食べられる」を開発コンセプトにしたのがこの商品です。当時、りんご酢とはちみつを使った「バーモント健康法」に注目が集まっていたことから、原材料にリンゴと蜂蜜を使用してコクを出し、マイルドな味付けに取り組んだ結果、消費者からの支持が集まり、高いシェアを誇る商品となりました。

12 食品会社による食品偽装の歴史

阪急阪神ホテルズが運営する四都府県のホテルやレストランで、メニューに書かれた食材とは異なる食材を使用して顧客に料理を提供していたことが判明し、消費者庁が景品表示法違反（優良誤認）の疑いで、本格的に調査に乗り出す事件が起きて、ホテル業界のみならず、外食業界や百貨店業界にも影響が波及しています。

食材の産地偽装と表示偽装

問題があったのは、東京、京都、大阪、兵庫の八ホテルと一事業部の二三店舗で、二〇〇六年から七年間にわたり、料理の提供が行われていました。ホテルの発表では利用客が七万八〇〇〇人に及び、食事の提供が確認できれば代金を返すとし、返金総額で一億円を超える見通しとなりました。

偽装の中味としては、沖縄産などの豚肉使用の産地が異なっていたり、**有機野菜**と表示があるのに、有機野菜でないものを提供したり、芝エビと表示しながら、安い輸入ものの養殖エビを使用したものなど、偽装食材の提供が四七にもなることが判明しました。

後を絶たない産地偽装

これまでも、輸入食材への不信から、肉類や魚介類、農産物などで産地を偽装する事件が相次ぎました。

二〇〇四年には、大手の牛肉卸業者が、国内産と偽り米国産の牛肉を処分、国から補助金を偽った事件や、二〇〇五年には、中国、北朝鮮で採取されたアサリを国内産と表示した事件が起きています。水産物ではこのほか、中国産冷凍うなぎの改ざんなどが起きています。

また、国産の農産物では、香川県産の小麦粉を使用していない讃岐うどんに香川県産小麦一〇〇%と偽装表示した事件や、人気が高く高値で取引される魚沼産コシヒカリの偽装表示事件などが起きています。

用語解説

＊**コンプライアンス**　コーポレートガバナンスの基本原理の一つで、一般に企業の「法令遵守」または「倫理法令遵守」を意味する概念。

偽装防止への取り組み

食品製造における法的規制や企業の社会的責任については、第五章で詳しく解説しますが、これまでも偽装防止に向けての取り組みが多くなされてきました。にもかかわらず、規制の網を巧みに逃れる行為が続いてきました。国では、企業の偽装を防止するために農産物、畜産物に対して市場への立ち入り調査を行うと共に、DNA検査などを行っています。

さらに都道府県では、地域ブランドの維持のために、種苗管理の段階から徹底した指導管理を行ったり、栽培方法のマニュアル化を進め、産地の固定化などを図ったりしています。また、生産者履歴や商品の表示方法の適正化指導、市町村や農協、漁協などと連携しながら、生産から流通までの各段階において、厳しいルール設定なども行っています。生産された物には証明書や認証マークを発行するなど、地域ブランドの徹底保護に取り組んでいます。

このほか、企業における**コンプライアンス***の取り組みや内部告発の奨励なども進めています。

近年の主な食品偽装事件

年	事件
2019	神戸サカエ屋食肉偽装事件
2016	産業廃棄物処理業者による不正転売
2013	阪急阪神ホテルズ産地偽装事件
2011	ユッケ生肉食中毒と偽装販売事件
2009	福岡県でのコメ産地偽装事件
	汚染米による酒造事件
	愛知タケノコ偽装事件
2008	事故米の食用転売事件
	中国産餃子中毒事件
	牛肉偽装事件
	中国産冷凍ウナギ偽装事件
	飛騨牛の食品偽装事件
	ミートホープ偽装事件
2007	料亭の食べ残し再提供事件
	比内地鶏偽装事件
	「赤福」消費期限不正表示
	「白い恋人」消費期限不正表示

13

東日本大震災後の食品業界

二〇一一年三月一一日、三陸沖を震源に国内観測史上最大のM9・0の地震が発生。大津波、火災などにより東北の太平洋側を中心に東日本の広範囲な地域で甚大な被害が出ました。また、原発事故による計画停電や放射能汚染の風評などにより、食品産業にも大きな影響を与えました。

農林水産業での被害

二〇一二年七月現在の農林水産関係被害額は二兆三八〇〇億円で、阪神・淡路大震災の二七倍、新潟県中越地震の一八倍の被害を受けています。

このうち、農業関係では、農地の損壊が一万八二〇〇ヵ所で被害額四〇〇〇億円、農業用施設などの損壊が一万七九〇〇ヵ所で被害額四四〇〇億円、そのほか農産物などの被害が六三五億円あり、農業関係の被害額は約九〇〇〇億円にのぼります。

さらに林野関係の被害額が二二五五億円、水産関係の被害額が一兆二六三七億円あり、農林水産全体では、二兆三八四一億円になっています。

食品産業への影響

食品産業では多くの工場で損壊や津波による流失の被害があり、再建を断念したメーカーも数多く出ています。このほか、震災直後の計画停電やガソリンや灯油などの供給不足、資材メーカーの被災による食品の包装資材の不足などもあり、物流面でも支障が発生し、操業停止に追い込まれるメーカーも多くありました。

日本政策金融公庫による最近の調査でも、全国の食品企業（製造業、卸売業、小売業、飲食店）の七割が地震・津波の影響があったと回答しており、中でも東北三県では、「まだ影響が残っている」と回答した企業が六割を超えています。

原発事故の影響

原発事故による食品業界への影響は最も深刻で、消費者の原発事故後の食品購買意欲が著しく低下しました。また、いわゆる風評被害の影響もあり、いまだ回復には至っていません。さらに、いまでも汚染水処理の問題も発生し、水産物への影響も払拭されないままになっています。

食品産業における原発事故の影響は、避難区域の設定や出荷制限指示に伴う損害に留まらず、業種横断的に様々な損害が生じています。

損害の具体的事例としては、放射能検査に係る機器の購入費や検査証明取得費などの費用発生、また加工食品用および外食・中食用などにおける原材料の調達先変更に伴う新たな費用発生や電力料の値上げとその対応から自家発電設備への新たな投資などによるコストの増大が挙げられます。

販売面では、輸出用発注済み製品のキャンセルや返品、輸入国における検査のために、港に留め置かれ、倉庫代などが発生してしまうなどの損害が出ました。

震度７以上の地震による被害

名称、震度、マグニチュード		農林水産被害	人的被害
2016年4月 熊本地震	震度7 M7.3	約1,777億円	死者:50人
2011年3月 東北地方太平洋沖地震 (東日本大震災)	震度7 M9.0	2兆3,841億円	死者:1万5,883人 行方不明者:2,681人
2004年10月 新潟県中越地震	震度7 M6.8	1,330億円	死者:68人
1995年1月 兵庫県南部地震 (阪神・淡路大震災)	震度7 M7.3	900億円	死者:6,434人 不明者:3人

出所：農林水産省、警察庁、消防庁、気象庁の調査をもとに農林水産省で作成

column

日本の伝統的スーパーフード

スーパーフードとは、一般的に「栄養バランスに優れ、多くは低カロリーである食品」と定義されています。抗酸化作用が高く、生活習慣病や老化の予防によいとされるものなどを指していますが、ユネスコの無形文化遺産でもある日本食とその伝統的食材に対する評価が高まっています。

❶海苔

海洋国日本を代表する水産食品といえば海苔で、タンパク質やビタミンC、食物繊維の含有量が高いことが評価されています。

❷緑茶

緑茶に含まれる成分カテキンの脂肪燃焼効果や殺菌効果などが期待されています。

❸味噌

日本古来の発酵食品として、イソフラボン、乳酸菌、酵母、不飽和脂肪酸、コリンなどの栄養分が豊富に含まれています。

❹梅干し

クエン酸が豊富に含まれ、疲労回復に効果があり、殺菌作用なども高いと評価されています。

❺納豆

納豆菌が作り出すナットウキナーゼは殺菌作用・抗酸化作用などがあり、動脈硬化や心筋梗塞に対する効果も期待されています。

❻ひじき

カルシウムやマグネシウム・鉄分など多くの成分が含まれ、特にミネラル類が豊富に含まれていることから、貧血や便秘の予防・改善に効果的があります。

❼ぬか漬け

ぬか床に含まれるビタミン類やカルシウム・鉄分、酵素などが、期待されています。

このほか最近では、八丈島の「アシタバ(明日葉)」や黒糖やシークヮーサー、もずく、ゴーヤーなどの沖縄食材にも注目が集まっています。

第3章

国内食品業界の全容

食品メーカーは、食品流通業や外食産業と並び、国民生活に欠くことのできない食料を安定的に供給する大切な役割を担っています。食品製造業が利用している原材料の約7割は国内で生産されている農林水産物で、国産農林水産物の3分の2以上が食品製造業および外食産業で使われているなど、国産農林水産物の最大の需要先となっていることから、日本の農林漁業の将来にも深くかかわり合いを持っています。

また、2018年の工業統計の実績では、食品製造業による出荷額は全体の約12%を占め、就業者数でも全産業就業者数の15.3%を占めるなど、経済、雇用の両面で大きな役割を果たしています。

How-nual
図解入門
業界研究

1 食品業界とは

食品業界は国民生活に密着した最大の生活産業で、「工業統計表」（経済産業省）の分類上では「食料品製造業」と「飲料・たばこ・飼料製造業」の二部門からなり、製造業全体の総産出額の一二％を占めています。

工業的に加工処理した食品の生産

私たちが栄養素の摂取や嗜好のために食べる食品は、生鮮食品と加工食品に大別されます。生鮮食品は野菜、果物、魚介、食肉などそのまま生で食べたり調理して食べる食品です。加工食品は品質向上、保存、有効利用、安定供給などのために穀物や生鮮食品などを工業的に加工処理した食品です。

加工食品は工程上から、一次加工食品、二次加工食品、三次加工食品に大別されます。

一次加工食品は食材の食品的特性を活かすため、物理的処理や発酵による最小限の加工処理を行った食品で、白米、缶詰、味噌、漬物などがあります。

食品業界は基幹業界の一つ

二次加工食品は食材または一次加工食品を一～二種類以上用い、元の食品とはまったく別の食品に加工したもので、食パン、麺類、バターなどがあります。三次加工食品は食材、一次・二次加工食品などを二種類以上用い、元の食品とはまったく別の食品に加工したもので、菓子、冷凍食品、惣菜などがあります。これら加工食品を生産しているのが食品業界です。

日本の食の安定供給と安全性に大きな役割を担っている食品業界は、電力、鉄鋼、自動車などと並ぶ日本の基幹産業の一つであり、日本の加工食品は世界中で最も安全な食品の一つといわれています。

地域の経済に極めて大きな影響力

日本の各食品メーカーでの、製造および品質管理技術の高さと各企業の日々の努力もさることながら、国、農業生産者、消費者、食品メーカーなどが連携して食品の安全を守る仕組みが機能しているからです。

生鮮食品と加工食品は、細分類すると五六業種となり、食品産業の原料が農産物・水産物・林産物と多岐にわたることを反映しています。

また、製造業の事業所数では、食品業界の事業所数が最大であり、かつ全国各地にあまねく存在しています。

農産物・水産物が採れる地域には必ずそれを原材料として加工する食品産業が存在し、従業員を多く雇用し、その地域の経済に極めて大きな影響力を有しています。もともと生活必需品を提供することから、これまであまり景気変動の影響を受けることなく、生産変動や在庫変動も少なく、ある意味では不況に強いという特性を持つ業界になっていました。さらに、カテゴリーによっては、大企業のシェアがさほど高くなく、大企業・中小企業併存型の業界だということができます。

食品の種類

生鮮食品		米、麦、ソバ、野菜、果物、魚介、食肉
加工食品	一次加工食品	白米、砂糖、缶詰、味噌、醤油、食用油、漬物、納豆など
	二次加工食品	食パン、麺類、バター、マーガリン、マヨネーズ、ソースなど
	三次加工食品	菓子、冷凍食品、インスタント食品、レトルト食品、惣菜など

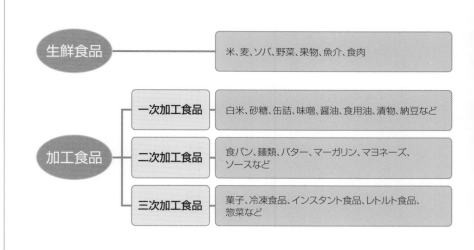

食品産業の経営動向

食品産業の国内生産額は、食料品価格の値下げなどにより一九九〇年代後半をピークに減少傾向にあります。しかし、食品製造業の事業所数は製造業の中では一番多く、就業者も一一〇万人を超え、国民生活にとっては、重要な産業に位置付けられています。

百万人を超える就業者数

経済産業省「工業統計」によれば、二〇一八年の食料品製造業と飲料・たばこ・飼料製造業における製造品出荷額などは、三九兆四六八〇億円で、対前年比二・九％増になっています。製造業全体の出荷額合計の約一二％を占めて、輸送用機械器具製造業に次いで二番目に多い額になっています。

また事業所数では、二万八三六九ヵ所で、前年より一・八％減少しています。製造業全体の一五・三％を占めて、全製造業の中では一番多い業種になっています。

就業者数も一二四万人と、製造業全体の一六％を占めています。

安定的に推移している食料品売上高

二〇一八年度の法人企業統計調査の中の食料品の売上高は、四五兆八四一六億円で対前年比一・一％増になっています。これは、全産業の約三％、製造業だけでは一一％を占めています。

また、経常利益でも、一八年度は一兆九六七四億円で対前年比並みになっています。売上高営業利益率は三・五％、同経常利益率は四・三％でほぼ平年並みに推移しています。

出荷額でもほぼ前年並みで、売上高でも二〇一八年は安定的に推移していましたが、その後のコロナ禍による影響は大きなものがあります。

プライベートブランド商品の市場規模拡大

食品の低価格化は続いていますが、その背景の一つとして、消費者の低価格志向に応えるかたちで、食品製造業者と小売業者、外食事業者などが共同で商品開発してきた、**PB商品***の市場拡大があります。PB商品とは、スーパーマーケットやコンビニエンスストアなどの小売企業などが自ら商品を企画し、独自のブランド名を付けて販売するプライベートブランド(PB)で、二〇一〇年以降、各ブランドとも好調に売上を伸ばしています。

最近ではPBの品目も多彩になり、消費者からの認知度も高まり、食品製造業者と小売業者の双方で、今後新たにPBの取り組みを考えているところも増えています。PB商品同士の開発競合も激しさを増していて、付加価値を充実させた高付加価値PB商品や全国各地の地域資源を活用した地域限定商品の開発も活発化することが予想されます。また、小売事業者や外食事業者の海外進出に併せて、PBの海外への販路開拓などに取り組むところも増えています。

商品を選ぶ理由について

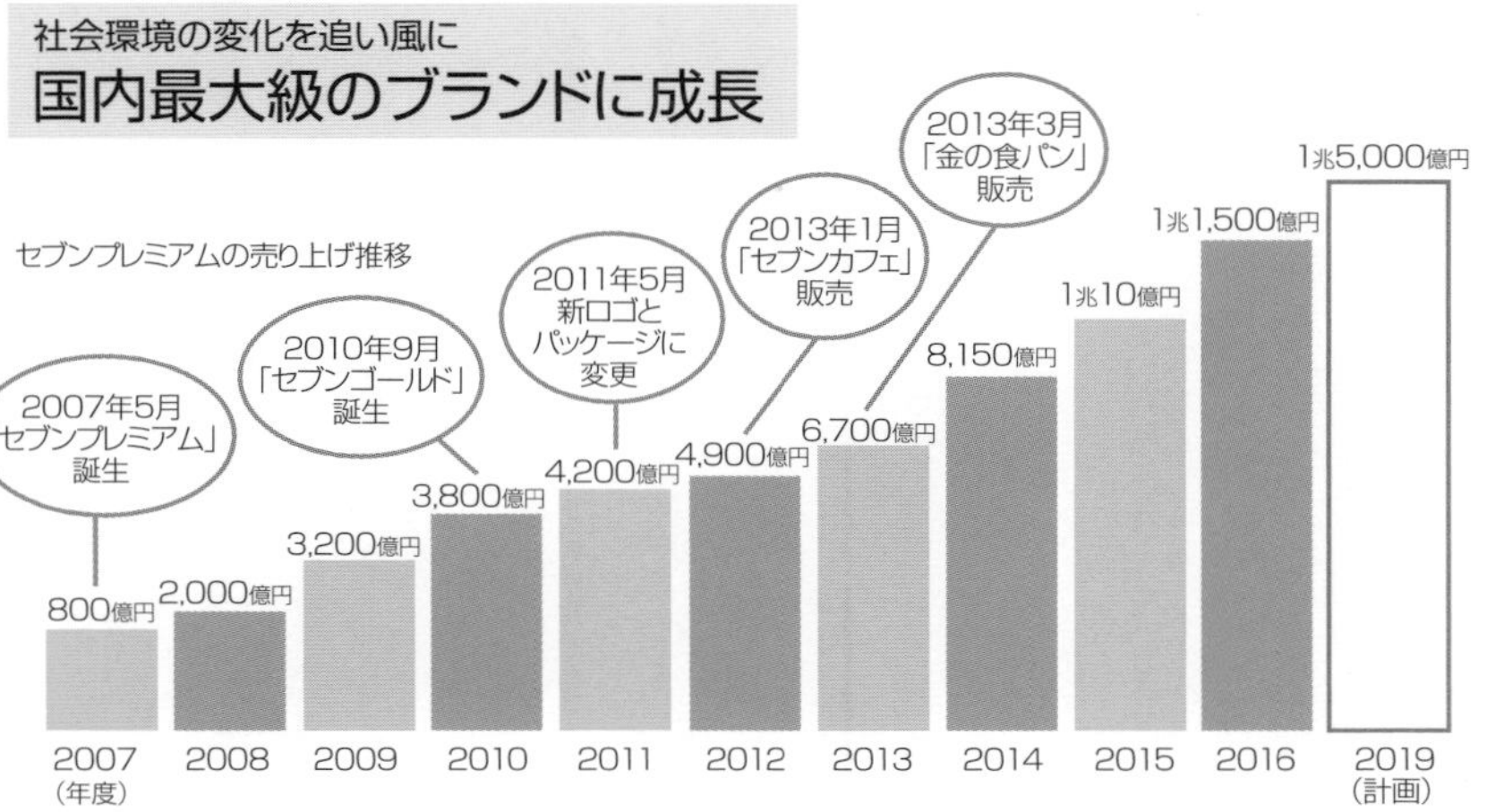

出所：株式会社セブン&アイグループ　ホームページより

用語解説

＊**PB商品**　ナショナルブランドの対義語で、小売店や卸売業者が企画し、独自のブランドで販売する商品。差別化や低価格で販売することを可能にする商品として、人気がある。

3

冷凍食品（業態と特徴①）

冷凍食品は、長期保存と調理が簡単という利便性により年々消費が拡大しています。二〇一九年の統計では、乳幼児を含めた国民一人当たりの年間消費量が約二三・四kgに達しています。

市場規模は七一三一億円

冷凍食品は長期保存を目的とした加工食品で、野菜、魚介類、食肉などの下ごしらえ済み食材のほか、揚げ物類、うどん、餃子、ハンバーグ、おにぎり、グラタンなどの調理済み食材など、品目はバラエティに富んでいます。

近年は喫茶店向けのモーニングセットやケーキ類の需要も拡大しています。日本冷凍食品協会の統計によれば、二〇一九年の国内生産量は一五九万七三二九トン、出荷額は七一三〇億円です。国内生産と輸入を合わせた消費量は二九五万一三八八トンで、国民一人当たりの年間消費量は二三・四kgです。消費量の四六%を輸入品の冷凍食品が占めています。

価格競争の激化

最近五ヵ年の冷凍食品の国内生産状況では、工場が年々減少し、二〇一九年では四三八ヵ所で、対前年比一・四%減となっています。ちなみに五年前の二〇一四年は五一一ヵ所で約一五%減少しています。生産の拠点が海外に移転したことなどが要因になっています。

しかし、生産数量は前記したように一五五万四二六五トンで対前年比では〇・六%増になっていますが、五年前と比較すると、三・六%増になっています。また国内消費量をみると、五年前と比較して八・八%と大幅に増加し、輸入による調理冷凍品も増えてきたことから、価格競争が激化してきました。

日本冷凍食品協会
〒104-0045 東京都中央区築地3-17-9　興和日東ビル４階
https://www.reishokukyo.or.jp/

家庭用調理済み冷凍食品の増加

大分類の品目別生産量では、水産物の減少が続き、北海道の原料生産が回復した農産物が増加しています。また、国内生産の大半を占める調理食品が増加傾向になっています。

さらに、小分類の品目で最近の動向を見ると、大きく増加したのがうどんで、対前年比一一・一%の増加です。次いで、ハンバーグ、卵製品、グラタンなどが増加しています。ここ数年減少したのが、中華まんじゅう、コロッケ、カツなどになっています。

また、調理冷凍食品の輸入の動向を業務用と家庭用で分けてみると、業務用は量が横ばいなのに対して、金額が減少傾向にあり、反対に家庭用が輸入量では対前年比一八・八%増、金額でも一三・三%増加しています。さらに国別をみると、中国からの輸入が引き続き増加傾向にあるのに対して、ベトナムやタイが減少しています。輸入品はフライ物と非フライ物に分かれますが、近年は非フライ物が増えています。

国内生産量上位20品目（令和元年度）

順位 令和元年	品目	生産数量(トン)	構成比
1	うどん	132,378	12.0
2	コロッケ	114,728	10.4
3	炒飯	83,309	5.4
4	餃子	81,776	5.1
5	ハンバーグ	70,065	4.5
6	ラーメン類	65,087	4.1
7	スパゲティ	60,540	3.7
8	カツ	59,445	3.6
9	ピラフ類	53,935	3.4
10	たこ焼き・お好み焼き	49,135	3.1
11	卵製品	44,587	2.8
12	シュウマイ	38,364	2.4
13	洋菓子	31,357	2.0
14	おにぎり	27,281	1.7
15	ミートボール	27,102	1.7
16	ポテト	26,525	1.7
17	グラタン	26,196	1.6
18	春巻	25,100	1.6
19	中華まんじゅう	20,248	1.4
20	パン・パン生地	18,866	1.2

4

食肉加工品（業態と特徴②）

ハム、ベーコンなどの食肉加工食品は、たんぱく質摂取源として、日常の食生活に欠かせない役割を果たしています。また、最近では「食肉惣菜類」のハンバーグ、ミートボール、コロッケ、トンカツ、シュウマイ、餃子、春巻などの調理品の消費量が増加しています。

種類が豊富な食肉惣菜類

最近の食生活の変化に伴い、調理食品の比重が高まっています。その中で食肉を使った食肉調理品としては、ハム、ベーコン、ソーセージのほか、ローストビーフ、ジャーキー、チキン製品のほかホルモンなどの畜産副生物製品、さらに、食肉の使用の多少にかかわらず原料とし用いている食肉惣菜類などがあります。

形態もチルド製品をはじめ、冷凍、レトルト・缶詰など多彩になってきました。

惣菜類はもともと食肉専門店が自家製造し販売していたものが、現在ではスーパーやコンビニ、デパ地下や惣菜専門店など、店舗も多彩になってきました。

安定した市場

日本ハム・ソーセージ工業協同組合の統計によれば、二〇一九年の生産数量は五五万九二五トンで、ここ数年、ほぼ五五万トン台と横ばいで推移しています。

ハム・ソーセージ・ベーコンの一般家庭での一人当たり年間消費量も約三kgの水準でほぼ横ばいに推移しており、食肉加工食品が食卓の定番メニューとなっているさまを示しています。

競争激化で商品の低価格化が続く中、業界を取り巻く環境は厳しいものがあります。しかし、調理の簡便性や即食対応としての需要は底堅いものがあり、内食化の傾向から惣菜の材料としての利用も増えています。

日本ハム・ソーセージ工業協同組合
〒150-0022　東京都渋谷区恵比寿1-5-6　ハムソーセージ会館
http://hamukumi.lin.gr.jp/

多彩な食肉加工品

前記のように食肉加工品の生産量はわずかに上昇していますが、内訳では、ハム類の生産量が二万二〇〇トンで対前年比はほぼ横ばいとなりました。また、サラダチキンなどチキン加工品を含む「その他ハム」が増加し、ベーコン類やソーセージ類も増加しています。しかし、これは、ハム、ベーコン、ソーセージという従来からのカテゴリー商品で、いま人気になっている食肉調理品や食肉惣菜類は食肉加工品のカテゴリーには含まれていません。

餃子やシュウマイ、コロッケ、メンチカツなどは、ほとんどは冷凍食品としての取り扱いになり、コンビニやデパ地下、惣菜専門店で販売されている製品はチルド製品となり、またこれらの多くは惣菜類として取り扱われています。

また、チルド製品の「ハンバーグ」も、数多くの業態で取り扱っているため、ハム、ベーコン、ソーセージのように生産数量を把握することは難しいのですが、確実に日本人の食卓を彩るものになっています。

ソーセージの主な種類

種類名	特徴
ポークソーセージ	豚肉のみを原料にしたソーセージ
ウインナーソーセージ	豚、牛などの肉を原料に、豚腸または太さ20mm（ミリメートル）未満の人工ケーシングに詰めたもの
フランクフルトソーセージ	豚、牛などの肉を原料に、豚腸または太さ20mm以上、36mm未満の人工ケーシングに詰めたもの
ボロニアソーセージ	豚、牛などの肉を原料に、豚腸または太さが36mm以上の人工ケーシングに詰めたもの
リオナソーセージ	豚、牛などの肉を原料に、種物（グリンピースや乳製品など）を加えたもの
レバーソーセージ	豚、牛などの肉を原料に、豚、牛などの肝臓を加え混合したもの
サラミソーセージ	豚、牛などの肉を原料に、乾燥だけしたもの
ラックスハム	一般に生ハムと呼ばれているもの。豚の肩肉、ロース肉、または腿肉を塩漬けし、ケーシングなどで包装後、低温で燻煙（燻煙しないものもある）したもの。生っぽい食感が味わえる

出所：中央畜産会ホームページ「カラダのごちそう　アタマの栄養」

5

水産加工（業態と特徴③）

水産加工食品は、日本人の魚食普及を牽引する役割を果たしてきました。健康志向にもマッチした魚の需要拡大に向け、今後も水産加工食品の充実が期待されています。

日本人の嗜好に合う「魚食」

現在、魚のおろし方がわからない、調理の後片付けが面倒、魚の臭いを残したくないなどの理由から、「魚離れ」が問題になっています。しかし、それでも魚食は日本人の嗜好に合うものとして、親しまれています。

現在のように普及したのは一九五〇年頃からですが、明治時代末期の国民一人当たりの魚の年間消費量はわずか三・七kgで、十分の一程度でした。戦前までのピーク時でも現在の半分程度でした。高度経済成長に伴い、冷凍技術や交通網の発達などが魚食の普及を促しました。さらに練り製品など安くておいしい水産加工食品の開発が魚食の消費を拡大させていきました。

健康志向と簡便化志向

水産加工食品の種類は実に豊富です。農林水産省の分類では練り製品など七つに大別されます。消費者の食の志向に関する調査では、健康志向、簡便化志向の割合が増加し、食用魚介類に対する関心は高く、近年、消費仕向量全体に占める加工用の食用魚介類の割合が上昇しています。

食用魚介類の一人一年当たりの消費量は、二〇一八年度は前年より〇・五kg少ない二三・九kgで、直近三年は減少傾向です。支出割合では生鮮魚介類が全体の約五七%を占めていますが、近年は輸入加工品なども増えて、その割合は変わりつつあります。

全国水産加工業協同組合連合会
〒103-0013　東京都中央区日本橋人形町3-5-4
http://www.zensui.jp/

サバ缶と風味かまぼこ

二〇一八年度の魚介類の国内消費仕向量は七一六万トンで、このうち五六九万トン（八〇%）が食用に回され、残りの一四七万トンが飼肥料向けの非食用となっています。同年の食用魚介類の自給率は、前年度から三ポイント増加して五九%となっています。

水産加工品では、海苔をはじめとしたギフト需要が減少し、また原料価格の高騰に伴う値上げなどにより、需要も減退し、市場は縮小傾向にありますが、二〇一八年頃から、サバ缶の健康効果や活用方法が認知され、水産缶詰が市場を押し上げています。さらに、風味かまぼこが筋肉増量に適した食品としてTV番組で紹介されたことから人気商品となりました。この健康志向は当分続くものとみられています。

二〇一七年九月より「食品表示基準」が改正され、輸入品以外のすべての加工食品について、製品に占める重量割合上位一位の原材料を対象に、その原産地の表示が義務化され、水産加工品でも原材料の輸入先が表示されています。

水産加工食品の種類

種　類	主な加工食品
練り製品	ちくわ類、かまぼこ類
冷凍食品	魚介類（切り身、刺身、鍋物セットなど）、水産物調理品（フライ、ハンバーグ、照り焼きなど）
煮干し品	スルメ、身欠きニシンなど
塩干し品	丸干しイワシ、目刺、開きアジなど
煮干し品	シラス、チリメンジャコなど
塩蔵品	塩サバ、タラコ、スジコなど
燻製品	スモークサーモン、燻製イカなど
節類	カツオ節、カツオ削り節など
その他加工品	塩辛類、糟ニシン、佃煮、ミリン干し、裂きイカ、焼きノリ・味付けノリなど

6

製粉（業態と特徴④）

製粉とは小麦などの穀物を粉砕して粉を製造することですが、食品業界では小麦から小麦粉に一次加工する業態の意味で使われています。現在、国内のメーカーは七八社ですが、日清製粉グループ本社など上位の大手三社のシェアが九割強を占める寡占業態にあります。

国産自給率一〇%

原料の小麦は、製粉工程でまず胚乳と外皮により分けられます。次に胚乳は小麦粉に加工され、外皮は配合飼料の原料であるフスマに加工されます。

小麦の国内消費仕向量は近年約六五〇万トンで、このうち、食パン、中華めん、うどん、ビスケット、スパゲッティなどの食料仕向量は全体の八八%くらいになっています。また、一人当たりの年間消費量は三二・四kgでほぼ横ばいで推移しています。日本の小麦自給率は一九六〇年代をピークに減少を続け、二〇一八年は一三・四%で、残りの八六%が海外からの輸入で賄っています。

食品加工の基本となる小麦

輸入元で一番多いのがアメリカ産小麦で、次にカナダ、オーストラリアの順になっています。

小麦は小麦粉の用途によって種類が異なり、強力粉は主にパンの原料として、カナダ産やアメリカ産のものが使われます。準強力粉は、中華めんやぎょうざの皮などに使われ、オーストラリア産やアメリカ産のものが使われています。

うどんや即席めん、ビスケットなどに使われる中力粉は、国内産のものや豪州産が使われ、カステラ、ケーキ、天ぷら粉、ビスケットなどには薄力粉が使われ、米国産のものが多くなっています。

製粉協会
〒103-0026　東京都中央区日本橋兜町 15-6
http://www.seifunky.jp/

貿易協定によるリスク

これまで紹介したように、日本で消費される小麦の約九割は輸入によって賄われ、政府が一括で買い入れた小麦を国内の製粉会社が買取る「政府売渡制度」が設けられており、輸入小麦の価格は政府によって決められています。国内産は全量民間流通になっています。

小麦の価格は関税や為替、天候不順、輸送コスト、新興国の食生活の変化など様々な要因によって変動し小麦粉の価格は下落や上昇を繰り返すなど不安定な相場が続いています。

今後、「TPP11協定」や「日EU・EPA協定」や日米貿易協定などにより、小麦や小麦粉製品の二次加工製品の関税引下げが進んでいきます。

製粉業界ではそれら貿易協定をリスク要因の一つとして捉えており、関税引き下げによる輸入品の二次加工品（パスタやクッキーなど）の需要拡大により、国内の小麦粉需要は減退し、製粉業界の規模が縮小する恐れがあるといわれています。さらに、世界の人口爆発や異常気象によるリスクも懸念されています。

小麦粉の種類と用途

等級＼タイプ	強力粉	準強力粉	中力粉	薄力粉	デュラム製品	
特等粉	高級食パン 高級ハードロール	高級ロール パン	フランス パン	カステラ ケーキ 天ぷら粉	セモリナ	高級マカロニ
1等粉	高級食パン	高級菓子パン 高級中華麺 一般パン	高級麺 そうめん 冷麦	一般ケーキ クッキー まんじゅう	グラニュラ	マカロニ スパゲッティ
2等粉	食パン	菓子パン 中華麺 生うどん	うどん 中華麺 クラッカー	菓子パン 中華麺	デュラム粉	一般パスタ類
3等粉	生麩 焼麩	焼麩 かりんとう	かりんとう	駄菓子 糊		
末粉	接合材配合用 工業用					

出所：サタケHP「麦百科」

パン（業態と特徴⑤）

7

パンは六〇年代以降、食の洋風化と共に普及してきました。パンの生産量は八〇年頃をピークに、その後はやや下降しながらも、安定した需要があります。大手パンメーカーは寡占状態にありますが、最近は地域に密着した高級食パンなどがシェアを伸ばしています。

菓子パンが消費低下の歯止めに

戦後、学校給食の始まりと共に大量生産されるようになったパンの需要も、七〇年代後半から米飯給食が始まり、下降曲線を描くようになりました。しかし、学校給食以外のパンの市場は、大きく二つに分けられ、一つは小売パン市場ともう一つは外食パン市場です。

小売パン市場の中には、量販店やスーパー、コンビニなどで売る流通パンやベーカリーショップで売るパンがあり、外食パン市場はコーヒーショップやホテルの朝食バイキングなどで出てくるパンなどです。

また、パン生地の市場としては、業務用冷凍パン生地や市販用冷凍パンなどがあります。

量販店とコンビニで六割

流通パンの市場では、中食志向の高まりなどを背景に量販店やスーパー、コンビニなどで安定した売上を維持しています。流通パンの小売チャネル別は、量販店による販売がトップで、次がコンビニで、量販店とコンビニを合わせると六割近くになります。震災以降、節電対策などもあって、調理が不要な菓子パンや惣菜パンの需要が増しています。

一方、外食パンでは、カフェチェーンの店舗数拡大やベーカリーカフェなどの新業態、外資系サンドイッチショップの日本進出、外食チェーンによるサンドイッチメニューの提供などで売上を伸ばしています。

日本パン工業会
〒103-0026　東京都中央区日本橋兜町 15-6　製粉会館９階
https://www.pankougyokai.or.jp/

高級食パンブーム

日本人の主食に対する価値感の変化からパン食の消費者が増加し、それに併せてパンの市場が緩やかに拡大しています。

パンは年齢を問わず、中高年層からも好まれ、手ごろな価格設定や利便性、種類の豊富さなどから支持されています。

ここ数年、全国的にも「高級食パン」ブームが続いています。一般的な食パンが一斤一〇〇～二〇〇円前後なのに対して、高級食パンは一本（二斤）で一〇〇〇円前後と高く、それでも製法や原料にこだわったプレミアム感が支持されてブームが続いています。

このブームを受け、大手メーカーの賞品ラインナップも変わってきました。

原料の質の向上を図り、高付加価値商品を市場に投入してます。さらに、近年の健康志向を背景にトランス脂肪酸の含有量を表示する動きも進み、大手メーカーでは商品のリニューアルも積極的に進めています。

パンの生産量の推移

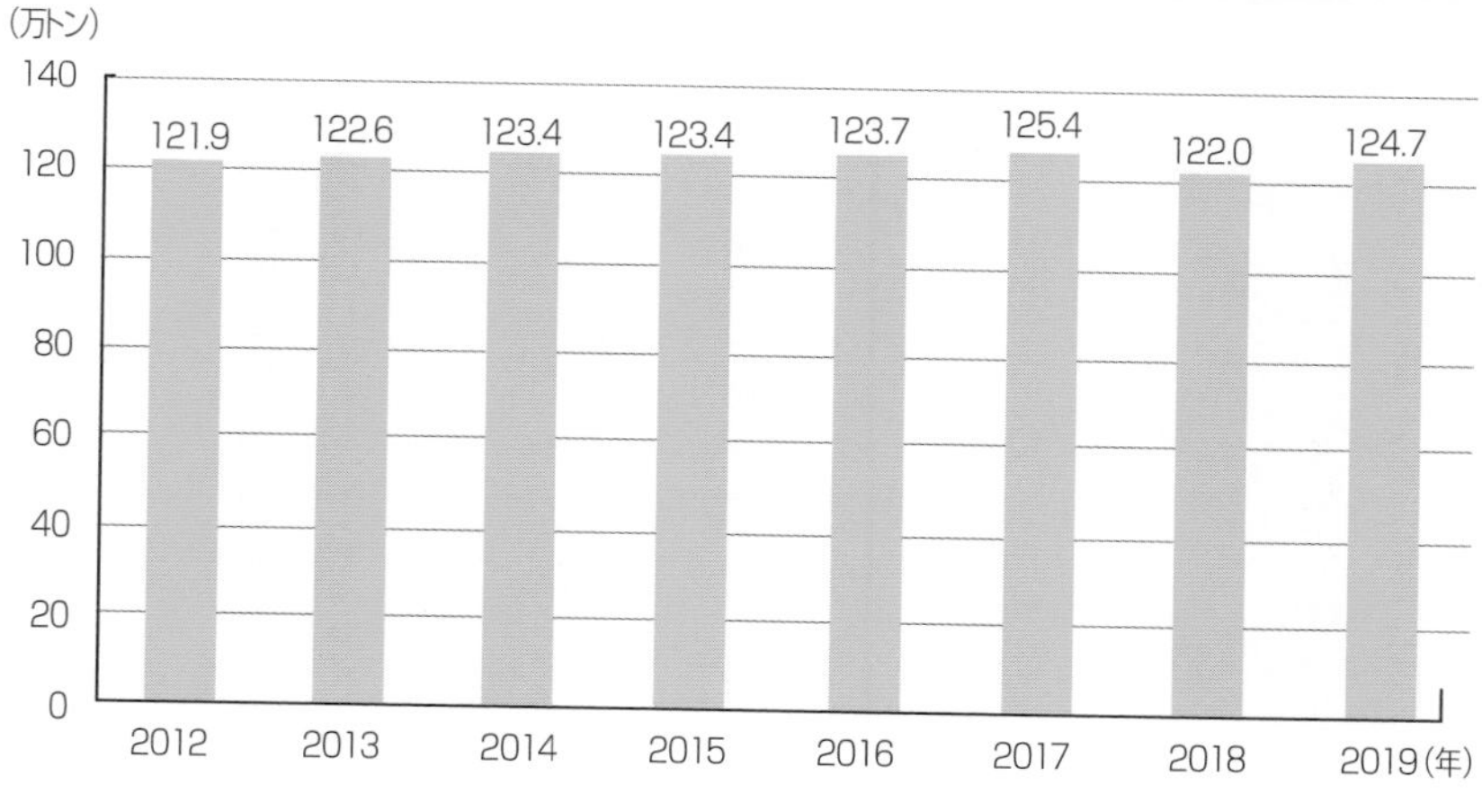

出所：農林水産省

麺類（業態と特徴⑥）

麺類はパンと並ぶ主要な小麦粉加工食品です。種類としては、生麺、乾麺、即席麺、パスタに大別され、生麺・乾麺は主に地産地消型商品として、即席麺・パスタは全国市場型食品として対照的な関係にあります。さらに、うどん・そば・中華などに分かれています。

麺の種別

即席麺は、麺の処理方法によって、油で揚げた「フライ麺」と、油で揚げず乾燥させた「ノンフライ麺」、そして有機酸溶液中で処理した後に加熱殺菌して保存性を向上させた「生タイプ麺」の三種類があります。また、容器形態から、「カップ麺」と「袋麺」に分かれます。

フライ麺とノンフライ麺はドライタイプとなり、製法がＪＡＳ規格のものと、非ＪＡＳ規格のものがあり、ＪＡＳ規格では、調理前の性状、色沢を規定した「一般状態」、調理後の香味などを規定した「食味」および「異物」が定められています。また、麺の品質指標としてノンフライ麺については「水分」、フライ麺については「酸価」、生タイプ麺については「水素イオン濃度」などが規定されています。

好調な即席麺の需要

日本即席食品工業会の調査によれば、二〇一八年度の即席麺総需要では、数量ベースで五七億二三四九万食で、対前年比〇・六％増となり、金額・数量共に四期連続で過去最高を更新しています。

このうち袋麺は一二九九億五六〇〇万円で、対前年比〇・九％増、数量ベースでは一七億六二二〇万食で、〇・八％増になっています。また、カップ麺は四六三三億九六〇〇万円で、一・二％増、数量ベースでは三九億六一二九万食で、〇・五％増となっています。

日本即席食品工業協会
〒111-0053　東京都台東区浅草橋5-5-5　キムラビル3階
http://www.instantramen.or.jp/about/

「巣ごもり」による需要の変化

乾麺、生麺、冷凍麺、即席麺など、幅広いカテゴリーで展開されている麺類の需要は、コロナ禍により、業界を取り巻く環境が大きく変わりました。

いわゆる外出自粛による「巣ごもり」により、在宅で食事する回数が増えたり、保存食としての需要も生まれました。

コロナウイルスの拡大以前は、乾麺、生麺、即席麺がやや低調に推移していたのに対して、冷凍麺は順調に売上げを伸ばしていました。ところが、外出自粛に伴い商品の買い占め行動などが起こったことから、麺類のどれもが小売店の店頭から消える騒ぎとなりました。さらに、学校の休校や、テレワークなど、家庭で生活する人や時間が増えたこと、単にインスタントではなく、調理する時間が増えたことから、麺の種類により、需要に変化が出てきました。

例えば、カップ麺より袋麺の方が、コストパフォーマンスも上なことから、袋麺の人気が復活してきたのです。

インスタントラーメン全体に対するJAS製品の割合

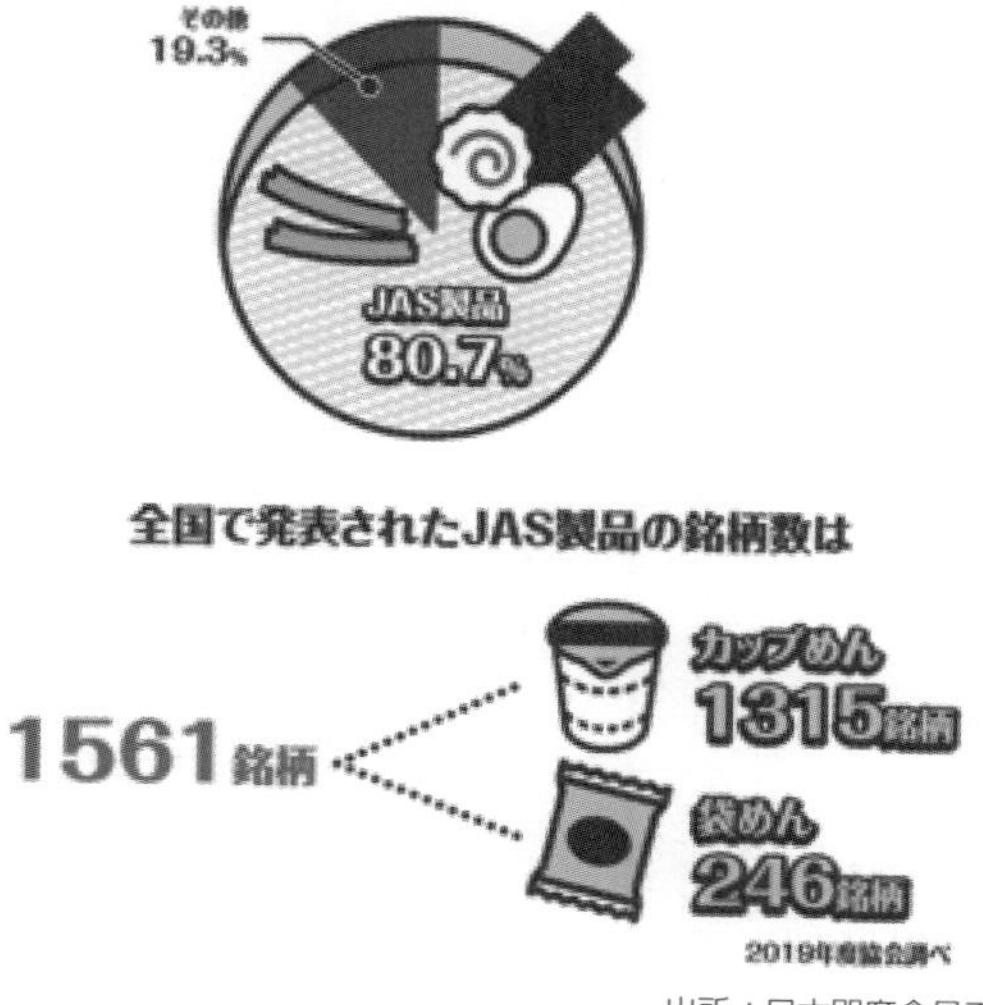

出所：日本即席食品工業会ホームページより

9

惣菜（業態と特徴⑦）

近頃では外食業者が宅配や持ち帰り弁当を提供したり、中食業者が外食店と変わらない味を提供するようになり、外食、中食、内食の区分のボーダーレス化が進んでいます。いまや消費者にとって外食同様の食の楽しさを得られる一ジャンルになりました。

売上高一〇兆円を超える巨大市場

惣菜とはおかずのことです。かつては家庭で手作りしていましたが、単身世帯の増加、核家族化の拡大、女性の社会進出などにより加工食品としての惣菜の需要が拡大し続け、惣菜を含む中食の市場規模は二〇一八年現在で、約一〇兆二五一八億と、一〇兆円台に伸ばしています。

一九七〇年頃までは昼食用の弁当や調理パンが主流でしたが、その後の消費者層の拡大と食生活の多様化によってメニューが増え、多彩に展開されています。

特に夫婦共稼ぎや単身者の増加、さらには独り暮らしの高齢者世帯も増加しています。

進む外食と中食相互乗入れ

消費者の動向に対応し提供者側も変化しています。中食が外食並みの味を提供する一方、一部のファミリーレストランやファーストフード店ではデリバリーや持ち帰りなど中食業界の要素を取り入れたサービスを提供するなど、両者の相互乗り入れが進展しています。

加えて、内食への食材提供を主な業務にしていたスーパーやデパートの地下食料品売場、コンビニエンスストアが惣菜分野に力を入れ、中食市場に進出中です。

食市場全体の中でも惣菜市場の成長は著しく、一〇年前と比較すると二二%を超えています。ちなみに内食も一二四・九%と大きく伸びています。

日本惣菜協会
〒102-0083　東京都千代田区麹町4-5-10　麹町アネックス６階
http://www.nsouzai-kyoukai.or.jp/

販売チャネルも多彩

一九七〇年頃までは商店街の専門店、精肉店（コロッケなど）、デパートとスーパーの惣菜売場が主流でした。その後、コンビニ、ホテイチ（ホテル一階のショッピングゾーン）、駅ビル、持ち帰り弁当店などにも拡大し、近年は宅配サービスや真空パックによるネット通販など、販売チャネルがさらに拡大の様相を見せています。

総菜は消費期限が短い地産地酒型食品である特性からメーカーは中小企業が多く、全国に散在し、その数は一〇〇〇社を超えると推定されています。さらに、スーパーやホテルの多くは店ごとの自家製です。このため、寡占化しにくい業態でもあります。

日本惣菜協会の調べによると、二〇一八年の販売チャネル別の売上高とシェアでは「コンビニ」が三兆三〇七四億円とトップで全体の三二・三%を占め、次いで「専門店・他」が二兆九五四二億円の二八・八%で、「食料品スーパー」が二兆六八二四億円の二六・二%と続いています。

惣菜市場規模の推移

業態	2016年			2017年			2018年		
	金額（億円）	構成比（%）	前年比（%）	金額（億円）	構成比（%）	前年比（%）	金額（億円）	構成比（%）	前年比（%）
専門店、他	29、024	29.5	100.9	29,204	29.0	100.6	29,542	28.8	101.2
百貨店	3,675	3.7	99.0	3,644	3.6	99.2	3,596	3.5	98.7
総合スーパー	9,149	9.3	99.8	9,212	9.2	100.7	9,481	9.2	102.9
食料品スーパー	25,417	25.8	103.6	26,206	26.1	103.1	26,824	26.2	102.4
CVS	31.,34	31.6	105.0	32,290	32.1	103.7	33,074	32.3	102.4
合計	98,399	100.0	102.7	100,556	100.0	102.2	102,518	100.0	102.0

出典：日本惣菜協会「2019年版惣菜白書」

10 缶詰、レトルト（業態と特徴⑧）

缶詰はインスタントで食べられる長期保存食として愛用されてきましたが、一九九七年頃をピークに減少傾向にあります。代わって、常温流通が強みのレトルト食品が急激に市場を広げています。

缶詰はインスタント食品の王様

缶詰加工の歴史は古く、ブリキの缶詰がイギリスで発明されたのは一八一〇年のことです。その後、アメリカでも缶詰の生産が本格化しました。

日本で初めての缶詰工場は一八七七年に北海道で建設された北海道開拓使石狩缶詰所とされています。以降、日本でも缶詰生産が本格化し、昭和初期には主要輸出品の一つになっていました。缶詰の国内消費が本格化したのは一九六〇年頃からです。

缶詰は水産、果実など七品目に分類されますが、種類は約八〇〇種にのぼり、多彩になっています。しかし、缶詰の消費は減少傾向にあります。

レトルト商品の登場

缶詰の市場が縮小してきたのは、缶詰以外の加工食品として、インスタント食品市場が成長、需要が分散した結果と見られています。

レトルト食品はもともと、米国陸軍が缶詰に代わる野戦携帯食として開発したのが始まりです。その後、アポロ計画で宇宙食として採用されたことから注目を浴びました。日本では大塚食品が一九六八年に世界初の一般向けレトルト食品として「ボンカレー」を開発、これがヒットしたことから参入メーカーが相次ぎ、レトルト食品が普及していきました。小売にとってもレトルト商品は常温流通できるのが魅力になっています。

公益社団法人日本缶詰びん詰レトルト食品協会
〒101-0042　東京都千代田区神田東松下町10-2　翔和神田ビル３階
http://www.jca-can.or.jp/

非常食としての需要増

東日本大震災以降、缶詰・びん詰・レトルト食品の利用が急増し、製品特性についての見直し機運も高まってきました。

缶びん詰は、震災前備蓄率が平均して三五%くらいでしたが、震災後の備蓄率は四〇%を超えています。レトルト食品も、震災前備蓄率が三八%くらいだったものが、震災以降の新規備蓄率は四六%になりました。

缶詰では、震災以前から備えていた割合が高い品目は、ツナ、さんま、ジャムなどで、レトルト食品では、カレー、パスタソース、スープ類などとなっていますが、震災後に購入した割合が高い品目は、カレー、パック入りご飯、パスタソースなどになっています。特に、パック入りご飯やおかゆなどは、アイテム数も多彩になってきました。

ライフステージ別にみても、震災前備蓄率が高かいのは、主婦（六〇～六九歳）で約六〇%でしたが、震災以降の新規備蓄率が高かったのは主婦（四〇～四九歳）でした。

缶びん詰め生産量の変化

内容重量：トン

	2015	2016	2017	2018	2019
丸缶・飲料	2,800,890	2,803,086	2,676,739	2,442,241	2,290,947
飲料を除く丸缶計	230,074	220,719	214,635	215,195	205,327
大缶	31,909	31,969	29,709	29,162	29,842
びん詰	65,560	62,058	61,855	50,378	49,301
レトルト食品	362,560	364,368	374,597	379,521	383,200

出所：日本缶詰びん詰めレトルト食品協会調べ+5

（丸缶）　水産・果実・野菜・ジャム・食肉・調理、特殊・飲料
（大缶）　たけのこ・トマト・ジャム・その他
（びん詰）のり・ジャム・その他

11 菓子（業態と特徴⑨）

菓子の種類は五万点を超え、加工食品の中でずば抜けた多彩さを示しています。しかし、メーカーは小零細企業が過半数を占め、老舗が多いのも特徴です。少子高齢化の影響などで縮小傾向が続き、大手メーカーでは、海外市場開拓の動きを本格化させています。

一〇〇〇年以上の歴史

食品の中で菓子ほど多種多様、多彩な食べ物はありません。食べられるものなら何でも材料になり、製法も蒸す、焼く、溶かす、干す、型にはめる、油で揚げる、そしてこれらの組み合わせなど実に多彩だからです。さらに、長い歴史の中でわが国古来の菓子に加え、平安時代に生まれた「唐菓子」、戦国時代に生まれた「南蛮菓子」、明治維新以降に生まれた「洋菓子」などが今日の菓子を形成しています。現在、菓子の種類は五万点を超えると推定されています。菓子は種類が多いゆえに分類も多様です。一般には歴史的背景による分類と保存性による分類が用いられています。

出荷額約三兆億円超の巨大業界

明治維新以前に開発された菓子を「和菓子」、以降に新規に開発された菓子を「洋菓子」と定義しています。また、水分含有率三〇％以上を「生菓子」、一〇～三〇％を「半生菓子」、一〇％以下を「干菓子」と分類することもあります。

「二〇一九年菓子統計」によれば、二〇一九年のお菓子の推定小売金額総計は三兆四二九八億円で、前年比一・一％増になっています。菓子メーカーは現在、全国に約四万社と推定されていますが、地産地消型の小零細企業が多く、社歴の長い老舗が多いのが特徴で、有名な老舗だけでも二〇〇社を超えます。

e-お菓子ねっと
運営「e-お菓子ネット製販代表会議」
http://www.eokashi.net/index.htmlより

好不況に無縁だった業界にも市場縮小の波

元来お菓子は比較的景気動向の影響を受けにくい商品でした。単価が安く買いやすく、趣向品は不景気でも買われ、むしろ不景気下でのストレス解消のために購入頻度が高まる動きもありました。

また食材や素材のアレンジがしやすく、レシピも多彩で、地域特性も表現できることから、多種多様な新商品が毎年生み出されています。そこから、ロングセラーが期待される定番商品も生み出されてきます。

しかし、販売チャネルとなると、かつては老舗同士の競合だったものが、最近はコンビニと銘菓の菓子店とのバッティングが顕著になってきました。

消費者の間にも、「コンビニスイーツ」というのが一つのスタイルになってきています。コンビニでは、独自ブランド(PB商品)の洋菓子や和菓子への注力に伴う多様性が推し進められています。特に、和菓子の人気の背景には、健康志向の高まりと共に、コンビニ来場客におけるシニア層の増加によるところも大きいようです。

菓子生産額の暦年グラフ

単位：億円

	1975	1980	1985	1990	1995	2000	2005	2010	2018	2019
和生菓子	2,334	3,111	3,508	4,400	4,705	4,185	3,930	3,890	4,725	4,650
洋生菓子	1,995	3,100	3,515	3,967	4,268	3,790	3,687	3,580	4,196	4,154
チョコレート	1,833	2,400	2,714	2,871	2,936	3,165	2,979	3,020	5,370	5,630
スナック菓子	735	1,820	2,215	2,595	2,695	2,705	2,570	2,843	4,361	4,476
米菓	1,925	2,259	2,224	2,489	2,273	2,327	2,321	2,471	3,705	3,809
ビスケット	2,071	2,527	2,770	2,220	2,066	2,091	2,052	2,330	3,800	3,765
飴菓子	982	1,023	978	1,740	1,693	1,610	1,750	1,790	2,680	2,780
その他	1,127	1,722	1,905	1,900	2,221	2,000	1,920	1,740	2,873	2,873
チューインガム	389	580	620	960	1,192	1,161	1,278	1,050	970	930
せんべい				800	631	637	577	532	725	725
油菓子			348	385	387	362	321	350	504	506
合計	13,391	18,542	20,797	24,327	25,067	24,033	23,385	23,596	33,909	34,298

出所：全日本菓子協会「菓子統計年報」より

全日本菓子協会
〒105-0004　東京都港区新橋6-9-5　JBビル7階
http://anka-kashi.com/index.html

12

調味料・食用油（業態と特徴⑩）

日本に古くからある味噌、醤油、食酢や欧米から伝えられてきたソース、ケチャップ、マヨネーズ、カレー粉など調味料はおいしい料理を作るために欠かせない加工食品です。食品の多様化と新しいレシピの開発などによって、調味料も多様化、その種類は豊富です。

調味料の多様化

食物に味を付け、食欲を高めると共に消化を助けたりと、機能性がある調味料は歴史の長い加工食品です。

日本では味噌、醤油、食酢などがそれぞれの家で自家製造されていましたが、安土桃山時代より産業化が始まりました。明治維新以降は食の洋風化に伴い、欧米から洋風調味料とその製法が輸入され、明治時代中期からソース、明治末期からケチャップ、大正時代初期からカレー粉、大正時代末期からマヨネーズなどがそれぞれ企業化され、国内生産されるようになりました。さらに、昭和に入り、洋風調味料は一般家庭の食卓にも普及してきました。

和洋折衷型の調味料

最近では、ドレッシング類やスパイス類、うま味調味料、麺つゆ類など数百種類の調味料が消費されるようになりました。

近年調味料製造業の事業所数は微減し、製造品出荷額はやや微増していますが、全体的には大きな変化はありません。しかし、化学調味料などが減少し、天然素材からの抽出や食酢など昔ながらの素材のものが伸びています。食に対する嗜好の多様化で、人工的なうま味ではなく、食物本来のうま味と機能性に関心が集まってきました。また、健康志向の影響もあり、素材への関心も高まってきました。

全国マヨネーズ・ドレッシング類協会
〒104-0061　東京都中央区銀座3-8-15　中央ビル
http://www.mayonnaise.org/

健康志向オイルの拡大

食用油の市場では、オリーブ油やアマニ油、えごま油、米油といった、いわゆる「かける多様な油種」が市場をけん引する形で、金額規模でも二〇一八年は前年度比七～八％増と大幅に拡大し、一四〇〇億円を大きく突破しています。

業務用油の市場も、日本油脂検査協会まとめの二〇一七年度の食用植物油ＪＡＳ格付数量によれば、対前年比四・七％増と伸ばしています。背景として、外食・中食市場で引き続き、から揚げやフライ・トンカツなど揚げ物需要が堅調なことに加えて、人手不足を背景とした省力化や作業効率化など現場ニーズに応えられる、加熱による劣化を抑える機能性フライ油を始め、炊飯油や炒め油・離型油、風味油・調味油といった付加価値商品の引き合いも強いことが挙げられています。

また、家庭用油市場では、キャノーラ油がやや縮小の見込に対して、オリーブ油がエキストラバージンを中心に大幅に伸びて、さらに、アマニ油・えごま油・米油といった健康志向オイルも伸びています。

調味料の主な種類

種類	主な調味料
砂糖類	白砂糖、黒砂糖、乳糖、ブドウ糖、果糖など
塩類	精製塩、粗塩、岩塩など
食酢類	醸造酢、合成酢、穀物酢、米酢など
ドレッシング類	マヨネーズ、イタリアンドレッシング、フレンチドレッシング、シーザーサラダドレッシングなど
醤油類	淡口醤油、濃口醤油、溜り醤油、再仕込み醤油、白醤油
味噌類	米味噌、麦味噌、豆味噌、調合味噌
ソース類	ウスターソース、中濃ソース、とんかつソース、お好みソース、焼きそばソース、タルタルソース、タバスコ、ケチャップ、トマトピューレ、ミートソースなど
スパイス類	ニンニク、ショウガ、ワサビ、唐辛子、胡椒、山椒、ゴマ、シナモンなど
ハーブ類	シソ、セロリー、ニラ、パセリ、マスタード、カラシナ、ミョウガ、ヨモギ、バジル、ハッカなど

日本植物油協会
〒103-0027　東京都中央区日本橋3-13-11　油脂工業会館
http://www.oil.or.jp/

13 味噌、醤油（業態と特徴⑪）

前節の調味料でも紹介したように、味噌と醤油は鎌倉時代に生まれ、戦国時代から江戸時代にかけて全国に普及した日本古来の加工食品で、日本料理に欠かせない調味料です。

味噌の八一％は「米味噌」

日本の伝統的な調味料である味噌は、穀物を発酵させた加工食品です。和食に欠かせない調味料の一つであり、「日本の味」として海外にも知られています。全国各地に名産の「ご当地味噌」があり、その種類は実に豊富です。

二〇一八年の国内出荷量は約四一万五九九九トンで、このうち米味噌が八一％を占めています。国民一人当たりの年間購入量はほぼ二kgと変わらず、出荷量、購入量共にやや減少傾向にあります。最近は米や国産大豆、天然塩などの消費拡大の一環として、地域ブランドとしての味噌づくりが進んでいます。

醤油は大手と中小がすみ分け

味噌と並ぶわが国の伝統的調味料の醤油は、大豆と小麦で作った麹と塩水を発酵させた加工食品です。醤油もまた全国各地の嗜好の違いや醸造法の違いにより、様々な種類があります。醤油の市場もまたやや減少傾向にあり、二〇一八年の国内出荷量は七五万七〇〇〇kgになっています。

醸造メーカーは全国に約一二〇〇社と推定されていますが減少傾向にあり、大手五社によるナショナルブランドの醤油が全国展開され、他のメーカーは地域ブランドとして地場中心の小売や業務用として販売され、大手と中小が市場をすみ分けています。

しょうゆ情報センター
〒103-0016　東京都中央区日本橋小網町3-11　醤油会館内
https://www.soysauce.or.jp/

つゆ・タレなどが増加

醤油の需要について、国内のすべての分野で需要が下がっているわけではなく、「つゆ・タレ」といった醤油加工商品など、業務・加工用は消費量を伸ばしています。一九七五年には四〇％程度だったのが、二〇〇〇年には六〇％台に上昇し、さらに二〇一〇年には七〇％近い割合を占めるまでになり、以後も順調に推移しています。

醤油加工品は、醤油を原料とした液体調味料を指しますが、醤油メーカーだけでなく、ダシやタレなどを作る食品メーカー各社でも製造されることから、市場規模を量る基準が少し曖昧になっています。

さらに、醤油商品そのものでも、「卵かけごはん専用しょうゆ」など、様々なバリエーションが生まれています。近年では、煮物や鍋料理などの調味料として幅広く使われるようになっており、「タレ」もこれまでの焼肉のタレだけではなく、「照り焼きのタレ」や「ゴマだれ」など、様々な種類が市場に登場しています。

企業（工場）数の推移（昭和30年～平成30年）

暦　年			企業（工場）数	昭和30年対比	
				減少数	%
昭和	30	1955	6000		
平成	17	2005	1626	4374	27.1
	22	2010	1447	4553	24.1
	27	2015	1258	4742	21.0
	28	2016	1231	4769	20.5
	29	2017	1211	4789	20.2
	30	2018	1169	4831	19.5

（注）①昭和30年、35年は業界推定による。
平成22年以降は農林水産省大臣官房資料による。調査・集計については、引き続き日本醤油協会が行っている。

出所：しょうゆ情報センター資料より

全国味噌工業協同組合連合会
〒104-0033　東京都中央区新川1-26-19
http://zenmi.jp/

14

清涼飲料水、乳酸菌飲料（業態と特徴⑫）

清涼飲料水はコーラ原液の輸入自由化を契機に市場が本格的に形成され、二〇一八年の出荷額ベースで約五兆二一五二億円と、巨大市場になっています。最近ではトクホ、低カロリーなど健康志向飲料が好調です。

健康志向飲料の人気上昇中

清涼飲料とは牛乳類と酒類を除く飲み物の総称です。食品衛生法では清涼飲料を「乳酸菌飲料、乳および乳製品を除く酒精分一容量パーセント未満を含有する飲料をいう」と定義しており、全国清涼飲料工業会は法の定義に基づき三六品目に分類しています。

日本の清涼飲料市場は一九六一年のコーラ原液輸入自由化を機に成長を始めました。以降、六九年の缶コーヒー発売、七九年のスポーツドリンク発売、八一年の缶ウーロン茶発売、八五年の緑茶など無糖飲料発売などを機に急成長してきました。近年では、消費者の健康意識の向上を背景に、トクホ飲料などが好調です。

国内競争は激化へ

野菜系飲料なども好調に推移していますが、その一方でこれまで清涼飲料水市場の主力だったコーラやサイダーといった炭酸飲料は減少傾向にあります。また、コーヒー飲料は堅調に推移し、最近は高級感の高いコーヒーに需要が集まっていますが、最近の自動販売機やコンビニなどでは、缶コーヒーからドリップ式のカップコーヒーが好調です。

国内での飲料需要は縮小傾向にあり、またPB商品台頭もあり企業の収益力は低下しています。そのため、海外への市場拡大を目指して、中国やアジア諸国などでの事業展開を進めています。

一般社団法人全国清涼飲料工業会
〒103-0022　東京都中央区日本橋室町3-3-3
CMビル3階
http://www.j-sda.or.jp/

一般社団法人日本乳業協会
〒102-0073　東京都千代田区九段北1-14-19
乳業会館4階
http://www.nyukyou.jp/

減少傾向が続く発酵乳と乳酸菌飲料

日本の発酵乳と乳酸菌飲料は、厚生労働省の「乳及び乳製品の成分規格等に関する省令（乳等省令）」によって、無脂乳固形分成分や乳酸菌数、または酵母数の規格が別表のように定められています。

二〇一九年の一年間の発酵乳・乳酸菌飲料kℓの累計生産量は、いずれも前年を下回る結果となりました。

生産量は、発酵乳では四・二%減の一二五万三八七五kℓ（キロリットル）で、乳酸菌飲料は二・五%減の四九万五六九八kℓとなりました。

発酵乳は二〇一六年の一三三万kℓをピークに減少に転じ、二〇一九年はピーク時に比べ六%ほど減少しています。乳酸菌飲料類も、二〇一八年で五〇万kℓを維持していましたが減少してきています。また、総務省家計調査による二〇一九年の都市別一世帯当たりのヨーグルト、乳酸菌飲料の全国平均支出金額では、ヨーグルトが一三一五六円で、対前年比ではほぼ前年並み、また、乳酸菌飲料は、三九九一円で対前年比一・一%増となっています。

国内飲料市場規模推移

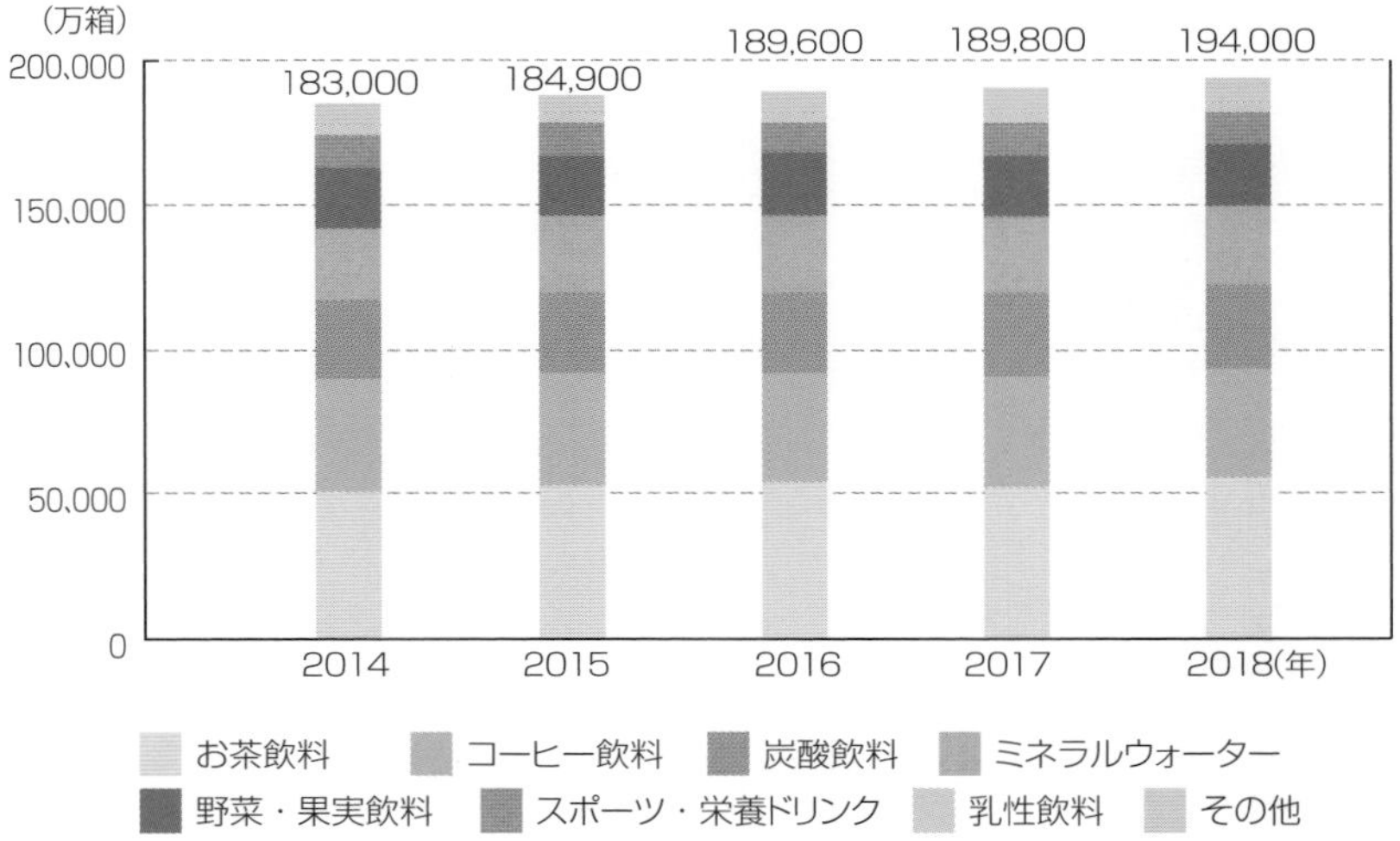

出所：アサヒグループIR資料より

日本ミネラルウォーター協会
〒103-0022 東京都中央区日本橋室町3-3-3
http://minekyo.net/

15 酒類（業態と特徴⑬）

日本酒やビール、ワインといった酒類は、穀物や果実から製造される飲料でありながら、酒税という税金が関係するために国税庁の管轄下にあります。

奮闘する酒類業界

酒類とは、酒税法第二条に「アルコール度一％以上の飲料」と定義されています。製造方法やアルコール度数などにより四つの分類と一七の品目に分類され、ビールや発泡酒などの①発泡性酒類、日本酒やワインなどの②醸造酒類、ウイスキーやスピリッツなどの③蒸留酒類、リキュールやみりんなどの④混成酒類があります。健康志向や経済停滞による節約志向、若者のアルコール離れといった要因により、酒類市場も減少傾向にあります。

メーカー各社は消費者のニーズに合う低アルコール商品の開発や、ハイボールに代表されるような飲み方の提案といった様々な努力を続けています。

ビールメーカーが市場を牽引

ウイスキー、低アルコール飲料は好調を持続するものの、最大規模を誇るビールは、ビール類の酒税の一本化を見据えて各社が強化に乗り出すものの、市場の縮小は止まっていません。

商品はこれまでの大量生産ではなくなり、「クラフトビール」や「クラフトジン」などのように、個性的な多品種少量生産の商品が人気になってきています。

酒造メーカーは各社共に海外に目を向けていますが、ワイン類などは、欧州ＥＰＡの発効もあり、新たな動きが出はじめ、海外メーカーを交えた資本・業務提携も活発化してきています。

ビール酒造組合
〒104-0031 東京都中央区京橋2-8-18
http://www.brewers.or.jp/

海外で好評な地酒

　これまで日本酒は、焼酎ブームなどの影響もあり、生産量は減少を続けていました。また、全国の老舗を中心とする酒蔵も減少してきました。

　しかし、近年世界的な日本食ブームを受けて、和食に欠かせない日本酒の輸出量は順調な伸びを記録しています。

　海外からの日本酒に対する評価は高く、特に日本各地に存在する酒蔵が、その土地で育った米や水などを使って醸造する「地酒」が人気です。ワインと同じように産地や米の酒類、酵母などにこだわって好みの日本酒を味わう外国人も増えています。酒蔵でのマーケティングでも、女性客を新しいターゲットに据えるなど、ライト感覚なものが増えてきました。最近は欧米だけでなくアジア各国でも日本酒の人気が高まっており、その価値が見直されてきています。

　国でも国税庁が中心となり、日本産酒類の競争力強化や販路開拓や日本産酒類ブランド化の支援に力を入れています。

平成29年　品目別輸出金額

単位：百万円

品目	金額	対前年比	シェア	第1位	第2位	第3位
清酒	18.679	119.9%	34.3%	アメリカ合衆国	香港	中華人民共和国
				6.039	2.799	2.660
ウイスキー	13.640	125.8%	25.0%	アメリカ合衆国	フランス	オランダ
				3.717	2.739	1.800
ビール	12.873	135.7%	23.6%	大韓民国	台湾	アメリカ合衆国
				8.046	1.472	826
リキュール	4.978	118.2%	9.1%	台湾	香港	アメリカ合衆国
				1.270	849	772
焼酎など	2.129	108.9%	3.9%	中華人民共和国	アメリカ合衆国	台湾
				506	456	254
その他	2.21	241.2%	4.1%	香港	大韓民国	オランダ
				398	382	344
合計	54.509	126.8%	100.0%	アメリカ合衆国	大韓民国	台湾
				12.015	10.757	5.308

出所：財務省貿易統計

column

コロナ禍での食品表示基準の弾力的運用

2020（令和２）年４月に消費者庁は、「新型コロナウイルス感染症の拡大を受けた食品表示法に基づく食品表示基準の弾力的運用について」と題した通知を出しています。この通知では、コロナの影響で原材料が不足し、別の産地のものを使わざるを得なくなっても、容器包装の成分表示を変更せずに販売してもよい、というものでした。

新型コロナウイルス感染症の世界的な拡大が国内外の食料品のサプライチェーンに深刻な影響を及ぼしつつあることを受け、一般消費者の需要に即した食品の生産体制を確保する観点から、農林水産省と厚生労働省が連名で、健康被害を防止することが重要なアレルギー表示や消費期限などを除き、食品表示法第４条第１項の規定に基づき定められた食品表示基準の規定を弾力的に運用する旨を関係機関に通知しています。

消費者庁の考え方としては、本来原産地を変更し、それを受けてパッケージの印字を変更すると、約3ヵ月かかり、その期間、商品の流通がストップすることが予想されます。そのために発生する不利益と、原産地表示に矛盾が生じてしまう不利益とを天秤に掛けたとき、コロナ禍での食糧不足の影響の方が大となるということからのようです。

表示を切り替えなくてもよいとされる対象は、基本的には【食品原材料】と【添加物】。しかし、やむを得ない場合は【原料原産地】【製造所の所在地】【加工所の所在地】【栄養成分の量】が変更されてもそのままの表示が許されます。

つまり、国産だった原材料が輸入品に変わったとしても、表記は「国産」のままでOKということになるのですが、この弾力的措置がいつまで続くのかは不明で、コロナ禍を理由にされれば、消費者には返す言葉はありません。また、これまで懸命に原材料「国産」をアピールしてきたメーカーや生産者もまた、やり場のない不満を抱えているようです。

第4章

食品業界の仕事

食品業界は商品のカテゴリーも多く、それに合わせて業態も多く、事業領域も広くなっています。そのため、従来のように製造と営業、配送だけでなく、新商品・新素材の研究や農林水産業者との連携、バイヤー機能などの仕事があります。さらに、国内市場が縮小傾向にある中、その打開として海外に市場を求めるメーカーも増えて、輸出入業務から、海外の事業所、工場の勤務などもあります。

本章では、いま、食品業界に求められるスキルと主要な職種について解説します。

How-nual
図解入門
業界研究

1 食品メーカーの組織と仕事

食品メーカーでは地方の中小企業であっても大企業に匹敵する高収益の企業が少なくありません。近年は地域資源活用型の食品メーカーが積極的に中央に進出するケースも多く、求める人材に中央、地方の差はありません。

食品メーカーの組織

全国的に名を知られる大企業から地域に根付く中小企業まで、食品業界には実に様々な業態が存在し、その職種も多岐にわたります。

中規模以上の食品メーカーによく見られる業務分担と部門分けに、次のような六部門があります。

- 商品の開発や既存商品の改良を行う研究部門
- 商品の開発やマーケティングを手がける開発部門
- 製品を実際に製造する商品生産部門
- 原材料となる農林水産物の買付や仕入れ部門
- スーパーや小売店などへ営業を行う部門
- 販売促進部門

企業の大小や、中央と地方に差はない

その他に、食品業界に限らず企業の経営に必要な経営企画、人事、総務、経理財務などの管理部門が存在します。

老舗の豆腐屋や菓子屋、地酒メーカーといった地方の伝統的な食品メーカーでは、職人と呼ばれるような専門職でありながら、材料の吟味から、仕入れ、製造、販売までのすべての工程を一手に担う経営者も少なくありません。

また近年は、女性が主要なターゲットのために、女性ならではの視点で商品開発を進めているメーカーも多くなってきました。

一般的な食品メーカーの組織図

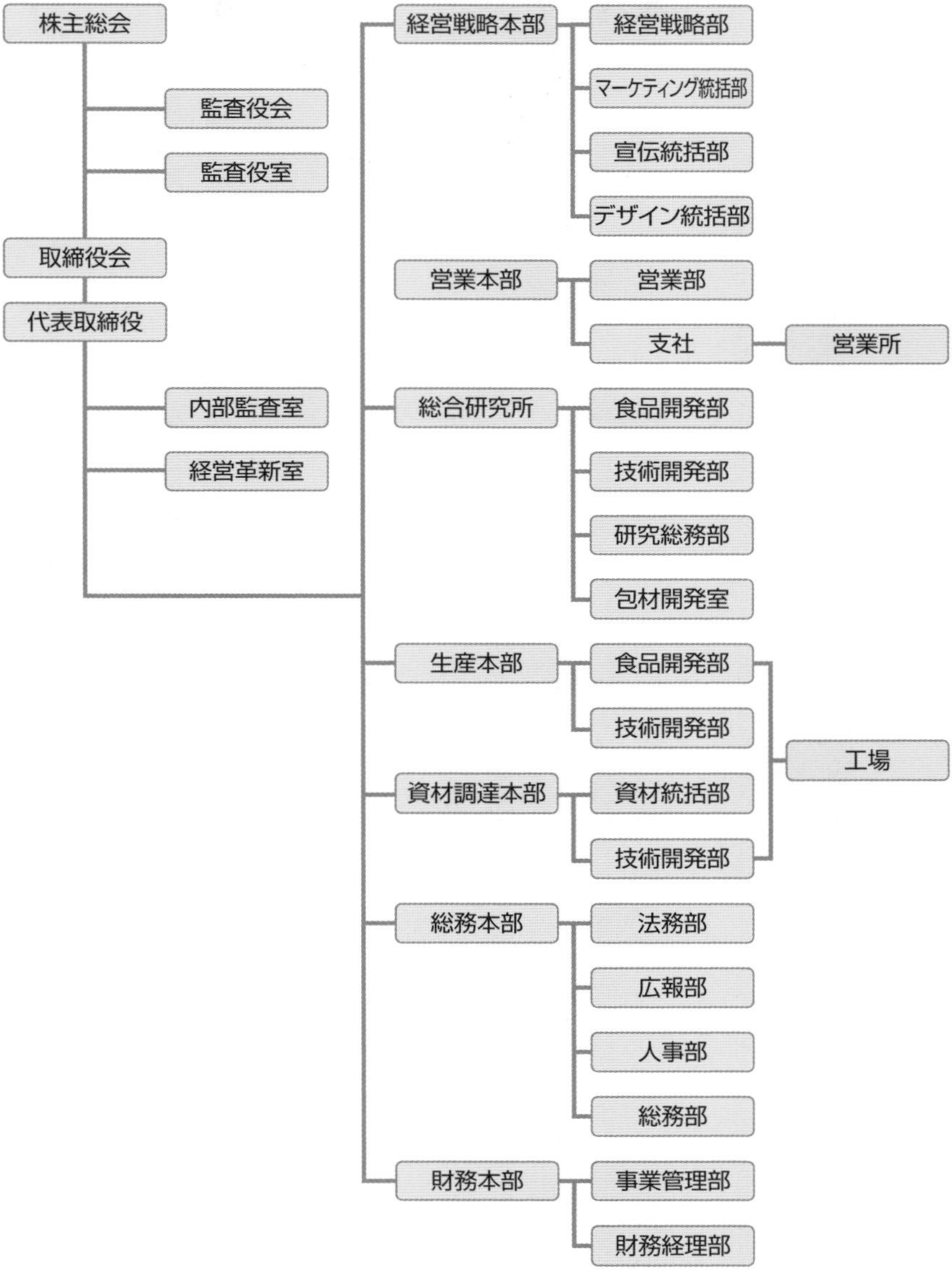

2 研究開発・生産技術開発の仕事

国内市場の縮小傾向から、メーカー各社は新商品開発に向けて積極的な取り組みを行っています。最近では農商工連携など、異業種や大学の研究室と連携しての開発も行われています。

研究開発の仕事

研究開発は基本的に基礎研究、応用研究、商品化研究の三つに分かれています。

基礎研究は新しい商品の開発につながる知見の発見や、製品の品質向上に役立つ未解明の現象の解明、また食品の衛生安全性を検証するための分析方法の開発などを行うのが主な仕事です。

応用研究は基礎研究の成果を事業化できるか否かの検証、事業化するための商品開発手法の確立などを行うのが主な仕事で、応用研究の成果を活かし、消費者ニーズに基づいたグランドデザインを構想します。

安全性、コスト、収益性

さらに、生産技術部門やマーケティング部門と連携し、商品化した際の安全性、コスト、収益性などを検証することも担当します。

この仕事には、高度な専門知識とスキルに加え、論理的思考力や問題解決能力が求められます。また、世の中に存在しない商品を生み出す役割も担うことから、与えられたことをこなすだけではなく、未知の領域を模索していくひたむきな探究心も必要です。

さらに大学の研究機関と連携したり、高度な企業秘密を扱う仕事でもありますので、高い情報管理能力と倫理観も求められます。

生産技術の仕事

生産技術とは「ものづくりの技術」のことです。商品化研究の成果を活かし、高品質で安全な食品を低コストで製造するための技術を確立する仕事です。

具体的には工程設計、生産性検討、設備計画、生産性指標の検証、食品加工技術開発などの仕事があります。

机上で行う業務が多い一方で、生産ラインが設計どおりに機能するよう実際に工場などに赴いて、現場の担当者たちと共に作業に当たることも重要な仕事です。万が一トラブルや設計ミスなどがあれば、速やかに対応策や改善策を検討します。

この仕事には、設計関連の専門知識とスキルに加え、問題解決能力や高いコミュニケーション能力が求められます。

さらに現在は、工程設計と生産性検討を同時に進めるコンカレントエンジニアリング*が主流ですので、CAD、CAP、PDMなどのFA*コンピュータを使いこなすスキルも不可欠です。

食品業界の仕事の概要

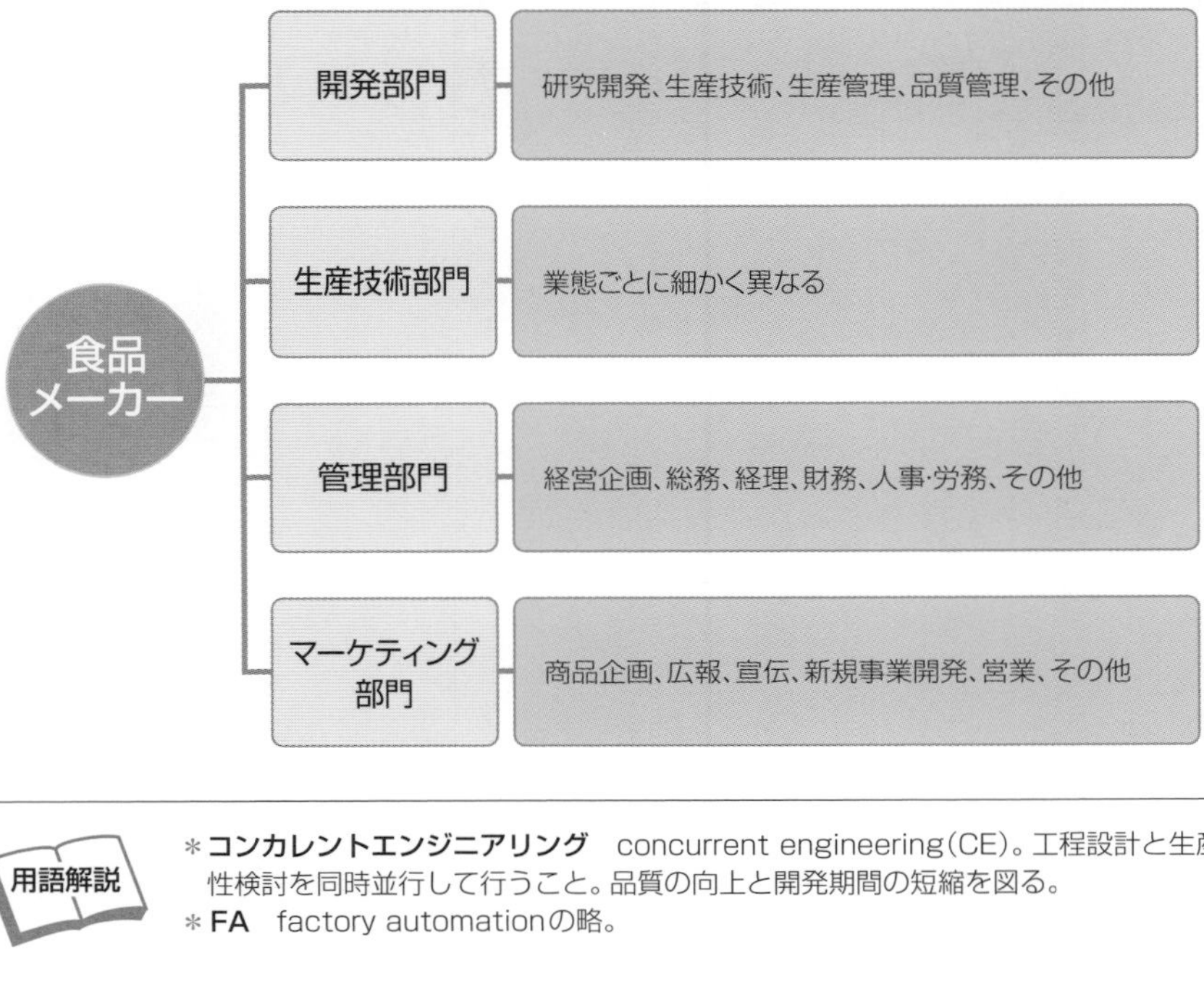

用語解説

＊**コンカレントエンジニアリング**　concurrent engineering(CE)。工程設計と生産性検討を同時並行して行うこと。品質の向上と開発期間の短縮を図る。

＊**FA**　factory automationの略。

3 バイヤーとマーチャンダイザー

食品メーカーのバイヤーやマーチャンダイザー（MD）といった仕事は「食材の調達」という部分に特化した仕事になります。会社によっては「仕入部」とか「購買部」とも呼ばれ、良質で最適な価格の食材を求めて世界を飛び回ることもある、重要な役割を果たします。

食材の調達

バイヤーの仕事には二つの大きな役割があり、一つは、自社の商品クオリティーを高める、あるいは差別化をはかるため、最適な食材を探し求めること。そしてもう一つは、適正な仕入れ価格により、商品のクオリティーと利益を確保できる原価計算により会社の財務を支えるという目的です。

また最近では自社への貢献のみならず、農業の六次化への貢献や地域の一次産業の活性化にも貢献できるという役割もあります。

さらに、コスト抑制のために一括で大量仕入れを安定的に行うという使命もあります。

農業者との交渉

食品バイヤーの日常的業務は以下のようにまとめることができます。

❶資材・原材料の発注
❷仕入れ・検品
❸在庫管理と仕入れ予測
❹サプライヤーの開拓、交渉（価格や条件）
❺ルートの確保
❻欠品などへの対応

近年特に重要視されるのが、生産者との交渉力で、商談にあたっては、生産者側の視点に立って企画し、交渉するということです。

マーチャンダイザー（MD）の仕事

商品企画から予算計画までをトータルマネジメントするのが**マーチャンダイザー**の仕事で、会社によってはバイヤーと兼ねている場合もあります。

仕入れ先（サプライヤー）とのトータル的な契約や長期の安定的な仕入れに向けた関係維持、食材クオリティーの確保などで、契約栽培とか委託栽培の交渉なども発生します。

さらに、マーケティングのグローバル化から、海外への買い付けや交渉など、海外への出張ということもあり、海外で通用する交渉力を身に付けることも必要となってきます。

日常的な業務も含めると次のような役割と業務遂行が求められてきます。

❶市場調査、自社の現状の売上調査
❷企画開発
❸予算管理
❹販売計画

三井食品のマーチャンダイジング（例）

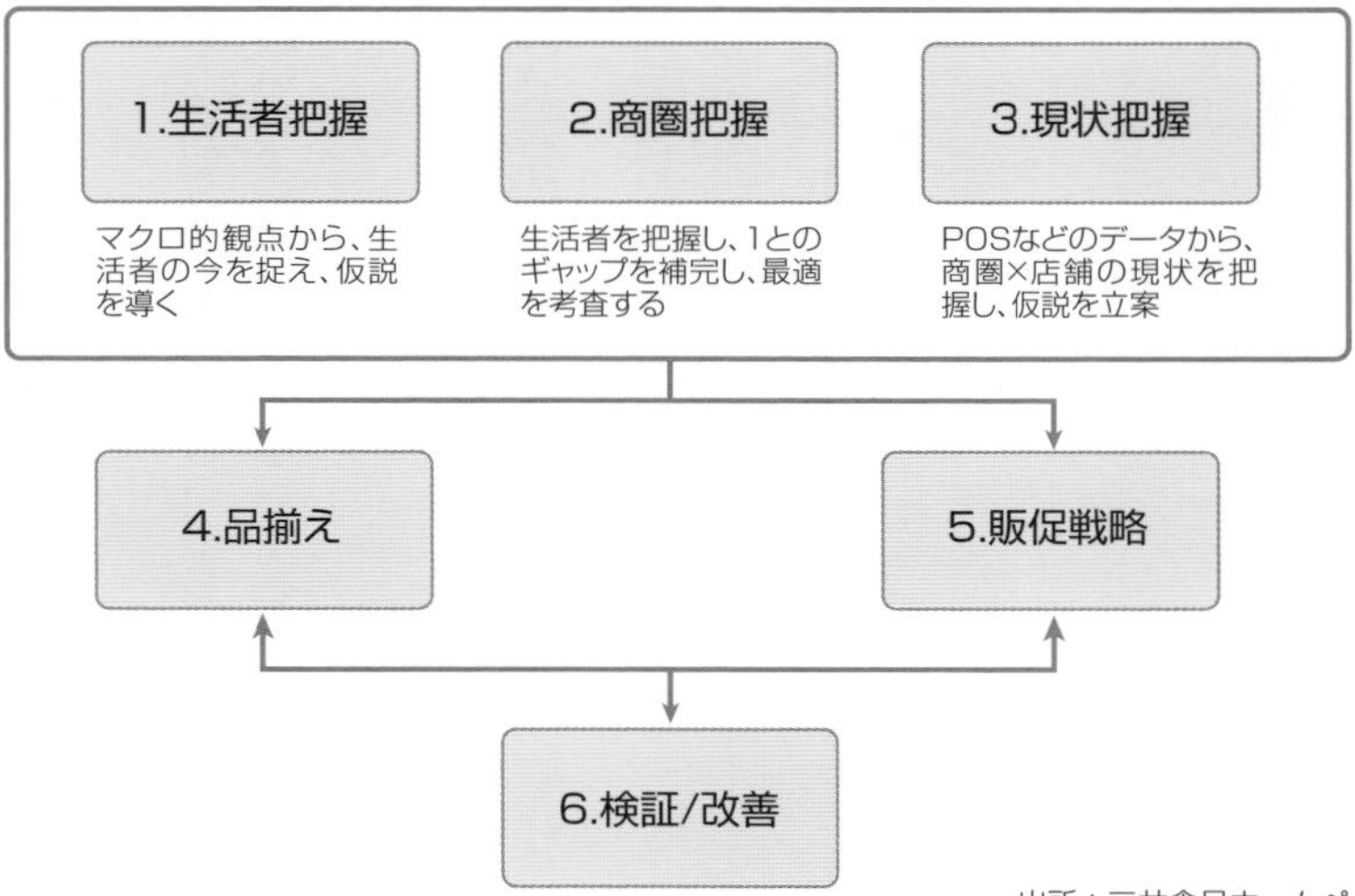
1.生活者把握
マクロ的観点から、生活者の今を捉え、仮説を導く
2.商圏把握
生活者を把握し、1とのギャップを補完し、最適を考査する
3.現状把握
POSなどのデータから、商圏×店舗の現状を把握し、仮説を立案
4.品揃え
5.販促戦略
6.検証/改善

出所：三井食品ホームページより

マーケティング

マーケティングは市場の開発、拡大に関わる業務です。消費者の好みや流行の変化を敏感に感じとり、時代にそった商品の開発を行っています。近年は市場が国内に限らず海外に求めることもあり、グローバルなマーケティングセンスが求められることもあります。

食品メーカーのマーケティングとは

市場の開発・拡大、さらには市場の需要調整に関わるすべての活動を**マーケティング**といいます。政治、経済、社会の動向調査に基づいて事業戦略を立案し、市場の調査を行いながら商品の企画、市場や販売チャネルの開発などを行います。こうしたプロセスを経て完成した新商品についての広報活動や宣伝、売上高データの分析、販売戦略の修正などもマーケティングの仕事です。需要が大き過ぎる場合には、生産を調整することもあります。マーケティングの業務は非常に多岐にわたりますが、ここではマーケティング部門における商品開発と、広報の仕事を紹介します。

商品開発の仕事

商品開発（**商品企画**ともいわれる）は、たんに「アイデアを練って画期的な商品を創造する仕事」ではありません。消費者のニーズを明確化し、そのニーズに適した商品を企画し、それに競争力のある値段を付けて市場に送り出すまでの開発、製造、販売、販売促進などの業務全般を統括する仕事です。その仕事は大きく分けて品質（見た目、味、賞味期限など）の決定と、意匠（商品名、パッケージなど）の決定があります。

また、企画した商品の販売を実現するために、社内外の関係者へ商品の魅力をアピールし、協力を引き出すことも重要な仕事です。

広報の仕事

広報とはパブリックリレーションズの訳で、ＰＲとも呼ばれます。自社の存在と事業活動を社会に広く理解してもらい、社会との信頼関係を築く仕事です。また、話題性のある商品開発の情報や、新商品リリースの情報などをマスコミに提供するなど、広報の活動は販売活動に深く関わっています。

広報の仕事には、社外広報と社内広報の二つの業務があります。

前者はマスコミへの取材対応、記者発表、ニュースリリース作成などが主な業務です。また近年は、株主や投資家に財務情報など投資判断に必要な情報を提供する**ＩＲ**＊（インベスターリレーションズ）も広報の重要業務になっています。

後者は社内報や社内メールでトップの意見、社内各部署のトピックスなどを社員全員に伝達、社内情報の共有化を図るのが主な業務です。

このため、コミュニケーション能力、情報収集力、文章力などが求められます。

商品開発プロセスの例

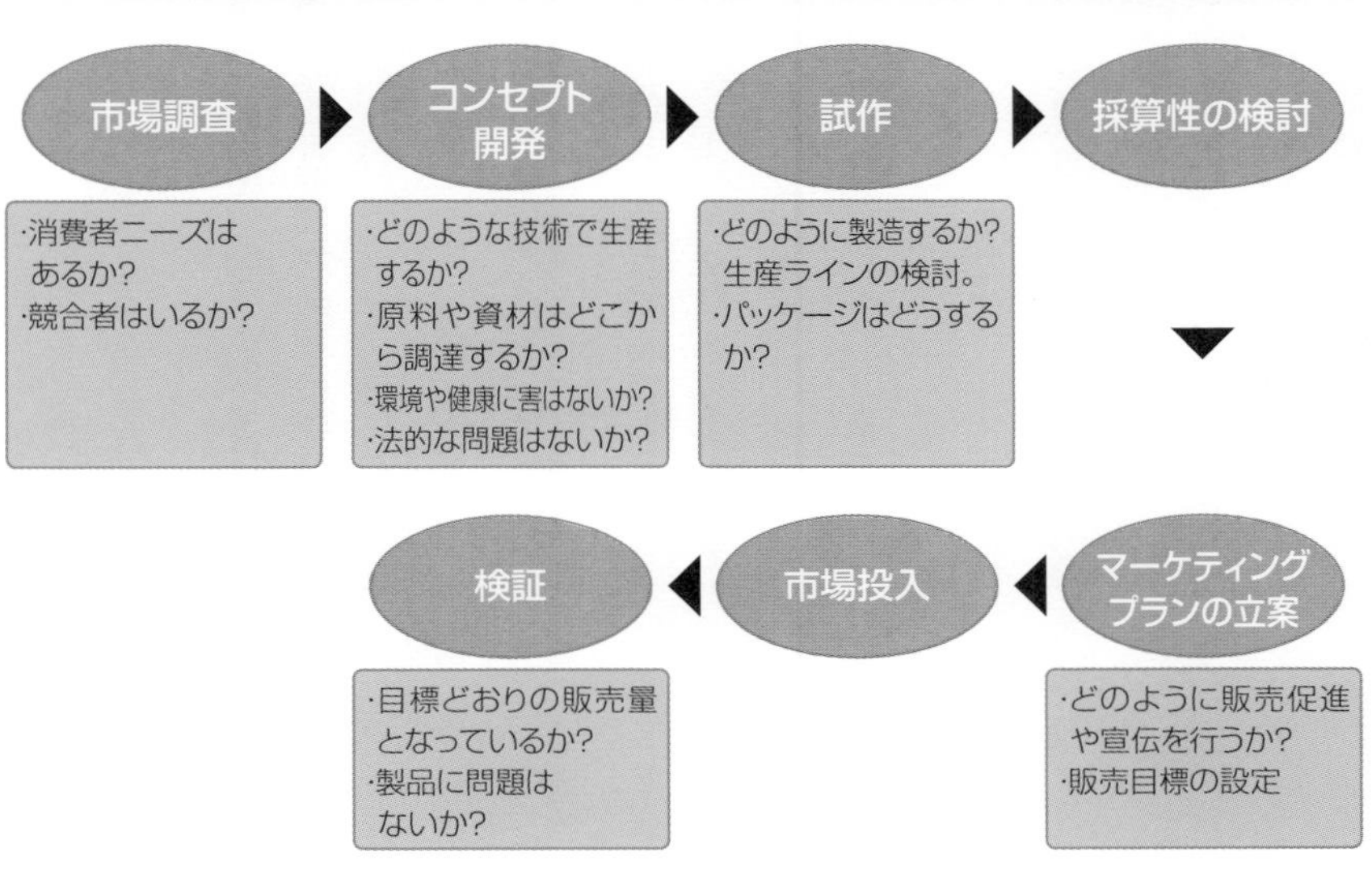
市場調査
·消費者ニーズはあるか?
·競合者はいるか?
コンセプト開発
·どのような技術で生産するか?
·原料や資材はどこから調達するか?
·環境や健康に害はないか?
·法的な問題はないか?
試作
·どのように製造するか?生産ラインの検討。
·パッケージはどうするか?
採算性の検討
マーケティングプランの立案
·どのように販売促進や宣伝を行うか?
·販売目標の設定
市場投入
検証
·目標どおりの販売量となっているか?
·製品に問題はないか?

用語解説

＊IR　Investor Relations：インベスター・リレーションズの略語。企業が株主や投資家向けに経営状態や財務状況、業績の実績・今後の見通しなどを広報するための活動を指す。

5 生産管理、品質管理

生産管理は食品を経済的に生産するための管理を、品質管理は食品の品質と安全性を経済的に実現するための仕事です。最近ではＨＡＣＣＰなど、新しい品質管理と衛生管理が必要となってきています。

生産管理の仕事

生産管理は、定まった時間の中で高品質で安全な食品を経済的に生産するための管理を行う仕事です。

加工食品は、一般に①市場調査、②商品企画、③工程設計、④需要予測、⑤投資計画と売上高・利益見積もり、⑥販売計画、⑦生産計画、⑧食材調達、⑨生産、⑩出荷からなる工業的プロセスで生産・販売されています。このうち、①から⑤までは新商品の場合、⑥以降が新商品と既存商品のプロセスです。従来は⑦以降のプロセスが生産管理の仕事でした。しかし、現在は②以降のプロセスすべてを一元的に管理するのが生産管理の仕事になっています。別名を**製品ライフサイクル管理**といいます。

製品ライフサイクル管理

生産管理の仕事の範囲が拡大したのは、消費者の嗜好の変化に合わせて製品のライフサイクルが短縮化してきたことや、多品種少量生産やプレミアムブランド生産、プライベートブランド生産といった複雑な生産ラインが増えてきたことなどが要因です。冷凍食品や麺類、清涼飲料などの業態に多く見られます。

この仕事には、論理的思考能力、問題解決能力、経営的な幅広い視野が求められます。

また、業務内容が多岐にわたり、他部署との迅速な連携が欠かせないため、高いコミュニケーション能力も必要です。

品質管理の仕事

品質とは消費者が求めている食品の栄養機能、安全性、食べやすさなどのことで、市場においては食品の商品価値を決定します。**品質管理**とは、高品質な商品の安定供給を経済的に実現するための管理業務です。

品質を守るのは食品メーカーの当然の社会的義務ですが、それだけにとどまりません。品質不良は即座にクレームとなってメーカーに跳ね返り、その処理のために莫大な「不要経費」を出費するはめになります。メーカーへの信頼性やブランドイメージも地に落ちます。品質管理の仕事はそれほど重要です。

品質管理は具体的には食材、生産ライン、食品の安全性などが所定の品質基準を満たしているか否かのチェック、不良品が発生した場合の原因究明などが主な業務です。

また、この仕事には品質意識を全社員に浸透させるためのプレゼンテーション能力と食品全般の広範な栄養・衛生知識が求められます。人を動かすためのリーダーシップも重要です。

品質の種類

品質管理は「製造した食品」だけが管理対象ではない。食品のライフサイクルすべてが管理対象になる。品質には次のような種類がある。

品質の種類	内容
企画・設計品質	商品開発段階での食品の成分、栄養、食べやすさなどの品質
製造品質	製造段階での「企画・設計品質」のばらつきや、試作品と量産品との品質の差のこと。製造品質の向上に比例して製造コストが低下する
サービス品質	食品にクレームが発生した際の消費者対応の消費者満足度のこと。満足度が高ければクレームを機に消費者はメーカーへの信頼度を高め、逆の場合は不信感が高まる
機能品質	消費者が食品を食べる段階での栄養、安全性、食べやすさなどのこと。食品の具体的な商品価値になる

HACCP導入に必要な資格

HACCPは、食品を扱う業者が行う衛生管理手法の一つで、今年から導入が義務付けられています。一九七〇年代にアメリカで取り入れられたもので、その後、世界中に広まり、食品衛生管理の国際基準になっています。

HACCPとは

ＨＡＣＣＰは**HAZARD（危険）ANALYSIS（分析）CRITICAL（重要）CONTROL（管理）POINT（点）**の頭文字をとったもので、日本では「危害要因分析重要管理点」と訳されます。

ＨＡＣＣＰ導入の考え方は「食品の製造から販売までの工程を継続的に管理を行う」ことで、従来のように完成した食品のみを品質チェックすることだけでなく、製造から販売までの工程で、食品事故などの発生しうる危険や損害の分析をあらかじめ行い、全工程を一つひとつ継続的に管理し、より効果的に問題のある製品の出荷を未然に防ぐことを可能にします。

HACCP導入の義務化

二〇一八年六月、「食品衛生法」の改正により、「ＨＡＣＣＰ導入の義務化」が決まり、二〇二〇年六月から施行となり、一年間の猶予期間を定めています。

義務化に違反した場合は、食品衛生法に基づき、最大で「三年以下の懲役」または「三〇〇万円以下（法人の場合は一億円以下）の罰金」が課せられます。

国際的な衛生基準であり、先進国の多くで導入されていることから、海外輸出する製品についてはＨＡＣＣＰ導入が要件となっているため、海外進出を考えている事業者には、大小関係なく、必要な条件になることから、成長戦略の一つと考えられています。

日本食品衛生協会
〒150-0001 東京都渋谷区神宮前2-6-1
http://www.n-shokuei.jp/

ＨＡＣＣＰ導入に向けた企業の組織体制

　ＨＡＣＣＰ導入に当たっては、企業内にＨＡＣＣＰチームを編成し、自社製品の分析や製造工程の一覧化を行う必要があります。その上で一覧化された各製造工程で起こりうる食品汚染の危険因子を分析し、それに対する安全管理法をマニュアル化し、実際にマニュアルが適正に行われているのかを記録し、問題点が生じたら管理法についてその都度再分析を行うという一連の計画書を作成します。そして、第三者機関から、これらの計画書がＨＡＣＣＰの基準に該当しているか、施設の基準は守られているかなどについて審査されます。

　ＨＡＣＣＰチームにはＨＡＣＣＰや衛生管理の知識を持つ人員の配置が必要となりますが、その支援を行うのが、ＨＡＣＣＰコーディネーターやＨＡＣＣＰ普及指導員で、これらの資格保持者は、ＨＡＣＣＰの構築や検証を行うための専門知識を持ちます。人員が足りない場合には、これらの資格を持った講師を招いてチームを編成することもあります。

HACCP7原則・12手順

1. HACCPチームの編成
2. 製品の特徴の確認
3. 製品の使用方法の確認
4. フローダイヤグラムの作成
5. フローダイヤグラムの現場での確認
6. 危害要因の分析
（すべての潜在的危害のリストアップ、危害分析の実施、特定された危害の管理方法の決定）　【原則1】
7. 重要管理店（CCP）の設定　【原則2】
8. 管理基準（CL）の設定　【原則3】
9. モニタリング方法の設定　【原則4】
10. 管理基準逸脱時の改善措置の設定　【原則5】
11. HACCPシステムの検証手順の確立　【原則6】
12. 文書化および記録保持　【原則7】

7 営業・販売促進

企業の力を集結して開発した商品を、一人でも多くのお客様に届けるために奮闘するのが営業の仕事です。営業は会社の顔ともいわれますが、企業の理念に基づいた誠実な姿勢が重要です。

食品メーカーの営業・販売促進の仕事

食品産業の営業は各メーカーが得意とする市場によって様々な形態がありますが、代表的なものに食品卸会社への営業、スーパーやコンビニ、百貨店などの小売店への営業、レストランなどの外食産業への営業などがあります。過去の取引により営業のかけ方も大きく異なり、すでに取引のある企業へルート営業を行うこともあれば、新規取引先を求めて飛び込み営業を行うこともあります。ほかに折り込みチラシや広告欄などへの宣伝などの販売促進の仕事もあります。商品を効果的に販売するために、各種メディアの活用や広告計画の立案、広告枠の買付から広告の作成までを手がけます。

営業担当者に求められるマインド

私たち消費者がスーパーなどで食品を選ぶ際、つい手が伸びてしまう棚のラインに、自社の商品の販売スペースを確保することが営業マンの腕の見せ所です。

たんに新商品だからといって良いスペースを確保できるわけではありません。営業担当者は小売店に対し様々な視点から商品配列の提案を行います。また、小売店が商品の入れ替えをする時期などを把握し、タイミング良く話を持ちかけることも大変重要です。

自社の売上げだけでなく、小売店全体の利益の向上やお客様の満足度充足など、信頼関係をベースとした日常のコミュニケーションも大変重要です。

海外営業の仕事

日本食の国際的な人気を受けて、輸出を担当する部署を設けて積極的に海外展開を行う食品メーカーが増えています。中でも中小企業が強みを持つ、海産物や調味料、地酒などの日本食に欠かせない商品が特に需要を集めています。

海外営業担当者は、海外へ出かけて現地で行われる日本食の展示会に参加したり、現地企業へ訪問営業を行ったりという営業活動のほか、商社からの引き合いで商品の提案や見積もりを行うなど、幅広い業務を担当します。

英語を基本とする語学力が求められる仕事ですが、その他にも貿易関連の事務手続きに関する知識や、財務や法務などの知識も必要になります。

また、多種多様な文化背景を持つ人々と共に仕事を進めるため、論理的思考のみならず、高いコミュニケーション能力や国際理解力、適応力が求められます。相手国の文化や宗教、食生活や習慣などを尊重し、相手に合わせた商品の提案ができる人材が適しています。

営業担当者の主な役割

対社内

●商品開発部と…

新商品が開発されると、商品開発部からその味や特徴など、商品についてのあらゆる説明を受け、実際に試食する。そしてどのように販売することが効果的かを考え、共同で販売戦略を立案していく。

●工場などの生産現場と…

お客様に最も近く、変化し続ける市場の状況を常に把握している営業担当者。商品の売れ行きや在庫状況を細かくチェックし、時には生産量の調整などを生産ラインへ直接指示することもある。

対社外

●食品卸会社と…

主となる営業先の食品卸会社では、卸値や販売量についての商談を行う。あわせて販売店に対する販売促進を提案し、ニーズを掘り起こしながら取引先との信頼関係を深めていく。

●販売店と…

卸会社を通さずに、直接販売店へ赴いて営業を行うこともある。販売店は数も多く環境も様々なので、そのお店に合わせた商談を行う。商品の搬入や陳列まで行うこともある。

8

経営管理

管理部門は裏方、すなわち社内サービス部門です。地味な存在ですが企業の要です。事業活動が先鋭化してきた現在、ここでも専門スキルが求められています。

強い会社は管理部門が強い

管理部門は、事業活動に直接関わる各部門の仕事が円滑に進むよう支援する部門で、**バックオフィス**、**ノンプロフィットセンター**とも呼ばれます。管理部門は企業の要であり、「強い会社は管理部門が強い」ともいわれています。

従来は様々な仕事をこなせるゼネラルマネージャー型人材が求められていました。しかし食品業界の事業活動がグローバル化し、国際競争が激化した現在、広い視野と長期的視点に立ち、経営者感覚で専門的に仕事がこなせるスペシャリストが求められています。会社にとってはコントロールタワーの役目を果たします。

経営企画の仕事

経営戦略や事業戦略の立案、実行などトップの経営活動を支援する仕事です。しかし、具体的な業務内容は食品メーカーごとに異なります。

中長期の経営計画や事業計画の立案、実行ど参謀型業務が中心の場合もあれば、社内各部署の情報を取りまとめ、経営と現場の調整を行う事務局型業務が中心の場合もあります。さらに、総務や広報の仕事を経営企画の業務範囲に含む場合もあります。

いずれにしても調査・説明が重要な仕事ですので、論理的思考能力、分析・提案力、コミュニケーション力などが求められます。

総務の仕事

事業活動全般を支援する仕事です。郵便物の仕分けやオフィスの営繕、什器・備品の管理、防犯・防災対策、会社の届出関係や株主総会の準備と運営など、「総務は会社の潤滑油」といわれるほど業務範囲が広いのが特徴です。総務の仕事もまた、企業によっては経営企画、広報、人事・労務などの業務が含まれますが、一般的には次のような株主総会業務と庶務が中心になります。

- **株主総会業務**……株主総会の準備・運営
- **庶務**……郵便物の発送・受取、書類の整理・保管、固定資産および什器・備品の管理、物品購入、休憩室・社員食堂などの管理、応接室・会議室などのスケジュール管理、オフィス・工場の営繕、防犯・防災対策など

総務は業務範囲が極めて広く、しかも社内外のあらゆる部署や業者と連携する業務が多いのが特徴です。このため信頼関係の構築が何よりも重要で、コミュニケーション力、責任感、臨機応変な判断力、フットワーク力を持った人材が求められています。

経営学的視点からの「経営企画」の業務範囲

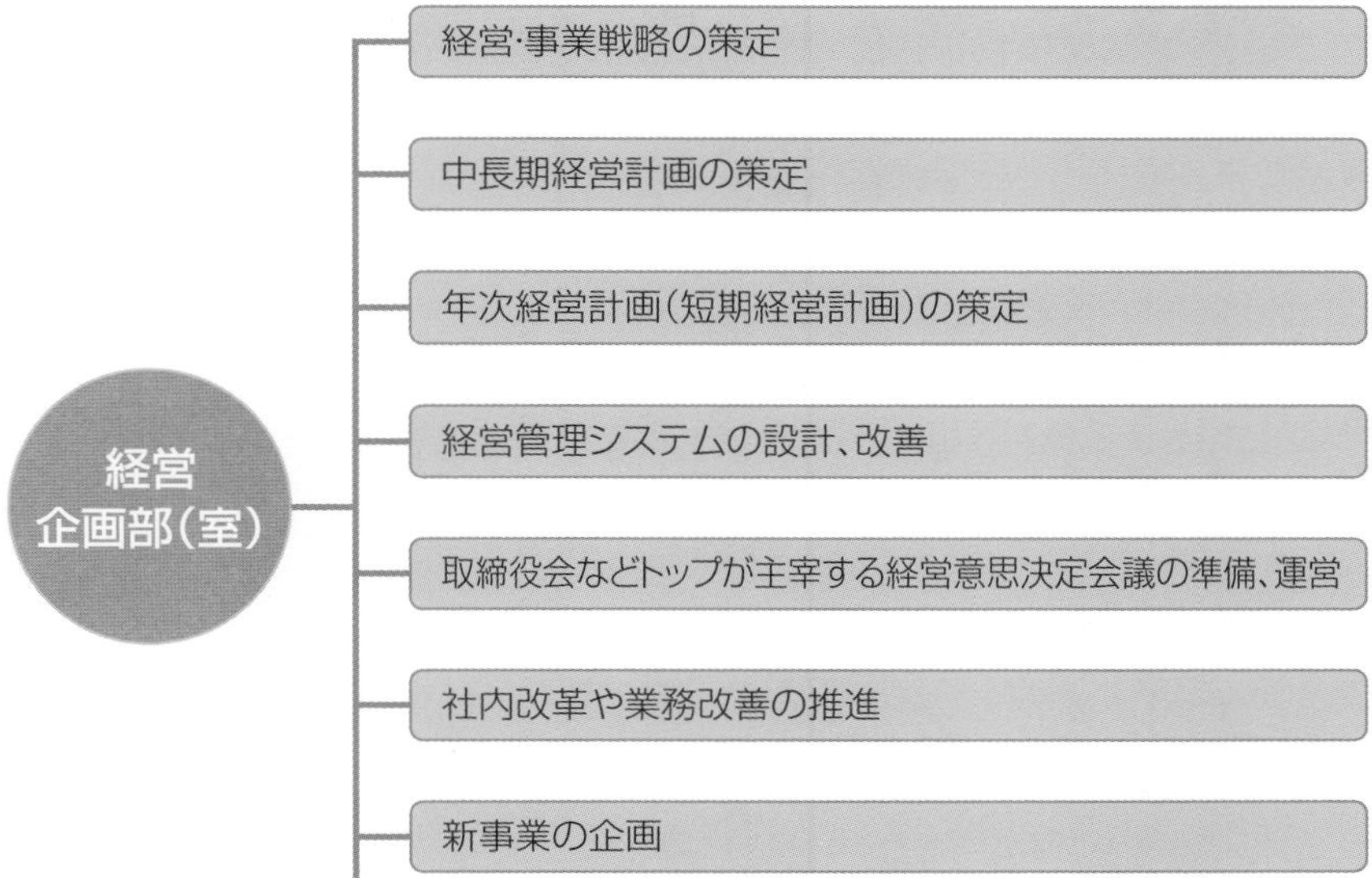
M&A計画、事業縮小·撤退計画など
特命事項の策定、推進

9 経理、人事、労務

経理は取引の流れを数値で記録することによって経営判断資料を作成する重要な仕事です。人事・労務は人にまつわる重要な仕事です。

経理の仕事

毎日の事業活動に伴う取引の流れを数値で記録し、それによって経営状況と資産状況の把握、経営判断などのための資料を作成・整理・保管する仕事です。業務は大別すると次の三つに分かれます。

- **出納業務**……現金、預金、小切手、手形などの管理、売掛金の回収、買掛金の支払いなど。
- **会計業務**……決算書・財務諸表の作成、法人税など税金の申告・納税、給与計算、年末調整など。
- **その他の業務**……売上管理、有価証券報告書作成など。

経理の目的は事業活動に関するすべての数値を管理・分析することにより、経営状況を客観的に把握することにあります。それにより、次のような効果が生まれます。

取引の記録　取引の流れを記録することにより、問題が発生した場合に原因を究明できる。

経営判断　決算書や財務諸表の分析により、経営が正常か異常か判断できる。

不良債権防止　債権管理により不良債権の早期発見や発生防止が可能。

この仕事に就くためには簿記の専門知識が必要です。日商簿記検定三級以上(または相当)の簿記能力が求められます。なお、共に金銭を扱う仕事であることから経理と財務はよく混同されます。財務とは主に事業活動資金の調達と運用を行う仕事です。

人事・労務の仕事

人事・労務の仕事とは、企業の最も重要な経営資源といわれる「人財」に関わる部門です。具体的なものに次のような業務があります。

- **採用業務**……新卒・中途採用の募集、選考、面接、その他。
- **教育、研修**……各種社内研修の企画・実施、外部研修の手配。
- **人事制度の設計**……職務・職能制度の改善、給与制度の改善、その他。
- **労務管理**……勤労時間・休暇・給与の管理、労働環境の改善、福利厚生制度・施設の管理、改善。

ワークライフバランスを重視する近年の社会傾向から、社員の働き方の改善やプライベートとの両立を支援するような業務を担うことも増えているようです。

企業の経営戦略や経営理念に共感し、企業にとって有用な人材を見抜く力や、高いコミュニケーション能力やヒヤリング力、カウンセリング力などが求められます。

経理と財産の主な違い

	経理	財務
業務の目的	出納・会計	資金調達・運用
業務の対象	過去の取引データ	未来予測データ
管理の対象	予算	リスク
社外関係機関	会計事務所、税務署	銀行、証券会社、投資ファンド
主要業務	売掛・買掛金管理、在庫管理、固定資産管理、業績管理、決算、予算管理、納税申告、税務調査対応など	有価証券管理、債務保証管理、社債管理、資金管理、デリバティブ、取引管理、外貨建取引管理、流動資産管理、企業買収、事業売却、株式・社債発行、資本政策策定など
必須スキル	簿記能力	財務分析能力、リスク管理能力

10

資格が活きる仕事

様々な業態が存在する食品業界は、働き方も様々です。食品メーカーに就職するほかにも、フリーで活躍する人、伝統技術の継承を目指す人などが目立つようになりました。

管理栄養士

管理栄養士とは、人々の栄養状態を把握してバランスの良い食生活を指導し、健康の向上に導く仕事です。

管理栄養士になるためには、栄養士養成施設として指定された学校で養成講座を修了するか、栄養士として規定の実務経験を積んだ後に、管理栄養士の国家試験に合格する必要があります。

資格の取得後は、病院や福祉施設で患者に対し療養のために必要な栄養指導を行ったり、学校や社員食堂などで献立の作成やその調理方法を指導したりといった進路があります。そのほかに、食品メーカーで商品の研究開発を行うといった仕事に就く人も多いようです。

フードコーディネーター

フードコーディネーターとは、レシピの開発や調理、盛り付け、食卓の雰囲気のトータルコーディネートから、食品メーカーの商品開発、飲食店のコンサルティング、料理教室や講義の講師まで、食に関するありとあらゆる仕事を手がける食のスペシャリストです。

フードコーディネーターに資格は必須ではありませんが、**NPO法人日本フードコーディネーター協会**が認定を行っている民間の資格を取得したり、大学や民間のスクールに通ったりして基礎知識を習得します。その後、フードコーディネーターとして独立する人が多く、特に女性が多く活躍しています。

日本フードコーディネーター協会
〒104-0061 東京都中央区銀座1-15-6　銀座東洋ビル2階
https://www.fcaj.or.jp/

伝統的食品製造会社で働く

菓子や日本酒に代表されるような伝統的な食品製造業では、**職人**と呼ばれる人々がその店や企業に代々伝わる味や技術を継承し、手づくりで製造を行っている企業が少なくありません。

日本特有の繊細さや美しさを持つ技術に憧れて、和菓子職人や杜氏といった職人を夢見る若者も増えています。若くて優秀な人材が地元に残り、地域に伝わる伝統文化を継承できることから、伝統的な食品製造会社や職人たちの価値が大きく見直されています。

これらの職に就くためには、専門学校や大学で栄養学や醸造学などを専攻し、基礎知識を習得することもありますが、何といってもそうした会社に入社し、現場で修行を重ねることが大切です。

伝統的な食品製造会社は小規模の企業が多く、門戸が狭いために入社が一番の難関となります。熱意や思いを伝えることはもちろんのことですが、人脈が道を切り開いてくれることも多くあるようです。

column

伝統的な食品メーカーの魅力に気が付く若者たち

一般的に不況に強いといわれる食品業界ですが、長引く経済停滞やデフレの影響などにより、大手企業であっても新卒の採用を差し控えたり、給与をカットしたりするケースも見られるようになりました。

これまで新卒者が目標とする就職先といえば大手企業が主流でしたが、最近では地域に根付き、昔ながらの伝統を守りながら経営を続ける漬物屋や酒蔵などの中小企業へ目を向ける若者も増えています。一方で、代々親から子へと技術を受け継いで家業を守ってきた中小企業の側も、時代や価値観の変化や少子化などによって、後継者不足に悩んでいることも少なくありません。

職人の世界はまだまだ閉鎖的ではありますが、両者のニーズが合致して、地元で生き生きと働く若者が増えることを期待します。

column

大学生就職企業人気ランキング(食品編)

「就職企業人気ランキング」はマイナビが1978年から実施している注目度の高い調査で、2017年度からは日本経済新聞社も共同で実施していますが、2021年3月卒業予定の大学生・大学院生を対象にした、「業種別ランキング」の「食品・農業・水産部門」では、第1位が味の素で、第2位がサントリーグループ、第3位が明治グループ(明治・MeijiSeika ファルマ)になっています。

また、第1位の味の素は、「文系総合」では第8位、「理科系総合」ではソニーに次いで第2位、「理系院生」でも第2位となっています。

「理系女子」のランキングをみると、第1位が味の素で、第2位がカゴメ、第4位に明治グループ(明治・Meiji Seika ファルマ)が入り、上位20位までの間に、食品メーカーが12社も入っています。

このほか、文化放送キャリアパートナーズ就職情報研究所が同社の就職サイト「ブンナビ!」に登録する2021年春卒業予定の大学生や大学院生、約2万4,000人を対象とした調査では、人気が高かった企業ランキングのうち、明治グループ(明治・MeijiSeika ファルマ)が第5位に入っています。

さらに、「楽天みん就」が2021年3月卒業予定の学生を対象に調査した『2021年卒 新卒就職人気企業ランキング 業界別ランキング』の食品部門では、第1位が味の素、第2位がサントリーホールディングス、第3位がアサヒビールとなっています。

どの調査でも、食品メーカーの人気は高く、あまり好不況に左右されない傾向にあります。

第5章

食品業界に求められる社会的責任

日本の食品メーカー、とりわけ消費者向けの最終加工製品を生産しているメーカーを取り巻く環境は激変を続けています。消費者による食品へのニーズの多様化はもとより、所得減少や小売段階での価格競争、製品の供給過剰と原料高騰のほか、少子高齢化と人口減少、消費税増税による消費の低迷、TPPへの参加など貿易の自由化や為替変動など、いくつもの要因を掲げることができます。

しかし、各メーカーともより一層のコストチェックや積極的な新商品開発、海外進出など新たな市場の開拓や国内事業におけるM＆Aなどを積極的に進めながら、新たなビジネスモデルの構築に取り組んでいます。

本章では、食品業界の現状と今後の見通しについて、多面的に解説していきます。

How-nual
図解入門
業界研究

食品の安全に対する国の取り組み　1

経済成長と共に発達した物流により、日本国内のみならず世界各国から様々な食品が手に入るようになりました。豊かになる食卓の一方で、食の安全が一層に問われています。

国の食品安全管理体制

二〇〇一（平成一三）年のBSE問題を始めとして、毒入り餃子事件、賞味期限偽装事件といった、食の安全を揺るがす事件が相次いだのを受けて、二〇〇三（平成一五）年に「食品安全基本法」が制定され、食品衛生法や健康増進法といった関連法案の改正も行われました。

新しい食品安全の取り組みの中では、国民の健康保護を目的とし、リスクを最小限にすることに重点を置いた「リスク分析」という考え方が基本になっています。新たに設置された食品安全委員会を始め、厚生労働省、農林水産省、消費者庁といった行政機関がそれぞれの管轄で取り組みを行っています。

食品安全基本法

この法律では、次のようなことが規定されています。

❶食品の安全性の確保は、国民の健康の保護が最も重要であるという基本認識のもとに行われる。

❷内閣府に設置する食品安全委員会が科学的知見に基づいた食品健康影響評価（リスク評価）を行い、その結果を受けて関連行政機関がリスクの管理を行う。

❸施策を策定する場では、関係者がお互いの情報や意見の交換（リスクコミュニケーション）を行う。

この法律により、国や地方自治体、食品関連事業者、消費者の役割が明らかになり、より厚みのある食品安全体制が構築されました。

食品安全基本法と食品関連事業者

食品安全基本法の第八条に、食品関連事業者の責務が規定されています。ここでは食品関連事業者に対し、「基本理念にのっとり、その事業活動を行うにあたって、自らが食品の安全性の確保について第一義的責任を有していることを認識して、食品の安全性を確保するために必要な措置を食品供給行程の各段階において適切に講ずる責務を有する」と明記しています。

こうした規定を受けて、食品関連事業者は社内の品質保証体制を整えたり、食品安全に関する研究部署を設置したりといった様々な取り組みを展開しています。こうした取り組みは企業のホームページなどで公開されることが多く、自社の安心・安全に対する意識や取り組みを消費者へ届けるよう努力しています。

また、従業員に対しても、社内外の研修や社内イントラネットを通して安全に対する意識の強化を図り、社会や消費者に対する責務の重要性を共有するような取り組みも行っています。

食の安全への取り組み（リスク分析）

リスク評価

●食品安全委員会
- ・リスク評価の実施
- ・リスク管理を行う行政機関への勧告
- ・リスク管理の実施状況のモニタリング
- ・内外の危害情報の一元的な収集・整理
- ・リスクコミュニケーション全体の総合的マネージメントの実施など

食品安全基本法

リスク管理

●厚生労働省
- ・検疫所
- ・地方厚生局
- ・地方自治体
- ・保健所など

➡食品の衛生に関するリスク管理

食品衛生法など

●農林水産省
- ・地方農政局
- ・消費技術センターなど

➡農林･畜産･水産に関するリスク管理

農薬取締法
飼料安全法
など

●消費者庁

➡食品の表示に関するリスク管理

食品衛生法など

●リスクコミュニケーション
- ・食品の安全性に関する情報の公開
- ・消費者などの関係者が意見を表明する機会の確保

出所：厚生労働省「食品の安全確保に関する取り組み」より作成

2 食品添加物（食品の安全確保①）

多くの食品には保存性を高めることや、色味や香りをよりよくすることなどを目的に、添加物が加えられています。

食品添加物とは

食品衛生法第4条第2項に、次のように定義されています。

「添加物とは、食品の製造の過程において又は食品の加工若しくは保存の目的で、食品に添加、混和、浸潤その他の方法によって使用する物」

主には保存料、甘味料、着色料、香料が該当し、化学的合成品だけでなく天然由来のものも含まれます。

管轄する厚生労働省が指定したもの以外の製造、輸入、使用、販売は基本的に禁止されています。

食品添加物の種類と安全性の確保

食品添加物は次の四つに区分され、二〇一一（平成二三）年七月時点の指定品目は一四〇〇を越えます。

- 指定添加物（四二〇品目）
- 既存添加物（三六五品目）
- 天然香料（約六〇〇品目）
- 一般飲食物添加物（約一〇〇品目）

食品添加物の安全性は、物質の分析結果や動物実験による科学的なデータに基づいて、食品安全委員会が行う食品健康影響評価（リスク評価）によって審議が行われます。各食品添加物には許容一日摂取量（ＡＤＩ）が設定され、実際に摂取する添加物が許容一日摂取量を超えていないかという調査も行われています。

添加物の国際的整合性

物流の発達にともない食品の輸出入が活発化する中で、輸入食品の安全性の確保は重要な課題となっています。食品添加物の基準についてはそれぞれの国で異なる場合が多く、また、食品添加物を使用できる食品についても違いが生じています。

食品添加物については、国連食糧農業機関（ＦＡＯ）と世界保健機関（ＷＨＯ）が合同で組織する食品規格委員会（コーデックス委員会）の食品添加物汚染物質部会において議論が行われ、各国共通の基準や規格の採択を目指しています。

さらに食品添加物の安全性の評価を行う国際的な機関として、コーデックス委員会とは別にＦＡＯとＷＨＯの合同食品添加物専門家会議（通称JECFA・FAO/WHO Joint Expert Committee on Food Additives）が設置されています。ＪＥＣＦＡは各国の添加物規格に関する専門家や毒性学者で構成され、コーデックス委員会に対して助言などを行い、科学的知見に基づいた国際的な規格や基準の策定に重要な役割を果たしています。

食品添加物の種類

指定添加物	食品衛生法第10条に基づき、厚生労働大臣が定めたもの。食品衛生法施行規則別表第一に収載。 ［例］ソルビン酸、キシリトールなど
既存添加物	1995（平成7）年の法改正の際に、わが国において既に使用され、長い食経験があるものについて、例外的に指定を受けることなく使用・販売が認められたもの。既存添加物名簿に収載。 ［例］クチナシ色素、柿タンニンなど
天然香料	動植物から得られる天然の物質で、食品に香りをつける目的で使用されるもの。 ［例］バニラ香料、カニ香料など
一般飲食物添加物	一般に飲食に供されているもので添加物として使用されているもの。 ［例］イチゴジュース、寒天など

出所：厚生労働省「食品の安全確保に関する取り組み」より作成

3 健康食品（食品の安全確保②）

健康に対する関心の高まりを受けて、健康食品の活況が続いています。健康づくりにおいてはバランスのとれた食生活が第一ですが、それに加えて健康食品を利用する場合は、正しい知識と利用法が重要です。

健康食品の利用には注意を

健康食品は、国が制度を創設して機能表示を許可している「特定保健用食品」および「栄養機能食品」を含む「保健機能食品」と、機能表示は認めてられていない一般食品（いわゆる健康食品）の二つに大別されます。

サプリメントや健康補助食品といったいわゆる健康食品の中には、健康に役立つどころかかえって健康を害するものもあり、利用にあたっては正しい知識と注意が必要です。特に無許可で薬の成分を添加した無承認無許可医薬品は、副作用から重大な健康被害を受けたり、最悪なケースでは死に至ったという報告もあります。

健康食品の安全確保

わが国では厚生労働省を中心に、製造から消費までの各段階において様々な対策を行っています。

製造段階では、原材料となる食品や成分が安全であることを確認する必要があります。文献などを利用した十分な調査が必要になりますが、過去にあまり食されたことがないようなものの場合には、毒性実験を行って人体への影響を確認します。

製造業者に対しては、適正な摂取目安量や注意喚起をわかりやすく消費者へ伝え、企業としての説明責任を果たすよう指導しています。その他、健康被害の情報についても積極的に収集し、消費者だけでなく地方自治体や病院、医師などへ情報提供を行っています。

日本健康・栄養食品協会
〒162-0842　東京都新宿区市谷砂土原町2-7-27
http://www.jhnfa.org/

日本における健康食品のおおまかな分類（医薬品は除く）

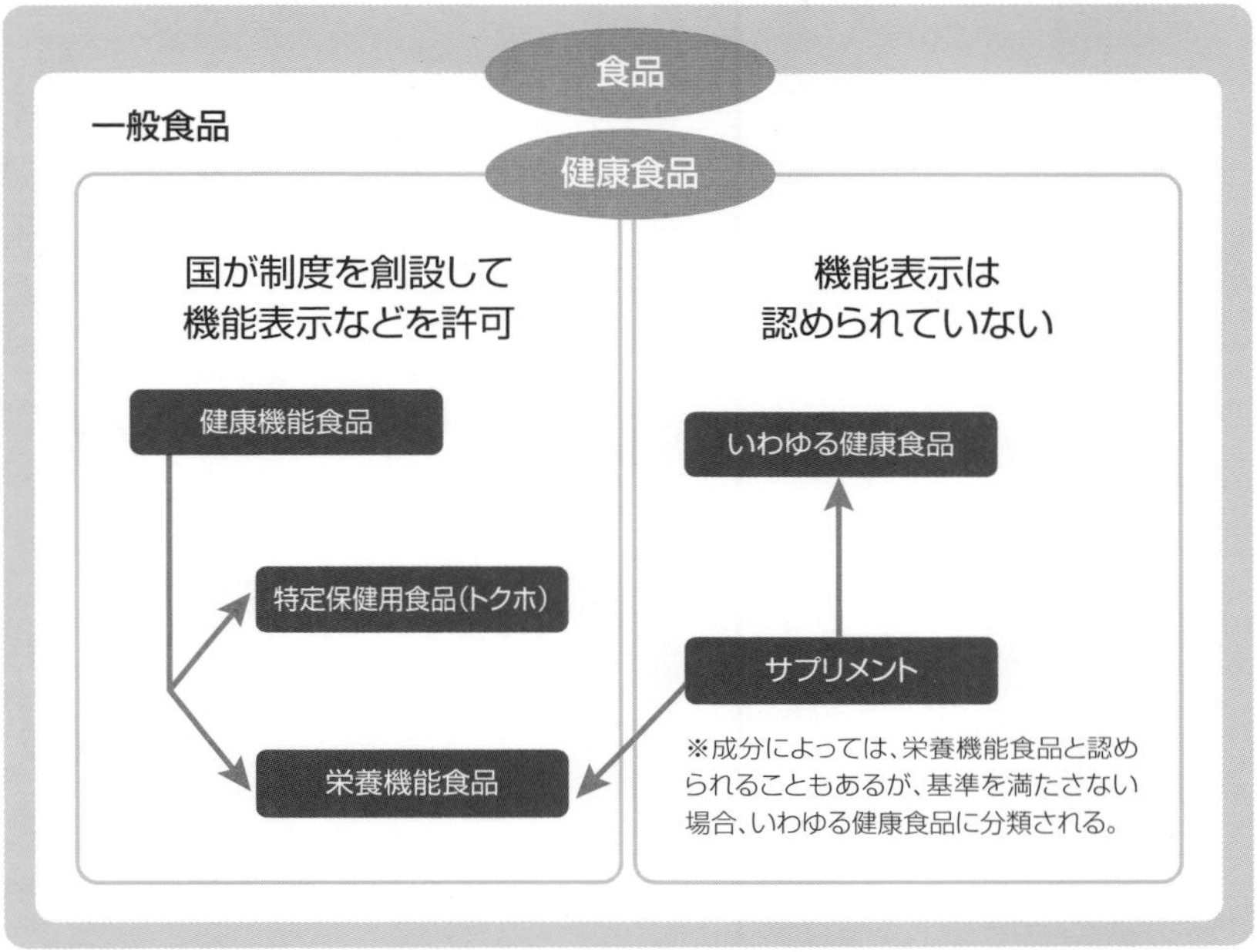

出所：厚生労働省「健康食品の正しい利用法」より作成

信頼できる健康食品情報源

▼国内の健康食品に関連する情報提供サイト

組織などの名称	主な提供内容
厚生労働省	食品の安全性確保に関する情報
内閣府食品安全委員会	食品の安全性評価に関する情報
消費者庁	食品の表示に関する情報（特定保健用食品、栄養機能食品、特別用途食品など）
国立医薬品食品衛生研究所（食品の安全性に関する情報）	食品の安全性に関する国内外の情報
（独）国立健康・栄養研究所（「健康食品」の安全性・有効性情報）	健康食品に関する基礎的情報、各成分に関する有効性や安全性の論文情報、有害情報など
（独）国民生活センター	健康食品に関する個別製品の検査結果など
東京都（健康食品ナビ）	健康食品に関する情報
（財）日本健康・栄養食品協会	製品の自主規格や業界として必要な情報など
日本医師会（健康食品のすべて-ナチュラルメディシン・データベース）	健康食品の有効性、安全性、医薬品との相互利用（飲み合わせ）の解説など。症例も掲載

出所：厚生労働省「健康食品の正しい利用法」より作成

残留農薬（食品の安全確保③）

二〇〇六（平成一八）年に施行されたポジティブリスト制度により、すべての農薬などに残留基準が設定され、無登録農薬であっても規制を行うことが可能となりました。

ポジティブリスト制度

二〇〇三（平成一五）年の食品衛生法の改正に基づいて二〇〇六（平成一八）年五月に施行されたこの制度は、食品中に残留する農薬、動物用医薬品および飼料添加物に対する規制を行う制度です。本制度の施行前は、残留基準が設定されていない農薬などについては、例え残留があったとしても販売などを規制することができず、安全の確保が不十分な状況でした。

ポジティブリスト制度とは、一定量以上の農薬などが残留する食品の販売などを禁止する制度です。この制度の導入により、残留基準の定められていない農薬などに対しては一律の基準を設け、原則すべての農薬などに残留基準が設定されました。

農薬などの残留実態の調査

厚生労働省では、国立医薬品食品衛生研究所や地方衛生研究所などの協力を得て、次の三種類の調査を行っています。

❶食品中の残留農薬調査

現に流通している農産物中の残留農薬の実態を把握するために、①各地方自治体の食品衛生監視員による市場などからの農産物の抜き取りによるモニタリング検査、②検疫所による港や空港に入ってきた段階での輸入品のモニタリング検査、③厚生労働省による残留農薬基準値が設定されていない農薬についての実態調査の結果を集計しています。

❷マーケットバスケット調査

国民が日常の食事を介して食品に残留する農薬をどの程度摂取しているかを把握する調査です。市場で流通している農産物、加工食品、魚介類、肉類、飲料水などのあらゆる食品について、通常行われている調理方法で調理を行った後、各食品に含まれている農薬の量を測定します。

❸輸入加工食品中の残留農薬調査

近年の加工食品の輸入の増加を受けて、厚生労働省では一九九七年から輸入食品を対象とした残留農薬の調査を行っています。

実際には全国各地に存在する検疫所においてモニタリング調査が行われ、基準値を超える農薬が検出された場合は、通関前であれば「廃棄・積戻し」、通関後であれば迅速な「回収」が指示されます。

こうした調査の結果は厚生労働省のＨＰで公開されています。

ポジティブリスト制度施行後の残留農薬管理体制

農薬、飼料添加物および動物用医薬品

食品の成分に係る規定（残留成分）が定められているもの	食品の成分に係る規定（残留成分）が定められていないもの	厚生労働大臣が指定する物質
従前に加え、国際基準や欧米基準などを踏まえた基準を新たに設定。残留基準設定の促進。	人の健康を損うおそれのない量として厚生労働大臣が一定量を告示。	人の健康を損うおそれのないことが明らかであることを告示。
▼	▼	▼
残留基準を超えて農薬などが残留する食品の販売などを禁止	一定量を超えて農薬等が残留する食品の販売を禁止	ポジティブリスト制度の対象外

出所：厚生労働省「食品の安全確保に関する取り組み」より作成

5 汚染物質対策（食品の安全確保④）

工業技術の発展の一方で、人体に影響のある有害物質が自然界へ流出し、農作物や海産物を汚染する事件が相次ぎました。また、東日本大震災による放射性物質の汚染に対しても、厳重な対策が求められています。

食品の有害物質汚染と公害

わが国では一九五〇年以降、イタイイタイ病、水俣病、カネミ油病などの公害病が相次ぎました。それぞれカドミウム、水銀、ダイオキシンといった有害物質に汚染された食品を摂取したことが原因だったことが認められています。

これらの有害物質は、大気中へ放出されたものが雨になって降り注ぐほかに、灌漑用水路へ流れ込んで直接農地を汚染したり、工場排水が河川や海へ流出し、プランクトンなどに吸収され、食物連鎖の中で濃縮されたりして、人体に摂取されることがわかっています。

汚染物質対策

厚生労働省では国内に流通する食品に対し、必要に応じて規格基準を設定しています。基本的には国際的な規格となるコーデックス規格を採用しますが、我が国特有の生産実態などがある場合には、それを考慮し、関係者と連携しながら適正な基準値またはガイドラインを設定しています。

そのほかにも、食品中に含まれる有害物質の実態調査や、マーケットバスケット調査による食品別の摂取量調査を行って、基礎的なデータ収集しています。こうして集めたデータを活用し、妊婦に対する摂食指導を行ったり、基準値の設定や見直しの検討を行っています。

東日本大震災による放射性物質汚染

二〇一一年三月に起きた東日本大震災による福島第一原子力発電所の事故により、大量の放射性物質が放出され、農作物や海産物を始めとする多くの食品が放射性物質にさらされました。

放射性物質が発する放射線によって細胞のＤＮＡが傷つけられた場合、がんを発症したり遺伝的な影響が出たりする恐れがあることがわかっています。このため放射性物質に過度に汚染された食品が市場に流通することがないように、厚生労働省では暫定基準値を設定し、出荷制限などの措置を講じてきました。

二〇一二年四月には、東日本大震災の事故後に暫定的に定められていた規制値に対し、より一層の食品の安全と安心を確保することを目的に、長期的な視点から新たな基準値が設定され施行されました。

こうした対策が講じられても、放射性物質に対する国民の不安は完全に拭い去られたわけではありません。今後も十分なモニタリング調査と状況に応じた対策を行いながら、向き合わなくてはならない問題です。

新たな基準値の概要

放射性物質を含む食品からの被ばく線量の上限を、年間５ミリシーベルトから年間１ミリシーベルトに引き下げ、これをもとに放射性セシウムの基準値を設定しました。

放射性セシウムの暫定規制値（単位：ベクレル/kg）

食品群	野菜類	穀類	肉・卵・魚・その他	牛乳・乳製品	飲料水
規制値	500			200	200

放射性ストロンチウムを含めて規制値設定

↓

放射性セシウムの新基準（単位：ベクレル/kg）　平成24年4月1日から施行

食品群	一般食品	乳児用食品	牛乳	飲料水
規制値	100	50	50	10

放射性ストロンチウム、プルトニウムを含めて規制値設定

出所：厚生労働省資料より

6 器具、容器包装（食品の安全確保⑤）

食品ではありませんが、食品の調理に使用する鍋や箸、食事の際に使用するお皿やスプーンなど、食品が接触する道具や素材の安全性の確保も重要です。

器具・容器包装とは

食品衛生法第4条に、次のように定義されています。

・器具とは「飲食器、かっぽう具その他食品又は添加物の採取、製造、加工、調理、貯蔵、運搬、陳列、授受又は摂取の用に供され、かつ、食品又は添加物に直接接触する機械、器具その他の物をいう。ただし、農業及び水産業における食品の採取の用に供される機械、器具その他の物は、これを含まない。」

・容器包装とは、「食品又は添加物を入れ、又は包んでいる物で、食品又は添加物を授受する場合そのままで引き渡すものをいう。」

代表的な器具に鍋や箸、おたま、皿などがあり、包装容器には瓶や缶、ラップやトレーなどがあります。

器具、容器包装の安全確保

食品の加工などに使用する調理器具、食品の包装に使用するトレーやパックなどの容器包装は、食品に直接触れるため、材質となる金属や化学物質などが溶け出して、食品を汚染する可能性があります。そのため溶出試験と呼ばれる方法で、擬似環境を作りそこで溶け出す有害物質を分析し、基準値を定める対策を行っています。

実際には食品衛生法により器具や容器包装の材質、使用用途によって規格基準を定め、規制を行っています。規格基準は乳および乳製品用と一般食品用に大きく分かれ、さらに器具、容器包装の材質によって細かく分けられています。

ビスフェノールAの例

　ビスフェノールAとは、主にプラスチックの原料として使用される化学物質で、食器や容器から食品へ移行したり、缶詰の内側に施される防蝕塗装から溶け出して摂取される可能性があります。これまで動物を用いての毒性試験の結果から、人に毒性が現れないと考えられる基準値が設けられ、広く使用されてきました。

　しかしながら近年、動物の胎児や子供に対して行った実験により、これまでの毒性試験では有害な影響が認められなかった量より極めて少ない量での影響が認められ、厚生労働省では調査研究を進めると共に、妊婦や乳幼児へ摂取を控えるよう警告を発しています。

　これまでに行われた動物実験によると、ビスフェノールAを胎児または幼少期に摂取することによって内分泌系への影響が懸念されており、乳腺や前立腺への影響や、思春期早発などが認められたという報告がなされています。現在、動物と同様に人への影響があるかどうかについて評価が行われています。

器具・容器包装の材質別規格の設定

器具・包装容器の材質	規格が設定される物質
ガラス製、陶磁器製またはホウロウ引き	カドミウムおよび鉛　など
合成樹脂製	・カドミウムおよび鉛　・重金属 ・過マンガン酸カリウム消費量 ・樹脂別の個別規格　など
ゴム製	・カドミウム　・鉛　・フェノール ・ホルムアルデヒド　・重金属 ・蒸発残留物　など
金属缶	・ヒ素　・カドミウムおよび鉛 ・フェノール　・ホルムアルデヒド ・蒸発残留物　など

▼ガラス製品

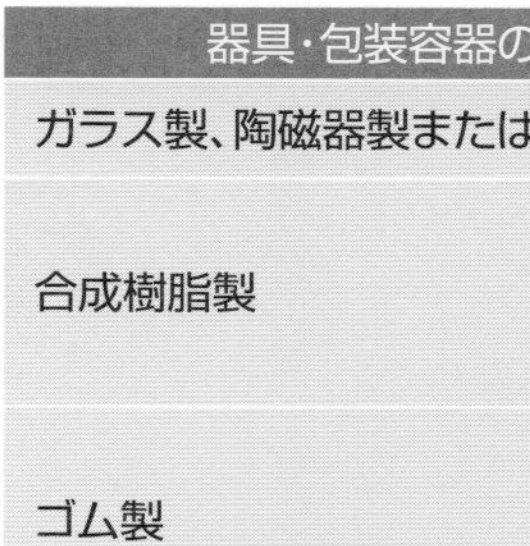

▼合成樹脂

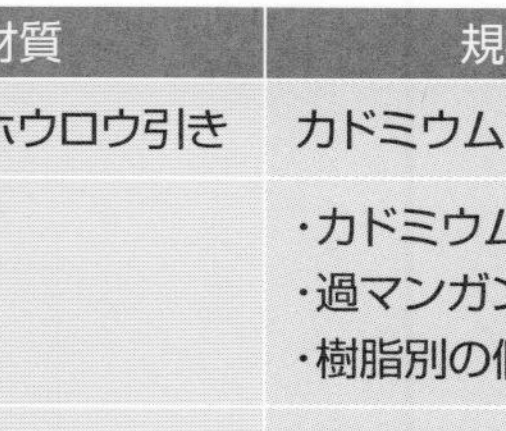

▼金属缶

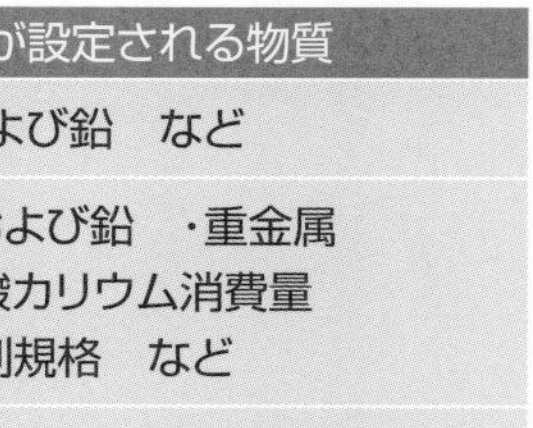

7

新たな食品表示法の施行

二〇一五年四月一日より、ＪＡＳ法、食品衛生法、健康増進法の義務表示を一元化した「食品表示法」が施行されました。主な変更点として加工食品と生鮮食品の区分統一など一一項目を挙げています。

消費者庁による食品表示規制

食品表示に関する行政は、消費者庁が中心となって関連省庁と連携しながら運営しています。消費者の安心安全に関わる問題を一元的に所管することを目的に、二〇〇九年内閣府の外局として新たに設置されたのがこの消費者庁です。

消費者庁では、食品衛生法やＪＡＳ法、健康増進法といった食品表示に関連する法律に基づき、表示基準の策定などを企画立案しています。実際の策定にあたっては、厚生労働省や農林水産省などの関係省庁と協議を重ねて行っています。

そのほかにも、消費者庁では違法な表示を行う業者や個人などに対し、立入検査や改善命令を行っています。

食品表示法

食品表示に関する主な法律として、これまでは食品衛生法、ＪＡＳ法、健康増進法、米トレーサビリティ法などがありました。それぞれの法律に基づいて、原材料や原産地、賞味期限、アレルギー情報などが食品に表示されています。

二〇一五年からの「食品表示法」では、一括表示や栄養表示、機能性表示食品制度などが盛り込まれています。

このうち、一括表示については、製造者や販売者など表示責任者が記載されていますが、現行では製造者と異なる場合、製造所固有記号が使えましたが、同一製品を複数工場で製造する場合のみ使用可能となりました。

＊**食品表示法**　本文98ページのコラム参照。

機能性表示食品制度など

　アレルギー表示は、アレルゲン数に変更はありませんが、個別表示(原料ごとに表示)となります。原材料名欄は、原材料使用量の多い順に、続いて食品添加物使用量の多い順に表示しますが、これらを明確に区別する表示が義務付けられました。

　また、加工食品への栄養表示が義務化され、栄養表示基準を基に新たに食品表示基準が定められました。具体的には、ナトリウムが食塩相当量で表示するなど、六項目にわたっています。

　さらに、機能性表示食品制度として、従来食品への機能表示ができるものは、栄養機能食品と特定保健用食品のみでしたが、新たに機能性表示食品が加わりました。消費者庁が定めた一定のルールに基づき、事業者が科学的根拠を評価し消費者庁に届出を行い、要件が揃えば事業者の責任で表示可能となります。加工食品だけではなく生鮮食品も対象となり、特定の保健の目的が期待できる旨の表示が可能です。

JAS法、食品衛生法および健康増進法の関係

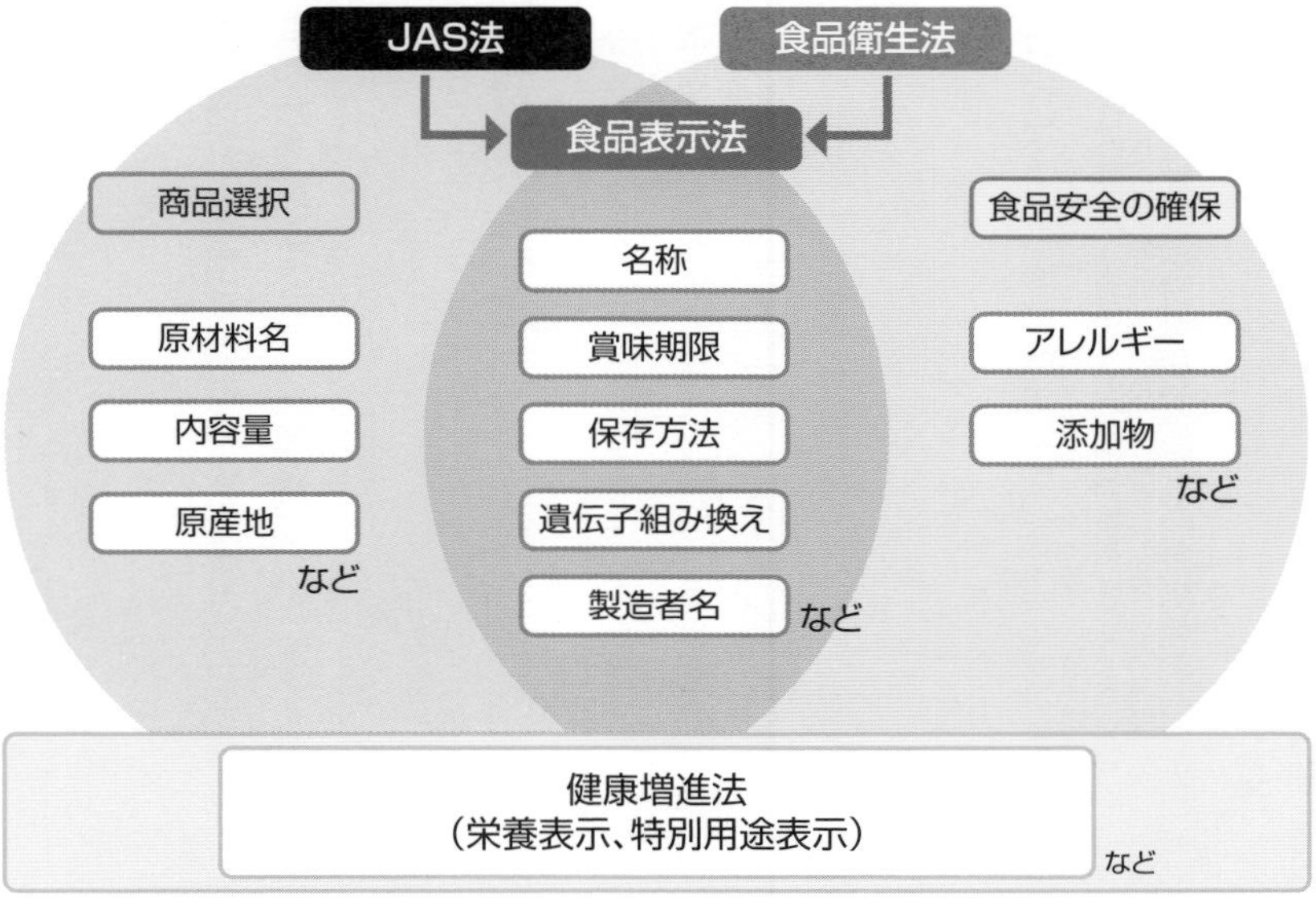

このほか、景品表示法(虚偽、誇大な表示の禁止)、不正競争防止法(不正な競争の防止)、計量法(適正な計量の実施を確保)なども食品表示に関係する。

出所：消費者庁「食品表示に関する制度について」を基に作成

8 食品ロス削減と食品業界

環境省および農林水産省による推計結果として、二〇一六（平成二八）年度における食品廃棄物などは約二七五九万t（トン）で、このうちまだ本来食べられるにもかかわらず廃棄されている食品、いわゆる食品ロスは約六四三万トンと推計されました。

食品リサイクル法

食品リサイクル法は、大量消費・大量廃棄型社会から循環型社会への転換を目指し、増え続ける食品廃棄物などの排出についても抑制と資源としての有効利用を推進するために二〇〇一年五月に施行された法律です。

食品の製造、流通、消費、廃棄などの各段階において、食品廃棄物などに係わるものが一体となって、まず食品廃棄物などの発生抑制に優先的に取り組み、次いで食品循環資源の再生利用および熱回収、並びに食品廃棄物などの減量に取り組むことで、循環型社会の構築を目指すとされました。

指導監督の強化

その後、同法は二〇〇七年に改正されました。このときの主な改正点は食品関連事業者に対する指導監督の強化で、多量発生事業者の定期報告の義務付けやフランチャイズチェーンは店舗ごとではなく一事業者として取り扱うこと。また、再生利用事業計画認定制度を見直して、肥料化・飼料化による農林水産業との連携強化を図る場合には主務大臣の認定によって市町村域を越えた食品廃棄物などの荷積み・収集・運搬の許可が不要になるなどの支援制度や再生利用などに炭化製品（燃料および還元剤）とエタノールを追加し、新たなリサイクル商品の開発につなげようとしています。

ワンポイントコラム

【2030アジェンダ】 2015年9月、国連で採択された「我々の世界を変革する：持続可能な開発のための2030アジェンダ」で、アジェンダには、人間、地球および繁栄のための行動計画として、宣言および目標を掲げられた。

発生抑制という視点から

食品ロスについては、二〇一六年九月に国際連合で採択された「持続可能な開発のための**二〇三〇アジェンダ**＊」で定められている「持続可能な開発目標」(SDGs: Sustainable Development Goals)のターゲットの一つに、二〇三〇年までに世界全体の一人当たりの食料の廃棄を半減させることが盛り込まれました。国内では、二〇一九年六月に第四次循環型社会形成推進基本計画において、家庭から発生する食品ロスを二〇三〇年度までに二〇〇〇年度比で半減するとの目標が設定されました。

また、現在見直しを行っている食品リサイクル法に基づく新たな基本方針においても、食品関連事業者から発生する食品ロスを二〇三〇年度までに二〇〇〇年度比で半減するとの目標を設定することが検討されています。環境省では、引き続き、食品ロスを減らすことによる二酸化炭素排出量の減少や経済効果、世界の食料不均衡の解消などをわかりやすく解説するキャンペーンも始めています。

食品ロス量の実態

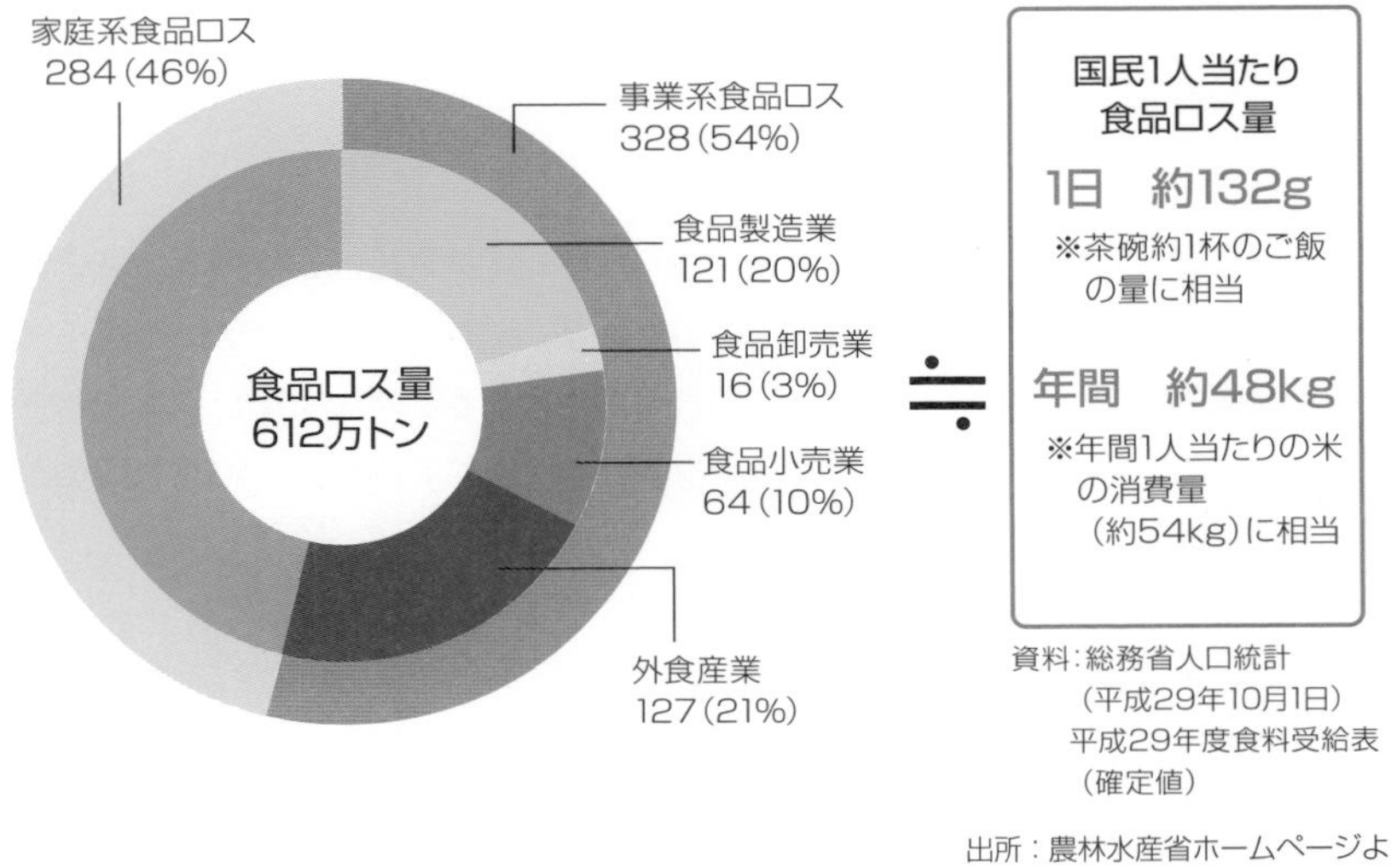

資料：総務省人口統計（平成29年10月1日）
平成29年度食料受給表（確定値）

出所：農林水産省ホームページより

column

食品特許をめぐる訴訟

食品業界では時折、製法特許をめぐる訴訟が起きています。最近ではカゴメと伊藤園の間で、トマトジュースをめぐる訴訟がありました。

伊藤園の保有する特許が無効であることを求めた事件で、知財高裁判決がありました。審判では特許は有効と判断されましたが、カゴメがこれを不服として知財高裁に訴えたところ、判決では無効と判断されカゴメの主張が認められた形になりました。

この判決では、食品メーカーの特許において、一般的に行われている官能評価試験について、厳しい判断が下されたことから、食品特許の有効性について業界に大きな疑問を投げかける結果となりました。

伊藤園の保有する特許は、糖度、糖酸比、およびアミノ酸の量を特定したトマト飲料で、この特許の特徴は、この糖度、糖酸比、アミノ酸の量を特定したことにより、トマト飲料以外の野菜汁や果汁を配合しなくても、濃厚な味わいでフルーツのような甘みがあり、かつトマトの酸味が抑制されたトマト飲料が提供できる、というものでした。

これに対してカゴメの主張は2点あり、一つは糖度、糖酸比、およびアミノ酸の量を特定するだけでは、フルーツのような甘みがあり、トマトの酸味が抑制されたトマト飲料が提供できるとは限らないので、特許は無効であるという主張と、このトマト飲料は、従前カゴメが販売してきたトマトジュースと同じであることから、新規性がなく特許は無効であるということでした。

裁判所は、新規性については判断せず、トマトジュースのうま味は、糖度、糖酸比、アミノ酸の量以外にも、トマトジュースの味わいに影響を与えている要素があるということで、特許が無効であると判断しました。官能評価試験を用いて特許を主張することの難しさが示され、食品業界に大きな議論を呼びました。

第6章

食品グローバル企業の動向

日本の食品製造業は国内市場が縮小傾向で推移していることから、人口の増加と経済の発展が著しいアジア諸国への市場開拓を積極的に進めています。しかし、事業所数・従業員数においては自動車産業を上回りながらも、海外での市場開拓においては欧米企業から遅れをとってきました。

欧米の大手メーカーでは、国内外でのM＆Aを通じて、垂直的・水平的多角化を進めながら、多国籍企業な総合食品メーカーに進化してきました。

では、欧米の食品グローバル企業と国内メーカーの中で海外進出に積極的な企業を紹介します。

How-nual
図解入門
業界研究

1 ネスレS&A

日本では、インスタントコーヒーのメーカーとしておなじみのネスレは、スイスに本社を置く世界最大の食品・飲料メーカーです。二〇一九年一二月期の業績は、売上高九二六億スイスフラン（約八兆二五一六億円）、八四ヵ国に四〇三の工場があります。

創業は乳製品の会社として

全世界での従業員数は約二〇万人で、商品は一八七ヵ国以上で販売されています。ネスレは、自国のスイス国内の市場が小さいために、早くから海外に進出し地道に現地化する方針を取ってきました。

一八六六年、スイス・カムで米国人のページ兄弟が、良質で純粋な原料から作られ、しかも長期保存ができるミルクとして、ヨーロッパでは初めて練乳を製造販売する、アングロ・スイス煉乳会社を設立しました。翌年、スイス・ヴェヴェーではアンリ・ネスレが、母乳の代替食品として、安全で栄養価が高い新しい乳児用乳製品を開発し、製造販売する会社を創業しました。

日本では一〇〇年前に創業

一九〇五年にこの両社が合併して、ネスレ・アングロ・スイス煉乳会社が設立されました。

日本では、一〇〇年前の一九一三（大正二）年に、ネスレ・アングロ・スイス煉乳会社が英国ロンドンの極東輸出部の管轄で、横浜に日本支店を開設したのが始まりです。その後、一九三三（昭和八）年に淡路島の藤井煉乳と提携し、藤井乳製品（株）を設立し、国内生産体制を整え、その後淡路煉乳（株）と改称しています。一九四〇年には日本支店をネスレ・プロダクト・カンパニー神戸支店と改称し、六〇年から現在のネスレ日本となっています。

＊**2030アジェンダ**　本文136ページ参照。

二〇三〇年に向けた長期的な目標

「生活の質を高め、さらに健康な未来づくりに貢献します」という存在意義に動機づけられたネスレの二〇三〇年に向けた長期的な目標は、国際連合の持続可能(SDGs)の支援につながる二〇三〇アジェンダ＊に合致しています。

第一に、個人と家族が健康で幸せな生活を実現するために、「五〇〇〇万人の子どもたちがさらに健康な生活を送れるよう支援します」

次に、困難に負けない活力あるコミュニティを育成するために、「ネスレの事業活動に直結するコミュニティに暮らす三〇〇〇万人の生活向上を支援します」

そして、未来の世代のために資源を守ることとして、「ネスレの事業活動における環境負荷ゼロを目指す取り組み」を掲げています。

ネスレが影響を与えるこれら三つの重要分野を特定した上で、ネスレの最重要課題に照らして、長期的な目標の達成と、ひいては国際連合が掲げた二〇三〇年に向けた持続可能な開発目標としています。

ネスレが2030年に向けてグローバルで掲げる長期的な目標

5,000万人
5,000万人の
子供たちがさらに
健康な生活を
送れるように
するための支援
3,000万人
ネスレの
事業活動に
直結する
コミュニティに
暮らす
3,000万人の
生活向上の支援
環境への影響
ゼロ
ネスレの
事業活動に
おける環境負荷
ゼロを目指す
ための取り組み

https://www.nestle.co.jp/aboutus

ネスレ日本
〒651－0087　神戸市中央区御幸通7-1-15　ネスレハウス
https://www.nestle.co.jp/aboutus/profile

2 ペプシコ

ペプシコも米国に本社を置く世界的な食品・飲料メーカーで全世界二〇〇ヵ国余りで活動する世界の食品業界第二位。最近は外食のピザハットやKFC（ケンタッキー・フライドチキン）などを買収し、日本での市場も広がっています。

経営危機を乗り越えて

ペプシコもザ コカ・コーラカンパニーと同様に最初は健康飲料の販売から始まりました。

一九一三年、全米二五州にフランチャイズのボトリング工場を擁するまでに発展しましたが、第一次世界大戦中の砂糖相場の乱高下の打撃を受けて一九二三年に一度破綻しています。

その後、経営が安定してきたのは、一九三三年に、原液の配合をコカ・コーラに類似したものに変えて、かつコカ・コーラより内容量が多いペプシコーラを開発し、同じ値段で売るようになってからです。つまり、低価格戦略で差別化していったのです。

日本国内では遅れをとる

この戦略が功を奏して、コカ・コーラのライバル企業として、消費者からも認知され、展開にあたってもボトリングシステムを採用し、市場を広げていきました。一九四〇年にはベネズエラに初めて海外進出を果たし、一九五四年には海外部門を設立し本格的な世界展開を開始しました。その後、一九八五年には一五〇ヵ国近くで販売されるようになり、一九七七年には外食産業のピザハットなどを買収し、ボトリングシステムと並行させながら、飲料の市場を広げていきました。

日本では一九五四年に本土より早く沖縄にボトリングの会社が作られましたが、紆余曲折がありました。

サントリーフーズへの事業譲渡

一九九八年、ペプシコ本社の海外戦略失敗により、日本における事業はサントリーに譲渡され、飲料部門はサントリーフーズが事業を行っています。それまで日本国内で製造販売を請け負っていた地域ボトラーをサントリーフーズが大株主の販社へと業態転換しています。

二〇一一年九月にサントリーでは海外戦略として、サントリー食品アジア社を設立し、それまで主に日本で培ってきた商品開発力などを活用しながら、東南アジアにおける飲料ビジネスの拡大を積極的に推進しています。ペプシコもベトナムにおいて一九九四年から飲料ビジネスを展開しており、現在は五つの自社飲料工場を有していますが、両社はアジアでの市場拡大に取り組んでいます。

さらに日本の国内スナック菓子メーカー、カルビーの筆頭株主となり、スナック食品の販売を強化しています。

ペプシコの事業セグメントとブランド

ペプシコ＜非アルコールドリンク＞	フリトレー＜スナック菓子＞
ペプシコーラ	レイズ
ゲータレード	ドリトス
マウンテン・デュー	クエーカー ＜シリアル食品＞
トロピカーナ	クエーカー・フーズ
リプトン	
アクアフィーナ	
セブンアップ(7up)	
キャレブズ・コーラ	
スタボーン・ソーダ	

出典：PepsiCo Inc　https://www.pepsico.com/

3

世界のビールメーカー

日本国内でのビール業界においては、キリン、アサヒ、サントリー、サッポロの四社が激しくシェア争いを繰り広げていますが、世界市場でも、新興国などの台頭による巨大市場に対して、グローバル規模での寡占化の動きが急激に加速しています。

アンハイザー・ブッシュ・インベブ

世界のビール売上高・シェアの第一位は、ベルギーとブラジルにルーツを持つアンハイザー・ブッシュ・インベブで、同社は、二〇〇四年、ベルギーのインターブリューがブラジルのアンベブを買収して誕生したインベブが、〇八年にアメリカのアンハイザー・ブッシュ社と合併して誕生した会社で、ビール会社の合併としては世界最大規模の合併によるものでした。同社は食品ランキングでも第三位で、ビール業界第二位だった欧州ＳＡＢミラーも買収し、世界シェア二一・四%を占める巨大メーカーになりました。

活発なＭ＆Ａの結果から

インベブとＳＡＢミラーは共に、先進国市場での地位向上も狙うと同時に、「新興国市場をいかに取り込むか」にありました。そのため新興国で独占的な地位にある企業を丹念に買収してきた背景があるのです。

一九九七年時点で世界のトップ一〇社の中に、日本のビール企業が二社入っていましたが、〇六年にはそれがゼロになるほど、業界における産業集中化で巨大企業が海外で増えました。ビール業界第二位の欧州ハイネケンも当初はあまりＭ＆Ａには積極的でなかったのが、世界市場での展開を着々と進め、グローバルブランドの地位を確立してきたといわれています。

日本企業の海外進出

日本のビールメーカーでも、活発に海外進出しているものの、まだグローバルブランドにはなっていないといわれています。

要因の一つとして、日本企業の場合には総合食品メーカーを目指し、医薬品、健康食品、飲料、外食など事業の多角化を進めてきた結果、世界の潮流に逆行するような形で、ビールのシェア獲得にあまり本腰を入れていないことが指摘されています。

海外のビールメーカーは本業のビールに特化することで高い収益を得ているからです。

また日本のビールメーカーは国内市場を守ることを第一に考えてきたことや、国内のブランドが発泡酒や第三のビールなど、あまりに多過ぎて、ビールに特化することができなかったことも指摘されています。

日本国内での総合酒類化はグローバルな動きとは明らかに逆行する戦略とも指摘されています。また、四社による寡占化で、日本国内での再編が行われていないという状況も、不利に働いているようです。

世界の主なビールメーカー

社名	主な所在地
アンハイザー・ブッシュ・インベブベルギー	ベルギー　アメリカ
サブ・ミラー	南アフリカ／アメリカ（本社は英国に所在）
ハイネケン	オランダ
カールスバーグ	デンマーク
青島ビール	中国
モルソン・クアーズ	カナダ　アメリカ
グルポ・モデロ	メキシコ
燕京ビール	中国
キリンビール	日本
アサヒビール	日本

▼世界のビール　by Visitor7

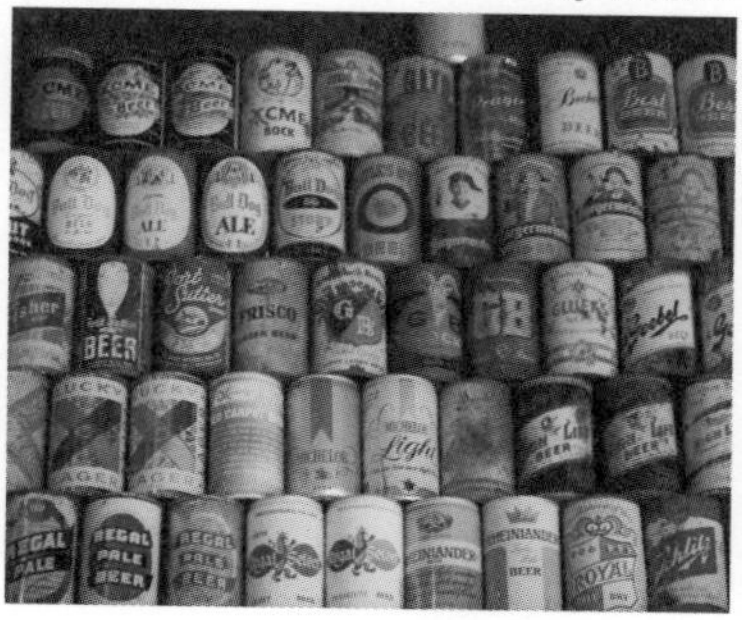

4 世界の食肉・ハム・ソーセージ業界

ブラジルのサンパウロに本社を置くＪＢＳは、世界最大規模の食肉メーカーとして知られています。ＪＢＳは毎日一三〇〇万匹もの動物を食肉に加工し、年間収益は五〇〇億ドル（約五兆五〇〇〇億円）にのぼるといわれる巨大企業です。

ＪＢＳ（ジェイビーエス）

ＪＢＳは一九五三年に、ブラジルの牧畜家であるホセ・バティスタ・ソブリンホが創立した食肉加工メーカーで、ＪＢＳという社名は、創立者であるホセ・バティスタ・ソブリンホの頭文字から付けられています。

牛肉加工においては、ブラジル国内はもとより世界中の食品加工メーカーを買収したことから世界で最大規模の会社に成長しています。ブラジル、アルゼンチン、アメリカ、オーストラリアの四ヵ所を中心に牛の牧場を構え、世界一一〇ヵ国に牛肉を輸出しています。二〇〇七年に、アメリカの豚肉会社を買収し、グローバル市場への参入戦略を採りました。

タイソン・フーズ・万洲国際（ＷＨ）グループ

アメリカの食肉加工の最大手タイソン・フーズは、鶏肉、牛肉、豚肉を万遍なく手掛け、二〇〇一年には当時世界最大手の牛肉加工会社のＩＢＳ（アイビーエス、米国）を買収し、さらに二〇一七年には調理済み食品大手のアドバンスピエール・フーズも買収しています。世界の食品業界でもＪＢＳに次いで第五位の地位にあります。

万洲国際グループの前身は、一九五八年に中国河南省に設立された食肉の加工工場で、二〇〇〇年前後からグローバル化を推し進め、二〇〇二年には中国で日本ハムと合弁会社を設立しています。

M&Aで成長した大手食肉メーカー

これまで紹介してきたように、ＪＢＳやタイソンフーズ、万洲国際グループ、そして日本の日本ハムグループなどは、合併や買収を繰り返しながら、グローバル企業としての地位を築き上げてきました。

その口火を切ったのが、タイソンフーズで同じアメリカ国内の牛肉加工会社を買収しています。二〇〇七年にはブラジルのＪＢＳがアメリカの食肉会社を買収し、アメリカ市場に参入し、一方でブラジル国内でも相次いで食肉メーカーを買収しています。さらに、二〇〇九年には、ブラジル鶏肉首位のサジアとペルジゴンという会社が経営統合し、ブラジルフーズという会社が誕生しています。

前記したように、万洲国際グループは二〇一三年にアメリカ大手豚肉加工会社のスミスフィールド・フーズを買収しています。日本ハムは二〇一四年、トルコ養鶏最大手のエゲタブを買収し、二〇一七年にはウルグアイの食肉大手ブリーダーズ&パッカーズも買収しています。

世界の食肉業界売上高ランキング

1	JBS S.A.	Brazil
2	Tyson Foods, Inc.	United States
3	WH Group Limited	China
4	CP Foods	Thai
5	NH Foods Ltd.	Japan
6	Danish Crown Group (non-listed)	Denmark tes
7	Hormel Foods Corporation	United States
8	BRF Brasil Foods S.A.	Brazil
9	Marfrig Alimentos S.A.	Brazil
10	ITOHAM FOODS Inc.	Japan

Ranked 5th in the world

出所：ニッポンハム自社調べ（同社ホームページより）

5 ADM

ADM（アーチャー・ダニエルズ・ミッドランド・カンパニー）は油糧種子、トウモロコシ、小麦、ココアなどの農産物の加工・食品原料メーカーとして世界最大手の会社です。世界の二〇〇ヵ国に四五〇の農作物調達拠点を構え、三三〇の加工工場と四四のイノベーションセンターを設置しています。

農場と食卓を結ぶ農産加工会社

世界規模の輸送ネットワークにより、世界の農場と世界各国の食卓を結ぶグローバル企業として、四万人の従業員が働いています。

もともとはアーチャーとダニエルズが、一九〇二年にアマニの粉砕・加工業から始めた会社で、一九三一年、ミッドランドプロダクトという会社を買収し、現在の社名になっています。

以降、原料サプライヤーとして、穀物・油糧・食品原料・香料・果汁・飼料・工業用製品などの販売を行っております。日本には、一九七八年東京に、エー・ディー・エム・ジャパン株式会社を設立しています。

天然香料製品群を拡充

同社では、ほぼ一〇年サイクルで、製粉・加工や専門の食品素材、ココア、栄養食品など、少なくとも一つ以上の新たな収益源を作り出してきました。

現在は、大豆油、綿実油、ヒマワリ油、キャノーラ油、ピーナッツ油、亜麻仁油、ジアシルグリセロール（DAG）油などの主要製品に加え、トウモロコシ胚芽、コーングルテン飼料ペレット、シロップ、でんぷん、グルコース、ブドウ糖、結晶ブドウ糖、高果糖コーンシロップ甘味料などから、ココアリカー、ココアパウダー、ココアバター、チョコレート、さらにはエタノール、小麦粉なども作り出しています。

バイオエタノールの生産へ

同社の総売上高に占める食品の扱いは全体の六〇%ですが、近年は燃料生産への取り組みにも力を入れています。

アメリカでエタノール生産の先頭を切ったのが同社で、かつては大豆・菜種搾油を中心とする穀物加工が中核でしたが、エタノールやバイオディーゼル精製事業を積極的に拡大し、現在は飼料用リジンやバイオフューエル事業を加えた多角的かつ総合的な穀物加工会社になりました。

さらに近年では、二〇一四年にWILD Flavorsを買収し、天然香料製品群を拡充してきました。香料は、主に食品香料(フレーバー)と香粧品香料(フレグランス)に分かれ、前者は飲料、冷菓、菓子、即席麺などの加工食品に、後者は化粧品やトイレタリーなどに使われます。フレーバーとフレグランスの世界市場規模はほぼ同規模といわれていますが、各社共に育成に時間のかかる人材の確保や香料生産への設備投資もあり、新規参入の障壁が高い業界になっています。

ADMの事業セグメントと製品群

事業セグメント	製品群
農業サービス	健康機能素材
トウモロコシ加工	天然香料
油糧種子加工	果汁
ワイルドフレーバーおよび特殊成分	スーパーフード・ドライフルーツ
その他	天然由来の甘味料(ナチュラルスイートナー)
	クエン酸
	植物性タンパク
	増粘剤
	レシチン(大豆、菜種)
	穀物類
	植物油脂
	植物性ワックス
	飼料向け

ADMジャパン　https://www.adm.com/adm-worldwide/japan-ja

カーギル

カーギルは前節のADMと同業の食品と農産品、工業製品などを中心としたメーカーです。総売上高のうち食品の割合は二八%と少ないのですが、それでも世界の食品市場では、ADMに次いで大きな会社です。世界七〇ヵ国で一六万人の従業員を抱えるグローバル企業です。

一五〇年を超える社歴

創業は一八六五年で、創業者のカーギルは、アメリカのアイオワ州コノバーで穀物倉庫の経営から始まりました。その後、一八七〇年にミネソタ州アルバートリーに本社を設立し、これを機にミネソタ・サザン鉄道の拡張を行います。

一八八〇年頃から穀物以外にも事業を拡大し、石炭、小麦粉、飼料、木材、種子などの商品を扱い、さらには鉄道、土地、灌漑、農場などに投資を拡大します。

一九三〇年に株式会社化し、現在の名前に変更しています。この頃から世界的な展開を目標に、カナダやオランダ、アルゼンチンに支社を置きます。

農業・食品・工業

同社は穀物やオイルシード、その他の一次産品を購入・流通し、加工し、食料・食品メーカーおよび飼料メーカーに提供しています。また農家や酪農家に農畜産経営関連サービスと製品も提供するなど農業商社として事業を拡大しています。

食品では、食品メーカーや外食産業、小売り業者へ食材や飲料原料、食肉、卵・鳥肉、保健栄養食材や食品添加物などを提供し、さらに工業用の塩、でんぷん、鉄鋼を提供しています。

このほか、農業由来の再生可能な商品を開発し、販売をしています。

植物肉の製造販売に参入

同社は今年に入り、植物由来のたんぱく質を使った「植物肉」の製造販売に参入すると発表しています。最初はハンバーガー用のパティやひき肉の代替品として発売する予定にしています。

同社ではこれまでの穀物流通で築いた顧客基盤を生かし、米国内外のレストランや食品スーパーなどへ植物肉を販売する計画ですが、アメリカでは先行するメーカーが大手ファストフードチェーンと組んで販売している植物肉を使ったハンバーガーなどが人気を集めています。

米食品大手の相次いで追随し、前節で紹介した食肉大手のタイソン・フーズやスミスフィールド・フーズなども植物肉に参入し、市場拡大が進んでいます。

また同社は、培養肉の研究に取り組むメンフィス・ミーツへの投資も行っています。培養肉は動物や卵から細胞を取り出して培養することで牛肉、鶏肉、カモ肉などの食肉や魚介類を生成する技術で、食肉のベンチャーと呼ばれています。

カーギルの商品とサービス

サービス	製品群
農業サービス	小麦、とうもろこし
バイオインダストリー	油糧種子
食品原料・飲料原料	大麦、モロコシ
肉・家禽	健康促進成分
パーソナルケア	増粘多糖類
医薬品	レシチン
海上輸送	モルト(麦芽)
	澱粉製品
	甘味料(ぶどう糖・糖アルコール)
	小麦グルテン
	牛肉・加工加熱鶏肉製品
	Envirotemp絶縁油
	その他

Cargill Helping the world thrive

カーギルジャパン
〒100-0005 東京都千代田区丸の内3-1-1 国際ビル 4
https://www.cargill.co.jp/ja/

7 ザ コカ・コーラカンパニー

日本でもおなじみのザ コカ・コーラカンパニーは米国に本社を置き、世界のソフトドリンク市場の約四分の一を占める飲料では世界一の規模を誇っています。現在北朝鮮・キューバ以外のほとんどの国で販売され、売上高の約六割が海外市場になっています。

コーラの誕生

一八八六年に発売されたコカ・コーラは、発売当初はコカインが少量入った薬用酒として、興奮薬や強壮薬としての効果を前面に出していました。その後一九〇〇年代に入ってコカインへの風当たりが強まったことから、成分をコカインからカフェインに変更し、多くの消費者に飲んでもらうため、薬用ではなく清涼飲料水として模様替えしました。また販売方法でも、ボトリングシステムという、現地資本に親ボトラーとして瓶詰めの権利を販売し、親ボトラーがさらに地域ごとの子ボトラーにフランチャイズし、そこが地域の商店などに販売していく新しい方法を導入しました。

ボトリングシステムで海外進出

国内で仕組み作りしたボトリングシステムを海外進出にも適用し、同社は海外戦略を加速させました。

一九〇六年、ボトリング会社をキューバ、カナダ、パナマに設立したのを皮切りに、多くの国に進出しました。第二次世界大戦のときにコカ・コーラは、「兵士たちの士気高揚に果たす重要な役割」を持つ軍需品として認知され、米国関係国への進出を果たし、戦後も海外進出地域は順調に広がっていきました。

一九五〇年代には一五〇ヵ国に進出し、海外事業が利益の三分の一を占めるまでに成長し、世界ソフトドリンク市場の四分の一を占めるまでになりました。

世界で価値あるブランド第六位

コカ・コーラは世界のトップブランドとして長く親しまれてきました。

米国の経済誌「フォーブス」が毎年発表している「世界で最も価値あるブランド」一〇〇社ランキングの二〇一八では、コカ・コーラが六位に入っています。ちなみに第一位はアップル、第二位はグーグル、以下、マイクロソフト、アマゾン、フェイスブックと続き、コカ・コーラが六位ですが、食品では第一位となっています。

また同社では二〇二五年までに、全世界の自社製品の容器を一〇〇%リサイクル可能にする廃棄物ゼロ社会の目標を立てています。

日本コカ・コーラは日本の現地法人として、一九五八年に、それまでの日本飲料工業株式会社から社名変更する形で設立されましたが、一番最初のコカ・コーラは一九一九年に、明治屋と満平薬局から販売されています。また、戦後進駐軍向けとしても、コカ・コーラが販売されています。

コカ・コーラシステムについて

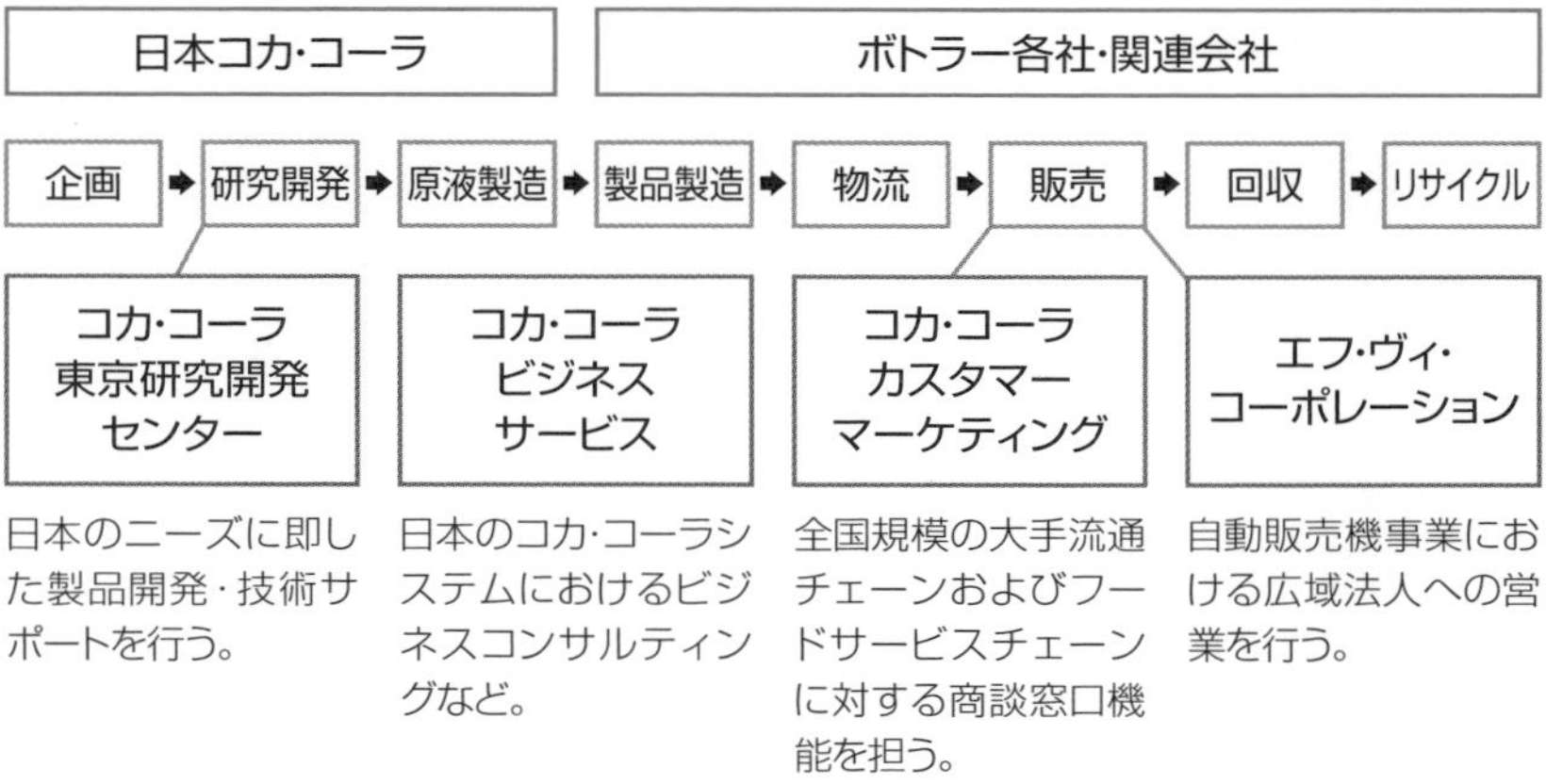

▼日本で育まれたコカ・コーラシステム（2019 年度データ）

全従業員数(委託·パート除く)	約20,000人	自動販売機設置数	約80万台
ボトラー社数	5社	取引店舗数	約48万店
工場数	22ヵ所		

(2019年5月現在)

8 クラフト・ハインツ・カンパニー

クラフト・ハインツ・カンパニーは、アメリカの食品持株会社で、二〇一五年に投資会社バークシャー・ハサウェイと三Gキャピタルが、クラフトチーズで有名なアメリカのクラフトフーズ・グループとトマトケチャップなどのメーカー、ハインツの合併を発表しています。

クラフトフーズ・グループ

一九〇三年、米国シカゴでジェームス・クラフトが創業し、一九二四年、クラフトチーズと社名変更し、四五年にはクラフトフーズと変更しています。八八年にタバコメーカーのフィリップ・モリスの傘下に入り、同じ傘下のゼネラルフーズやナビスコなどと合併しています。その後、二〇〇七年に、フィリップ・モリスはアルトリアと社名変更するなどスピンオフを繰り返し、その後、イギリスの食品大手キャドバリーを買収しました。さらに、二〇一二年一〇月には、北米食品部門をスピン・オフして「クラフトフーズ・グループ」を設立しています。

モンデリーズ・インターナショナル・インク

また同グループのグローバルスナック事業は、「モンデリーズ・インターナショナル・インク」に商号変更しています。

同社はチョコレート、ビスケット、キャンディでは世界最大、ガムでは世界二位のメーカーです。ビスケットの有名ブランド「ナビスコ」とイギリスのチョコレートのブランド「キャドバリー」が中核となり、このほか「クロレッツ」「ストライド」「リカルデント」「バブリシャス」「キシリクリスタル」「ホールズ」「メントス」「フィラデルフィア」「オレオ」「リッツ」などがあり、一六五ヵ国で販売されています。

ハインツ日本株式会社
〒111-8505　東京都台東区浅草橋5-20-8　CSタワー11階
http://www.heinz.jp/

ハインツ

ハインツは、一八六九年に米国ペンシルベニア州の田舎町でホースラディッシュ(西洋わさび)を売る会社として創業しました。その後ケチャップの工業化に成功し世界第一位のトマトケチャップのメーカーになりました。

ハインツはそれまで多くの家庭で手作りされていたケチャップを世界で初めて大量生産し、商業販売を開始しました。ケチャップ作りは、トマトを絶えずかき回しながら煮詰めなければならず、家庭でも大変な手間が掛かる食品だったために、製品化はあっという間に消費者の支持を得たのです。

一八八六年に、英国でケチャップ事業を立ち上げ、初めての海外進出を果たし、現在世界五大陸の約二〇〇ヵ国に生産拠点を持ち、ケチャップのほか、ピクルス、ビネガー、スープ、ソース類、冷凍食品、離乳食、冷凍ポテトなどを販売し、日本でもハインツ日本株式会社が取り扱っています。

クラフト・ハインツ・カンパニー 再編の歴史

1988年	フィリップ・モリスがクラフトフーズを買収
1989年	クラフトフーズとゼネラルフーズが経営統合
2000年	クラフトフーズとナビスコが経営統合
2005年	クラフトフーズがお菓子事業をWim Wrigley Jr社に売却
2006年	デルモンテがクラフトフーズからペット事業を買収
2006年	英United Biscuits社の南欧ビスケット事業を買収
2007年	アルトリアグループ(旧フィリップ・モリス)がクラフトフーズを分社化
2007年	クラフトフーズがダノンのビスケットとシリアル事業を買収
2008年	Post Cereals事業をRalcorp Holdings社へ売却
2009年	クラフトフーズが英食品大手のキャドバリー社を買収
2010年	クラフトフーズがネスレに米冷凍食品事業を売却
2012年	クラフトフーズがモンデリーズ・インターナショナルへ社名変更
2012年	米食品事をクラフトフーズとして分社化
2014年	コーヒー事業をJaccobs Douwe Egbertsへ事業統合
2015年	新クラフトフーズとハインツが経営統合➡ケーススタディ

9 ダノングループ

ダノングループはフランスに本社を置く、乳製品などで有名な世界的食品メーカーです。同社は、ヨーグルトの工業化に世界で初めて成功しました。海外への進出は一九八〇年代前半頃から米国や日本へ進出で始まり、その後新興国など世界市場へ進出しています。

ヨーグルトの工業化に成功

ダノン創業者アイザック・カラソーは、一九〇八年にノーベル医学賞を受賞したメチニコフ氏が所長を務めるパスツール研究所から乳酸菌株を取り寄せ研究を重ねて、スペインで世界初のヨーグルトの工業化に成功し、ヨーグルトの大量生産・商業販売を開始しました。一九六七年にはフランスの生チーズの最大企業と合弁し、チルド乳製品分野に進出すると共にフランス最大の乳製品メーカーになりました。

しかし、同社は一九七三年に工業ガラスメーカーのＢＳＮ社と合併し、ガラス事業と食品事業のシナジーを図ったもののこの試みはうまくいきませんでした。

新興市場に進出

一九九〇年半ごろまで、ダノングループの事業の中心は西欧で、グループ全体の売上高の約八割を占めていました。その後海外進出を推し進め、現在は六割弱を西欧以外の地域で上げるまでになりました。

また近年は、タイ、コロンビア、チリ、モザンビーク、カザフスタン、ケニアなどの新興市場にも進出して、市場を広げています。

同社の海外進出にあたっては、最初にパートナーと組んで合弁会社（ＪＶ）を作り、数年経ってからＪＶを解消するか株式の大半を同社が握ることで経営をコントロールするといった方針を採用しています。

四つの事業分野

ダノングループでは、チルド乳製品、乳幼児向け食品、ウォーター、医療用栄養食と、大きく四つの事業分野を展開していますが、近年は「エビアン」などのミネラルウォーターブランドや医療用栄養食部門の製品が急成長しています。

またこれまでも、健康効果を中核としたグローバルな製品コンセプトを打ち出しながらも、地域に密着したブランド、調合、味、容器、価格、流通網を採用することでブランドの普及に努めてきました。

日本では、一九八〇年に味の素とダノンの折半出資で「味の素ダノン株式会社」を設立し、その後九二年にダノン、カルピス、味の素の三社による出資で「カルピス味の素ダノン株式会社」を設立して、二〇〇二年には群馬県館林市に工場を設立しています。二〇〇七年一月に味の素とカルピスが株式をダノンに売却してダノンの一〇〇%子会社になり、社名も「ダノンジャパン株式会社」に変更しています。二〇〇八年からは伊藤園がウォーター・エビアンの日本での独占販売権を取得しています。

ダノングループの事業セグメントと主なブランド

事業セグメント	主なブランド
チルド乳製品と植物由来の製品	ダノンビオ
ウォーター	ダノンオイコス
専門栄養食品	ダノンヨーグルト
乳幼児向け食品	ダノンデンシア
医療用栄養食	プチダノン
	ベビーダノン
	植物性食品「ALPRO」
	ウォーター「エビアン」

ダノンジャパン株式会社
〒153-0051 東京都目黒区上目黒 2-1-1 中目黒GTタワー13階
http://www.danone.co.jp/company/

10 国内ビールメーカーの海外戦略

二〇一九年国内ビール類市場は前年比二%減が見込まれ、一五年連続で縮小しています。さらに、新型コロナウイルスによる外出自粛で、ビール業界も苦境に立たされています。とりわけ業務用ビールの比率が高いアサヒビールは苦戦が強いられています。

酒税法改正への期待

ビール類はこれまで「ビール」、「発泡酒」、「新ジャンル（原料が麦芽以外）」に分けられ、それぞれ酒税も異なっていました。今後二〇二〇年一〇月、二〇二三年一〇月、二〇二六年一〇月と三段階にかけて酒税が統一され、中長期的には現在の「ビール」の値下げが期待できると予測されていました。

また、「ビール」の定義も麦芽比率六七%以上から五〇%以上に変更され、柑橘系ビールなどで新たな需要を喚起することが可能となりました。ところがコロナ禍によるインバウンド激減もあり、ビール業界の国内市場は大きく環境が変わりました。

東京五輪の延期による影響も

二〇二〇年四月一〇日に、ビール大手四社の三月までの販売実績が発表されていますが、新型コロナウイルスの感染拡大を受け、居酒屋の営業自粛もあり、ビール類（発泡酒、第三のビールを含む）の市場全体の二割程度を占めるとされる飲食店に卸す業務用ビールの出荷量が激減しました。外出自粛により、缶ビールなどの売上は増加したものの、全体的にはビール各社は揃って大きな打撃を受けています。

さらに各社共、二〇二〇年は東京五輪の開催によるインバウンド需要も見込んでいただけに、国内での販売戦略は大きく転換を余儀なくされています。

海外M&Aと国内経営多角化

コロナ禍以前の二〇一六年頃から、ビールだけでなく酒類全般の国内市場が頭打ち状況になり、国内のビール大手四社（サントリーＨＤ、キリンＨＤ、サッポロＨＤ、アサヒＧＨＤ）は、揃ってもはや国内では大きな成長が望めないとして、海外戦略を強化してきました。

その先陣を切ったのがアサヒで、ヨーロッパをはじめ世界のビールメーカーなど一二社を次々と買収してきました。同社の二〇一七年の国際事業の売上高は、前年の約四割増となり、海外での売上高比率も大きく増加しました。

一方、キリンは二〇〇七年頃から協和発酵を買収するなど、医薬品事業を強化したり、国内での多角化にも取り組んできました。

サントリーＨＤでも、サントリー食品インターナショナルの上場を機会に、多角化と海外戦略を強化してきました。さらにサッポロＨＤも、スーパーのセブン＆アイと提携し、安さを売り物にした新しいＰＢブランドによるビールの販売などに取り組んでいます。

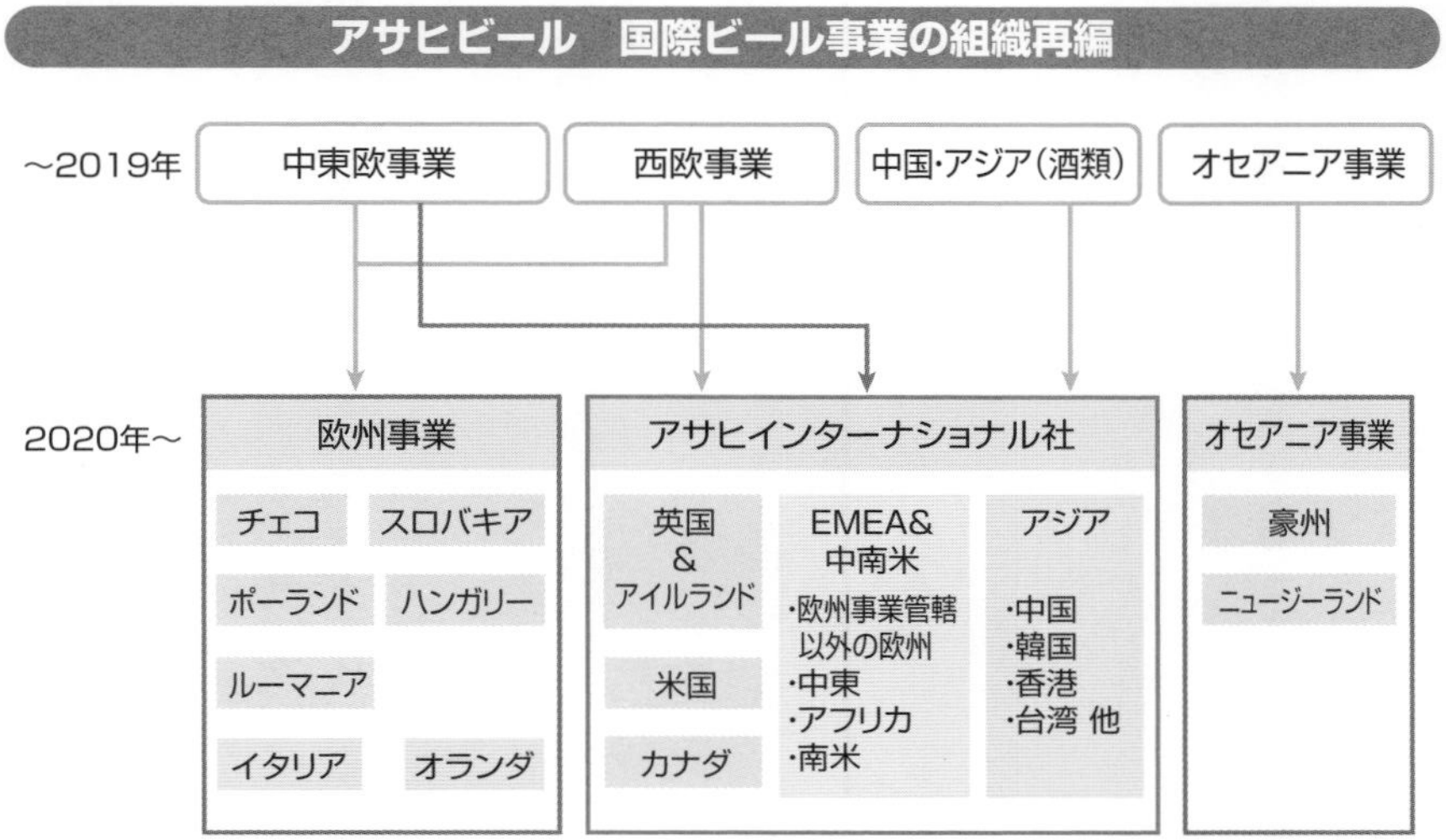

※（株）ロッテアサヒ酒類を除く

出所：アサヒグループホールディングス「統合報告書2019」より

11

味の素グループの海外戦略

味の素は、日本の食品業界を代表するグローバル企業で、現在グループの商品を販売している国と地域は一三〇を超え、世界一一六の国・地域に現地法人を設立しています。海外事業の売上高は連結ベースで全体の四割を超えています。

「ＵＭＡＭＩ」の製品化

味の素は、甘味・苦味・酸味・塩味といった人間の味覚の基本となる要素の基本味に続く新しい第五の基本味として、「うま味」を世界で初めて商品化しました。

世界でも、この「うま味」は、「ＵＭＡＭＩ」として広く認識されています。

一九〇八年、東京帝国大学理学部教授（現在の東京大学理学部）の池田菊苗氏が、昆布のうま味成分の正体がグルタミン酸ナトリウムであることを世界で最初に発見し、その製造方法の工業化に協力し、量産化を実現したのが味の素です。発明の翌年に、国内での発売を開始しました。

明治・大正年間から海外進出

国内での発売開始から一年後、一九一〇年に当時日本の植民地であった台湾、韓国へ進出、さらにその後も中国、東南アジアへの進出を果たし、一九一七年には米国へ進出しています。

戦後も、一九五四年にはパリ、香港、シンガポール、ブラジルのサンパウロなどに駐在員事務所を開設し、一九五六年にはブラジルに輸入販売会社を設立しています。日本から「味の素」を大型容器に入れて輸入し、現地で小袋に再包装し、日系人、日系飲食店を中心に販売しながら市場開発を進めてきました。最初はなかなか売れず、苦労の連続だったようです。

新興国市場への参入

味の素は二〇〇九年に創業一〇〇周年を迎え、引き続き海外戦略を強化しています。

同社の海外拠点は現在約七〇法人、一三〇ヵ国に広がり、海外売上比率は約四割を超え、ソース・ドレッシング・調味料部門では世界七位に位置して、アジアでは首位のシェアを誇っていますが、今後はこれを五割まで引き上げ、長期目標として世界の食品企業で上位一〇社入りを目指しています。

そのため海外案件を中心に買収・合併（Ｍ＆Ａ）を強化していく計画で、東南アジア諸国連合（ＡＳＥＡＮ）や欧米・中南米を強化、さらに中近東とアフリカにも本格的に進出する計画を立てています。これまでの海外Ｍ＆Ａとしては、二〇〇六年に、香港や中国で冷凍食品やしょう油を製造販売するアモイ・フード・グループをダノンから買収。翌〇七年にはスープなどの原料を製造する米のニュー・シーズン・フーズの買収などがあります。二〇一七年にはアメリカの医療食品会社を完全子会社化しています。

クノールスープ（昭和の食卓⑥）

1958年1月、味の素社は（旧）日本食品工業社の営業権を買収し、資本金50万円で日本コンソメ社を設立し、本社と工場を東京都世田谷区に置いて、固形スープの素などインスタント食品事業を本格的に開始しました。1963年には、世界有数の規模を誇っていたコーンプロダクツ社と提携し、翌年1月、「本格的な洋風スープを手軽に味わえる」をコンセプトに、日本人の口に合うスープとして「クノールスープ」を発売しました。当初5種類からスタートした同商品ですが、現在までいろいろなシリーズ商品を開発し、日本の食卓の洋風化をリードしてきました。1966年に発売した「コーンクリームスープ」はロングセラー商品として、いまも親しまれています。また、コンソメスープ市場では圧倒的な市場占有率を誇っています。

12 ヤクルト本社の海外戦略

ヤクルトの国際事業は一九六四年からで五〇年以上前からの取り組みになります。同社の初の海外事業所である台湾ヤクルトの販売からスタートし、その後ブラジル、タイ、韓国など中南米や東南アジアに進出しています。

世界で毎日三二〇〇万本

一九九四年以後も海外進出を活発に進め、オランダ、ベルギー、イギリスなどの欧州や中国にも進出して、ネットワークを広げています。現在海外二七事業所を中心に三一ヵ国と地域で販売を展開しています。海外における乳製品の販売本数は一日約二〇〇〇万本以上で、これに国内販売本数を含めると、世界で毎日約三二〇〇万本の乳製品が販売されています。海外事業の売上高は全体の約二四%で、営業利益の約四割が海外事業からのものので、同社では「ヤクルト（Yakult）」をグローバルブランドに成長させるために、当面は、四五の国と地域にフィールドを広げる計画です。

ヤクルトレディによる販売手法

ヤクルトの製造・販売の開始は一九三五年からですが、当時の日本人には乳酸菌についての知識など皆無だったことから、消費者によく説明する必要がありました。また、当時の日本は、衛生状態の悪さから感染症で命を落とす子供が数多く存在していました。その問題を解決するために、同社創業者の代田博士は、病気にかかってから治療するのではなく、病気にかからないようにする予防医学というものを志していました。

同社の理念などもよく説明するために、一九六三年から国内でヤクルトレディによる独自の販売方法を導入しました。

世界でも活躍するヤクルトレディ

このヤクルトレディが消費者の対面で乳酸菌飲料の価値・コンセプトを説明したことで、消費者にそれがしっかりと伝わっていったのです。

ヤクルトの国際事業は、その地域での現地生産、現地販売を基本とする「現地主義」を採用していますが、同社の独自の販売システムであったヤクルトレディによる宅配も、多くの国と地域で実施しています。現在、海外では約四万七〇〇〇人を超えるヤクルトレディが活躍しています。

同社の国際事業では、二〇〇五年五月にベルギー・ゲント市にヤクルトヨーロッパ研究所を設置、同年一二月にはオーストリアで販売を開始しています。

また、成長を続ける中国でも二〇〇五年四月に中国ヤクルトを、翌年三月には北京ヤクルトを設立しています。さらにインドでは、ダノングループと共同でインドヤクルト・ダノン社を設立するなど、アジア戦略を強化してきました。二〇一九年九月現在、世界三九の国と地域に、二九の事業所を構えています。

ヤクルトのガラス瓶（昭和の食卓⑦）

ヤクルトは、1968年（昭和43年）まではガラス瓶で売られていました。また、1960年頃に使われていた瓶には、クロレラと表示されていました。これは、当時のヤクルトがクロレラを利用して菌を強化・短縮培養していたことからです。

ガラス瓶には大瓶と小瓶があり、配達用の小瓶として濃い緑色のプラスチック製のケースが各家庭に配られていました。また一円玉くらいの紙製のフタがあり、牛乳と同じように専用のフタ取りピンも配られていました。瓶は回収に手間がかかり、重量もかさむことやヤクルトレディにとっては負担が大きかったことから、プラスチック容器に変更されたのです。ガラス瓶の時代から65mlという容量は変わらず、昔から「もう少し多くても」という声が出ていましたが、子供やお年寄りが一度に飲み切ることを考慮した上で決めた数字だといわれています。

13

キッコーマンの海外戦略

キッコーマンは、日本古来の調味料である醤油を日本料理のためだけでなく、世界のどのような料理にも合うグローバルな調味料として進化させた調味料メーカーとして、世界的な地位も確立し、現在世界一〇〇ヵ国以上で愛用され、海外に七つの生産拠点を持っています。

米国の食卓にも登場する醤油

醤油の国際化の歴史は古く、江戸時代にオランダや中国、東南アジアなどに輸出されたという記録が残っています。また、一九〇五年には朝鮮半島に工場を建て、その後も中国、東南アジアに工場を設立し、さらに米国や欧州への輸出も行っていました。敗戦により一時海外進出は中断し、輸出も途絶えたが一九四九年から海外輸出が再開されました。しかし、日本の醤油は日本料理のための調味料というイメージが強くあり、用途も販売先も限られたものになっていたことから、発想を変えて、肉に合うソースの一種として醤油を米国市場に売り込もうとしました。

醤油をグローバルスタンダードの調味料に

同社の海外事業の売上高比率は全体の四五%で、海外進出している日本企業の中でも高い割合を持っています。醤油を使う食文化があまりなかった米国でも新しいステーキソースやドレッシングとしての活用など、すっかり世界の料理にマッチする調味料としての認知を得ています。

一九五七年に米国でキッコーマン・インターナショナル社を設立していますが、満五〇周年を迎えた二〇〇八年に同社では、キッコーマングループの将来ビジョンとして「グローバルビジョン二〇二〇」を策定しています。

グローバルビジョン二〇三〇のあらまし

二〇三〇年に同社がめざす姿としては、次の三点を掲げています。

❶「キッコーマンしょうゆ」をグローバル・スタンダードの調味料にする。

❷世界中で新しいおいしさを創造し、より豊かで健康的な食生活に貢献する

❸キッコーマンらしい活動を通じて、地域社会における存在意義をさらに高めていく

さらに二〇三〇年への挑戦として、「No.1・バリューの提供」を掲げ、次の三つの重要戦略に取り組むとしています。

❶グローバルNo.1戦略（醤油、東洋食品卸）

❷エリアNo.1戦略（デルモンテ、豆乳、ワイン、バイオ事業）

❸新たな事業の創出

目標の達成に向かっては、発酵・醸造技術と食品加工技術を進化させ、「新しい価値の提供」を行っていくとしています。

column

キッコーマン卓上醤油瓶（昭和の食卓⑧）

キッコーマンはもともと漢字の「亀甲萬」で、前身の野田醤油の祖先が千葉県野田市にある香取神宮の氏子総代の一人で、その神宮の神域の山号が「亀甲山」であったことから、「鶴は千年、亀は萬年」を組み合わせて「亀甲萬」という印を最上級の醤油に付けることになりました。そして、亀の甲羅をイメージした六角形の中に萬という文字をデザインしたマークが作られ、そのマークがくっきりと記された、150ml入りの卓上醤油瓶が、昭和36年から発売されています。工業デザイナーの榮久庵憲司氏の製作によるもので、液だれしないよう工夫され、透明なガラス製であることから量も一目瞭然で、パッケージ革命と呼ばれました。ちなみに、アメリカ向けの醤油瓶には、「REFILL ONLY WITH KIKKOMAN」（詰め替えはキッコーマンに限る）と記されているそうです。

column

清水次郎長と緑茶の輸出

日本とEUのEPA交渉の中で、日本から輸出される緑茶についての関税が即時撤廃となりましたが、お茶の輸出は古く、江戸時代末期に遡ることができます。

長い鎖国時代が終わり、日本が海外の国々と貿易を開始し、世界経済の中に組み込まれた当時、茶は生糸と並ぶ重要な輸出品目になっていました。

明治維新後、静岡県や埼玉県狭山などでお茶畑の開墾が活発に行われました。

当時、外国と貿易できる港(開港場)は全国で五港のみで、このうちお茶を取り扱うことができるのは横浜、神戸、長崎の三港と決められていました。

静岡や埼玉のお茶も最初は静岡の沼津や清水、焼津などの港から、横浜に運ばれていました。しかし、横浜への移出ではコストが掛かることから、静岡からの「直輸出」への動きが活発化しました。その中心舞台となるのが清水港でした。そして、そのとき清水次郎長が中心となり、清水港を大きな蒸気船が入港できるよう整備する必要があると、古くからの廻船問屋の経営者たちを口説いて周り、自身も、61歳のときに「静隆社」という会社を立ち上げ、蒸気船を3隻かかえて何度も横浜と清水を行き来します。

さらに、輸出茶の商人・静岡の茶商・清水港の廻船問屋を結び付けて清水港と横浜港の定期航路を誕生させ、清水港は日本一のお茶の輸出港となりました。

第7章

食品業界を支える新しい加工技術

毎年、食品展示会などでは、食材処理から製造や物流にいたるまでのプロセスで、新たな発想や機械を活用した新商品が多数発表されます。

新しい加工技術としては、急速凍結技術、レトルト技術、高圧加工技術、真空凍結乾燥技術、過熱水蒸気技術、超臨界ガス抽出技術、湿式微細化技術、成形技術、膜分離技術、凍結含浸法などがあり、無菌ジャムや無菌米、インスタントラーメンの新しい具材なども商品化されています。特に、LL牛乳や無菌の豆腐製造技術などは、長期保存を可能にしたことから、食品流通においても新しい流通システムを生み出しています。

1 食品機械と装置製造業の動向

日本の食品機械における研究開発は、明治初期から始まり、最初は製麺機からでした。その後、精米機、製粉機械などが開発され、農業の発展と共に、乳業機械や餅つき機械、お菓子の餡の製造機械などが開発されてきました。

好不況に影響されにくい業種として

少子高齢化と共に市場が成熟化している食品業界はこれまでも好不況に影響されにくい業種といわれ、食品機械製造業においても同様でした。また、機械そのものが多品種少量生産で、かつ受注生産のものもあり、事業所の規模そのものも個人商店から創業した中小メーカーが多く、天候不良や円高・円安の影響など、食品需要の変動に比例してきています。

しかし、近年は「食の安全」に対する消費者意識が高まっており、機械メーカーにおいても食材の安全性の視点から、製造する機械についても高度な技術と設計、衛生管理への配慮など求められています。

食品機械の分類

食品機械は、主として農畜産物や水産物を原料・素材に添って、大きく次のように分類されています。

精米・精麦機械、製粉、製麺、製パン・製菓機械、醸造、牛乳加工、飲料加工、肉類・水産加工、製茶、豆腐製造、そして調理食品・飲料の加工機械、厨房機械などですが、最近では、省エネ化やメカトロ化を前提にした鮮度管理・品質保持機械や食品衛生管理機器や装置、計量・包装、環境対策、分析析・検査機器、輸送機器など多様化し、製造から検査、計量、包装まで一貫した製造システムの機器も開発されています。

順調な食品機械製造の出荷額

人に代わって機械に作業を任せる動きは、食品業界でも同様で、機械化に向けた動きも加速しています。

日本食品機械工業会によると、二〇一八年の国内の食品機械販売額は五八一六・七億円で対前年比一%でしたが、前年の一七年が前年比一〇・五%増であったことから、一〇年からの年平均成長率を見ても四・七%と高成長が続いています。

食品機械業界では、これまで食品メーカーのほか、コンビニエンスストアやファミリーレストランの店舗向けに弁当や総菜を集中調理するセントラルキッチンにおける食品機械への需要も高く、いずれも深刻化する人手不足をきっかけに小規模な事業所での導入が増える傾向にあります。さらに、食品包装技術では、コントロールドパッケージ、アクティブパッケージ、無菌包装、インテリジェントパッケージ、生分解性パッケージングなど多様化し、包装資材も金属、ガラス、木材、紙、プラスチックなど多彩で、市場も拡大しています。

食品機械とは

食品機械とは、主として農産物、畜産物または水産物を原料素材として加工処理し、これを多種多様な食品、飲料、調味料などに調理生成するための工程において使用される食品機械・器具及び装置のこと。

精米機械、精麦機械、製粉機械、製麺機械、製パン機械、製菓機械、醸造用機械、牛乳加工機械、飲料加工機械、肉類加工機械、水産加工機械、製茶用機械、豆腐製造機械、調理食品加工機械、その他食品及び飲料の加工機械、食料品加工機械　（日本標準産業分類より抜粋）

日本食品機械工業会による食品機械の分類・定義

精米麦機械・製粉機械	製パン/製菓機械	製麺機械
牛乳加工機械	飲料加工機械	水産加工機械
肉類加工機械	野菜加工機械	発酵/醸造用機械
精米麦機械・製粉機械	製パン/製菓機械	製麺機械
乾燥機	環境対策機器	計量/包装機
搬送/輸送機器	食料調理・加工機械/豆腐用機械/厨房機械	
食品衛生管理機器・装置・資材	食品関連機器/装置/その他	

「日本食品機械工業会」資料より

2 加工機種別のトレンド

食品製造全般的には、「手作り志向」が強まっているといわれ、製菓・製パンはもとより、肉加工品などにおいても、伝統的な製法を機械化して製造するという傾向になっています。

製粉と精米麦機械

製粉機械の歴史は古く明治の後半まで遡りますが、ロール型の製粉機が製作され、その後小麦増産計画に備え、大型製粉工場が設立され、機械も小麦精選用や製粉用機械が開発されています。近年は、微粉砕の機械も開発されています。

精米では大型、精米工場での電子化・自動化が進み、白米の歩留まりを常時自動計測し、精米機の運転条件の最適化をコンピュータで自動制御するようになっています。また良食味の米が求められ、食味計や水分計などのデータもフィードバックされ、最適な精米が自動で行えるようになっています。

製菓、製パン、製麺

製菓・パン機械は最も電子化が進んだ分野だといわれています。パンや菓子の生地撹拌から、成形、焼く・蒸すなど工程のすべてで電子化が進み、さらに、「自動包あん機」やパン生地の自動製造システム、チョコレート・キャンディーの製造、クッキー・煎餅などを成形する「自動成形加工機」、洋・和菓子やパンの生地を作る「自動コントロール型ミキサー」などがあります。また、日本で一番最初の食品機械が製麺機です。麺製品の進歩により、単に製麺工程から、蒸し工程や揚げ工程などが加わり、昭和四八年の「カップめん」の登場からは、さらに包装・印刷工程との連動から、一段と精度・能力向上してきました。

牛乳加工機・乳製品製造機

明治三〇年頃に真空蒸発釜などが国産化され、昭和に入り、牛乳の低温殺菌の義務付けに併せて、殺菌から瓶詰めまでの牛乳処理プラントが製造されています。

さらに、昭和四六年以降は、連続式高温瞬間殺菌機や連続式真空蒸発釜などの新しい技術が導入され、乳製品においても、従来の方法では不可能だった耐熱生胞子形成菌を死滅させ、品質を低下させずに乳蛋白質を消化しやすくするなどして、長期保存牛乳の製造も可能になりました。また、アイスクリームフリーザなどの機械でも自動化が進み、大型化、システム化が同時に進んでいます。

生肉、ハム、ソーセージ、ハンバーグなど畜産物の加工でも、解体から脱骨、成形、肉挽き、燻煙、肉製品の調理などの工程が次々と自動化・システム化され、水産加工においても、魚肉加工品の製造プラントとして、魚肉の砕肉機、裏ごし機、練り製品製造機械などが開発され、これに冷凍技術も加わり、冷凍すり身の生産拡大にもつながっています。

主な食品加工機械　関連団体

団体名	住所／URL
日本食品機械工業会	東京都港区芝浦3-19-20 ふーまビル http://www.fooma.or.jp/outline/
日本機械工業連合会	東京都港区芝公園3-5-8　機械振興会館507号室 http://www.jmf.or.jp/
日本包装機械工業会	東京都中央区新川2-5-6 包装機械会館3階 https://www.jpmma.or.jp/
日本製パン製菓機械工業会	東京都中央区銀座1-18-2タツビル5F https://www.jbcm.or.jp/
日本粉体工業技術協会	京都府京都市下京区烏丸通り六条上ル北町181番地第5キョートビル7階 http://appie.or.jp/
日本豆腐機器連合会	愛知県半田市亀崎町９－１２３－１１ http://www.tofu-machinery.or.jp/

3 厳しくなる衛生管理と検査機器

第五章でふれてきたように、現在は残留農薬の問題や異物混入など、食品の安全性が社会的な問題になってきました。消費者の食品衛生に対する関心の高まりもあり、農産物に対するＧＡＰ*のほか、ＨＡＣＣＰなど食品メーカーに対しても衛生設備と検査機器設置の基準が厳しくなってきました（四-六節参照）。

食品衛生法およびＰＬ法における異物混入の取扱い

昆虫や金属、毛髪など食品の異物に対しては、食品衛生法とＰＬ法（製造物責任法）で規制しています。

消費者などから製造物への異物混入が原因で身体や生命あるいは財産を損ねたといった訴えがあり、異物による因果関係が証明された場合には損害を賠償する責任が出てきます。

しかし、因果関係の証明には難しいことが多いのですが、異物のうち金属については、亜鉛、アンチモン、カドミウム、錫、セレン、銅、鉛、ヒ素、メチル水銀、クロムの一〇元素について、食品衛生法で規格を定めています。

異物混入の防止策

昆虫は光、臭気、熱源の三つの要因により侵入することから、殺虫灯や生ごみ処理、排水ピットなどでの駆除など、設備機器による混入防止が可能です。

しかし、金属片やプラスチックに対しては生産設備に割れやネジの緩みがないかこまめな点検のほか、磁気を用いた金属検出器やX線異物検出機などでの対応が可能です。

さらに、毛髪などについては従業員が生産現場に入る場合は装飾品などを外し清潔な作業着に着替えたり、粘着ローラーやエアーシャワーを用いて生産現場への持ち込みを防ぎます。

ワンポイントコラム

【GAP】 Good Agricultural Practiceの略称で、農業生産工程管理を意味する。農業における食品安全や環境保全などの持続可能性を確保するための取り組みでグローバルGAPの認証制度がある。

ＨＡＣＣＰの義務化

二〇一八年六月に可決した改正食品衛生法によって、二〇二〇年の六月から食品を扱う全事業者に対してＨＡＣＣＰによる衛生管理の義務化が行われることが決定しました。なお、二〇二〇年の法律施行から一年間は猶予期間となっており、二〇二一年六月からＨＡＣＣＰの完全制度化が開始する運びとなります。

ＨＡＣＣＰとは食品衛生管理手順を「見える化」し「管理」する方法で、食品衛生管理の一連の流れである「七原則一二手順」に沿って進めることで導入できる仕組みになっています。

もともと、宇宙食の微生物学的安全性の確保を目的に一九六〇年代米国で開発された手法で、その後ＣＯＭＤＥＸ（ＦＡＯ／ＷＨＯ合同食品規格委員会）において「食品の安全性にとって重要な危害要因を特定し、評価し、管理するシステム」と定義され、食品製造における国際標準規格となり、世界中が同じ物差しで食品の安全管理ができることから輸出入の際の要件ともなってきています。

最新の異物複合検査機の概要

かみこみ・X線検査機	X線検査機
アルミ包材・透明包材など ・重量検査 ・面積検査 ・袋幅、長さ検査 ・形状（割れ・欠け・欠品）検査	ガラス 骨・貝殻 石片 硬質ゴム・プラスチック 個数検査 質量検査

金属検出機
金属・機械部品（ネジ） （鉄・鉄粉・ステンレス・銅・鉛など）

※かみこみとは
開口部を閉じるために熱と圧力をかけて包装フィルムを圧着する時、圧着部分に異物が噛み込むと密封が不完全になることから、それを検査するのが、かみこみ検査機で、アルミ包材などの場合にはX線検査なども複合してできる検査機。

4

食品ロボットの動向

食品産業においては、最終商品の形状やサイズ、微妙な風味や食感の違い、食材の特質や加工の多様性などから、製造ロボットの導入に対してはやや遅れをとってきました。しかし、最近では人材不足からロボットの導入に取り組む食品メーカーも増えはじめてきました。

人手不足への対応とＨＡＣＣＰ

近年食品産業での人手不足が深刻な事態になってきました。食品に限らず、化粧品、医薬品などのいわゆる「**三品《さんぴん》産業**」と呼ばれる業界においても、巨大な市場を持ちながらも、ロボットの普及は遅れてきたといわれています。

その一方で、前節で述べたように二〇一八年に改正食品衛生法が可決され、ＨＡＣＣＰに則った衛生管理の義務化が決まり、二〇二〇年六月に施行され、一年間の猶予期間を経て二一年六月から義務化されますが、企業の大小に関係なく、食品の現場は、人手不足なのに衛生管理が厳しくなるのです。

多関節形のロボット

食品分野で最もロボットの導入が早かったのが、外食産業の回転すしチェーン向けの寿司ロボットで、スーパーマーケットやコンビニなどの持ち帰り商品の製造でも導入されています。多関節形のロボットは、水産加工メーカーがさつま揚げなどの魚肉練り製品の製造に、食肉加工メーカーではナイフを把持させ、骨と肉を捌く作業で導入しています。また、無菌状態や低温下、高温下など製造環境に対応したロボットも導入されていますが、菓子製造では、**レオン自動機株式会社**が世界ではじめて粘弾性物質に対応したロボットシステムを完成させています。

人とロボットの協働ロボット

大手菓子製造業やレトルト食品、ボトル詰め飲料、冷凍食品などパッケージに入った食品は工業製品としてサイズが統一されているため、他の工業製品と同様に産業用ロボットが製造ラインの中心に使われてきました。製造工程のほか出荷工程など、専用機が使える工程でも産業用ロボットが使われ、全工程の自動化も進んできました。

一方なかなか自動化が進んでいないのが、弁当や惣菜です。また、菓子でもケーキなどの生ものでは、全工程自動化はなかなか進みませんでした。

また、中小のメーカーでも、工場スペースやラインの長さの関係からＨＡＣＣＰの導入も難しくなっていますが、最近、人とロボットが同じラインで働く協働ロボットの研究も進んできました。

協働ロボットは、ロボットの専門技術を持たない人が扱う前提で開発されていることから、操作が比較的簡単で、生産技術部門を持たない中小の食品工場でも運用しやすいとされています。

食品製造ロボットの違い

	これまでの産業用ロボット	協働ロボット
動作・作業内容	人の作業とは別工程(人に代わる作業)	人の作業と同工程(人のサポート)
操作方法	ラインの中心に据えられ、遠隔操作される	人と同じラインに立ち、同一制御される
サイズ・形	比較的大型で重量	小型化され、軽量で移動も可
成果物	単純作業による量産品に向く	熟練工に近い繊細な作業による成果物が期待される

主な食品ロボットのブランド
ゲンコツ・ロボット、ストーブリロボット、エプソンロボット、クリーンルームロボット、クリーンスカラロボット、高速搬送ピッカーロボット、多関節ロボットなど

5　用途が広がったレトルト技術

日本企業が世界ではじめて市場に登場させたレトルト食品は、一九六八年に大塚食品工業が発表した「ボンカレー」で、それまでの缶詰に変わる新しい技術による常温流通と長期保存できる商品として脚光を浴び、インスタント食品としても市場を拡げていきました。

レトルト（加圧加熱）とは

レトルトとは、高圧釜の意味ですが、家庭用の「圧力鍋」のようなもので、通常加熱では水や水蒸気は一〇〇度までしか温度が上昇しませんが、レトルト釜では圧力を加えることにより、さらに高温での加熱処理が可能になりました。

ボンカレーのコマーシャルコピーは、「三分間待つのだぞ」と、袋に入った商品を三分間温めなおすという保存性よりも簡便性がポイントになっており、インスタント食品の一種として広く普及していきました。現在でも、カレー商品の売上高の三分の一以上はレトルトカレーで占められています。

レトルトの加熱条件

食品衛生法で定められているレトルト食品は、内容物を袋（パウチ）や容器に詰め、密閉シールした後、「中心温度一二〇℃四分相当以上」の加熱処理を行っています。

食中毒細菌の中でも大腸菌O-157は七五℃、一分間の加熱で死滅し耐熱性は低いといわれていますが、ボツリヌス菌の芽胞は耐熱性があり、酸素の存在しない条件で増殖が可能で、さらに食中毒となった場合致死率も高いため、ボツリヌス菌の芽胞を死滅させるのに必要な加熱条件を基準としています。その芽胞が死滅する値が、レトルト殺菌温度になっています。

レトルト食品の利用状況

レトルト殺菌した食品は商業的な無菌状態となるため、常温による流通が可能となります。しかし、細菌によってこれらの条件で加熱殺菌しても完全に死滅しない場合もあり、商業的無菌状態とするためにはさらに安全度を考慮して製造されています。

家庭消費のほかに、ホテル、レストラン、飲食店、喫茶店などの外食産業向け、学校、工場、病院などの集団給食用として、さらに場所や季節を問わず災害時においても重宝し、必要に応じて利用されています。

しかし、レトルト殺菌の特性から、すべての食材や加工に適するわけではなく、炒め物や焼き物、和風料理、白物製品、緑黄色野菜などには適さないといわれています。

レトルトは、密封後高温加熱するため、色調や香り、食感が変化(劣化)しやすくなりますが、　近年、これらの問題を解決するための原料加工技術や製法技術の改良により品質向上しており、ホワイトソースなどの品質の高い製品も製造されます。

レトルトパウチの構成と品質保護

レトルト用ラミネートフィルムの基本構成

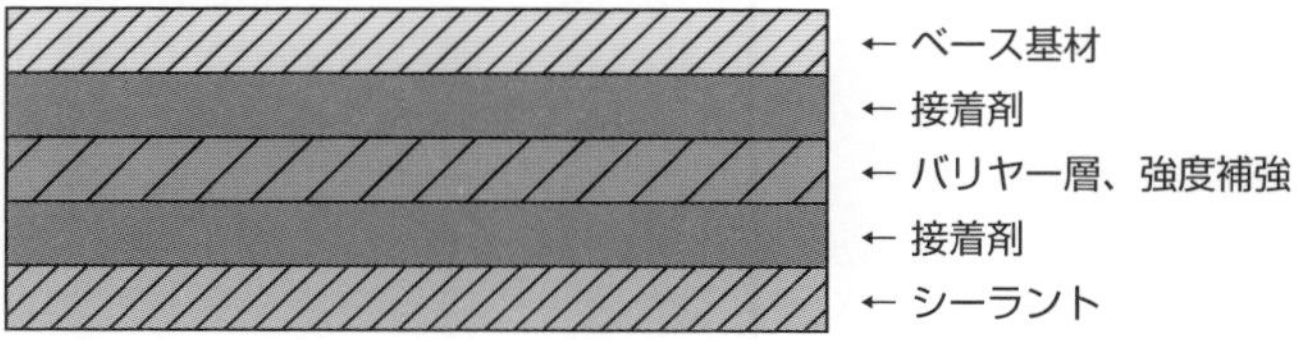

レトルトパウチの品質保護

守るべき中味の品質	包装の機能
風味低下防止のため中味の乾燥を防ぐ	防湿性、酸素遮断性
新鮮さを保つため微生物の侵入を遮断	レトルト殺菌、耐熱性
油の酸化防止	酸素遮断性

6 高圧加工技術（超高圧加工技術）

前節で紹介したレトルトのような加熱殺菌のほか、圧力釜や真空調理器などによる圧力を用いた加工商品も多くあります。日本では一九九〇年に世界初の超高圧加工食品としてジャムが商品化され、その後ジュースや無菌包装米飯が市販されています。

高圧加工技術の特徴

食品を加熱処理する場合、食品成分中の官能基が他のそれらと反応することにより生成物を産生したり、有用成分が損失するなどの化学反応を起こします。一方、高圧処理では物理的変化が中心となり、タンパク質の変性、酵素の失活や反応の制御、デンプンの糊化、脂質の乳化、液体の含浸、組織の結着や破壊の減少など、加熱処理では得られない高品質な食品開発が可能となります。食品の高圧処理は、食材本来の色調、香り、栄養素の損失防止だけではなく、有害物質の生成抑制や微生物の不活性化、さらには短時間での食品内部への処理効果達成など優れた加工技術として注目されています。

高圧加工商品の事例

穀類などの低密度の物質を液体に浸漬し、その後高圧をかけると、内部まで液体を均一に浸透させることができます。これを高圧液体含浸と呼んでいます。

高圧浸漬レトルトパック米は、米粒に高圧で水を含浸させた後、通常炊飯したもので、製精白米、玄米、八穀米などの製品が販売されています。米粒の中心部まで均一に水が染み込み、米物全体が均一に糊化されるためで、これを電子レンジで加熱した場合、老化したデンプンの再糊化が通常の浸漬米より優れています。また玄米に高圧加工処理した場合でも、白米米飯と比較し消化性が向上するため、高齢者や病者用の食事にも応用されています。

水産加工品への応用

二枚貝の貝を開いたり、殻を取り除く加工で高圧処理をすると、加熱したように貝殻が開き、貝柱と殻が簡単に離れるという現象を発見し、これを生牡蠣の殻むき作業に導入しているケースがあります。

加工用の生牡蠣の生産ではそれまで熟練者が専用の器具で貝柱を剥がして身を取り出していましたが、殻の破片混入などの問題があり、X線検知を行う必要がありました。貝を数分間高圧処理すると、貝が開き振るだけで生と遜色ない身を取り出すことが可能になり、殻の破片混入や作業効率が大幅に向上しています。

このほか、果実を用いたジャム製造では、加熱処理により色調や風味が低下し、栄養成分も減少していたものが、高圧加熱処理により褐変が起こらず、微生物も殺菌されるという効果が出ています。

食品の高付加価値化を実現し、長期保存可能な食品製造により、流通コストや廃棄率の低減などのコスト削減にもつながり、新たな開発が期待されています。

加工事例と主な効果

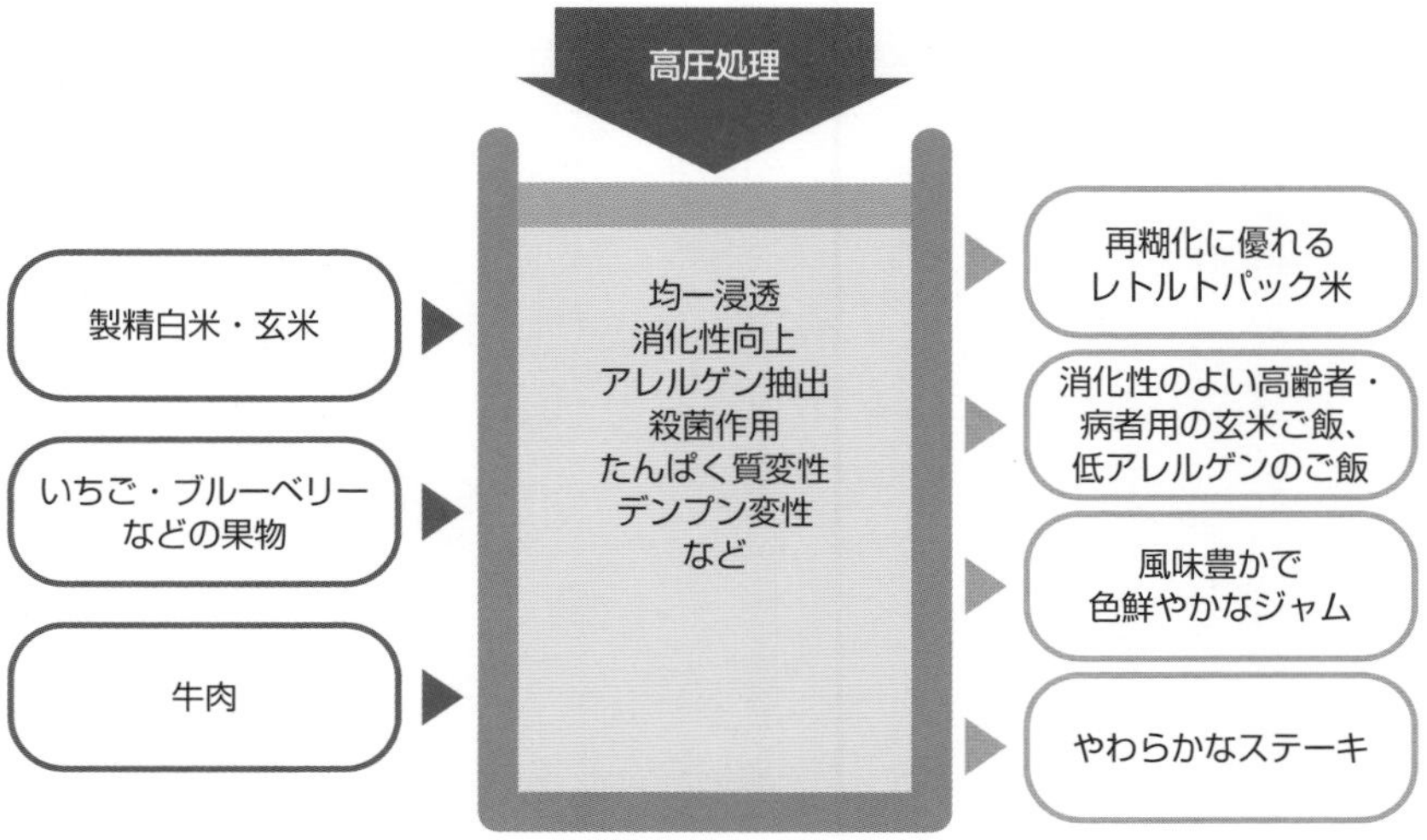

7 フリーズドライ(真空凍結乾燥)技術

食品を乾燥させる技術は古くからあります。食品に含まれる水分を除去し、輸送効率を高めると共に、水分活性を低下させて、酵素反応の制御や微生物の増殖を抑え、長期保存を可能にします。

古くからあった加工技術

インスタントコーヒーの製造で知られる凍結乾燥法は、真空中で食品の共晶点以下の温度を保持しつつ、乾燥(昇華乾燥)し、水分を除去する方法です。乾燥工程中、食品の水分は液状水の状態で移動することはなく、食品表層部に溶質の濃縮は起きにくくなります。

熱風による乾燥法と違い、低温条件下で乾燥するため、食品の熱変性や化学変化が抑制されます。乾燥食品は多孔質構造となり、これに水を加えることで容易に喫食可能な状態に復元することができます。古くは寒天の製法で、近年はインスタントコーヒーの製造や即席麺の具などの開発につながっています。さらに溶解性も優れ、医薬品の分野にも活用されています。

真空凍結乾燥技術の歩み

一八一三年、イギリスの学者によって凍結乾燥の基本原理が発見されてから、食品素材への応用が始まり、最初は軍需要食、キャンプ用携帯・保存食品、宇宙食などの特殊な利用目的から開発が進み、やがて、一般消費者対象の製品製造へと推移していきました。

日本では最初に、凍結乾燥みそ汁の量産化が行われました。その後、一九六〇年代後半には、凍結乾燥インスタントコーヒーの生産とカップ麺の具材製造が始まりました。さらに、たまごスープ、おかゆ類、味噌やメニュー化された調理済み凍結乾燥食品などの成形加工食品が登場しています。高齢化や食の簡便化志向から今後も拡大が予測されています。

成型商品の拡大

現在、フリーズドライ食品は、ラーメンのかやくなどに使われる「素材類」と、前記したみそ汁の「成型食品類」に大別できますが、市場規模は約一〇〇〇億円といわれ、これまで素材類が七割を占めていましたが、円高の影響を受けやすい商品で、みそ汁に代表される成型食品の登場により市場が拡大してきました。素材類のうち、野菜商品の大半が輸入野菜で占められていますが、最近では国産野菜の商品も増えています。

日本凍結乾燥食品工業会には一四社の会員企業が参加していますが、最近ではＯＥＭ生産を含めた成型食品への新規参入が目立っており、今後もこの分野を中心にさらなる市場の拡大が予想されています。

販売チャネルとしてはコンビニや食品スーパーが中心になっていますが、最近通信販売による成型食品の販売が伸びています。成型食品のトップ企業の天野実業（株）では、消費者ニーズを探ろうと、東京と本社のある広島の二か所に直営のアンテナショップを展開して、新たなニーズの開拓に努めています。

column

インスタントコーヒーの歴史

戦時下でコーヒーの輸入が完全に途絶えた1942（昭和17）年、統制会社日本コーヒーからレギュラーコーヒーとインスタントコーヒーが製造され、軍に納入されました。戦争が終わり、1956（昭和31）年からインスタントコーヒーが初めて輸入許可され、1960（昭和35）年からはコーヒー生豆の輸入が全面自由化になり、国内メーカーがインスタントコーヒーの製造を開始しました。翌年にはインスタントコーヒーの輸入も全面自由化になり、日本インスタントコーヒー協会が発足し、インスタントコーヒーブームの幕開けになりました。フリーズドライ製法によるインスタントコーヒーが発売されたのは1966（昭和41）年からです。

8 過熱水蒸気技術

家庭用食品調理器具のスチームオーブンレンジが人気になっていますが、これは過熱水蒸気技術を応用した商品です。一九一二年に発見された技術で、そう新しい技術ではありませんが、食品加工のみならず理容・美容、電子産業など幅広い分野で応用されています。

過熱水蒸気の特長

過熱水蒸気は常圧の飽和水蒸気をさらに加熱した超高温の蒸気で、無色透明の気体です。加熱された過熱水蒸気は、熱容量が高く、また、加熱水蒸気中には酸素がほとんど存在しないため、食品の加熱、焙煎、殺菌時において発ガン物質や過酸化脂質の生成などを抑制し、品質劣化を防止することができる技術です。

一般的なオーブンと比べて、対象物に大量の熱を付与し、急速加熱が可能なことから、加熱ムラを防止することができる技術といわれています。さらに加熱水蒸気処理すると、食品内部の水分を保持しながら、表面はパリッと仕上げることができます。

食品の脱塩効果も

過熱水蒸気処理は、食品の脱塩にも効果があるといわれています。ナトリウムイオンなどのイオンは、高濃度の状態から低濃度へと移動する拡散効果を有していますが、食品の加熱処理の初期において、食品表面に凝縮水が付着すると、表面のナトリウムイオンが凝縮水に溶解し洗い流される効果が現れます。また、表面に近い場所に分散するナトリウムイオンは、塩分濃度の低い凝縮水へと拡散するため、内部と表面の塩分濃度差が生じ、内部のナトリウムイオンも拡散効果で表面に移動し、凝縮水が食品表面から滴り落ちる際に取り除かれるので脱塩効果が発揮できるという仕組みです。

過熱水蒸気を使った食品

オーブンのような一般的な高温空気加熱では、加熱時間に関わらず酸素濃度は一定になっていますが、過熱水蒸気加熱では、数分後にはほとんど酸素が存在しない状態になります。そのため、過熱水蒸気を用いると、低酸素状態での食品の加熱が可能になり、ビタミンCの破壊や油脂の酸化が抑制されることになります。この特長を活用し、食肉加工では焼き鳥、照り焼き、塩焼き、唐揚げなどの調理品に使われ、水産加工でも焼魚、エビ・カニ、タコなどの焼き加工品、水産練製品、ちりめんなどの加工に使われています。

さらには、野菜のブランチングや焼きおにぎり、米粉への乳化能付与や乾燥珍味などの殺菌などにも過熱水蒸気の技術が使われています。特に北海道の農産加工品の開発では、カボチャやニンジン、ジャガイモなどの野菜ペーストの製造にこれを活かして、野菜の風味や栄養分が保持され、色も鮮やかな野菜ペーストを使ったお菓子などが作り出されています。

column

スチームオーブンレンジの登場

電子レンジの国産第一号が発売されたのが1951（昭和26）年で、火を使わずに短時間で加熱できる革命的な調理器として、レストランなどの業務用として使われ始め、その後、新幹線のビュッフェにも搭載され、話題となりました。その後、タンク式のスチーム機能を搭載した「スチームオーブンレンジ」が発売されたのが1978（昭和53）年で、2002（平成14）年にはスチームとレンジ、ヒーターの同時加熱ができるスチームオーブンレンジが発売され、2年後の2004（平成16）年からは“水で焼く”をキャッチフレーズとした、300度以上に加熱した過熱水蒸気で調理する過熱水蒸気オーブンが発売されています。

9 超臨界ガスの技術

物質は、固体、液体、気体のいずれかの状態で存在しますが、温度と圧力を上昇させて、ある点（臨界点）を越えると、液体のように物質を簡単に溶解し、気体のように大きな拡散速度を示す両方の性質をもつ超臨界ガスと呼ばれる状態になります。

超臨界ガスの特長

超臨界ガスには液体の溶解力とガスの拡散性・浸透性があり、抽出溶媒として優れており、食品分野では、その機能性から、抽出、除去・洗浄、乾燥、含浸、殺菌などに分けて利用されています。

主な超臨界媒体としては、二酸化炭素、アルコール、水などがありますが、アルコールや水を使っての抽出はよく知られていますが、二酸化炭素の場合では、超臨界二酸化炭素が、さまざまな物質の奥まで浸透し、成分を効率良く溶解することができ、さらにそれを分離槽に移動させ成分を抽出し、その後圧力を低下させ二酸化炭素だけ分離させ、再利用しています。

植物油や魚油の抽出など

抽出においては、香料、フレーバー、スパイスの抽出やごま油、大豆油などの植物油の抽出や魚油では、ＥＰＡ、ＤＨＡなどの機能性成分、人参エキスやノコギリヤシ、アスタキサンチンなどの機能性成分などの抽出でも使われています。また、除去・殺菌の機能では、魚油臭の除去や玄米からの農薬の除去やカフェインを除去したコーヒー豆の精製などにも使われています。

さらに殺菌機能では、オレンジジュースなどの天然果汁飲料の酵素失活や風味保全にも超臨界ガスの技術が活かされるなど、広い分野での加工に活用されている技術です。

醤油の香気成分回収として

　前記した魚油からのＥＰＡやＤＨＡの分別回収にあたっては、まず鰯などの油の中にある高度不飽和脂肪酸をエステル化し、硝酸銀水溶液で処理すると、不飽和度の高い脂肪酸のみが溶液中に溶解し、これを超臨界二酸化炭素で抽出すると、効率良く不飽和脂肪酸の抽出が可能となります。

　調味料製造での応用では、濃口醤油をこの技術で応用すると、香気成分が抽出されます。マスターシードの原料からは変色の原因となる成分を除去するために、超臨界抽出法を活用し、長期保存を可能にする製品を製造しています。このほかドライフルーツからフレーバーを製造し、食品やたばこ用のフレーバーとして利用したり、トマトやニンジンなどの水分を多量に含む原料からカロテン系色素のリコペン油を抽出する方法としても活用されています。アルコールや水の利用としては、アルコールと酢酸などを含有する水に浸漬した米を超臨界二酸化炭素で抽出すると、米デンプンを損なうことなく効率良くアレルゲンを抽出除去できます。

超臨界ガスによる成分抽出

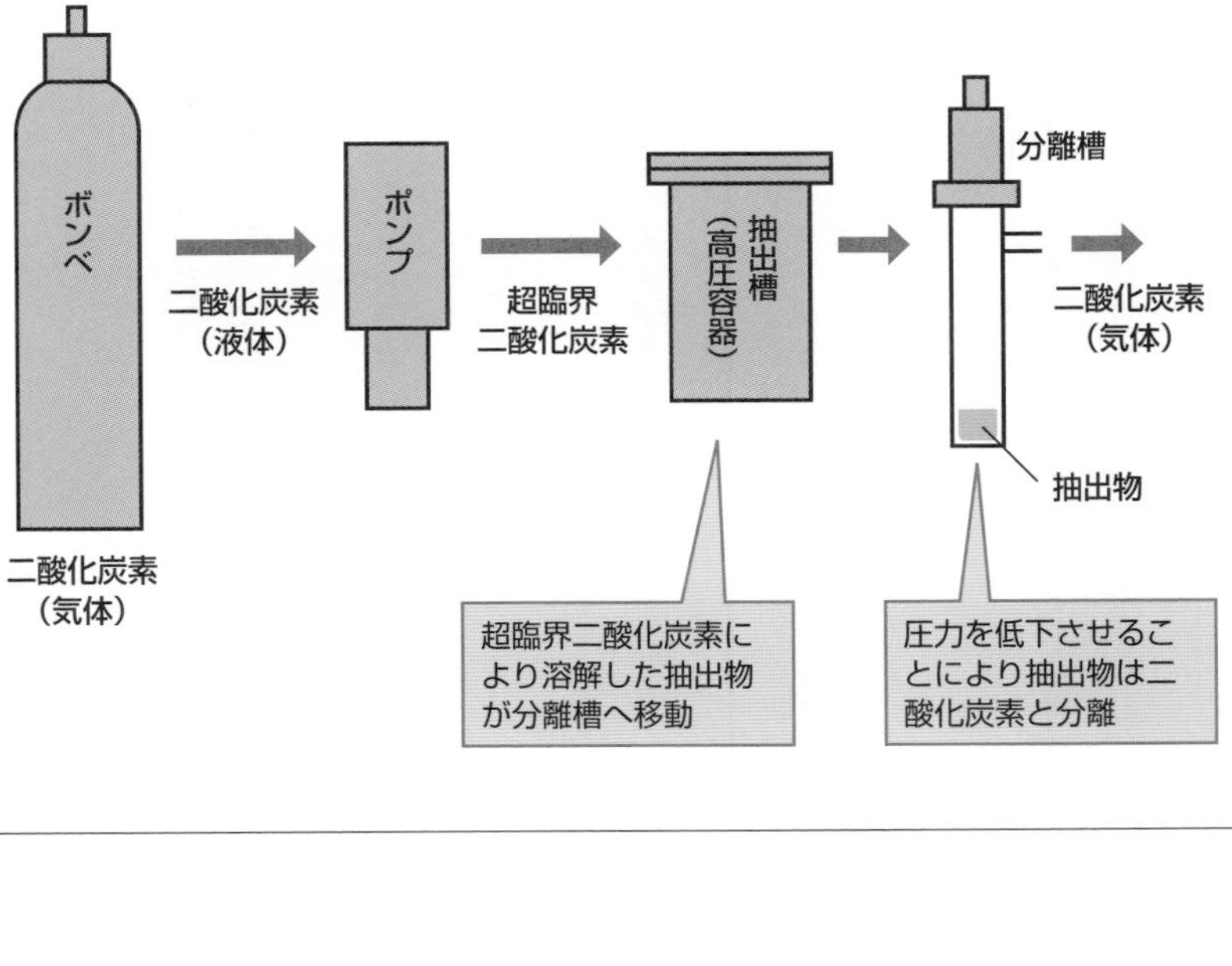

10

湿式微細化技術

微細化で消化吸収促進などの機能を付与した新素材として利用できるようになったり、従来廃棄物として扱われていたり、低利用とされた素材が有用物質に変換されるなどの技術が開発されています。

湿式微細化装置

固形物を湿式で微細化する機器などが数多く開発されています。

超音波ホモジナイザーは発振器・コンバーター・ホーンで構成され、ホーンを通して溶液中に超音波振動を与えることで圧力差による微小な気泡を発生させ、溶液中の物質に繰り返し激しい衝撃を与える仕組みです。コロイドミルは、ローターとステータといわれる部分から構成され、食材などのスラリーがこれらの狭い隙間を通過することにより、食材に含有する粒子が微細化される仕組みです。

このほか、撹拌型乳化機など、ミクロンから単位まで微細化させて、成分抽出などを行っています。

湿式微細化での食品加工

ニンジンやカボチャなどの比較的硬くて調理しにくい野菜の規格外を微細化して、ペーストを作り、それをソースにしたり、スープの素材にしたりして加工しているものが多くあります。

また、肉類でも解体工程で生じた皮や骨などを微細化装置を使用してペースト化することで、機能成分を抽出しやすくしたり、パウダー加工にも使えるようにしたりしています。

湿式微細化加工したものを前記してきた新しい加工技術にかけることで、さらに新しい食材の開発につなげることができます。パウダー化でも、超微粒子のパウダー加工に発展させているケースもあります。

菓子製造で活躍する湿式微細化

ペースト化したり、パウダー化しやすい加工は、お菓子の製造などでもよく使われています。

和菓子の製造では、羊羹など小豆を原料としたこし餡が作られますが、小豆の加工では種皮の扱いに困る場合があります。種皮は飼料や肥料として一部利用されるていますが、多くの場合、廃棄されています。しかし、種皮でも活性酸素を消去する働きを有するポリフェノールが多く、有用な資源として考えられます。

含水した小豆の種皮を磨砕・酵素処理後、さらに加水して湿式微細化処理することで、きめ細かい食感のペーストが得られます。これを用いて製造した餡は、通常のこし餡と比較して滑らかな食感と機能性があることから、幅広い活用の仕方が考えられてきます。

最近では小麦粉に代わり米粉を利用した食品加工が活発化していますが、湿式微細化によるライスミルクを材料にした菓子やパンなどの製造も行われています。

column

野菜の消費拡大に一役買っている湿式微細化技術

野菜消費量の減少に歯止めをかけようと、様々な野菜加工が行われていますが、近年、健康増進と野菜の消費拡大を目指して、原材料となる野菜の微細化処理による新しい食品素材の創出が行われています。また、食材に何らかの加工を施すと必ず廃棄物が出ますが、それまで利用できない部分とされてきた、野菜の根や茎、葉など、本来は食べられるものについて、ペースト化したり、粉体加工したりして、廃棄物を再利用する目的での商品開発も行われています。

11 エクストルーダーの利用による加工

『夢の食品加工機械』と呼ばれたエクストルーダーの由来は、英語の「extrude」で、物を突き出す、押し出すなどの意味があり、型から押し出されて成形されるという意味がありました。食品では、原材料に水を加えながら、押し出して作る製品ということになります。

万能加工機械の歴史

この装置はもともとプラスチックのかきまぜや成型に使われていたもので、食品加工用に使われるようになったのは最近のことです。混練、混合、破砕、剪断、加工、成形、膨化、乾燥、殺菌などの加工操作を一台で行う機能を有している機械です。

一八六九年にソーセージの連続製造で使われ始めてから、一九三〇年代にはパスタやコーンフレークの製造が行われ、四〇年代にはペットフード、五〇年代には澱粉加工など、一〇年単位くらいで、新しい食品加工に使われてきました。そして、現代でもお菓子など多彩な商品を作り出してきています。

「二軸エクストルーダー」の登場

一九七五年に、日本で初めて、機械メーカーの株式会社スエヒロＥＰＭが、「二軸エクストルーダー」を開発してから、ますます用途が広がってきました。前記したように、澱粉のアルファ化処理や造粒品の製造、食品粉体殺菌、タンパク質組織化、生地成形など機能が増してきました。

二軸エクストルーダーでは、原材料が投入されると高温のバレルという装置の中でスクリューによって、水と原材料が混合されながら、圧力がかけられていきます。スクリューは長いドリルのような形で、原材料を「切る」、「混ぜる」、「練る」、「加圧」するなどの作用を与えます。

性質のことなる製品開発も可能

エクストルーダーを使った加工の最後の工程では、出口部分の部品によって製品の形状を変えることが可能で、四角形から円形、シート状など、形状を変えたいろいろな製品の製造が可能になってきます。

例えばタンパク質やデンプンを投入し、高温高圧下で一様に混合・溶融すると、はじめのものとは異なる構造を持つ製品に変わっていきます。また、エクストルーダーにより高温高圧下で剪断や混和すると、タンパク質分解酵素阻害物質トリプシンインヒビターや、尿素からアンモニアを生成するウレアーゼなどの作用を抑制することもできることが知られています。

水産加工品の場合では、デンプン材料の中にある水分を一瞬にして水蒸気化して、組織の中に多くの気泡がある膨化食品を製造したり、鮭のひき肉と調味料、油脂などを混合させて鮭フレークなどを製造することも可能にします。昆布やホタテ、鮭などの魚介類を原材料にした膨化物やチーズを挟み込んだような食品の開発などが行われています。

エクストルーダーの構造例

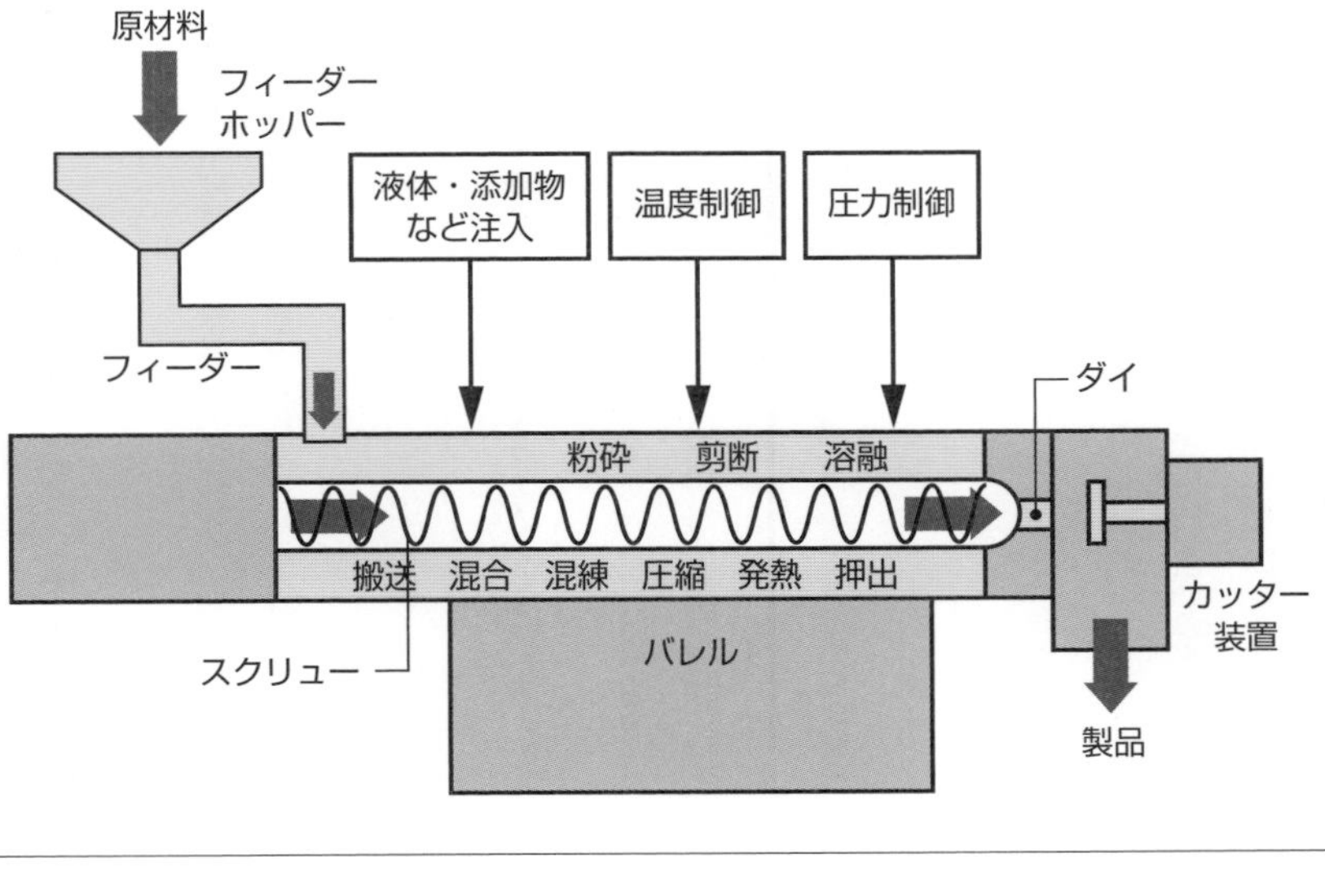

12 エネルギー消費が少ない膜分離技術

食品加工においては、分離やろ過、吸着、透析などの工程も必要不可欠なプロセスになっています。特に精密ろ過の膜分離は従来の分離法と比べて、機械の操作が容易で、エネルギー消費が少ない分離技術として多用化されています。

食品工業に利用される膜技術

精密ろ過の技術は、〇・〇一ミクロン程度の物質を分離することができることから、主に微粒子や微生物の除去を目的として、生ビールやミネラルウォーターの除菌、醤油の除菌・清澄化に利用されています。また、膜乳化にも利用され、マーガリンの製造などで実用化されています。

このほか、限外ろ過（ＵＦ）法は酵素・タンパク質、多糖類のような高分子化合物の分離に利用され、代表的な実用化例としては、酵素の精製やリンゴ果汁の清澄化、トマトジュースの濃縮、加工澱粉の製造、チーズホエーのタンパク濃縮など、農産加工品で広く使われている技術です。

農産物加工では、サトイモやキクイモ、ヤーコンなどのイモ類からポリフェノールやイヌリン、フラクトオリゴ糖などの機能成分の抽出などに利用されています。

海水から真水を取るための装置など

逆浸透（ＲＯ）法は、他のろ過法がふるい分けであるのに対し、水と溶質の膜に対する溶解性と拡散性、主として水だけを透過することから、海水から真水を取るための装置などに利用されています。

さらに、イオン交換膜による電気透析（ＥＤ）法や限外ろ過法などがありますが、電気透析では海水から塩分を除去する技術として、また限外ろ過法はアミノ酸や塩類などの低分子物質のろ過に使われています。

機能性食品などの製造

　膜分離技術は、多くのメーカーがモジュールと呼ばれる膜の開発を続けています。また材質においても、合成高分子だけでなく、アルミナ系のセラミックス膜など、無機系の膜なども開発されています。

　また、熱を使用しない常温操作が可能で、圧力のみで処理できることから環境対策にも合致した技術として、前記してきたような加熱を伴わない食品や農産物の高品質化プロセスとして広く実用化されています。

　さらに、水産加工品でも、魚介類の煮汁から調味エキスを抽出する技術や塩カズノコ加工で塩水回収再利用、海藻類からアルギン酸オリゴ糖を生産する技術など、水産加工品でも多くの商品で膜分離技術が採用されています。

　近年ブームにもなっている機能性食品の開発において、膜技術は、ビタミンやミネラル、食物繊維・多糖類、乳酸菌・オリゴ糖など、生物原料素材から機能性成分を分離・濃縮する技術として多くのメーカーが注目しています。

ミカン果汁の濃縮化の例

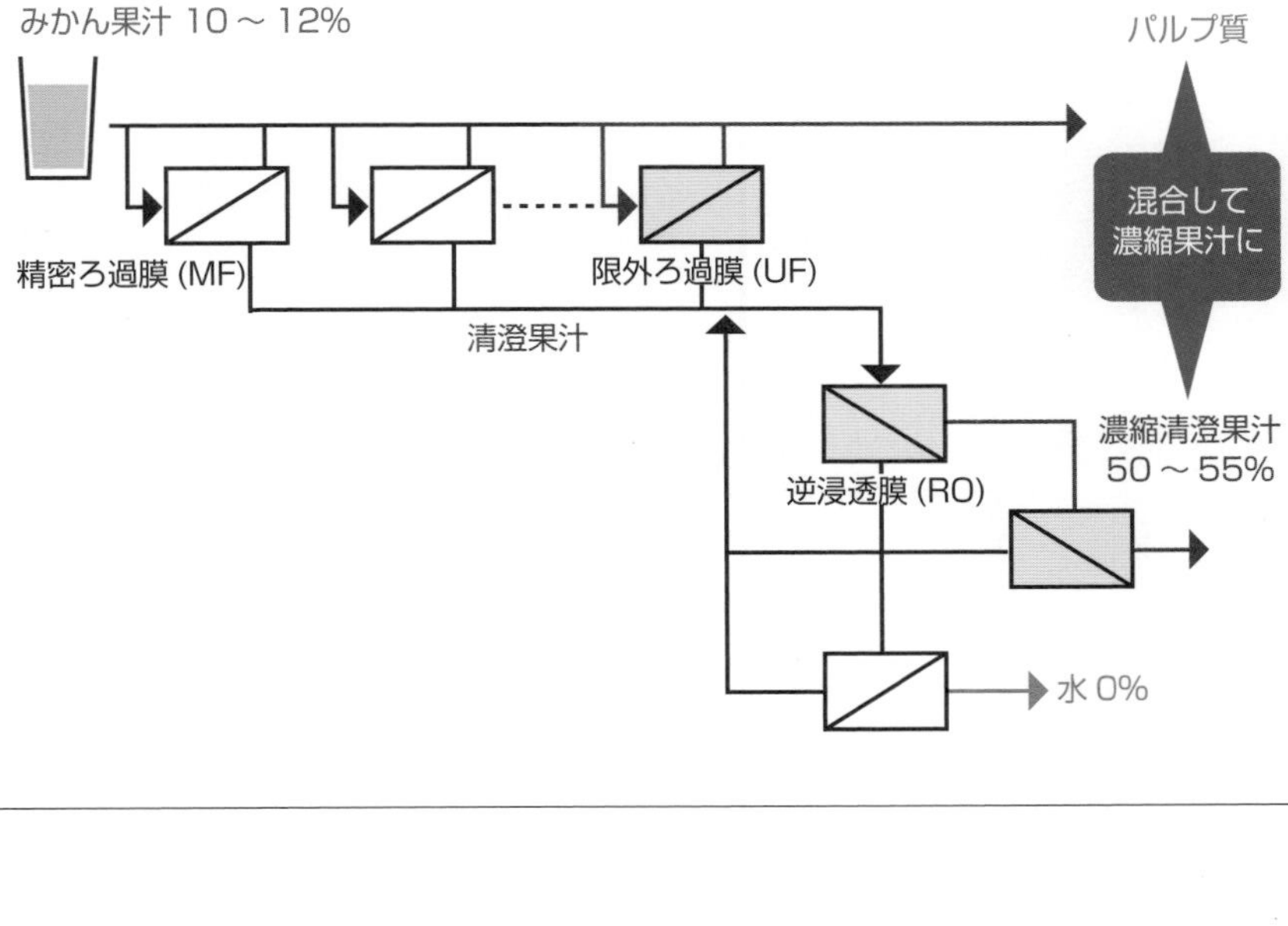

13 凍結含侵法による食品加工

凍結含浸法は、二〇〇二年に広島県立総合技術研究所食品工業技術センターで開発され、〇五年に特許化された食品製造のための物質導入技術で、高齢者・介護用食品や機能性食品、医療用食品などの製造に利用されています。

新しい機能性食品、医療用食品として

凍結含侵法の基本原理は、食材を冷凍して細胞間のすき間を広げた後に解凍し、組織を弛緩させることで、後の減圧含浸工程において素材をより膨張させ、酵素や栄養成分、調味料などの有益な物質の、素材内部への含浸効率を高める製法になっています。

実用化にあたっては、細胞と細胞を結ぶペクチンを分解する酵素・ペクチナーゼを染みこませれば、形状を変えずに食材を軟らかくすることができ、濃度と反応時間で硬さも調整できるという仕組みを使って、高齢者・介護用食品や機能性食品、医療用食品などの製造に利用されています。

凍結・解凍操作と減圧操作

広島県によれば、凍結含浸操作の基本手順としては、生または加熱した食材をマイナス七℃からマイナス二〇℃程度の家庭用冷凍庫レベルの温度で凍結した後、酵素製剤を溶解させた調味液に浸漬し、解凍させ、調味液に浸漬した状態のまま真空ポンプで減圧にし、常圧復帰後調味液から取り出して、酵素反応を進行させ、目的の硬さに達し段階で、蒸煮処理などで酵素を失活させる仕組みとなっています。つまり、凍結解凍した食品素材を酵素液に漬けたまま減圧すると、食材の細胞同士の隙間の空気を抜いて、酵素が一気に浸み込みやすくなり、栄養成分なども均一に滲み込ませることができます。

新しい調理方法の研究も進む

凍結含浸法によって作り出された食品は、これまでのように、加熱による軟化ではないことから、加熱時間が短くなり、食材本来の栄養素や色、風味が失われにくいという特徴があります。

食材の見た目はそのままで、それをスプーンで簡単につぶれるくらい軟らかくできることから、食欲を誘う介護食品の製造が可能になります。

介護食においては、食事を楽しむためには色、味、香りだけでなく見た目も重要で、凍結含浸は、見た目そのままで歯茎や舌で押しつぶせる軟らかさにもできることから、介護食の分野に利用されており、きざみ食、ミキサー食に代わる新しい調理法としても注目されています。

また、熱をほとんど使わない調理法であることから、食材に含まれる成分を酵素で分解することにより、タンパク質からうま味成分であるペプチドやアミノ酸、その他機能性成分を作らせることができるとされています。

凍結含侵法の基本工程

STEP① 事前加熱	事前に食材を加熱して、食材内のアク成分を除去したり、褐変などの色調変化を防止します。
STEP② 凍結・解凍	食材を凍結して食材内に氷結晶を生成させたあと解凍します。氷結晶の生成は食材の組織間を押し広げる効果があり、解凍すると含浸溶液の浸透経路となるわずかな隙間が生じます。
STEP③ 減圧(含侵)	解凍食材を含浸溶液に入れて減圧します。食材内の空気と食材外の含浸溶液を置換します。減圧時間は5～10分程度です。
STEP④ 酵素反応	やわらか食を作製する場合は、STEP③で酵素を含浸して酵素反応を行います。
STEP⑤ 加熱酵素失活	最後に加熱して、酵素反応停止と殺菌を行います。

出所：広島県「凍結含浸法ガイドブック」より

14

無菌充填技術と無菌包装技術

食品の滅菌化に向けて、様々な技術と資材が生まれています。加工の工程上では無菌の環境下で食品を製造すると共に、無菌状態で容器に充填し、これを長期保存可能な資材で包装することにより、実現される仕組みになっています。

無菌充填製品

日本で最初に導入された無菌充填製品は、一九六〇年代に登場したＬＬ牛乳（ロングライフミルク）で、直接および間接滅菌機と無菌充填機を組み合わせて長期保存可能な製品を開発しました。通常より高温で殺菌したものを、清浄エアーを送り込んだ無菌状態の中で、殺菌済みの容器に充填する。この工程によって、常温保存が可能な牛乳を作り出しました。そして、そのＬＬ牛乳の容器には紙にアルミ箔を貼り合わせ、光と空気を遮断したものを使っています。このように無菌充填包装製品は最終工程まで無菌の環境下にありますが、品質面ではビタミンや栄養成分の破壊を小さくとどめています。

新規機能性フィルムの開発

食品や飲料の包装材料にはその用途に応じて、力学強度・軽量性・耐熱性・耐水油性・耐紫外線性など様々な機能特性が要求されます。その中で、新規機能性フィルムの包装資材として代表的なのが、ポリプロピレン（ＰＰ）フィルムです。二軸延伸フィルム（ＯＰＰフィルム）と無延伸フィルム（ＣＰＰフィルム）、インフレーションポリプロピレン（ＩＰＰフィルム）があり、食品の形状に併せて使われます。

このほか、好気性菌の増殖やカビ発生を抑制するガス（酸素、水蒸気、窒素、炭酸ガスなどの）バリアー性のものやレトルト可能なフィルムもあります。

「環境対応」型の製品

　食品製造における製品の輸送・保管・販売などに欠かすことのできないのがパッケージングマテリアル（ボトル、容器、包装資材、物流資材など）の製品で、食品業界とは両輪のようにして成長してきました。資材としては紙製品が全体の六〇%を占め、後はプラスチック、アルミ製品などですが、近年、湯せん調理を要するアルミパウチに対して、電子レンジ調理が可能なアルミレスパウチへの需要が増加しています。

　アルミレスパウチは、これまでのアルミ箔に代わり透明バリアフィルムを用いた構造で、従来のアルミパウチに比べてコスト的にはやや高くなりますが、電子レンジ調理可能という利便性で、レトルト食品へのニーズに応えています。

　このほか、「環境対応」型の製品として、バイオプラスチック容器や、耐熱紙器なども増えてきました。さらにバイオPETに対する関心も高まってきています。

無菌充填製品のイメージ

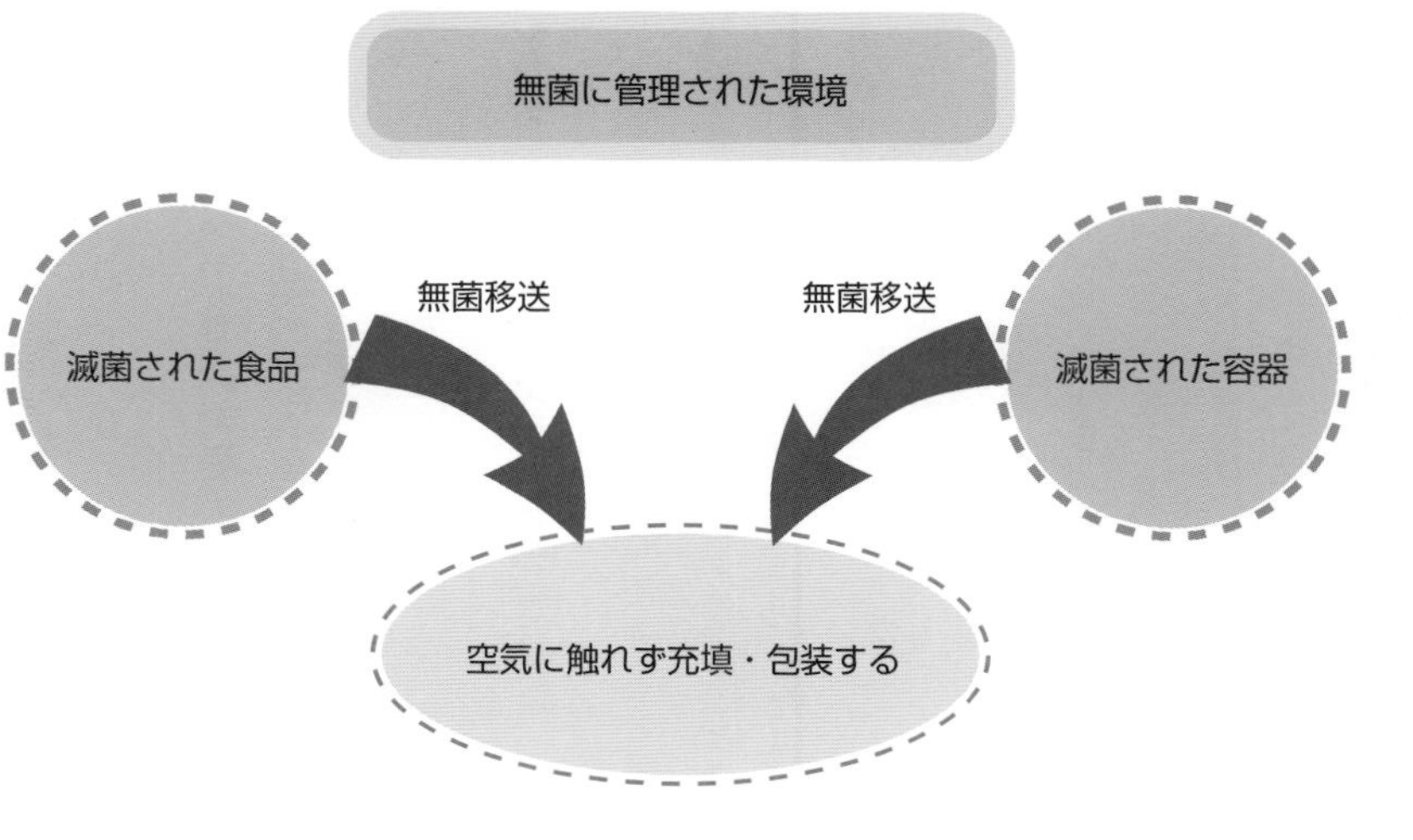

15 食品の新配送システムとトレーサビリティ

最近、食品流通においては、消費者の視点に立ったシステムが最優先され、物流体制や配送システムにおいても、ＩＴなどを活用し、需要情報を管理して、最適でかつ低環境負荷型の物流システムが求められています。

ＷＥＢ－ＥＤＩの導入

これまで食品流通においては、注文書や納品書、請求書など、企業間で行われる商取引の帳票類はすべて紙ベースで行われていました。最近では、標準的な規約に基づき、インターネットなどのネットワークを経由してのやりとりが多くなっています。これをＷＥＢ－ＥＤＩと呼んでいます。

特にアイテムの数が多く、またスピード感が求められる食品業界においては、業務のスピードアップはもとより、コスト削減や人的ミスの軽減、さらには効率的な物流管理システムにも連動させる目的などで、新規の導入あるいは見直しを図っている企業が増えています。

食品分野でのトレーサビリティ

また近年は、遺伝子組み換え作物の登場や、有機農産物の人気の高まりと異物混入、食品アレルギー、偽装表示、産地偽装問題などの事件が相次ぎ、食品分野でのトレーサビリティが一般的になってきました。

米穀類の取引においては、「米トレーサビリティ法」が施行され、米穀関連食品に関わるすべての生産者と加工業者、卸売業者、小売業者、外食店によるサプライチェーンにおいて、「販売情報」や「産地情報」を適切に収集・管理し、また伝達を行わなくてはなりません。特に産地情報を適切に管理・伝達するための情報や取引情報を確実に記録し、伝達するシステム化が求められています。

食品メーカーのシステム概要

食品メーカーで採用されているトレーサビリティシステムの一般的な流れは次のようになります。

❶原料の受入時にラベル（QRコード）の発行
❷原料の在庫管理時のラベル読み取り
❸原料を小分けし、個々に固有のQRコードの貼付
❹原料を混合し、一連の製造工程において原料ラベルの読み取り
❺製品の充填・梱包後、製品の「賞味期限」「加工時刻」「加工ライン」が把握可能となるナンバーを印字
❻段ボールにQRコードを貼付して出荷工場出荷以降も、商品ラベルに表示されたコードを元に、流通過程を経て、一般消費者に届くまでの個体管理

このような流れで、個別商品のコードには、加工時間や製造ラインなどが把握され、万が一の事故にあった場合には、消費者の手元にある商品コードからさかのぼるようにして、原材料メーカー（生産者）まで追究するシステムになっています。

トレーサビリティシステムの流れ

原料

↓

食品メーカー

①受入時
製造日、製造方法、賞味期限、ロット番号などの情報を書き込んだラベルを貼付

②在庫管理時
賞味期限、ロットごとに在庫

③小分け時
原料を小分けし、個々にラベル貼付

④混合・製造時
小分けした個々のラベルを読み込み、製造したロット製品とデータの連結

⑤製品の充填・梱包時
賞味期限、加工時刻、加工ラインなどを製品に印字。原料とデータ連結

⑥出荷時
段ボールにラベル貼付

↓

製品

16

給水、用水の最新設備

水は食品加工のコストに占める割合も高く、給水・用水の節約は収支に大きく影響してきます。しかし、水は食品製造にとっては命でもあり、いろいろな技術を活用し、好適な用水の処理を行っています。

純水と超純水

最近、街中のスーパーや医院などでも、よくウォーターサーバーを見かけるようになりましたが、その多くはＮＡＳＡ（アメリカ航空宇宙局）が開発した、逆浸透膜（ＲＯ膜）システムという、新しいろ過システムを使って作った**純水**で、細菌や不純物を九〇％以上の確率で除去したものになっています。普通の水道水に対して純水は、例えば一Ｌの水に、食塩がわずか〇・一mg混ざった程度の不純物の少ない水だといわれ、この水は逆浸透膜などを使って作られています。さらにこの純水から、ごく微量の溶存酸素や微粒子、有機物、生菌などを除去した水のことを**超純水**と呼んでいます。

食中毒防止対策としての水

魚市場や水産加工工場、スーパーマーケットの鮮魚バックヤードなど水産食品の現場ではたくさんの水を使用します。

厚生労働省は二〇〇一（平成一三）年に、腸炎ビブリオ食中毒防止対策のための水産食品に係る規格及び基準を定め、食品衛生法施行規則の中でも、加工基準として「成分規格については、製品一gあたりの腸炎ビブリオ最確数を一〇〇以下とし、加工に使用する水についても、飲用に適した水（食品製造に適した水）、殺菌した海水または飲用適の水を使用した人工海水を使用しなければならない」と定めています。

様々な水の殺菌方法

現在、水産加工品の製造現場では、流量比例方式や循環（サーキュレーション）方式などで、次亜塩素酸ナトリウムを添加した殺菌水の使用が一般的になっています。

このほか、紫外線による殺菌や、オゾンを用いた殺菌、炭酸ガスや次亜塩素酸ソーダを混合する殺菌なども開発され、現場で用いられています。一般的には、いけすや加工場の洗浄などに利用する通水システムの中に殺菌装置を組み込む方法が取られていますが、使用用途によって、最も適した殺菌方法を採用しています。

オゾン水の利用は水産加工施設で最近増えている殺菌方法ですが、これはオゾンが本来持っている除菌や洗浄、脱臭、漂白などの機能を活かしたもので、海水や淡水にオゾンガスを溶け込ませ、魚介類の表面に付いた細菌やウイルスを殺菌すると共に、魚のヌメリや生臭さの除去にも活かされています。

オゾン水は長期の品質保持に効果があることから、活魚の輸送などにも使われています。

逆浸透膜システム

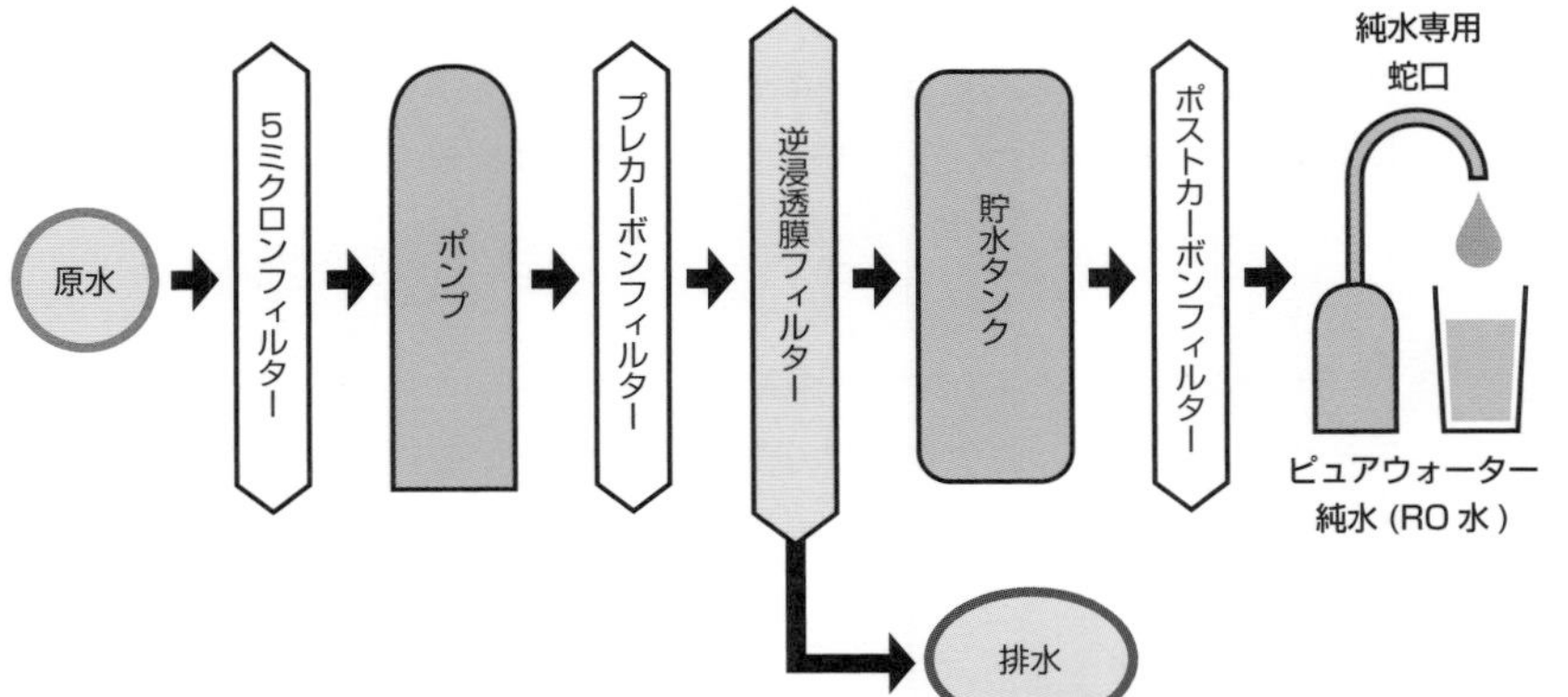

column

食品工場に学ぶコロナ感染拡大防止策

HACCPの義務化で食品製造工場に必要な衛生環境設備というのがいくつかありますが、その設備がコロナ対策の上でもとても有効なのではないかという専門家からの指摘があります。

まずはコロナ対策でも必要性が叫ばれる小まめな手洗いで、これはまさに食品工場の基本になっています。手洗いのほか、ローラー掛け、アルコール噴霧などが有効です。食品工場にある『入室準備室』のマニュアルなどは他の施設のモデルにもなるものです。

2点目は、これもまたコロナ対策の原則でもある、換気の徹底で、食品工場内の空気清浄設備の仕組みが有効ではないかという考え方です。食品工場では衛生度に分けた作業エリアの分類を行い、衛生度の高い部屋から低い部屋に空気の流れを持たせ、衛生度の高いエリアの空気清浄度を守る対策が取られています。新型コロナウイルスの対策としてよくいわれているのが換気の徹底ですが、食品工場の場合には、室温管理の関係から窓を開けての換気はできず、また虫の侵入や異物の混入防止のためにも単純な換気ではなく、陽圧管理を考慮した換気システムが構築され、かつ空気清浄のための精密なフィルターも設備されているため、ミクロサイズのウイルスの侵入防止にも役立つのではないかという考え方です。

さらに、3点目もまたコロナ対策の原則でもある非接触の流れで、食品工場でも徹底されていることです。コロナウイルスの感染ではドアノブに接触することで感染する恐れが指摘されていました。徹底した衛生管理が求められる食品工場では、衛生度の高い部屋において菌の発生や混入を抑止するため、非接触での開閉を備えた扉が多く採用されています。食品工場のような非接触建具の導入や自動ドア設備がコロナ対策では非常に有効な対策になると考えられています。

食品工場のこのような衛生管理への考え方が、一般の建物や公共施設、学校などに取り入れられないかという検討の必要性が多方面で叫ばれています。

第8章

国内食品メーカーの動向

多様な業態で形成されている食品業界はメーカーの個性も豊かです。個性はメーカー誕生のきっかけと成長過程により培われてきます。本章では、業界に大きな影響力を持つ大手メーカーや独創性とオンリーワンの技術で市場をリードしているメーカー、地方の中堅食品メーカーなど、誕生から成長までを辿りながら、その特徴を紹介します。

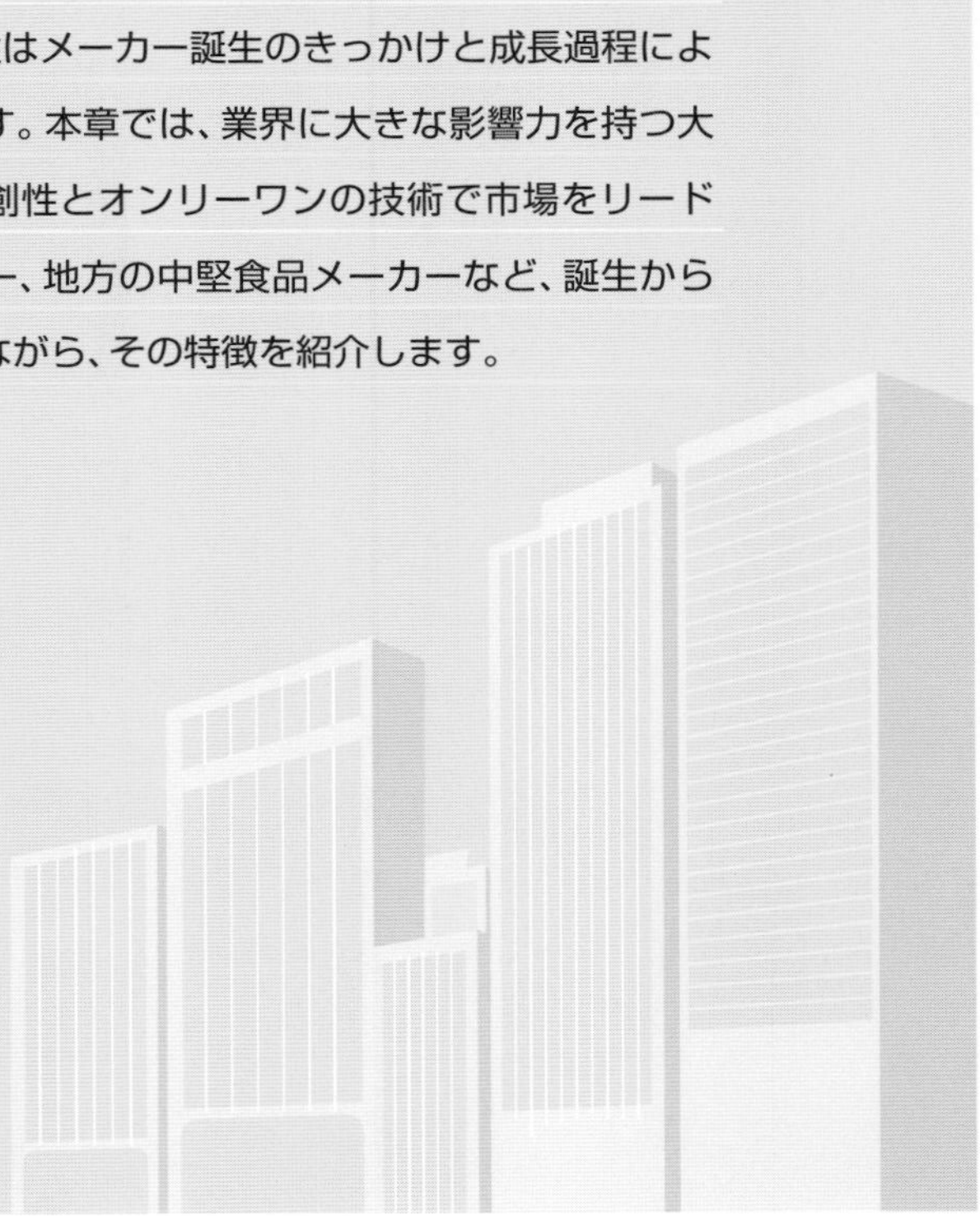

How-nual
図解入門
業界研究

1 売上高一兆円超のメーカー

現在、地方の証券取引市場を含めて、食品部門として上場しているのは一二七社あり、これに非上場の会社が六八社あります。最近では持株会社の設立やM&Aなどの業界再編成により上場しないメーカーが増えているため、上場企業数としては減少傾向にあります。

一兆円超企業は八社

飲料・嗜好品を加えた食品のカテゴリーの中で、非上場のサントリーホールディングスを加えて売上高が一兆円を超える企業は八社あり、このうち二兆円を超えるのは日本たばこ産業とアサヒグループホールディングスの二社になります。

売上高上位一〇社では、九位のコカ・コーラボトラーズジャパンホールディングスが九一四七億円、一〇位の伊藤ハム米久ホールディングスが八五二四億円となっています。さらに、上場会社で売上高が一〇〇〇億円を超えているのは、四五社を数えます。今後の業界再編成によってはさらに増える見通しです。

一兆円超えの上場企業

第一位　日本たばこ産業　（二兆一七五六億円）
第二位　アサヒグループホールディングス　（二兆八九〇円）
第三位　キリンホールディングス　（一兆九四一三億円）
第四位　サントリー食品インターナショナル　（一兆二九九三億円）
第五位　明治ホールディングス　（一兆二五二七億円）
第六位　日本ハム　（一兆二二九八億円）
第七位　味の素　（一兆一二七四円）
第八位　山崎製パン　（一兆六一一億円円）
（二〇一九年度）

売上高1000億円超　国内食品メーカー（水産・飼料メーカー含む）

1	キリンホールディングス	2.1兆円
2	アサヒグループホールディングス	1.5兆円
3	味の素	1.1兆円
4	明治ホールディングス	1.1兆円
5	日本ハム	1兆円
6	山崎製パン	9515億円
7	マルハニチロホールディングス	8161億円
8	日本たばこ産業	7349億円
9	森永乳業	5782億円
10	日本水産	5380億円
11	雪印メグミルク	5094億円
12	キユーピー	5049億円
13	サッポロホールディングス	4924億円
14	ニチレイ	4549億円
15	伊藤ハム	4473億円
16	日清製粉グループ本社	4419億円
17	コカ･コーラウエスト	3866億円
18	日清食品ホールディングス	3806億円
19	伊藤園	3692億円
20	東洋水産	3209億円
21	フジパングループ	3182億円
22	日清オイリオグループ	3126億円
23	ヤクルト本社	3125億円
24	江崎グリコ	2899億円
25	キッコーマン	2832億円
26	プリマハム	2712億円
27	日本製粉	2690億円
28	スターゼン	2541億円
29	不二製油	2365億円
30	昭和産業	2259億円
31	ハウス食品	2143億円
32	丸大食品	2041億円
33	宝ホールディングス	1986億円
34	カゴメ	1962億円
35	コカ･コーラ セントラル ジャパン	1937億円
36	極洋	1818億円
37	J-オイルミルズ	1810億円
38	わらべや日洋	1750億円
39	中央魚類	1646億円
40	カルビー	1632億円
41	ダイドードリンコ	1489億円
42	S Foods	1480億円
43	森永製菓	1471億円
44	米久	1423億円
45	中部飼料	1353億円
46	協同飼料	1290億円
47	ヱスビー食品	1273億円
48	大都魚類	1257億円
49	三国コカ･コーラボトリング	1217億円
50	ブルボン	1029億円

出所：東証１部東証２部マザーズ大証１部、大証２部、JASDAQヘラクレス地方市場の食品、水産・農業部門に登録している食品関連会社と非上場会社の最新決算より。

2 活発化する業界再編

少子高齢化や人口減少による国内市場の縮小と原材料の価格高騰などで厳しさを増している食品業界では、海外の食品メーカーを含めたメーカー同士の合併や卸売り会社を交えたＭ＆Ａなどの業界再編が活発に行われています。

海外企業との大型合併など

国内ビール会社や味の素などの海外でのＭ＆Ａについては第六章で詳しく解説してきましたが、日本ハムや日清食品ホールディングス、山崎製パン、**宝酒造**、**永谷園ホールディングス**などでも、積極的に外国企業をＭ＆Ａによる子会社化を進めています。相手先企業については日欧のＥＰＡの大筋合意を受けて、欧州の企業などが増えています。

また、国内企業同士では、コカ・コーラウエストとコカ・コーライーストジャパンが経営統合しています。

国内企業のＭ＆Ａ

製菓では、**亀田製菓**がマイセンの株式のうち九〇％を取得して子会社化しています。亀田製菓は「柿の種」などの米菓を製造、販売している会社で、一方のマイセンは、玄米パンやベジタリアンミートなどのグルテンフリー食品の製造販売を主に行う会社です。亀田製菓は米菓以外の食品事業の強化を目的に子会社化を行いました。

塩こんぶや煮豆の惣菜メーカー、**フジッコ**は、同じ惣菜メーカーの**フーズパレット**の全株式を取得して子会社化しました。フーズパレットは百貨店を中心に中華惣菜を販売しています。

異業種によるM&A

同業者間でのM&Aでは、砂糖の製造販売を行う**日新製糖**が**王子製糖**の砂糖事業を買収し、砂糖製造業の強化を図っています。さらに、**ユニカフェ**は**アートコーヒー**の全株式を、三菱商事から買収して子会社化しています。ユニカフェは最近、コンビニなどのカフェとの競合激化から収益が低下していたことから、焙煎メーカーのアートコーヒーを取得し、収益の向上を目指しています。

また、最近の健康志向から、食品メーカーと異業種の薬品メーカーとのM&Aも行われて今す。

小林製薬は、梅肉エキスの老舗、**梅丹本舗**の全株式を取得して子会社化しています。小林製薬は近年健康食品事業にも力を入れており、健康茶などに次いで、健康食品事業を強化してきています。塩野義製薬は子会社を通して、宝ヘルスケアの全株式を取得して吸収合併し、またタカラバイオの健康食品事業も吸収分割によって承継しています。

最近の国内食品企業と海外企業とのM&A事例

2019	味の素による米国モア・ザン・グルメ・ホールディングス社(ブロス・ソースなどの液体調味料メーカー)の買収
	不二製油による米国Blommer Chocolate Company社(業務用チョコレート製造メーカー)の子会社化
	山崎製パンによる米国Bakewise Brandes社(ベーグルなどのパン製造メーカー)子会社化
	アサヒグループホールディングスによる英国Fuller, Smith & Turner P.L.C.社のビール・サイダー事業の取得
2018	江崎グリコによる米国 チョー・ベンチャーズ(チョコレートメーカー)買収
	大塚製薬の欧州子会社による仏 ビーシーバイオ(有機食品メーカー)買収
	不二製油による豪 インダストリアル・フード・サービス(業務用チョコレート製造メーカー)買収
	キリンホールディングスと三井物産による米国 ソーンリサーチ(高機能サプリメント)への共同出資
	三菱商事子会社による米国スペシャルティフーズグループ(食肉加工メーカー)の子会社化

3 明治ホールディングスと製菓業界

製菓業界のランキングでは、第一位が明治HDで、次いで江崎グリコ、ロッテ、カルビー、森永製菓、ブルボン、亀田製菓、不二家と続き、八位の不二家までが一〇〇〇億円企業になっています。業界全体は、少子化の影響もあり、微減傾向にあります。

旧明治製糖が起源

明治製菓と明治乳業は、旧明治製糖を共通の起源とした食品メーカーで、共に砂糖の消費促進を目的として明治時代に設立され、九〇余年の歴史がある会社同士です。それまでお互いに数パーセントの株を持ち合う程度で、人的交流もなく、別々の道を歩んできた「遠い親戚」にあたるような関係でしたが、経営統合により、味の素、日本ハムなどと並び、一兆円規模の食品会社となりました。

食品市場の縮小や原材料価格の高騰など、両社共に共通の課題を抱えていたことから、経営統合して、新たな展開を図ることになったのです。

栄養菓子グリコ

一九一九年(大正八年)、カキの煮汁に多量のグリコーゲンが含まれることを確かめ、グリコーゲンを活用した食品の商品化に着手した同社は、三年後の一九二二年に創業し、いまでも使われている、両手を挙げてゴールインするパッケージとハート型のキャラメルで人気を得てきました。

現在、冷菓と菓子・食品、乳業を三本柱に、事業を展開しています。海外には、一九三一年に初進出し、現在一二ヵ国一七社で事業を展開しています。

総売上高に占める海外事業の割合は約一八・五%になっています。

海外事業を加速

業界第三位の**ロッテ**をはじめ、上位の会社は、国内市場が縮小に向かっていることから、海外展開を加速しています。

スナック菓子首位の**カルビー**は米国ペプシコと資本業務提携し、ポテトスナック菓子をペプシコ傘下のフリトレーブランドで展開し、北米市場への足がかりとしました。

森永製菓は総売上高のうち六割が菓子食品で、冷菓事業と健康食品が四割を占めています。業界トップクラスの商品が多く、米国・インドネシア・中国・台湾など、海外戦略を積極的に進めています。

米菓部門で首位の**亀田製菓**も、北米、中国、タイ、カンボジアなどに子会社を設立し、海外売上高の比率を高めています。

山崎製パンの傘下に入った**不二家**は、洋菓子と製菓・飲料部門に分かれ、洋菓子事業は全体の三割で、七割が製菓と飲料製造になっています。

column

♪チョコレートは明治（昭和の食卓⑨）

明治製菓の川崎工場が1925（大正14）年に竣工して、翌年に明治ミルクチョコレートが誕生しています。その当時は西洋菓子がまだ高級商品で、ライバル企業の森永製菓が一足早く1918（大正7）年に「森永ミルクチョコレート」を発売していました。

森永製菓に先を行かれた格好でしたが、その後、明治製菓は1957（昭和32）年に従来のミルクチョコレートより厚めの「明治ミルクチョコレートデラックス」を発表し、その後も「明治チョコレート・ハイミルク」、「明治ブラックチョコレート」、「明治チョコレート・ストロベリークリーム」など新製品を相次いで投入し、CMソングにあるよう、「♪チョコレートは明治」をイメージ付けました。

4 日本ハムと食肉加工メーカーの戦略

日本ハムは食肉関連のトップメーカーで、プロ野球の北海道日本ハムファイターズのオーナー会社としても知られており、知名度は抜群です。二番手は経営統合した伊藤ハム米久ホールディングスで、食品部門でも一〇番目に位置しています。

日本ハム

一九四二年、創業者の大社義規氏が徳島市内で「徳島食肉加工場」を開業し、その後、五一年に徳島ハムを設立、六三年には鳥清ハムと合併して現社名に改称すると共に本社を大阪市内に移転、その後、食肉関連事業を全国展開、食肉関連の最大手メーカーに成長してきました。八四年に発売した「シャウエッセン」は一七年間もソーセージ市場でトップブランドの地位を保持し続けました。現在も同社の主力商品になっています。同社は食肉をはじめ五事業で構成されていますが、いずれも食肉事業を核にグループ内で完結できる体制を構築しています。

伊藤ハム米久ホールディングス

同社は二〇一五年九月に、食肉加工業界二位の**伊藤ハム**と七位の**米久**が、共同持株会社を設立し経営統合した会社で、最新の連結売上高では両社の単純合算で八五二四億円と、首位の日本ハムグループに次ぐ二位の座を固めています。

両社の経営統合の狙いは、国内市場の縮小と海外での新興国勢との競争に対抗するという目的からで、伊藤ハムと米久が持ち株会社を設立しその傘下に入る形で、伊藤ハム株一株に新会社株を一株、米久株一株には同じように三・六七株を割り当てています。

プリマハム・丸大食品

プリマハムは一九三一（昭和六）年、「竹岸ハム商会」という名前で金沢で創業し、六〇年代に、東京と大阪の証券取引所第一部に上場し、社名をプリマハム株式会社に改称しました。八〇年代には東京ディズニーランドのオフィシャルスポンサーとなり、九〇年代から海外展開に取り組み、タイ・中国に工場を建設したほか、二〇一〇年代には中国の頂新グループの康師博方便食品投資有限公司と合弁会社を設立し、中国におけるハム・ソーセージ製造・販売事業に進出しています。食品業界全体でも第二〇位に位置しています。

丸大食品は、一九五四（昭和二九）年大阪市福島区で魚肉ハム・ソーセージの製造販売を丸大食品工場として創業し、一九六五（昭和四〇）年大阪府高槻市に本社を移転しています。食肉加工業界大手四社の一角に含まれ、ハム・ソーセージ部門と調理加工食品部門の加工食品事業が全体の七割を占め、食肉事業が三割となっています。

column

皮なしウインナー「ウイニー」（昭和の食卓⑩）

1963年頃より、日本国内でもウインナーソーセージが大人気となりました。しかし、ケーシング（ソーセージの皮）に用いる羊の腸が不足するようになりました。そのため、日本ハムでは「皮のないウインナー」の研究に取り組み、1966年に完成したのが皮なしタイプのほそびきウインナーの「ウイニー」です。皮がないため舌ざわりが良く、あっさりやわらかく、子供でも食べやすいと評判になり大ヒットしました。

しかしその後、賞味期限内であっても、ネバネバと糸を引く粘液が表面に生じることが判明したことから製造を中止しました。製品だけを殺菌するのではなく、工場内そのものを無菌化することによって粘液の発生は抑えられることが判ったことから、1972年、茨城県に建てた新工場でウイニーの生産を再開しました。2012年現在、年商約50億円にまで成長したロングセラー商品になっています。

5

山崎製パン株式会社

製パンのトップメーカーです。毎年一〇〇〇品目以上のパンを開発するなど商品開発力の高さに加え、一〇万店近い販売店網を擁するなど製販共にパン市場をリードしています。

パンの委託加工からスタート

一九四八年三月、創業者の飯島藤十郎氏が千葉県市川市内で「山崎製パン所」を開業、配給小麦をコッペパンとロシアパンに加工して加工賃をもらう、パン委託加工を開始したのが同社の始まりです。

同年六月、山崎製パン株式会社を設立し、パンの自社生産に事業を転換します。そして翌年には和菓子と洋菓子の製造を開始、五五年には近代設備を導入したパン工場を建設、食パンの量産化に乗り出します。

その後、七〇年には合弁会社の「ヤマザキ・ナビスコ」（現ヤマザキビスケット）を設立、スナック菓子市場に進出します。また、六七年には「スーパーヤマザキ」を、七七年にはコンビニエンスストアの「サンエブリー」（現デイリーヤマザキ）を設立、事業の多角化とパン事業の販売チャネル拡大を図るなどの経営により、パンの最大手メーカーへと成長してきました。

二〇〇八年に（株）不二家と新たな業務資本提携契約を締結し、持株比率を五一％としたほか、二〇〇九年には日糧製パン（株）と業務資本提携しています。

同社は大きく食品事業と流通事業に分かれますが、食品事業では、食パン部門、菓子パン部門、和菓子、洋菓子、調理パン、米飯類、製菓・米菓と多彩に展開しています。流通事業は、「デイリーヤマザキ」「ニューヤマザキデイリーストア」「ヤマザキデイリーストアー」の総店舗数一四四三店を構えています。

ヤマザキの海外戦略

一九八一年に「香港ヤマザキ」を設立し、フレッシュベーカリー第一号店を開店したことを皮切りに、一九八四年には「タイヤマザキ」、一九八七年には「台湾ヤマザキ」を設立しています。さらに、現在では香港、タイ、台湾、シンガポール各地 にあるセントラル工場で最新技術を使った冷凍生地を生産し、これを活用して店舗を展開しています。

一九九八年にはマレーシアに「サンムーランヤマザキ」を、翌年にはシンガポールに「サンムーランヤマザキ・シンガポール」を設立し、フレッシュベーカリーを開店しました。続く、二〇〇四年には中国本土への第一歩として「上海ヤマザキ」を設立し、上海の久光百貨店にベーカリーカフェを開店しています。その後も順調に売上を伸ばし、「上海山崎食品」が上海ヤマザキのセントラル工場として稼働しています。また、二〇〇六年にはシンガポールの「フォーリーブズ社」の運営に参画し、二〇一四年からはジャカルタを中心にホールセールベーカリー事業を開始しています。

column

リッツ（クラッカー）（昭和の食卓⑪）

リッツは、アメリカのナビスコ社が製造したクラッカーのブランド名ですが、創業者が、富や魅力のイメージを呼び起こすため、名門ホテルのザ・リッツ・カールトンにちなんで名付けたというエピソードがあります。

日本では、ヤマザキナビスコの創業第1号の商品として1971年から販売が開始されました。ヤマザキナビスコは、ナビスコ社と山崎製パン、商社のニチメン（現在の双日）が、日本の菓子業界で初めての日米合弁企業として創立しました。それまでの国産ビスケットやクラッカーとは一味違う軽さと、朝食にクラッカーという洋風のライフスタイルや、パーティーメニューとしての提案など、新しさが人気となり、ロングセラーを続けています。阪神大震災後に保存食として注目が集まり、5年間保存可能な缶入りも販売されています。

6 雪印メグミルクと森永乳業

8-3節で紹介した明治ホールディングスに続き、雪印メグミルク、森永乳業がシェアを競っています。雪印乳業を中心とした雪印グループは、二〇〇〇年の集団食中毒事件と二〇〇二年の牛肉偽装事件により、雪印食品は二〇〇二年限りで廃業し、その後雪印メグミルクが誕生しました。

雪印メグミルク

二〇〇九年に、雪印乳業株式会社と日本ミルクコミュニティ株式会社が経営統合し、両社の持株会社として**雪印メグミルク**を設立しました。さらに、二〇一一年四月一日に二社を吸収合併し、事業会社としての雪印メグミルクが発足しています。

その後、協同乳業とも資本・業務提携して業容を拡げてきました。

現在、事業領域を「チーズ、バター、粉乳などの乳製品」「ヨーグルトなど飲料・デザート」「飼料・種苗」に再編成し、グループ・バリューチェーンの強化を目指しています。

森永乳業

森永乳業は一九一七年、乳製品の製造販売を事業目的とする日本煉乳株式会社として設立され、その後、森永製菓株式会社との合併、また分離を経て、一九四七年に現在の森永乳業株式会社が設立されています。その後、一九五四年に東京証券取引所に株式を上場し、一九六七年に森永商事株式会社の乳製品販売部門を譲り受けています。

同社では、「森永乳業グループ一〇年ビジョン」のもと、基幹ブランドの強化、ビフィズス菌・独自シーズの展開加速、海外事業の育成、次世代ヘルスケア事業の基盤構築に取り組んでいます。

六次産業化と乳業メーカー

　乳製品に、乳酸菌食品を加えると、アサヒ飲料の**カルピス**や**ヤクルト**も含まれますが、乳業業界での第四位には**よつ葉乳業**が入ってきます。同社は北海道の農協（ホクレン）の関連法人で、北海道では圧倒的な知名度とブランドを誇っています。雪印メグミルク同様に、地元酪農家とも結びつきも強く、六次産業化の主導的位置付けが期待されています。

　このほか、**タカナシ**や**小岩井**、ＯＩＫＯＳ・ダノンビオの**ダノンジャパン**、バニラヨーグルトの**日本ルナ**、ホームランバーの**協同乳業**に**六甲バター**など、地方を拠点に独自の商品政策を展開している企業が多く、**オハヨー乳業**は、セブンイレブンのＰＢ商品に取り組み、カップ型のフルーツ入り飲むヨーグルトが人気となっています。

　さらに、地方の農場発のブランドとしては、**ヤスダヨーグルト**やカフェオレの**高千穂牧場**などが、人気商品を開発しています。

雪印「ネオソフト」（昭和の食卓⑫）

　1954（昭和29）年2月に、バターの代替需要として「ネオマーガリン」が発売され、バターに近い風味が受けて、大ヒットしました。その後、1968（昭和43）年、冷蔵庫からすぐ出して塗れるマーガリンとして、「ネオマーガリンソフト」が登場し、「パンにはやっぱりネオソフト」のコマーシャルと共に、どんなパンにも合う飽きのこないおいしさのロングセラー商品となりました。8年後の1976（昭和51）年に、「ネオソフト」と名前を変えています。さらに、カロリーを気にする女性向けに、カロリーを半分にした「ネオソフトハーフ」も作られています。

7 キユーピーとカゴメ

キユーピーは一九一九（大正八）年設立のマヨネーズなど、調味料を主力としている食品メーカーです。創立者の中島董一郎がアメリカ留学時代にマヨネーズと出会い、国産初のマヨネーズの製造を開始しています。一八九九（明治三二）年創業のカゴメは、創業者の蟹江一太郎がトマトの栽培に着手し、四年後、トマトソースの製造を始めました。

卵のキユーピー

同社の母体は食品卸の中島董商店で、創業者の中島董一郎氏が米国留学時代にマヨネーズと出会い、マヨネーズの国産化を目指して一九一九（大正八）年に「食品工業」を設立したのが同社の始まりです。二五年三月からわが国初のマヨネーズを発売しましたが、初年度の出荷量はわずか六〇〇kgでした。しかし、翌年はこれが一挙に七トンに跳ね上がり、マヨネーズ事業は軌道に乗りました。ところが四二年三月、製造中止に追い込まれました。太平洋戦争下の物資統制により卵、食用油など原料の調達が不可能になったためです。

マヨネーズを中核事業に

さらに、農産物加工では、サトイモやキクイモ、そして四八年三月にマヨネーズの製造を再開し、以降、マヨネーズを中核事業に現在の大手食品メーカーへと成長してきました。

現在、同社の事業は主力のマヨネーズを始めとする「調味料・加工食品」「タマゴ」「サラダ・惣菜」「健康機能」「流通システム」の五事業で横成されていますが、すべて卵でつながっているのが同社の特徴となっています。また、日本で培った技術を活かして海外展開にも力を入れ、海外市場での成長を加速させています。

緑黄色野菜のカゴメ

カゴメは、二〇二五年のありたい姿として、「食を通じて社会課題の解決に取り組み、持続的に成長できる強い企業になる」。また「トマトの会社から野菜の会社に」なることを長期ビジョンとして掲げています。その「野菜の会社」の実現にあたり、日本における野菜摂取量を増やし、それに対してカゴメの供給量を増やすことを戦略に掲げています。

二〇一九年時点で、日本の野菜の消費量は一三九七万トンあり、そのうち緑黄色野菜の消費量は三三八万トンですが、カゴメの供給量は緑黄色野菜で六〇万トンになっていますが、これは国内消費の一七・七%を供給している計算となり、この考え方を二〇二五年のありたい姿に当てはめたいとしています。

現在、日本のトマトケチャップのシェアの六〇・九%を同社が占め、野菜果実ミックスジュースのシェアも六一・二%と国内ナンバーワンとなっており、国民の野菜消費量を増やすことでも自社の企業成長を成し遂げたいとしています。

column

マヨネーズ対決（昭和の食卓⑬）

キユーピーが日本で初めてマヨネーズを製造販売したのは、1925（大正14）年で、まだ日本人にはなじみの薄い食材でした。その後、徐々に日本人の食卓に定着していきました。戦時下になり原材料の入手が困難になったことから、1943年から48年までの5年間、キユーピーではマヨネーズの製造を中止しています。

昭和30年代には大手水産会社や食品会社がマヨネーズの市場に参入してきましたが、キユーピーは大量生産によるコストダウンと果敢な値下げ策で対抗し、大手水産各社の製品は市場から姿を消しました。しかし、1968年に「味の素」がマヨネーズの生産を始めることになり、消費者の間で嗜好の違いからキユーピー派と味の素派に分かれるようになってきました。そして現在でも、両社による激しいシェア争いが続いています。

8 日清製粉グループと製粉業界

近年、食の欧米化が進み、パンやうどん、ホットケーキミックスの原料である小麦の消費量は堅調な推移を見せています。日清製粉グループは日本で初めて小麦粉の機械製粉に成功したメーカーで、現在は国内で消費される小麦粉の四〇%近くを生産する製粉トップメーカーです。

製粉を核にした総合食品メーカー

一九〇〇（明治三三）年、国産小麦粉の品質向上を目的に創業者の正田貞一郎氏が群馬県館林町（現館林市）で設立した「館林製粉株式会社」が同社の始まりです。当時、国産小麦粉は伝統的な水車製粉に頼っていました。このため、機械製粉による輸入小麦粉（メリケン粉）より品質が劣っていたのです。そこで正田貞一郎氏は、輸入小麦粉に負けない国産小麦粉を造るため、近代的な機械製粉事業を志したのです。

館林製粉設立から七年後、横浜の日清製粉を吸収合併。これを機に館林製粉を日清製粉に社名変更し、機械製粉事業の全国展開を目指しました。

経営多角化の推進

一九一〇年には大日本製粉の吸収合併により国内二位の製粉会社に躍進、その後も全国各地の製粉会社の吸収合併を続け、一九一三年には国内トップの製粉会社に成長しました。

高度経済成長時代が始まると同社は、時代に対応して事業多角化を推進。六〇年には配合飼料事業に進出、六二年には加工食品事業に進出しました。六七年には「マ・マーマカロニ株式会社」から販売部門を買収、パスタ分野に進出しました。同社のこの多角化は、本業の製粉をコアコンピタンス*にした事業領域の拡大だったことが特徴です。

用語解説

＊**コアコンピタンス**　マーケティング戦略の用語で、企業活動において「競合他社を圧倒的に上まわるレベルの能力」「競合他社に真似できない核となる能力」の事を指す。

大手三社の海外戦略

日清製粉グループ本社に次いで、業界第二位が**日本製粉**、三位が**昭和産業**となっています。

この大手三社が揃って、海外戦略を強化しています。日清製粉グループ本社では、すでに小麦粉の生産能力は海外が六〇%を占め、国内の一・五倍の規模に拡大しています。

日本製粉も、プレミックス需要の高まりに合わせ、中国やタイ、米国やインドネシアに進出し、海外事業比率を伸ばしています。

また、昭和産業も同様にベトナムや台湾で、合弁事業を進め、事業領域の拡大に努めています。

製粉業界も、国内市場での少子高齢化に伴う需要の減少や国際貿易の関係では「TPP11協定」や「日EU・EPA協定」、日米貿易協定の発足など、小麦や小麦粉製品の二次加工製品の関税引下げが進み、なかなか先を見通せない状況が続くとみられています。

マ・マーマカロニ（昭和の食卓⑭）

1955（昭和30）年、フジ製糖株式会社と日本精糖株式会社が共同出資して、マ・マーマカロニ株式会社の前身ともなる日本マカロニ株式会社を設立し、同年には日本製粉株式会社もオーマイブランドを立ち上げて、本格的に国産パスタの生産が始まりました。当時は見慣れない食品に、お菓子だと思い生のまま食べようとしたり、ローソクと間違える人もいたそうです。その頃はパスタ専用のデュラムセモリナの入手が困難だったことから、パン用の強力小麦粉に改良をほどこすなど、工夫を重ねて作られていました。1961年に初めて輸入のデュラムセモリナを100%使った業務用商品が販売され、1965年からは日清製粉の工場でデュラム小麦をセモリナに挽くようになり、家庭にも本格的なパスタが浸透するようになりました。マ・マーマカロニは1967年に日清製粉グループの日清フーズが販売を譲り受けています。

日清食品と東洋水産

日清食品は今や国際的な保存食の一つとなった即席麺のパイオニアであり、この分野では国内はもとより海外でもトップメーカーです。業界第二位の東洋水産は、うどん・そば類の即席麺では日清食品より強く、北米市場では日清食品と互角の闘いをしています。

ラーメンの量産化が開発の契機

日本で最初に導入された無菌充填製品は、一創業者の安藤百福氏が、魚介類の加工などを目的に一九四八年に設立した「中交総社」が同社の始まりです。

安藤氏はその後、ラーメンの量産と大量流通を目的に即席めんの開発に着手し、幾多の失敗を乗り越えて、五八年にようやくその開発に成功しました。これが同年八月に「チキンラーメン」の商品名で発売された世界初の即席めんでした。チキンラーメンを丼に入れて、湯を注ぐだけですぐ食べられるラーメンはインスタントラーメンと呼ばれて、瞬く間に人気商品になり、やがて代表的な保存食の一つに成長しました。

カップヌードルの誕生

即席麺が国内のみならず、世界中に普及するきっかけとなったのが、「カップヌードル」です。

六六年、米国を視察旅行中だった安藤氏が、ある町でアメリカ人の若者がチキンラーメンを二つ折りにして紙コップに入れ、お湯を注いで食べているのをたまたま目撃し、それをヒントに開発したものでした。現在、同社の事業は「即席袋めん類」「カップめん類」「チルド・冷凍食品」「その他」の四事業で構成されていますが、このうち即席袋めん類とカップめん類は、日清食品と明星食品が担い、全体の五割を占めています。明星食品とは二〇〇七年に合併し、完全子会社化しています。

東洋水産

一九五二年、東京の築地市場で冷凍マグロ輸出と国内水産物の卸売を目的に設立した「横須賀水産株式会社」が同社の始まりです。一九九六年六月に魚肉ハム・ソーセージ分野に進出し、現社名に変更しています。

同社が飛躍したのは即席麺事業に進出したのがきっかけで、一九六二年五月に「マルちゃん」ブランドで即席麺を発売したのを皮切りに、「冷やしラーメン」「カップうどんきつね」「カップ天ぷらそば」「焼きそば」「赤いきつね」「緑のたぬき天そば」など、個性的な即席麺を次々と開発し、即席麺事業を拡大してきました。

社名よりブランド名が有名になってしまった同社ですが、現在、事業を構成しているのは、「水産食品事業」「海外即席麺事業」「国内即席麺事業」「低温食品事業」「加工食品事業」「冷蔵事業」「その他」の七部門に分けられます。このうち、「海外即席麺事業」と「国内即席麺事業」が六割以上を占めています。

カップヌードル（昭和の食卓⑮）

インスタントラーメンは、1958年に日清食品が世界で初めて開発した商品ですが、その後60年代にかけて新規に参入するメーカーも増えて、インスタントラーメンの市場も成熟期を迎えました。日清食品の創業者である安藤百福氏は、市場の縮小を懸念し、密かに「インスタントラーメン国際化」の目標を立てて、渡米して市場調査を試みました。開発段階では容器付きで販売するにはどうしたらいいか、お湯を注ぎ密封状態で調理できるかなど、いくつもの課題を解決しながら、ついに71年9月に現在のようなカップヌードルの販売に漕ぎつけたのです。ラーメンを箸ではなく、フォークを使って食べる新しいスタイルも世界中の若者達から支持を集めた要因にもなっています。

株式会社伊藤園

製茶・清涼飲料の大手メーカーです。特に緑茶飲料ではパイオニア的存在であり、この事業のトップメーカーです。最近は紅茶飲料へ参入するメーカーが増え、競合が激しくなってきました。

「無糖飲料市場」開拓のパイオニア

伊藤園は一九六六年、茶葉の訪問収売を目的に静岡市内で「フロンティア製茶抹式会社」として設立されました。一九六九年に、社名を現社名に変更すると共に、製茶メーカーに事業転換し、一九七一年に本社を東京都新宿区内に移転しています。

一九八一年に世界初の「缶入りウーロン茶」を開発して、清涼飲料事業に進出しました。これが日本でウーロン茶を普及させる糸口となり、続く一九八五年には、これまで技術的には不可能といわれていた「缶入り緑茶」を開発し、それまで先発清涼飲料メーカーがどこも考えなかった無糖飲料という新市場を創出したのです。

茶葉（リーフ）と飲料（ドリンク）

伊藤園の強みは、差別化が難しいといわれていた清涼飲料事業において、新商品開発に果敢に挑戦し、数々のヒット商品を産み出してきたところにあります。

同社では事業セグメントを大きく茶葉（リーフ）と飲料（ドリンク）に分けています。

茶葉製品では、ティーバッグタイプやパウダータイプなど、インスタント緑茶などでも新商品開発に努めています。

一方、飲料（ドリンク）製品でも、主力製品の「お～いお茶」のほか、グループ会社のタリーズコーヒージャパンのブランドでのコーヒー製品にも力を入れてきています。

拡大する紅茶飲料

紅茶飲料市場が拡大し、二〇一九年の一年間は、対前年比一五%増と過去最高になっています。

伊藤園では、「生」をテーマとした新しいフルーツティーを二〇一八年から投入していますが、現在も女性を中心に支持されています。

この分野にはキリンビバレッジやサントリー食品インターナショナル、コカ・コーラ、大塚食品など大手飲料メーカーも参入し、激戦となっています。

好調の要因として、各社共に、無糖や甘さ控えめタイプ、あるいは果汁を贅沢に使ったフルーツティーの新商品で、消費者の健康意識への高まりから無糖や甘さ控えめでも嗜好性の高い紅茶飲料に人気が集まったとされています。

伊藤園では引き続き、さらなるブランドの確立とグループ全体としてのブランド力強化に取り組み、さらなるシナジー（相乗効果）を創出して、国内外において同社の強みを最大限に活かしていく計画です。

column

缶入りウーロン茶（昭和の食卓⑯）

伊藤園が日本で初めて、中国からウーロン茶を輸入し、日本国内で販売を開始したのは、1979（昭和54）年で、1981年には世界で初めて、缶入り「ウーロン茶」を開発し、飲料市場に本格的に参入してきました。さらに1985年には、缶入り緑茶を開発しています。緑茶飲料が市場に登場した1980年代というのは、「わざわざ缶入りやペットボトルに入ったお茶を買うのはおかしい。家から魔法瓶に詰めて持っていくもの」だといわれた時代でした。また紅茶にしても緑茶にしてもお茶は、一般の食卓では急須を使い、熱いお湯を注ぎで入れるものだったのを、冷茶でも味わえる画期的な商品としました。そして、清涼飲料水の業界では異例ともいえる無糖飲料市場の先駆けともなりました。現在、緑茶商品はウーロン茶を追い越して、清涼飲料水市場の一割を占めるまでになっています。

column

新しい消費スタイル「エシカル消費」

多少値が張っていても、地球環境に配慮されているものや、社会に貢献できるほうの商品を購入したい――こうした倫理観のもとに行われる消費を**エシカル消費**と呼び、スローフードやロハスに続く消費スタイルとしていま、注目を集めています。

エシカル(Ethical)は、「倫理的・道徳的」という意味の英語です。エシカル消費とは、単に値段や利便性で商品やサービスを選択するのではなく、環境問題を起点にしながら貧困や人権問題などの社会問題も視野に入れて行う発展的な消費スタイルを指しています。

近年の個人や企業の努力により、マイバックの持参や包装の簡素化といったエコロジーの実践や、化学肥料や農薬を使用しないオーガニック食品の選択など、地球環境に配慮した消費行動が日常生活で意識されるようになりました。エシカル消費はさらに一歩踏み込んで、環境に負荷をかけている企業や、児童労働や不当賃金など人権を守れないような企業の商品の購買を避け、逆に自然との共生を目指す取り組みや、地域への奉仕活動に熱心な企業の商品を好んで購入します。

日本ではまだまだ馴染みの薄い言葉ではありますが、知らず知らずにエシカル消費を行っている方も少なくないでしょう。地産地消の活動が広がる中で、スーパーの店頭に並ぶ大手食品メーカーの安い商品を購入するのではなく、地元産の食材で作られた加工品を選ぶことも、エシカル消費の一種といえます。地域の食材を消費し、地元の企業や農家へお金がまわることによって、地域社会が潤うことに役立っています。

こうしたエシカル消費が効果的に機能すれば、消費者は購買活動を通して社会貢献ができ、企業は社会貢献をしながら売上と顧客を拡大することができるでしょう。その上、環境の保全やよりよい社会が実現されるのですから、まさに三方一両得といえます。今後ますますエシカル消費が注目を集めるでしょう。

むすびに

「はじめに」でも述べてきたように、コロナ禍はグローバル規模での大流行（パンデミック）に拡大し、人々の健康、生活、産業活動すべての側面でさまざまな崩壊や混乱を引き起こしました。食の分野でも無縁ではありませんでした。

いまようやく、経済活動が再開されつつありますが、消費生活においては、これから「ウィズ・コロナ」、あるいは「ポスト・コロナ」の「新しい生活様式」への取り組みが始まろうとしています。

食品業界においても、その「新しい生活様式」に併せたマーケティングというものが要求されてきました。従来のビジネスモデルや収益環境が大きく変化し、食品業界の各業種・業態においてもマーチャンダイジングの方向転換が迫られています。

たとえば、新しい消費行動で注目されてきたのが、世界各都市がロックダウン（都市封鎖）されたときに次々と生まれてきた、食料品のオンラインデリバリー販売や外食店でのお持ち帰り、あるいは食材の宅配サービスなどの、新しいスタイルです。

さらに、内食・中食に拍車をかけ、家庭での料理の機会が増大し、加工食材の売れ筋が変わったり、調味料や調理家電の売上などにも変化が出てきました。

また、消費者の新しい嗜好として、ウイルスの発生要因が、人間と動物、とくに家畜との係わり合いにあったことから、動物性たんぱくから植物性たんぱくへの嗜好が高まり、植物性代替肉などの新食材への関心が出てきたことも変化の一つです。

今後、消費行動や価値観が大きく変化することが予測され、内食志向や健康・安全志向への関心は高まり、景気の低迷によっては、節約志向や低価格志向、さらには不要不急の支出を抑えた生活防衛の意識も高まることが予想されいきます。さらには流通面における効率化から、ネット依存度も高くなり、通販の拡大なども予想されます。

食品業界はこれまで以上に、低価格志向を見据えた合理化の徹底や健康、安心・安全を志向する消費者へのブランド発信、そしてデジタル化など、マーケティングも確実に変わるでしょう。

海外展開の見直しや新商品開発、新規ビジネスの展開など、新しい経営手法も求められることが予想されます。

本書の刊行がこれからの食品業界発展の一助になれば幸いです。

二〇二〇年　中村恵二

索引

INDEX

あ行

か行

さ行

た行

ま行

な行

は行

アルファベット

数字

や行

ら行・わ行

【著者紹介】

中村 恵二（なかむら　けいじ）

1954年山形県生まれ。法政大学経済学部卒。ライター。これまで「図解入門業界研究シリーズ」(秀和システム)を中心に、多数の業界解説本を発表している。執筆の傍ら、高校や大学等で進路選択の講演活動なども行っている。紙と電子本の編集プロダクション「ライティング工房」を主催。

編集協力：佐渡ひさの（ビジネスアシスタント）

図《ず》解《かい》入門《にゅうもん》業界《ぎょうかい》研究《けんきゅう》
最新《さいしん》食品《しょくひん》業界《ぎょうかい》の動向《どうこう》とカラクリが
よ～くわかる本《ほん》[第《だい》5版《はん》]

発行日　2020年　9月10日　第1版第1刷
　　　　2021年　8月10日　第1版第2刷

著　者　中村《なかむら》　恵二《けいじ》

発行者　斉藤　和邦
発行所　株式会社　秀和システム
〒135-0016
東京都江東区東陽2-4-2　新宮ビル2F
Tel 03-6264-3105（販売）Fax 03-6264-3094
印刷所　三松堂印刷株式会社　Printed in Japan

ISBN978-4-7980-6259-4 C0033